U0772452

中央编译局文库
Central Compilation and
Translation Bureau Literature

马克思主义研究资料

第6卷

主　编 杨金海
副主编 冯　雷（常务） 薛晓源

《1861—1863年经济学手稿》研究

本卷主编 刘　英

中央编译出版社
CCTP Central Compilation & Translation Press

总　序

呈献给读者的这套《马克思主义研究资料》丛书，旨在服务于我国正在实施的马克思主义理论研究和建设工程，积极吸收和借鉴国外马克思主义研究成果，对改革开放以来中央编译局编译的有关国外学者研究马克思主义的成果，以及少量相关的国内学者的研究成果整理出版，为我国马克思主义研究提供基础性的参考资料。本丛书计划出版37卷，三年内陆续完成编辑和出版工作。

编译国外学者关于马克思主义的研究成果，并对相关问题展开深入探讨，是马克思主义经典著作编译研究的基础性工作。中央编译局作为马克思主义经典著作编译研究的专门机构，历来十分重视这项工作。20世纪50年代以来，特别是改革开放以来，中央编译局的同志们编译了大量国外学者关于马克思主义的研究文献，也发表了不少自己的相关研究成果。这些成果曾经在中央编译局编辑的《马列著作编译资料》、《马列主义研究资料》、《马克思主义与现实》等刊物公开发表，或在内部刊物《马克思恩格斯研究》、《列宁研究》等刊载。这些成果对于推进马克思主义经典著作的编译和研究工作发挥了重要作用，时至今日，一些学者仍然把它们当做研究马克思主义的珍贵资料。

然而，随着近年来中央实施马克思主义理论研究和建设工程的深入推进以及马克思主义学科建设的快速发展，这些研究资料的留存情况已经远远不能适应形势发展的需要了。《马列著作编译资料》和《马列主义研究资料》早已停止出版，很多人难以找到原有资料；《马克思恩格斯研究》等内部刊物刊载的文章没有公开面世，也难以为人们广泛使用；而新编译的文献资料又很零散。因而，希望中央编译局提供马克思主义研究资料的呼声越来越高。

为了继承前辈的事业，适应学界的需要，尽可能全面系统地收集整理中央编译局近几十年来编译的国外学者关于马克思主义的研究成果以及相关的国内学者的研究成果，中央编译局专门成立了《马克思主义研究资料》丛书课题组，并对该项工作提供了基金资助。课题组不仅在局内组织力量进行工作，而且争取到社会力量的支持。经过课题组同仁两年多努力，已经形成一批编辑成果，还将继续补充、完善并陆续推出。这套《马克思主义研究资料》丛书就是这些成果的集中体现。

本丛书力求体现如下四个特点，这也是丛书编辑工作所力求遵循的四条原则：第一，保证文献性。本丛书主要收集改革开放以来中央编译局刊物发表的有关马克思主义理论编译和研究方面的成果，这些刊物包括公开出版的《马列著作编译资料》、《马列主义研究资料》、《马克思主义与现实》、《当代世界与社会主义》、《经济社会体制比较》、《国外理论动态》等，也包括内部刊物《马克思恩格斯研究》、《列宁研究》、《斯大林研究》、《马克思恩格斯列宁斯大林研究》等；少量收集其他杂志发表的中央编译局学者编译或撰写的有关文章；个别收集与中央编译局长期合作的其他学者的相关文章；对所收商榷性文章涉及的其他学者的成果，也作为附文收入，以示对相关学者的尊重，也便于读者在阅读正文时参考。收集整理这些学术成果的目的主要是为学界研究马克思主义提供参考资料，同时帮助人们了解马克思主义研究的历史进程和思想脉络。因此，本丛书所收文献力求保持其历史原貌，包括其中的人名、地名、术语、引文等，都不作改动，以便读者进行文献考证之用，只对个别错漏文字等进行校正，对于文中可能产生歧义的地方，以“本丛书编者注”的方式加以说明。其中读者特别应当留意的是译名、术语的不统一问题，例如关于《马克思恩格斯全集》历史考证版，就有多种表达方式：原文版、国际版和 MEGA 版，其中，往往又以“老”、“新”、“$MEGA^1$”、“$MEGA^2$”、“MEGA1”、“MEGA2”等来区分历史考证版第 1 版和第 2 版。第二，突出编译性。本丛书所收文献中，以国外学者的成果为主，包括国外学者关于马克思主义经典作家的著作、思想、生平事业，乃至书信往来、工作生活等方面的研究文献，凡比较有资料价值的，均在收集之列。如上所述，国内学者的相关考证性成果，包括经典著作翻译、版本、传播、重要术语考据等文献，凡具有资料价值的，也一并收入，但这部分内容所占比例较小。第三，力求系统性。上述几十年来形成的这些编译研究资料繁茂芜杂，十分零散，使用起来很不方便，编辑整理就更为困难。为把这些宝贵文献整理面世，使之更好地发挥作用，编辑人员下了很大功夫。在收集整理中，我们力图分门别类，尽可能将同类资料按照一定逻辑顺序编排，使之呈现一定的系统性，以便读者全面掌握有关资料。第四，力争权威性。本丛书力争选编国内外在相关研究领域具有一定权威性的专家学者的具有代表性和影响力的文献。为保证文献的权威性和准确性，我们对文献的引文进行了校订，特别是对有关马克思主义经典著作的引文进行了原版原文核对，并对注释尽可能地作了规范化处理，以便读者更准确地了解引文及其出处。

基于上述考虑，本丛书的编排体系大体分四个部分。第一部分是经典著作研究，包括关于《共产党宣言》、《资本论》等手稿、创作、版本、传播诸方面的研究文献；第二部分是基本理论研究，包括哲学、政治经济学、科学社会主义以及政治学、法学等方面的研究文献；第三部分是版本和传播、编译以及生平事业研究；第四部分是国外马克思主义研究。每一部分包括若干卷。每一卷都有本卷编辑说明，对本卷编辑的思路、内容和有关技术问题作简要交代。各卷内容按照逻辑顺序进行编排，在此基础上再按照时间顺序编排。各卷内容一般要作分类，并加分类标题，以便读者阅读研究。

需要说明的是，由于本丛书是整理编辑已有的文献，而且主要限于整理编辑中央编译局学者编译和研究的部分成果，这就决定了本丛书不可避免地存在一些缺憾。一是这些文献中有的观点不一定正确。选编这些文献并不意味着编者赞同其中的观点，我们的目的仅仅在于为人们研究马克思主义提供参考资料，其中正确的思想成果可以作为我们研究借鉴的思想资源，而错误的观点可以作为我们研究批评的对象。例如，对有关马恩对立论的观点，我们是不赞成的，但为了让研究者了解、研究和批评这种观点，也收入了相关文章。所以，谨请读者在使用这些文献时注意辨别是非。二是这些文献存在质量参差不齐的情况。由于这些文章的作者、译者水平不同，写作时间、背景、针对的问题、产生的影响以及发表的刊物等不同，其质量也就有一定差别。例如，有的概念和译文在今天看来不一定科学、准确，有的文献曾经很有价值而在今天看来最多只有学术史的价值。在选编过程中，我们尽量收入那些分量较重、影响较大的文献，但为了比较全面地反映学术史的原貌并提供尽可能详细的研究参考资料，也收入了一些篇幅较短、影响不大但有一定资料或史料价值的文献。另外，有少量比较重要的文献，由于作者或译者不同意收入，也不得不忍痛割爱。三是这些文献的系统性、规范性不太强。尽管我们努力按照上述编辑原则工作，对这些文献进行了分类整理，力求全面系统地提供给读者相关方面的文献资料，但由于这些资料十分繁杂，彼此之间的关联性不强，有的方面资料较多，有的较少，且发表的刊物、时间等不同，体例也很不统一，整理起来难度极大，加之各位编者的研究角度不同，水平各异，所以，每一卷书的结构、篇章、内容、观点等都不尽相同，其规范程度也不尽一致。对本丛书存在的以上不足或缺憾，谨请读者鉴谅；对其中可能存在的疏漏和错误之处，谨请读者批评指正。

本丛书在编写和出版过程中，得到了各个方面的大力支持。中央编译局对此项工作高度重视，始终给予鼎力支持。国家出版基金将本丛书列入 2013 年度资助项目。中央编译出版社为本丛书申报国家出版基金项目并最终立项，以及为丛书出版做了大量工作。本丛书所收文献的译者、作者和出版者，凡已联系上的，均给予我们大力支持，同意使用这些文献；对尚未联系上的，我们将尽力联系，也请相关同仁主动联系我们。丛书顾问委员会的专家对丛书的编写工作给予热情指导，编委会成员和课题组同仁为丛书的编写付出了辛勤劳动。在此一并致以衷心的谢意！

《马克思主义研究资料》

编辑委员会

2013 年 12 月 10 日

编辑说明

本卷收录的是关于马克思《1861—1863 年经济学手稿》的文本演变和重要理论问题的研究文章，共 31 篇，分为“文本研究”和“理论研究”两部分内容。

第一部分“文本研究”17 篇文章，主要介绍了《1861—1863 年经济学手稿》文本的形成过程。其中包括了《马克思恩格斯全集》历史考证版第 2 部分第 3 卷第 1 册第 2 册和第 5 册前言、《1861—1863 年经济学手稿》的 23 个笔记本的情况、《马克思恩格斯全集》英文版第 30 卷说明、关于《资本论》第二稿的国内外相关研究成果，以及中外学者关于《1861—1863 年经济学手稿》各笔记本写作时间的考证等相关研究成果。第二部分“理论研究”14 篇文章，主要内容为前东德、中国和苏联学者关于马克思《1861—1863 年经济学手稿》中涉及的重要理论问题的研究成果。其中包括：关于该手稿的地位、生产力与生产关系的辩证法、价值和剩余价值理论、固定资本和流动资本理论的发展、生产劳动和非生产劳动学说的发展、资本积累理论的形成、劳动对资本的形式从属和实际从属的内容及意义、关于技术进步等问题的相关论述。

为了保持文献性，本丛书的注释基本保持原貌，不作改动；但对原注释有错误或有遗漏的，我们尽可能查阅了有关文献，作了必要的规范和完善；对有些查找不到的，保留原来的内容和格式。

目 录

文本研究

马克思 1861—1863 年经济学手稿的创作过程及理论意义（一）

——《马克思恩格斯全集》历史考证版第 2 部分第 3 卷第 1 册前言*

《马克思恩格斯全集》历史考证版第 2 部分第 3 卷包括马克思 1861 年 8 月至 1863 年 7 月写的《政治经济学批判》手稿。马克思遗留下来的这部将近 1500 页因而内容极为丰富的手稿反映了研究和阐述资本主义社会的经济运动规律以及剖析资产阶级政治经济学方面的一个重要阶段。

1850 年马克思移居伦敦后重新投入政治经济学研究。他在英国博物馆研究了大量有关经济学文献的藏书，写下了几十本摘录笔记，在后来的年代里，他在制定自己的理论时不断利用这些摘录笔记。从 1857 年 10 月至 1858 年 5 月，马克思把自己的经济学研究成果综合概述在七个笔记本内。这部以《政治经济学批判大纲》① 著称的手稿不是直接为发表而写的，它是马克思为自己弄清问题而作的。原计划题为《政治经济学批判》的庞大的经济学著作以单独的不定期的分册形式出版。包括《商品》和《货币或简单流通》这两章的第 1 分册于 1859 年发表。② 在资本主义政治经济学的这个最抽象的部分中，就已经说明了资产阶级生

---

* 本文选自《马克思恩格斯研究》1995 年总第 23 期。

① 《马克思恩格斯全集》第 1 版第 46 卷上、下册。

② 《马克思恩格斯全集》第 1 版第 13 卷第 3—177 页。

产方式的根本之点。在这里，马克思阐述了资产阶级生产方式的**特殊**社会的，而决不是**绝对**的性质。[①] 当时有必要通过从理论上确切证明资本和雇佣劳动之间的对抗性矛盾，也就是通过系统地论述剩余价值理论，来说明资本主义剥削关系本身的性质。只有这样，才能完成科学地论证工人阶级作为资本主义的掘墓人和新的共产主义社会的创造者的世界历史使命的任务。因此，马克思把发表剩余价值理论看成是一项革命的任务。

1861—1863 年手稿在开始写作时被当做两年前出版的第 1 分册的直接继续。因此，它的标题也和第 1 分册的一样，并且在第 I 和 II 本笔记本上又加了一个副标题《第三章，资本一般》。马克思起初打算把这部手稿作为第 2 分册的付排稿。马克思力求按照他于 1861 年夏天拟定的计划草稿采取一种令人信服的成熟的叙述方式。在他力图赋予自己的理论认识以最终形式的过程中，他反复思考并总是获得新的观点。对此，他自己写道："此外，我还有这样一个特点：要是隔一个月重看自己所写的一些东西，就会感到不满意，于是又得全部改写。"[②] 这个"特点"使手稿在很大程度上反映了马克思全力以赴的研究工作。在后来的继续研究中，这个特点越来越有助于他自己弄清一些重要的理论问题和方法问题。

这部手稿共 23 个笔记本。在前 5 个笔记本中论述了如下属于资本的生产过程的论题：1. 货币转化为资本，2. 绝对剩余价值，3. 相对剩余价值。

在第 VI—XV 笔记本中包含的《剩余价值理论》大约占手稿的一半篇幅。马克思在这里并没有限于论述资产阶级古典政治经济学代表人物

① 《马克思恩格斯全集》第 1 版第 29 卷第 445 页。

② 《马克思恩格斯全集》第 1 版第 30 卷第 617 页。

的剩余价值理论，他探讨了许多相关的问题并在关键问题上进一步阐述了自己的理论。

后面的笔记本涉及各种不同的论题。除了后来的《资本论》第 2 和第 3 卷中的各个问题之外，它们主要还包含对以前论述过的专题的补充。第 XVI 笔记本包含《资本和利润》篇的草稿。在第 XVII 笔记本中继续进行在第 XV 本中就已开始的关于商人资本的研究，并且论述了有关资本的流通过程的问题。第 XVIII 笔记本包括对《剩余价值理论》的补充。在这个笔记本中，《资本论》的计划草稿具有特殊的意义，后来的《资本论》第 1 和 3 卷主要是根据这个计划草稿分篇的。在第 XIX 和 XX 笔记本中，马克思继续写作并完成了相对剩余价值篇。手稿的最后三个笔记本有许多引文。除此之外，第 XXI 笔记本包含关于劳动对资本的形式从属和实际从属的详细研究，在第 XXII 笔记本中还研究了关于资本的积累过程的一些问题。

马克思在这部手稿中第一次阐述了他的经济学理论的几个基本要素。例如，他详细研究了剩余价值生产过程和价值规律的一致性，摒弃了最低限度工资的观点，从而基本上完善了他的关于劳动力商品的学说。他提出了劳动对资本的形式从属和实际从属的论点，并且把协作、工场手工业分工以及机器描述为资本主义生产方式的几个发展阶段。他阐述了自己的关于资本主义社会中的生产劳动和非生产劳动的理论。关于价值转化为生产价格的学说得到了全面的论述。这一学说包括论述竞争的二重作用，即竞争引起两种不同的资本流动和通过竞争同时发生双重的价格均衡运动。马克思阐述了工人阶级创造的剩余价值如何在各个资本家之间，或者说在不同的资本家集团之间进行分配的原则。马克思在他的价值转变为生产价格的理论的基础上，阐述了他的绝对地租理论，并且完善了他的级差地租理论。他详细描述了商业资本和货币资本及其特有的价值增殖条件的特点。

在这部手稿中马克思不仅仅研究剩余价值的纯粹形式，而且还研究它的派生的、转化的形式，即工业利润、地租和利息。资产阶级经济学家把剩余价值和利润当做一回事，或者说混淆了剩余价值和利润，因此产生了许多矛盾。由于剩余价值作为一般的东西以不同的特殊的表现形式出现，剩余价值的真正来源被神秘化了，利润表现为资本的衍生物；地租表现为土地的果实，而利息是由货币产生的。马克思对资产阶级政治经济学的理论观点及方法论观点作了彻底的分析，揭示了剩余价值的一般形式和各种特殊形式之间的关系。只有在叙述了剩余价值的一般形式之后，才能够从中引申出各种特殊的形式（利润、地租、利息）。马克思极全面而细致地研究了剩余价值，从而令人信服地证明了他所发展并运用的以唯物主义为基础的抽象方法的真正优越性。

特别是，马克思在这部手稿的写作过程中发现，社会生产划分为两个部类：生产生产资料的第Ⅰ部类和生产消费资料的第Ⅱ部类。他指出了要使社会总资本按比例发展必须实现的条件。但是，他同时强调，在资本主义社会，这种发展的正常比例经常受到破坏，它只有通过经常的比例失调来实现。这一点主要是在经济危机中表现得很明显，马克思对经济危机作出了重要的发现，这些发现使他的危机理论得到了进一步发展。

马克思的一些新认识通过他在《剩余价值理论》中对资产阶级经济学著作的潜心研究而成熟起来。这个理论史的研究是从分析詹姆斯·斯图亚特和重农学派的观点开始的，而且集中于研究资产阶级古典政治经济学的杰出代表亚·斯密和大·李嘉图的著作。这里还研究了许多其他的著作，与此同时还对李嘉图体系进行了批判，并且研究了那些反映资产阶级政治经济学没落的文献资料。马克思很重视他通过辩证地认识问题而获得的真正的科学发现。同时，他对资产阶级古典政治经济学的研究方法作了彻底的批判。他指出，他们运用的形式上的或者说粗暴的抽象法必然导致他们得出错误的结论。

资产阶级经济学家不懂得资本作为社会关系的特点。他们认识不到生产资料只有在一定的条件下才能转化为资本，因此，他们把资产阶级生产方式看做是一种永久的、和谐发展的生产方式。这种反历史的思考方法在于把本质和现象视为同一的东西。资产阶级政治经济学想用“把具体的东西直接列入抽象的东西，使具体的东西直接适应抽象的东西的办法”来解决“一般规律同进一步发展了的具体关系之间的矛盾”。①

与此相反，马克思有意识地对本质和表现形式加以区别，他把现实性理解为存在的外部的、直接可见的形式与其本质内容之间的辩证关系。这一点表现在他分别考察价值和生产价格、剩余价值及其特殊形式即工业利润、地租和利息上。马克思通过一系列中介范畴来说明本质和表现形式的矛盾的一致性。通过这些中介范畴可以清楚地看到本质内容如何发展并转变为经验存在的形式。因此，马克思在本手稿中多次指出认识过程的中间环节的重要性并非偶然。只有运用这种研究方法，马克思才可能揭露资本主义社会的基本矛盾，并且确定资本主义社会的历史位置。

经济学范畴是认识过程的关节点，同时又表现了实际的历史过程。两个方面是相互紧密地联系在一起的。例如，价值和剩余价值——一般的、基本的、纯粹的形式——是从理论上阐述资本主义制度的逻辑出发点，而在历史上曾作为出发点的那些特殊形式则表现为发展的结果。在这些中间环节中表现出了资本使生产的一切要素从属于自己并把这些要素转化为它自身过程的要素的历史过程。因此，正如马克思在论述工业利润、地租和利息时所证明的那样，具体的形式规定也反映了进一步发展了的关系。这一点同样适用于价值向生产价格的转化，这个转化“只

① 《马克思恩格斯全集》第1版第26卷（III）第91页。

是资本主义生产发展的后果和结果”。[①] 马克思通过分析实际的历史过程说明了资本主义的本质和表现形式之间矛盾的一致性。

在马克思1857年至1863年的经济学研究中，**资本一般**这个概念具有重要的作用。从认识论的角度看，马克思打算在研究资本一般时撇开竞争，撇开资本的实际运动不谈。因为竞争使资本主义生产方式的各种关系颠倒地出现，只有在明确地规定了资本一般概念之后，才能论述竞争。马克思尽力在这里“完全避免谈论竞争，因为竞争是资本的相互作用，因而已经要以资本本身的发展为前提”。[②] 资本一般概念表现出资产阶级和无产阶级之间不可调和的阶级矛盾，表现了纯粹的剥削关系。就此而言，正如马克思本人所说的那样，它是精髓[③]，因而也是后来的《资本论》的核心。

在1861—1863年手稿中，马克思深入分析了资产阶级政治经济学的资本概念。一些经济学家只是从资本的物的规定方面考察资本，而另一些经济学家把资本看做是自行保存和自行增殖的价值，解释为某种非物质的东西。马克思争辩说：“……从经济学家的观点来看——他只知道可以捉摸的物或者只知道观念，对他来说，关系是不存在的——”，资本是纯粹的观念。[④] 毫无疑问，资本一般涉及的不是一种“可以捉摸的物”，或者说某种天然存在的东西，资本一般在这里表现的是一种掩藏在物的外壳之下的人与人之间的关系。把这种关系和社会关系本身确定为物质联系，是马克思的一个杰出功绩。

在《政治经济学批判大纲》中，马克思就已经常常注视资本一般

---

① 《马克思恩格斯全集》第1版第26卷（II）第377页。

② 《马克思恩格斯全集》第1版第47卷第352页。

③ 《马克思恩格斯全集》第1版第30卷第431、636页。

④ 《马克思恩格斯全集》第1版第47卷第168页。

中所包含的要素的进一步发展，注视竞争的基本表现，在 1861—1863 年手稿中更加经常地注视这些。有一些“插话”或者说“插入部分”① 就是这样产生的。马克思在这些插入部分作出或者说表述了几个新的发现，它们丰富并完善了经济学理论，同时价值理论和剩余价值理论也因此而成熟起来。

马克思撰写这部手稿的紧张工作后来在他于 1863 年 1 月在第 XVIII 笔记本拟定的新计划草稿中达到了高潮。这个新计划草稿基本上包含了未来《资本论》的结构。由于把平均利润和生产价格的理论纳入叙述范围，先前撇开竞争论述资本一般的打算被放弃了，而且马克思后来再也没有使用过资本一般的提法。1862 年 1 月底马克思就已经首次提到他最终出版的主要著作的标题“资本论”。② 1861—1863 年经济学手稿为《资本论》提供了根本的前提。

这个第 1 册再现了马克思于 1861 年 8 月至 1862 年 3 月这一阶段写作的前 5 个笔记本的内容。按照 1861 年夏天制定的计划，关于资本一般的这个第三章应分为以下三篇：I. 资本的生产过程，II. 资本的流通过程，III. 资本和利润。马克思在第 I—V 笔记本中论述了资本的生产过程篇的前三个论题：1. 货币转化为资本，2. 绝对剩余价值，3. 相对剩余价值。这几个论题也按同样的顺序发表在《资本论》第 1 卷中。这里发表的文稿有着特殊的意义，因为它比《资本论》更明确地使人看到马克思理论的发展过程。

在写作 1861—1863 年手稿的第一部分时，马克思基本上以 1857—1858 年撰写的《政治经济学批判大纲》为基础。不过，在开始写《大纲》时没有一个详细的计划，而现在对这几个论题的系统论述是按照不

① 《马克思恩格斯全集》第 1 版第 26 卷（1）第 415—417 页。

② 《马克思恩格斯全集》第 1 版第 30 卷第 636 页。

久前——1861年夏天——制定的计划进行的。有许多论述与后来《资本论》中的论述相一致，或者说已经十分接近了。紧接1859年发表的商品和货币章——在这两章中还没有研究资本关系——之后，马克思在这里的第一个论题中研究了货币怎样并且在什么条件下转化为资本。他明确区分了简单商品生产关系和资本主义生产关系之间的质的差别。他用W—G—W的公式表示前者，G—W—G的公式表示后者。它们在这里并非只是形式上的区别，确切地说，它们表示，在简单商品生产中，使用价值是主要目的，而在资本主义条件下，价值的增殖即剩余价值的生产是生产的目的。马克思说明："在简单商品流通W—G—W中，货币在它的所有形式上始终只是流通的结果。在G—W—G这一形式中，货币既是流通的起点，又是流通的结果，所以，交换价值不像在第一种流通形式中那样只是商品流通的转瞬即逝的形式……而是流通的目的、内容和活的灵魂。"① 在这个意义上，马克思给资本下的定义为：自行增殖的价值，产生剩余价值的价值。②

并非只有马克思使用资本这个概念，但是，与一些资产阶级经济学家不同的是，马克思一开始就从历史的角度研究资本。尽管他在自己著作的这一部分中还没有提出研究资本主义社会的产生、发展及最终消亡这一目标，但他始终强调资本主义社会的暂时的特征。"因此，资本关系的形成从一开始就表示，资本关系只有在社会的经济发展即社会生产关系和社会生产力发展的一定的历史阶段上才能出现。它从一开始就表现为历史上一定的经济关系，表现为属于经济发展即社会生产的一定的历史时期的关系。"③

---

① 《马克思恩格斯全集》第1版第47卷第10页。

② 《马克思恩格斯全集》第1版第47卷第13页。

③ 《马克思恩格斯全集》第1版第47卷第37页。

马克思在详细分析资本主义的生产过程时指出，剩余价值的生产是在价值规律的基础上进行的。正如马克思明确地指出的那样，在他以前的经济学家就是在这个问题上遭到了失败："经济学家从来不可能把剩余价值同他们自己提出的等价交换规律一致起来。社会主义者总是停留在这个矛盾上，反复谈论这个矛盾，但他们不理解劳动能力这种商品的特殊性质，不理解这种商品的使用价值本身就是创造交换价值的活动。"①

因此，马克思深入地全面研究了劳动力商品。在他的分析中，劳动力商品的价值及其货币表现即工资的量的规定具有重要意义。马克思指出。劳动力商品的价值"与其他别的商品的交换价值一样，都等于它所包含的从而再生产它所必需的劳动量，而且……是由为了生产维持工人生活所必需的生活资料而需要的劳动时间来精确衡量的"。② 马克思推翻了最低限度工资的观点，根据这一观点，工资量由维持工人的必要物质生活的既定量生活资料的价值来决定。决定劳动能力的价值"不是纯粹的自然需要"，马克思解释说："而是在一定的文明状况下历史地发生了变化的自然需要"。③ 马克思极为重视这样一个问题，即工人需要什么样的消费资料才能维持自身的劳动力。在手稿的其他地方，马克思作出了如下概括性的论述，其中一再强调，必要的消费资料从而工资的高低不仅仅是由自然条件决定的，而且还是由历史条件决定的："工人作为工人而生活所需要的生活资料，在不同的国家，不同的文明状况下当然是不同的。……因为所谓的第一生活需要的数量和满足这些需要的方式，在很大程度上取决于社会的文明状况，也就是说，它们本身就是

① 《马克思恩格斯全集》第 1 版第 47 卷第 95 页。

② 《马克思恩格斯全集》第 1 版第 47 卷第 52 页。

③ 《马克思恩格斯全集》第 1 版第 47 卷第 52 页。

历史的产物，所以，在某一国家或某一时期属于必要的生活资料的东西，但在另一国家或另一时期却不是必要的生活资料。”① 对于工人阶级来说，这一认识十分重要，因为，如果劳动力商品的价值从而工资不是始终固定的量，那么，为争取提高工资展开斗争不仅符合工人的利益，而且是必要的。

同所有其他商品一样，劳动力商品既有价值，也有使用价值。它的使用价值在劳动过程中得到实现。劳动力商品的特殊性在于它能够在生产过程中创造出比它自身具有的价值更多的价值。因此，对于政治经济学来说，分析生产过程具有决定性意义。马克思强调说，极为重要的是（劳动力）“这一商品的特殊的使用价值和它作为使用价值的实现涉及到经济关系和经济的形式规定性本身，因此也属于我们考察的范围”②。

资本主义的生产过程不仅仅是一般劳动过程，而且同时是价值增殖过程。资本家始终想要从工人身上榨取更多的劳动从而更多的剩余价值。这要么通过延长工作日，要么通过减少劳动力的价值来实现。在《大纲》中马克思就已经把以第一种方式产生的剩余价值称做绝对剩余价值，而把以第二种方式产生的剩余价值称做相对剩余价值。马克思在1861—1863年手稿中第一次系统论述了提高剩余价值的两种方法。马克思阐述了他们的特点以及它们的关系，并且指出，第一种方法主要是资本主义初期使用的，而随着资本主义的发展，相对剩余价值越来越占主导地位了。

在1861—1863年手稿中，马克思第一次详细探讨了在资本主义生产方式的基础上劳动生产力提高的三个历史阶段：1. 协作，2. 工场手工业分工和3. 机器以及科学的应用。

① 《马克思恩格斯全集》第1版第47卷第43页。

② 《马克思恩格斯全集》第1版第47卷第54页。

马克思把协作描述为：**基本形式**；……**一般形式**，这种形式是一切以提高社会劳动生产率为目的的社会组合的基础，并在其中任何一种组合形式中得到进一步的专业划分。[①] 马克思把协作看做是“一种社会劳动的自然力，因为单个工人的劳动通过协作能达到他作为孤立的个人所不能达到的生产率”[②]。协作所产生的这种社会劳动的生产力在资本主义条件下表现为“资本的生产力，而不是表现为劳动的生产力”[③]。在这里可以看到，资本主义的生产过程不仅是劳动过程，而且是价值增殖过程。因此可以肯定，资本占有社会生产力不仅仅局限于协作，这种在资本主义生产内部发生的转换涉及所有社会劳动生产力。[④]

资本主义工场手工业分工被描述为协作的进一步发展了的形式，描述为提高劳动生产率从而增加相对剩余价值的有力的手段。马克思第一次区分了两种类型的分工：1. 社会的分工，在这种分工中产品被当做商品相交换；2. 生产一种商品的工场手工业分工，“因而不是社会内部的分工，而是同一个工厂内部的社会分工”[⑤]。分工的第一种形式与一般的商品关系相符合，相反，一个工厂内部的分工是资本主义特有的形式。分工的这两种类型互相制约，存在有机的联系。马克思仔细研究了这种相互的关系并指出，“分工从某一方面来看，是政治经济学的一切范畴的范畴”。[⑥] 他断言，“实际上，商品只有在资本、资本主义生产的

① 《马克思恩格斯全集》第1版第47卷第290—291页。

② 参看《马克思恩格斯全集》第1版第47卷第293页。

③ 《马克思恩格斯全集》第1版第47卷第297页。

④ 参看《马克思恩格斯全集》第1版第47卷第297页。

⑤ 《马克思恩格斯全集》第1版第47卷第305页。

⑥ 《马克思恩格斯全集》第1版第47卷第304页。

基础上才成为财富的一般的基本形式”。[①] 他证明，资本主义工场手工业的特点不是在工人之间分配不同的劳动过程，而是相反，工人被分配到各个不同的劳动过程中去，“其中每一个过程”，“会成为他们唯一的生活过程”。[②] 因此，工人成了手工工场中纯粹的“基石”。马克思用下面的话概括说明了工人在资本主义生产过程中居于什么样的地位：这种结合劳动的**社会形式**作为资本的存在与工人相对立，结合作为有强大威力的天命与工人相对立，工人受到这种天命的支配是由于他的劳动能力变成了完全片面的职能，这种片面的职能离开总机构就什么也不是，因此，它完全要依赖于这个总机构。工人本身变成了一个简单的零件。[③] 马克思强调指出，在这里，资本主义的生产方式已经从本质上控制并改变了劳动：“这已经不再只是工人对资本的**形式上的**从属……”[④]

马克思研究资本主义生产方式是在它的发展中进行的，他始终十分重视过渡过程，他在本手稿中第一次阐述了劳动起初只是形式上从属于资本，后来才实际上从属于资本的观点。对此，我们在第I笔记本中就可以看到如下论述：事实上在历史上是这样的：资本在它开始形成的时候不仅控制了一般劳动过程（使劳动过程从属于自己），而且还控制了特殊的现实劳动过程，这些劳动过程在工艺上处于资本找到它们时的状况，并且是在非资本主义生产关系基础上发展起来的。资本找到现实的生产过程，即特定的生产方式，最初只是在形式上使它从属于自己，丝毫也不改变它在工艺上的规定性。资本只有在自己的发展过程中才不仅在形式上使劳动过程从属于自己，而且改变了这个过程，赋予生产方式

① 《马克思恩格斯全集》第1版第47卷第353页。

② 《马克思恩格斯全集》第1版第47卷第317页。

③ 参看《马克思恩格斯全集》第1版第47卷第319—320页。

④ 《马克思恩格斯全集》第1版第47卷第318页。

本身以新的形式，从而第一次创造出它所特有的生产方式。[①] 在写作这部手稿的最后阶段，即写第XXI笔记本时，马克思又回到这个问题上来，并且专门为它写了一篇。

在关于分工的一篇中清楚地表现出，马克思总是在与他的政治经济学方面的先驱争论的过程中发展自己的学说。他比在《资本论》中更详细地探讨了从古代思想家——荷马、修昔的底斯、柏拉图、色诺芬、狄奥多鲁斯——直至资产阶级时代的理论家们有关分工观点的发展，其中他特别强调了亚·弗格森和亚·斯密的论述。他特别分析了斯密的观点，指出斯密的主要功绩是把分工放在首位，强调分工的意义，并且直接把分工看做劳动（即资本）的生产力。[②] 不过，比给予斯密的这一赞许更重要的是对斯密观点的批判，因为通过批判，马克思使这一理论更精确并进一步发展了这一理论。

马克思之所以在这里批判斯密，主要是因为他没有区别分工的两种类型，他指出："亚·斯密没有把**分工**看做是资本主义生产方式所特有的东西。"[③] 同时他认为这取决于"当时与现代工厂还有很大差别的**工场手工业**的发展程度"，因此，在斯密看来，分工相对来说要比还只是分工的附件的机器更重要。[④]

与资本主义生产相适应的生产方式是机器大生产。在第V笔记本中，马克思开始研究机器大生产。他在较早时候就确认："人的劳动能力的发展特别表现在**劳动资料**或者说**生产工具**的发展上。……从最简单

① 参看《马克思恩格斯全集》第1版第47卷第99—100页。

② 《马克思恩格斯全集》第1版第47卷第312页。

③ 《马克思恩格斯全集》第1版第47卷第309页。

④ 《马克思恩格斯全集》第1版第47卷第312—313页。

的工具或容器到最发达的机器体系。"① 在关于机器的这一篇的一开始就指出了与资本主义生产以前的几个阶段的重要区别。通过简单协作和分工来提高生产力的资本家是不费分文的，它是"社会劳动的无偿自然力"。② 由于使用机器，劳动资料的规模显著增大，从而劳动过程和价值增殖过程之间的差别成为"生产力发展和生产特点中的一个重要因素"。③ 在这里，特别清楚地表现了资本主义生产过程中劳动过程和价值增殖过程的统一。资本主义生产的、因而也是使用机器的目的不在于生产使用价值，而在于利润。使用机器就是为了提高利润，而不是为了减轻劳动或者说提高使用价值的生产。马克思用以下的话描述了这种获取相对剩余价值的方法：实际上，这里的问题……在于——凡是在资本主义基础上发展生产力的场合都是如此——缩短工人为再生产其劳动能力所必需的劳动时间，换句话说，就是缩短工人为生产其工资所必需的劳动时间，因而缩短工人为自己劳动的工作日部分，即他的劳动时间的**有酬**部分，并通过缩短这一部分而延长他无偿地为资本劳动的工作日部分，即工作日的无酬部分，他的**剩余劳动时间**。④ 马克思说明：使用机器的基本原则，在于以**简单**劳动代替熟练劳动，从而也在于……把劳动能力的生产费用减低到简单劳动能力的生产费用的水平。⑤

马克思详细研究了资本主义条件下机器大生产给工人带来的后果，并且把机器代替活劳动称为技术进步的重要成果。就这一点而言，马克思指出了工人的人数在同时绝对增加的情况下有相对减少的趋势："尽

① 《马克思恩格斯全集》第1版第47卷第57页。

② 《马克思恩格斯全集》第1版第47卷第363页。

③ 《马克思恩格斯全集》第1版第47卷第368页。

④ 参看《马克思恩格斯全集》第1版第47卷第359页。

⑤ 《马克思恩格斯全集》第1版第47卷第363页。

管工人人数绝对增加了，但相对来说减少了，不仅同吸收工人劳动的不变资本相比而言相对减少了，而且同社会中与物质生产不发生直接关系或者根本不从事任何生产的部分相比也相对减少了。"①

机器的使用不仅会提高劳动生产率，而且也会大大强化劳动。马克思在这里第一次详细地探讨了资本主义生产方式的这种趋势，这种趋势现在还具有重大的现实意义。机器浓缩了劳动时间，"每一分一秒都充满了更多的劳动，劳动强度提高了。由于采用机器，不仅劳动生产率（从而劳动质量）提高了，而且在一定时间内消耗的**劳动量**也增加了。时间的间隙由于所谓劳动紧凑而缩小了"。② 结果是工人的寿命缩短了，至少是有效生命期缩短了，因为在同一劳动小时内，劳动能力被更快地消耗掉了。③

不言而喻，工人对这种剥削的加剧进行了反抗。马克思描述了工人为反对降低工资，或者为争取提高工资，或者为规定正常工作日的界限而进行的罢工斗争。而资本家采取使用机器的方法对付罢工，为此，马克思说明：在这里机器直接成了"资本**驾驭**劳动的权力，成了资本镇压劳动追求独立的一切要求的手段。在这里，机器**就它本身的使命来说**，也**成了与劳动相敌对的资本形式**"。④

马克思完全不排除工人的物质状况是可以改善的，但是他强调指出，这丝毫没有改变**相对剩余价值的性质和规律**，即生产率提高的结果是工作日中一个越来越大的部分为资本所占有。⑤ 他认为，试图想通过

---

① 《马克思恩格斯全集》第1版第47卷第346页。

② 《马克思恩格斯全集》第1版第47卷第378页。

③ 参看《马克思恩格斯全集》第1版第47卷第378—379页。

④ 《马克思恩格斯全集》第1版第47卷第385页。

⑤ 《马克思恩格斯全集》第1版第47卷第285页。

统计材料证明工人的物质状况由于劳动生产力的发展在某个地方或某些方面得到了改善，以此反驳这个规律，是“荒唐的”。[①] 这些论述表明，把工人阶级绝对贫困的理论当做是马克思的理论，是错误的。

马克思对所有问题的研究始终是从事实出发的。他收集了很多原始资料、报告和统计材料，分析了其中所包含的事实的可靠程度，因而准确地勾画出实际的情景。对于马克思来说，英国工人视察员反映英国工业的状况及其发展的半年度报告是真正的宝库。这些材料证实并说明了马克思的学说。

写作1861—1863年手稿的工作时常因马克思自己生病、他的家人生病以及生活上的操劳和物质匮乏而中断。所有这些妨碍了马克思撰写自己著作的工作，有时还使这项工作停顿下来。

在这第1册的第一工作阶段结束时，即在1861年底至1862年初，马克思陷入了特别严重的经济危机，此外他的夫人及女儿燕妮身患重病。由于这些负担，甚至连平时与好友恩格斯非常频繁的书信往来也停止了好几个星期，这一事实表明，马克思的处境多么艰难。为了改善经济状况，马克思为《纽约每日论坛报》撰写了几十篇文章，然而，这个收入来源也完全枯竭了。他在1862年4月28日给拉萨尔的信中提起这些事时说，他在这种情况下还没有发疯，这是一个奇迹。“往往整月整月不能为我的这部著作写一行字”，因为，“为了不致饿死”，他不得不“从事最乏味的机械呆板的工作”。[②]

现在无法具体地说明手稿的写作中断过多长时间以及在什么地方中断，不过，在写作第V笔记本即这个第一写作阶段的最后一个笔记本的过程中就有这种情况。在这里，我们发现了第一个较长篇的插入部

① 参看《马克思恩格斯全集》第1版第47卷第285页。

② 《马克思恩格斯全集》第1版第30卷第616、617页。

分，是关于生产劳动的。在这个插入部分中，马克思提出了他对如何继续写自己的著作的思考[①]，1861年夏天制订的计划由此得到了补充和精确化，马克思此后也是按照这一计划写作的，不久以后开始写作的机器篇就证明了这一点。

第Ⅴ笔记本尚未结束，马克思就于1862年3月开始在第Ⅵ笔记本中写他曾标为第5点的《剩余价值理论》。第4点应该是把“绝对剩余价值和相对剩余价值结合起来”[②] 考察。到1863年1月，马克思才再次续写关于机器的一篇，这一篇属于第3点《相对剩余价值》。他写完了第Ⅴ笔记本剩下的最后几页空白页，然后在第XIX笔记本中继续他的论述。马克思在他手稿的最后一部分，也就是发表在第6册中的这一部分，再次论述了资本的生产过程。他根据在此之前不久（在第XVIII笔记本中）作了修改的他的著作的这一部分的计划，对一些疑难问题进行了补充。后来的《资本论》第1卷的几乎所有问题都已经在这里得到了解决。

（原载《马克思恩格斯全集》历史考证版
第2部分第3卷第1册）
（卢晓萍 译）

① 参看《马克思恩格斯全集》第1版第47卷第351页。

② 《马克思恩格斯全集》第1版第47卷第351页。

关于《剩余价值理论》手稿

——《马克思恩格斯全集》历史考证版第2部分第3卷第2册前言*

本册即第2部分第3卷第2册包含《剩余价值理论》的开头部分，其续编刊印在第3册及第4册中。在卡尔·马克思于1861年8月至1863年7月写作的内容丰富的手稿《政治经济学批判》中，《剩余价值理论》占有十分重要的位置；约占整个手稿的一半（第VI笔记本到第XV笔记本）。此外，在手稿中，尤其是在第XVII笔记本中，还有许多关于资本主义政治经济学历史及批判的分散的论述和随笔，其中有一部分内容十分广泛。

《剩余价值理论》在马克思经济学理论的形成过程中占有重要地位。1861—1863年手稿的这一部分特别集中地包含了新的理论发现和科学研究成果，这些发现和成果说明，这段时期在马克思的主要著作的写作过程中是一个新的时期。当马克思开始写作《剩余价值理论》的时候，他已经深入地理清了价值理论和剩余价值理论的基本脉络，并且从理论上说明了纯粹形式的剩余价值在生产过程中的起源。尽管还没有全面的科学的论述，价值理论和剩余价值理论还没有完成；马克思还面临着全面地研究并说明剩余价值在资产阶级社会表面上表现出来的具体形式即利润、利息和地租的任务。这方面至今只有若干个清晰的基本论点。马克思在他的著作的历史部分第一次对这些范畴进行分析，这并不

---

* 本文选自《马克思恩格斯列宁斯大林研究》2000年第4辑。

是偶然的。资产阶级的经济学家们，包括他们的主要代表斯密和李嘉图，都不了解纯粹的原始形式的剩余价值。马克思写道："所有经济学家都犯了一个错误：他们不是就剩余价值的纯粹形式，不是就剩余价值本身，而是就利润和地租这些特殊形式来考察剩余价值。"① 因此马克思对资产阶级关于剩余价值观点的分析和批判必然会同对资产阶级利润理论、地租理论和利息理论的分析和批判结合在一起。这完全符合马克思的工作方法，他总是从批判错误的和有缺陷的观点出发，完善他对有关问题的理论观点，提出和资产阶级经济学家们相对立的意见。

由于首先对资产阶级古典政治经济学的代表人物的基本观点进行分析而必然展开的新的紧张研究，使马克思在《剩余价值理论》中得出了一系列极为重要的成果，例如他对平均利润和生产价格、市场价值、利息、地租问题第一次进行了全面的理论阐述，尤其是对绝对地租、社会总资本的再生产、资本积累、经济危机问题第一次进行了全面的理论阐述，最后，这种新的紧张的研究使马克思在《剩余价值理论》中分析了生产劳动和非生产劳动的问题。

因此，《剩余价值理论》由于其丰富的理论内容成为深刻的科学知识的源泉。《剩余价值理论》还由于在这里更详细地（即使有一部分还是有粗糙的形式）讨论了《资本论》中仅简单阐述的若干问题而具有了更高的价值。例如这涉及生产劳动和非生产劳动的区别，资本主义危机的不可避免性，地租理论，尤其是绝对地租理论，还涉及商品的个别价值和市场价值的关系。这里我们考察一下思想的形成及认识形式的形成；他仔细考虑了他的正面的和反面的论据，用实例和计算有力地证明他得出的理论认识。《剩余价值理论》手稿在文字上的修改也表明，马克思竭力为他的研究结果和所达到的认识寻求最好、最恰当的表述。许

① 《马克思恩格斯全集》第1版第26卷（I）第7页。

多这样的地方在最后完成的著作中已经找不到了。因此，对马克思的经济学成果只有联系它的产生过程来加以考察，才能更深刻地领会。《剩余价值理论》特别直观地、明显地表明了马克思的方法的特点：他总是把自己的经济理论的制定同经济学说史的研究和叙述紧密地结合在一起。资产阶级政治经济学作为科学的发展过程在马克思个人的经济学研究工作的所有各个阶段中都得到了反映。在马克思的著作中，历史的方面是他的经济理论的不可分割的组成部分，然而并不是作为一种沉思冥想的因素，而是作为批判、作为有益的说明。马克思在1844年就想写一本《政治和国民经济学批判》。马克思五六十年代为出版这部主要著作逐步撰写的大量手稿，除少量的异文外，都以《政治经济学批判》为标题。1859年第一部分发表时就用了这个标题，并且马克思命名为《资本论》的完成的著作最终也仍保留了《政治经济学批判》这一副标题。对马克思来说，对政治经济学的批判就是对资产阶级社会的批判，阐述自己的理论，战胜迄今为止的经济学理论，最终是为了取得这样的认识：这种剥削社会将会被消灭，会被新的、没有剥削的共产主义社会所代替。

马克思首先对资本主义现实进行了潜心的研究，对资产阶级经济科学，尤其是对古典政治经济学的所有结论有了准确的认识并进行了有计划的批判，才得以创立工人阶级的政治经济学并由此全面地论述无产阶级的历史使命。马克思本人在写给恩格斯的信中批评拉萨尔在理论问题上所采取的行动时也曾提到过这一点："通过批判使一门科学第一次达到能把它辩证地叙述出来的那种水平，这是一回事，而把一种抽象的、现成的逻辑体系应用于关于这一体系的模糊概念上，那完全是另外一回事。"①

---

① 《马克思恩格斯全集》第1版第29卷第264页。

马克思对科学的资产阶级经济学从其起初的配第，到重农学派，直到其顶峰斯密和李嘉图的研究，更加深化了他的整个学说所特有的历史考察方法。因为资产阶级政治经济学的发展历史反映了资本主义社会发展历史的基本脉络，而研究资本主义社会的运动规律正是马克思为自己确立的目标。恩格斯说："既然在历史上也像在它的文献的反映上一样，整个说来，发展也是从最简单的关系进到比较复杂的关系，那么，政治经济学文献的历史发展就提供了批判所能遵循的自然线索，而且，大体说来，经济范畴出现的顺序同它们在逻辑发展中的顺序也是一样的"，"这正是跟随着现实的发展"。①

马克思在《剩余价值理论》中关于政治经济学的方法的直接阐述也具有重要意义。马克思对李嘉图理论的批判就是从研究李嘉图和亚当·斯密所使用的方法开始的。马克思认为，李嘉图从劳动时间决定商品价值量出发，然后去研究其他的经济关系或范畴是否与这一价值决定相矛盾或者说改变这一价值决定。马克思写道："人们一眼就可以看出这种方法的历史合理性，它在政治经济学史上的科学必然性，同时也可以看出它在科学上的不完备性，这种不完备性不仅表现在叙述的方式上（形式方面），而且导致错误的结论，因为这种方法跳过必要的中介环节，企图直接证明各种经济范畴相互一致。"② 马克思解释说，李嘉图的方法导致了其"著作的非常奇特的、必然谬误的结构"③，该著作的前两章已经包括了李嘉图的全部理论，而其余的三十章则仅仅是解释、补充和细节说明而已。马克思只是在考察了李嘉图的方法后才开始研究李嘉图理论的各个范畴，其间他经常指出，李嘉图理论上的有些缺陷应

① 《马克思恩格斯选集》第2版第2卷第43页。

② 《马克思恩格斯全集》第1版第26卷（II）第181页。

③ 《马克思恩格斯全集》第1版第26卷（II）第184页。

归因于他的方法上的缺陷。

正如对李嘉图的主要著作的“谬误的结构”的批判促进了马克思自己的著作《资本论》的结构的完善一样，在《剩余价值理论》中对资产阶级古典政治经济学的方法的彻底批判无疑也促进了马克思的方法的进一步发展。

马克思开始写作《剩余价值理论》时把它作为1861—1863年经济学手稿的第五点，他的目的是把它作为历史部分插入论述剩余价值生产的理论部分，并以此结束理论部分。马克思在1859年写作《政治经济学批判》时就这样做了，他给该著作中关于商品和货币的两章增加了三篇有关理论史的论述，随着写作的进展，《剩余价值理论》手稿的篇幅变得十分庞大。马克思研究的问题的范围明显扩大。马克思分析批判资产阶级经济学家时只能在个别的场合援引他的著作中已经完成的理论部分；《资本的生产过程》篇当时还仅仅是一个草稿（第I笔记本至第V笔记本），而有关《资本的流通过程》和《生产过程和流通过程的统一或者说资本和利润、利息》在1857—1858年手稿中只有几处简单的、暂时的说明。因此，马克思在写作《剩余价值理论》时不得不在他的理论历史研究过程中出现理论问题的场合对这些理论问题作出说明和明确的回答。大多数情况下他都回答得非常详细，在回答这些在分析批判资产阶级政治经济学的过程中出现的理论问题时，马克思确立了资本分析中的一般和特殊的统一，尽管涉及的是价值理论和剩余价值理论。马克思对“资本”概念获得了越来越明确的认识，这一研究过程也大大扩大了《剩余价值理论》的篇幅。从它的篇幅，尤其是从它的内容上看，这部分手稿由于所讨论的题目、问题和范畴的多样化，而大大超出了原先确定的范围。

马克思在1863年1月还曾打算把历史批判材料分别放到他的关于“资本一般”的一部分已经写好、一部分计划要写的理论部分中去。很明显，这一意图产生于当时为其著作的第 1 部分及第 3 部分所作的计划草稿。（第 XVIII 笔记本，第 1139 和 1140 页。）把整部理论著作分成三个部分的意义，特别是在上述计划草稿中，越来越明显了，而马克思原先只是在一章下面分三个部分：1.《资本的生产过程》，2.《资本的流通过程》，3.《生产过程和流通过程的统一或者说资本和利润、利息》。这种三分结构产生了决定性的作用，以至于那些按照原先的计划应该构成完全独立的篇的主题例如竞争、信用和土地所有制的基本思想都逐渐被包括进了这个三分结构。随着这三个理论部分在马克思的写作过程中日益成形，并逐渐包括了马克思主义政治经济学最重要的问题，马克思产生了这样的想法，即《剩余价值理论》应该成为一个独立的部分，并成为整部著作的最后一部分即第 4 册。

两年后，马克思在一部新的经济学手稿中整理和扩充了以前的资料，并且完成了《资本论》所有三个理论部分的草稿，在此之后，这一思想被确定下来。马克思当时写给恩格斯的一封信可以证明这一点，在这封信里第一次提到《资本论》的第四册。他说："再写三章就可以结束理论部分（前三册）。然后还得写第四册，即历史文献部分；对我来说这是最容易的一部分，因为所有的问题都在前三册中解决了，最后这一册大半是以历史的形式重述一遍。"① 1867 年秋天《资本论》第 1 卷出版时，马克思就公开宣布了这一想法。他在第 1 卷序言的末尾说道："这部著作的第二卷将探讨资本的流通过程（第二册）和总过程的各种形式（第三册），第三卷即最后一卷（第四册）将探讨理论史。"② 众所周知，马克思和恩格斯没能把他们多次表示过的这一想法付诸实现，即出版《资本论》的第 4 卷。《剩余价值理论》是由卡尔·考茨基

① 《马克思恩格斯全集》第 1 版第 31 卷第 135 页。

② 《马克思恩格斯全集》第 1 版第 23 卷第 12 页。

首次出版的。

在《剩余价值理论》几十年的出版和研究过程中，该部手稿是否是《资本论》的第4卷这一问题一直很受关注。这个问题只有在考虑到所有重要因素的情况下才能给予确切的回答。这些因素包括手稿的形成过程，马克思及恩格斯在《资本论》三卷理论卷完成及出版后对这部手稿所持的并且多次明确表述过的想法，当然还包括手稿内容本身。

由此得出的结论是：在马克思写作《剩余价值理论》的整个时期，他曾想把这些资料分别放到有关的各个理论部分。那时候还没有写第4卷的意图，整部理论著作的三分结构也远未完全形成。然而，这部手稿的结构在客观上表明，马克思在笔记中描述了资产阶级政治经济学史的并非一帆风顺的、但总趋势符合逻辑的发展过程：资产阶级政治经济学的开始阶段、作为科学的发展阶段、随着李嘉图达到的鼎盛阶段及其最终变为一般庸俗经济学和辩护论的衰落阶段。因此该手稿成了包括政治经济学的整个历史的《资本论》第4卷的草稿，它的主要观点表明，“一方面，政治经济学家们以怎样的形式自行批判，另一方面，政治经济学规律最先以怎样的历史路标的形式被揭示出来并得到进一步发展”①。最迟在1865年以后，马克思已把《剩余价值理论》视为《资本论》的第4卷，尽管还处于“一切研究工作最初阶段所具有的那种初稿形式”②。马克思去世两年后，恩格斯出版了《资本论》的第2卷。恩格斯在他为1885年版《资本论》第2卷所写的前言中说：他正在准备第3卷的复印稿，然后出版《剩余价值理论》即《资本论》第4卷。因此已毫无理由去怀疑马克思和恩格斯的这一意图，尤其是《剩余价值理论》的内容已完全证实了这一意图。在《马克思恩格斯全集》中，

---

① 《马克思恩格斯全集》第1版第26卷（I）第367页。

② 《马克思恩格斯全集》第1版第34卷第285页。

《剩余价值理论》按照马克思遗作的原样出版：作为 1861—1863 年经济学手稿《政治经济学批判》的一部分。

《剩余价值理论》的篇幅很大，因而必须分册出版。马克思对此没有直接的说明。然而有一种可行的方法即三分法，这种三分法从内容方面来看是合理的。马克思密切注视的首先是各个资产阶级政治经济学家在解决剩余价值问题方面达到的程度。因此不可避免地要在探讨问题时回到已经提过的经济学家身上，另一方面也会在讨论某个经济学家时重新研究在另一个地方已涉及的某些问题。从这种有限制的角度来看，三分结构中显示出了以下的主要线索：

在《剩余价值理论》的第 1 部分（第 2 册）里，马克思研究了资产阶级政治经济学直至其顶峰的发展阶段。重点是工场手工业时期最重要的经济学家亚当·斯密。理论问题集中在资本和劳动在价值规律基础上的交换上。第 2 部分（第 3 册）是讲资产阶级古典政治经济学的顶峰——李嘉图理论。主要的理论问题是：价值理论和剩余价值理论的完成，研究剩余价值在资本主义社会中表现出来的具体的、派生的形式。第 3 部分（第 4 册）分析了资产阶级经济学的衰落，它作为科学的政治经济学的衰落过程及其向庸俗经济学的必然发展。

马克思以对英国经济学家詹姆斯·斯图亚特的简短研究开始了《剩余价值理论》的第 1 部分。斯图亚特本身就是个重商主义者，在剩余价值的产生问题上（以利润的形式）几乎没能超出其他重商主义理论家关于剩余价值的产生所说的话。他也认为利润来自于交换，来自于商品高于其价值出售。斯图亚特对这一事实的理解中的极为细微却十分重要的区别在于：他认为从交换中产生的利润只是价值的再分配。斯图亚特认为利润并非是在流通中创造的。这根本谈不上是对剩余价值起源问题的解决，但的确是在年轻的政治经济科学中向前跨了一步。

但是，马克思在《剩余价值理论》第 1 部分中把绝大部分篇幅用来陈述重农学派以及英国古典经济学代表人物亚当·斯密的观点。马克思把重农学派（一部分以弗朗索瓦·魁奈和安娜·罗伯尔·雅克·杜尔哥为首要代表的法国经济学家）称为“**资本和资本主义生产方式的**最早有系统的（不像配第等只是偶然的）**解释者**”①。他们在解决劳动和资本在价值规律基础上的交换问题上作出了极为重要的贡献。马克思写道：“重农学派的重大功绩在于，他们在资产阶级视野以内对资本进行了分析。正是这个功绩，使他们成为现代政治经济学的真正鼻祖。”②

马克思强调了重农学派在资产阶级经济科学发展历史上的两项主要的理论贡献。第一，他们是第一批不再在流通过程中寻找剩余价值的起源的人。马克思写道：“重农学派把关于剩余价值起源的研究从流通领域转到直接生产领域，这样就为分析资本主义生产奠定了基础。”③ 这在政治经济学作为科学的发展中是一次质的飞跃。因为只有认识到物质生产是剩余价值的起源之所在，才有可能在劳动价值理论的基础上去解释剩余价值。但是，重农学派仍然没有认识到价值的本质。他们把它和使用价值，和自然原料及自然产品等同起来。这样我们就可以理解：他们认为剩余价值生产只有在农业中才有可能，农业中的剩余产品是十分明显的，作为自然的产品由农业工人的劳动生产出来。于是，重农学派只知道地租形式的剩余价值。因此他们恰当地提出了一条基本规律，即只有创造剩余价值的劳动是生产劳动，在这种意义上对他们来说只有农业劳动是生产的。

重农学派的第二项重大理论成果在于：弗朗索瓦·魁奈是第一位试图在全国范围内研究和表述资本的整个再生产和流通过程的人。这里应

① 《马克思恩格斯全集》第1版第34卷第40页。

② 《马克思恩格斯全集》第1版第26卷（I）第15页。

③ 《马克思恩格斯全集》第1版第26卷（I）第19页。

该提到魁奈的《经济表》，它是资本主义经济学发展过程中的一项辉煌成就。马克思曾多次深刻地分析了《经济表》并给予如下的评价："但是，实际上，这是一种尝试：把资本的整个生产过程表现为**再生产过程**，把流通表现为仅仅是这个再生产过程的形式；把货币流通表现为仅仅是资本流通的一个要素；同时，把收入的起源、资本和收入之间的变换、再生产消费对最终消费的关系都包括到这个再生产过程中，把生产者和消费者之间（实际上是资本和收入之间）的流通包括到资本流通中；最后，把生产劳动的两大部门——原料生产和工业——之间的流通表现为这个再生产过程的要素，而且把这一切总结在一张《表》上，这张表实际上只有五条线，连结着六个出发点或归宿点。这个尝试是在18 世纪 30—60 年代政治经济学幼年时期作出的，这是一个极有天才的思想，毫无疑问是政治经济学至今所提出的一切思想中最有天才的思想。"①

在称赞重农学派的科学成果的同时，马克思在研究他们的经济学观点的过程中还强调了这样一个事实：他们对资本主义社会具有一种绝对非历史的考察方式。他们认为资产阶级社会是永恒的、不朽的，资本主义生产方式是人类共同生活的自然形式。后来的整个资产阶级经济学在这一方面同他们站在同一水平上，不能克服他们对资产阶级社会的反历史的观点，而这种观点在理论研究中对认识起到了极其严重的限制作用。资产阶级经济学家们无法理解，生产资料只能在某些特定的历史条件下才能转化为资本；他们把资本等同于自然的物质生产条件，他们没有认识到，资本代表一种在历史上被建立起来的社会关系，同时它又掩盖了这种社会关系。

同这些重农学派相比，亚当·斯密在很大程度上发展了资产阶级古

① 《马克思恩格斯全集》第 1 版第 26 卷（I）第 366 页。

典政治经济学，以至于他在很多问题上达到了资产阶级古典政治经济学的客观的认识界限。他认识到，任何社会劳动都能形成价值，无论它是在哪个生产领域完成的，也无论它生产了哪种形式的使用价值。因此他不仅仅只在地租的形式上，而且也在利润和利息的形式上看到了剩余价值。他的巨大功绩在于，他“从工人超出他用来**支付**（即用等价物来补偿）自己工资的那个劳动量之上所完成的劳动引申出利润。从而……认识到了剩余价值的真正起源。同时他还十分明确地指出，剩余价值不是从预付基金中产生的……它的价值不过是在产品中再现而已。剩余价值仅仅是在新的生产过程中从‘工人**加到材料上的**’新劳动中产生的”①。但是斯密仍然没有理解纯粹形式上的剩余价值，虽然他已把利润和地租看做产生于无酬劳动的一般范畴。所以，斯密不懂得工人是向资本家出卖他的劳动力，所以他无法在价值规律的基础上解决资本和劳动的交换问题。相反斯密假定，在资本和劳动的交换中价值规律并不起作用。

马克思在《剩余价值理论》中对亚当·斯密的科学成就给予了很高的评价。但同时他也指出了斯密理论中的矛盾和错误，指出了他在分析经济学范畴时的矛盾，这种矛盾尤其表现在斯密作出的各种互相矛盾的价值规定上。马克思同时又赞扬了这种部分地说与斯密的不带偏见的理论研究相一致的矛盾性的科学创造性，他写道：“亚·斯密的矛盾的重要意义在于：这些矛盾包含的问题，他固然没有解决，但是，他通过自相矛盾而提出了这些问题。后来的经济学家们互相争论时，时而接受斯密的这一方面，时而接受斯密的那一方面，这种情况最好不过地证明斯密在这方面的正确本能。”②

① 《马克思恩格斯全集》第1版第26卷（I）第58页。

② 《马克思恩格斯全集》第1版第26卷（I）第140—141页。

斯密著作的矛盾性是有其原因的，其原因就在于他的研究方法的缺陷。一方面，他试图去揭示资产阶级社会所隐藏着的内在联系；另一方面，他又醉心于描写资产阶级生产方式的外在表现。如果他走上第一条路，他就会获得极具科学价值的认识，例如由劳动时间决定价值的正确规定和剩余价值的真正起源的正确规定。然而，如果他走上第二条路，他就只能达到理论上肤浅的陈述。

为了批判全部社会产品价值都分解为利润的所谓斯密“教条”，马克思在《剩余价值理论》第1部分中还从理论上分析了社会总资本的再生产问题，尤其详细地研究了不变资本的补偿问题。马克思说明了使用价值再生产和价值再生产的条件和区别。他的出发点是：只有年产品提供一切其使用价值能补偿一年内消费的物质生产条件的物品，社会生产过程才能持续进行。除了使用价值的再生产外，再生产的两个基本条件的物质组成部分即劳动力和生产资料的价值的再生产也是不可缺少的。这里涉及的是物质再生产和价值再生产的统一的、同时进行的过程。在分析拉姆赛时马克思写道：“被拉姆赛当做两个独立现象来考察的东西——在再生产过程中，就全国而言，是以产品补偿产品，就单个资本家而言，是以价值补偿价值——可归结为两个观点，这两个观点即使对于单个资本来说，在分析资本的流通过程，同时也就是再生产过程时，都是应当加以考虑的。”① 马克思认为，研究不变资本补偿问题的重要基础是认识商品所体现的劳动的二重性。他认为，只有通过劳动二重性的规定才有可能解释生产资料和劳动力在价值形成过程中的不同作用，才能划分不变资本和可变资本。斯密由于自己认识上的局限性而不能达到这一区分。

因为马克思认识到了各个价值部分的区别，他也就能够说明各部分

---

① 《马克思恩格斯全集》第1版第26卷（I）第88页。

之间的关系。关于不变资本的补偿问题，他写道："因此，毫无疑问，用工资和利润总额（两者加在一起，只不过代表新加到不变资本上的劳动总量）购买的那部分成品，都以它的各个要素的形式得到补偿。这部分成品所包含的新加劳动得到补偿，不变资本所包含的劳动量也得到补偿。其次，毫无疑问，不变资本所包含的劳动在这里从新加到不变资本上的活劳动基金中得到了自己的等价。"① 不变资本的生产者不能消费掉他们自己的产品，因为他们自己的产品是用于生产消费的。他们必须把他们的工资和利润花在用于个人消费的产品上，也就是说，资本家必须把他的产品的不变价值部分同其他生产者的产品中以工资和利润形式存在的价值部分相交换。"不变资本实际上是这样得到补偿的：它不断地重新生产出来，并且有一部分是自己再生产自己。但是，加入可消费的产品的那部分不变资本，则由加入不可消费的产品的活劳动来支付。"② 因此，不变资本的再生产是以社会生产中生产不同实物形式的商品的第一部类和第二部类之间的交换为中介的。

马克思在《剩余价值理论》中用很大的篇幅分析了资产阶级关于资本主义社会中生产劳动和非生产劳动的观点。这个问题和解释资本和劳动之间的交换有很密切的关系。马克思深入地研究了斯密对这一问题的观点，但同时也研究了他的庸俗化者如费里埃、罗德戴尔、萨伊、德斯图特・德・特拉西及其他人的观点。

在研究生产劳动和非生产劳动的性质时，斯密也得出了两个不同的、互相矛盾的观点。两种观点在他的叙述中紧密地交织在一起。斯密的第一种定义说明：在资本主义生产的意义上，生产劳动就是指雇佣劳动，这种劳动在同资本的可变部分的交换中不仅再生产了资本的这一部

① 《马克思恩格斯全集》第1版第26卷（I）第94页。

② 《马克思恩格斯全集》第1版第26卷（I）第136页。

分，而且为资本家创造了剩余价值。因此，斯密把同资本相交换的劳动称为生产劳动。而斯密的第二种定义可以归结为：生产劳动也就是物化在任何商品中即体现在一种有用的产品上的劳动。马克思把斯密的这个定义（可是斯密没有一直坚持这一定义）称为“他的巨大科学功绩之一”①。

马克思对斯密有关生产劳动和非生产劳动的观点的批判和分析是同他自己对这一问题的观点的发展紧密相联的。虽然他有这样的计划，但他再没有像在《剩余价值理论》中那样详细地探讨过这个问题。对马克思来说，研究资本主义社会中哪些劳动是生产劳动这一问题，对于继续完成他的剩余价值理论是至关重要的，马克思从斯密的第一种定义出发，全面地论证了在资本主义生产的条件下，只有创造剩余价值的劳动才是生产劳动。资本家的目的不是使用价值的生产，而是剩余价值的生产。不同资本交换、不为这种劳动的使用者创造剩余价值的劳动，在资本主义生产的意义上就是非生产劳动。但是马克思阐述的这一定义只适用于资本主义生产关系。这一定义并不适用于自给自足的农民和手工业者，虽然他们也是商品的生产者。马克思指出，哪些劳动是生产的这一问题，取决于当时的生产方式及其目的。在资本主义生产范围之外，生产劳动和非生产劳动的区分有不同的历史决定的标准。在这一意义上马克思有如下简短的评论：“但是，假定不存在任何资本，而工人自己占有自己的剩余劳动，即他创造的价值超过他消费的价值的余额。只有在这种情况下才可以说，这种工人的劳动是真正生产的，也就是说，它创造新价值。”②

除了《剩余价值理论》，马克思在1861—1863年手稿中又一次详细

① 《马克思恩格斯全集》第1版第26卷（I）第148页。

② 《马克思恩格斯全集》第1版第26卷（I）第143页。

地谈到了生产劳动和非生产劳动的问题。这一部分详细的理论阐述在手稿第 XXI 笔记本第 1317—1331 页上。

《剩余价值理论》的第 2 部分是从研究《洛贝尔图斯先生。新的地租理论（插入部分）》开始的。根据第 X 笔记本第二封页上的目录可以看到，马克思本来想在（g）后立刻开始分析李嘉图的理论。但是，1862 年 7 月 2 日，斐迪南·拉萨尔在写给马克思的信中，要求马克思把他借给他的洛贝尔图斯的《给冯·基尔希曼的第三封信：驳李嘉图的地租学说，对新的地租理论的论证》寄还给他。这件事直接促使马克思先放下李嘉图而首先研究洛贝尔图斯的地租理论。从内容上看，这一插入部分成了整个结构的有机组成部分，又直接引出了第 2 部分的主要内容，即对李嘉图理论的分析研究。

1851 年普鲁士经济学家、地主约翰·卡尔·洛贝尔图斯就声明，他已经发现并证明了李嘉图所否认的绝对地租的存在。马克思在上述手稿中同洛贝尔图斯进行了辩论。尽管洛贝尔图斯正确地从地产的垄断中解释了地租，但他对绝对地租的理论论证在科学上是站不住脚的。他对这个问题的“解决方法”是：据称农业企业不计算它们本身生产的原料，这就是绝对地租的源泉。马克思指出，这样的一种计算错误有可能存在于落后的德国农民经济中，但绝对不会发生在一个资本主义的农场主身上。

同洛贝尔图斯之间的论战是非常有意义的，因为马克思在这里第一次详细地研究了绝对地租理论。洛贝尔图斯不可能创造出真正科学的绝对地租理论，因为他（和李嘉图一样）不能区分价值和生产价格。他像李嘉图那样把这二者等同起来，这样他就不可能证明绝对地租的存在。对绝对地租的科学论证成了平均利润理论和生产价格理论的正确性的标准。因此，马克思正是在这里对李嘉图的基本理论进行了批判性的分析。

马克思在李嘉图的理论中看到了资产阶级古典政治经济学的顶峰，对李嘉图在经济学这门科学发展中的功绩给予了很高的评价。马克思写道："资产阶级制度的生理学——对这个制度的内在有机联系和生活过程的理解——的基础、出发点，是价值决定于**劳动时间**这一规定。李嘉图从这一点出发，迫使科学抛弃原来的陈规旧套，要科学讲清楚：它所阐明和提出的其余范畴……同这个基础、这个出发点适合或矛盾到什么程度；一般说来，只是反映、再现过程的表现形式的科学以及这些表现本身，同资产阶级社会的内在联系即现实生理学所依据的，或者说成为它的出发点的那个基础适合到什么程度；一般说来，这个制度的表面运动和它的实际运动之间的矛盾是怎么回事。李嘉图在科学上的巨大历史意义也就在这里。"① 李嘉图的第二个历史功绩在于，他"揭示并说明了阶级之间的经济对立——正如内在联系所表明的那样，——这样一来，在政治经济学中，历史斗争和历史发展过程的根源被抓住了，并且被揭示出来了"②。

李嘉图把政治经济学发展到了资产阶级在科学上的和阶级的认识界限；但是他没有克服这种限制。他并不把资本主义制度看做是一种产生出来之后经过一个发展过程，然后又消亡的历史现象，而看做是人类社会的自然和永恒的制度。他的科学研究方法的形而上学特点就是从这里产生的。他从比较抽象的经济范畴中直接地、而不是通过必要的中介环节发展出比较具体的经济范畴，他把本质和现象形式直接地进行对照并部分地把它们混为一谈。李嘉图没有看到价值的历史性，也没有看到隐藏在价值中的社会关系；同样他也没有理解资本主义中价值的变化。李嘉图没有认识到资本主义条件下价值及其现象形式之间的必要的中介环

① 《马克思恩格斯全集》第1版第26卷（I）第183页。

② 《马克思恩格斯全集》第1版第26卷（I）第183页。

节，只是马克思才发现了这些中介环节。这里也涉及纯粹形式上的剩余价值和资本的有机构成。李嘉图不懂得只是由马克思才发现的资本的基本划分，即从价值增殖的角度来看资本划分为不变资本和可变资本，而只是对资本进行了次要的划分，即从流通过程的角度把资本划分为固定资本和流动资本。

马克思详细地说明了李嘉图的种种错误，并且立刻超越了这些错误。他在这里第一次阐明了得到科学论证的市场价值理论，平均利润理论和生产价格理论。李嘉图忽视了简单商品和作为资本的产品的商品之间的区别。斯密虽然看到了存在于价值和生产价格之间的矛盾，但是从中仍然得出了错误的结论，认为在资本主义生产条件下价值规律不再起作用。

马克思在解决这个科学问题时一直是从他的价值理论和剩余价值理论出发的。他通过必要的环节从这些比较抽象的范畴中发展出比较具体的范畴，并同时考察了本质和现象形式之间的中介联系。价值规律转化成了生产价格规律，因为商品作为资本的产品本身就是资本，就是剩余价值的承担者。剩余价值虽然产生于可变资本，但是为了占有剩余价值，资本家同样也必须预付不变资本。如果价值和生产价格相同，那么资本家就会用相对来说最高的不变资本耗费实现最低的利润。这同资本增殖和发展生产力的要求是相矛盾的，因为较高的资本的有机构成与较高的劳动生产力水平相适应。因此，为了把资本的价值增殖条件考虑进去必然要求剩余价值的再分配。马克思分析了价值规律的这些必然的变化是如何通过竞争的两种基本形式得以实现的。

竞争的第一种基本形式是在同一生产部门内部起作用的，它导致市场价值的形成。马克思通过市场价值这一范畴使资本主义生产方式条件下的价值表现形式具体化了。在《剩余价值理论》中，马克思比后来在《资本论》第3卷中更为详细地说明了市场价值这个范畴。他明确了各单个企业中的劳动所形成的个别价值和作为社会价值的市场价值之间的区别。他写道："竞争——部分地是资本家之间的竞争，部分地是商品的买者同资本家的竞争以及商品的买者之间的竞争——在这里就导致这样的结果：某一特殊生产领域的每一个别商品的价值决定于**这一特殊社会生产领域的商品总量**所需要的**社会劳动时间总量**，而不决定于**个别商品的个别价值**，换句话说，不决定于个别商品的**特殊**生产者和卖者为这一个别商品花费的劳动时间。"①

李嘉图混淆了生产价格的形成过程和市场价值的形成过程，他断言对生产部门的各个单个资本来说会形成一般利润率，与此相反，马克思指出，对生产部门的各个单个资本来说，由于它们各自的劳动生产力不同，不同的利润率仍然起着决定作用。平均利润率只适合于在生产部门的平均生产条件下进行生产的资本。这对认识超额利润范畴具有决定性的意义。马克思推断："……生产条件比平均生产条件有利的资本家，在所有情况下都会赚得一种超额利润，就是说，他们的利润会超过这个领域的一般利润率。"② 超额利润是发展劳动生产率的推动力，因此在趋势上决定着资本有机构成的提高。

竞争的第二种基本形式是在不同生产部门之间为获得最佳的资本增殖条件而进行的一种竞争形式，这种竞争形式会使各个生产部门的不同的利润率平均化为一般利润率，或者说平均利润率，并使市场价值转变为生产价格。所有的资本都涌入能够提供最大利润的各生产部门这种情况导致不同的利润率平均化为平均利润率、一般利润率，这种利润率对所有部门都是相等的。"这无非是资本家们努力（而这种努力就是竞争）把他们从工人阶级身上榨取的全部无酬劳动量……在他们相互之间

① 《马克思恩格斯全集》第1版第26卷（II）第228页。

② 《马克思恩格斯全集》第1版第26卷（II）第228页。

进行分配，而且这种分配不是根据每一个**特殊**资本直接生产多少剩余劳动，而是根据：**第一**，这个特殊资本在总资本中占多大部分；**第二**，总资本本身生产的剩余劳动总量。资本家们既作为同伙又作为敌手来瓜分赃物——他们所占有的别人劳动，于是他们每个人占有的无酬劳动，平均说来，同其他任何一个资本家占有的一样多。”① 马克思用平均利润的理论来证明，从整个社会来看，平均利润的高低取决于所有资本主义企业中的剥削程度，因此，互相进行斗争的不只是单个工人和单个资本家，而是作为阶级的工人和资本家。

一般利润率或者平均利润率的形成的结果是：并非商品的价值(c + v + m)，而是生产价格（c + v + 平均利润），成了市场价格围绕着的波动的中心。

平均利润和生产价格作为价值规律的变形并没有取消社会必要劳动时间决定商品价格这一规定。这只不过是剩余价值的再分配，在这种再分配中，所生产的剩余价值的总量等于平均利润的总和。与此相应，所生产的商品的价值总和等于生产价格的总量。

“生产价格”这一术语在《剩余价值理论》中还有一个发展过程。马克思在他最终使用这个术语之前曾用“平均价格”和“费用价格”来代替生产价格。

在《剩余价值理论》中，市场价值、平均利润和生产价格理论的制定具有极其重要的意义。这是体现马克思在政治经济学中所完成的革命的最重要的认识。而且这也是解决使资产阶级古典政治经济学垮台的其他重要问题的关键。

平均利润理论和生产价格理论的制定使马克思有可能证明绝对地租的存在及其起源。同工业相比，农业生产力的发展水平是较低的，因此

---

① 《马克思恩格斯全集》第1版第26卷（II）第21页。

在这里所使用的资本的有机构成也比较低。因此，农业属于这样一些经济部门，在这些经济部门中，所生产的剩余价值大于所使用的资本分到的平均利润。土地私有权是作为一种垄断起作用的，这种垄断阻碍农业中所生产的剩余价值进入一般利润率形成过程。所以在农业产品的出售中起决定作用的不是生产价格而是价值。但是，因为资本主义租地农场主只能要求得到平均利润，于是就产生了一种被土地所有者作为绝对地租占有的超额利润。

由于李嘉图把价值和生产价格等同起来，这使他无法从理论上正确说明利润率趋向下降的情况。因为他不区分利润率和剩余价值率，所以他把工资的提高看做是利润率下降的原因。与李嘉图相反，马克思指出，资本有机构成的提高是利润率下降的真正原因。因为李嘉图不理解资本的有机构成，他就无法解释为什么在有机构成提高快于剩余价值率提高的时候，利润率甚至在剩余价值率提高的情况下也会降低。李嘉图是用他那种错误的级差地租理论来论证工资的提高的，而且他在自己的级差地租理论中掺杂进了马尔萨斯的反动定理即所谓的土地产量递减的规律。按照这种规律，由于对农产品的需求的增加，越来越坏的土地就会被投入耕作，于是农产品的价格提高，而农产品价格的提高又会引起工资的提高。马克思批评了土地产量递减这一根本错误的理论，并证明，生产力的提高也会导致农业产量的提高。即使较坏的土地被投入耕作，土地的绝对产量也会由于生产力的普遍发展而提高。级差地租的原因并不是像李嘉图和马尔萨斯所断言的那样是越来越坏的土地被投入耕作，而是在资本投入相同的情况下，坏地、中等地和优等地的产量不同。于是在农业中产生了一种错误的社会价值：它一般不由平均生产条件决定，而是由为满足对农产品需求而必须被耕种的最坏等级的土地的产品所需要的劳动耗费决定。由于较好等级的土地的产量较高，产生了超额利润，这就是土地所有者的级差地租。

在一个插入部分中，马克思认为有必要研究一下李嘉图的级差地租“规律”的产生过程。他肯定这种地租理论的创始人不是李嘉图，而是苏格兰经济学家詹姆斯·安德森。但安德森与李嘉图不同，安德森是从土地产量增长的可能性出发的。

马克思在《剩余价值理论》中还分析了李嘉图对不变资本的本质的不理解，由于这种不理解，李嘉图像以前的斯密一样，在研究社会总资本的再生产时完全没考虑到这一资本组成部分，因为据称这一资本组成部分又可以分解为劳动。与此相反，马克思强调指出：“首先，必须弄清不变资本的再生产。”① 马克思强调的年产品的价值量主要取决于所使用的不变资本这一事实。不变资本不能分解为每年消费的收入，而只能被生产地消费。马克思在谈到不变资本的再生产时特别指出了只是在生产资料的生产领域内部流通的那一部分，即生产生产资料的生产资料。

由于固定资本的投入，全部不变资本与被消费掉的不变资本部分相比越来越大。不变资本也不能全部进入年收入，因为它的主要部分来自于上一个生产期间，又经过积累扩大后必然进入下一个生产期间。由于这种考虑，马克思第一次阐明了社会总资本再生产的重要原则；把社会生产分为两个部类具有极其重要的意义，这两个部类是：一、生产资料生产，二、消费资料生产。这使马克思有可能从价值和使用价值两个方面精确地分析社会总资本再生产的理论条件。这些问题的解决也是马克思在《剩余价值理论》中所作出的政治经济学基本发现之一。

由于证明了资本的动机不是消费，而是积累，马克思批评了李嘉图积累仅仅是资本可变部分的积累的错误观点。这种观点来自于李嘉图对不变资本的作用的错误认识。李嘉图关于不可能发生经济危机的观点也

① 《马克思恩格斯全集》第1版第26卷（II）第538页。

与此有关。在这一点上他沿用了让·巴蒂斯特·萨伊的评论设想，按照这种假设，不可能存在普遍的生产过剩，因为产品总是在同产品进行交换，由此就建立起了供与求、卖方与买方之间的平衡。1859年，马克思在他的著作《政治经济学批判》中就已证明，随着货币的出现，也就产生了经济危机的抽象的可能性。不再像萨伊、李嘉图及其他人所假设的那样存在直接的产品交换，而是存在一种商品流通，在商品流通中，分成两个分离的、独立的行为：买和卖。马克思在1859年指出了危机的另一种可能性，这种可能性是由于货币作为支付手段的职能产生的。马克思打算在他探讨资本主义生产方式表面上的现实过程的主要著作中，首先在有关信用的著作以及关于世界市场的那一册中全面分析经济危机这一问题。在对李嘉图理论进行批判分析时，马克思已经在《剩余价值理论》中对资本主义经济危机的不可避免性问题作出了原则性的回答。

马克思是从资本主义的全部矛盾，尤其是从资本主义的基本矛盾中得出经济危机的规律性的。马克思写道："危机的**一般条件**，只要不取决于和价值波动不同的**价格波动**……就必须用资本主义生产的一般条件来说明。"① 马克思已经注意到作为基本矛盾的要素的最重要的矛盾，他这样写道："这种追加生产的尺度，是**资本**本身，是生产条件的现有规模和资本家追求发财致富和扩大自己资本的无限欲望，而决不是**消费**。消费早就被破坏了，因为，一方面，人口的最大部分，即工人人口，只能在非常狭窄的范围内扩大自己的消费，另一方面，随着资本主义的发展，对劳动的需求，虽然**绝对地说**是在增加，但**相对地说**却在减少。此外还有一点：一切平衡都是**偶然的**，各个领域中使用资本的比例固然通过一个经常的过程达到平衡，但是这个过程的经常性本身，正是

① 《马克思恩格斯全集》第1版第26卷（II）第588页。

以它必须经常地、往往是强制地进行平衡的那种经常的比例失调为前提。”①

在《剩余价值理论》的第3部分，马克思探讨了资产阶级政治经济学作为一门科学的衰落。这种衰落从理论上来说根源在于资产阶级古典政治经济学家的受阶级制约的认识局限性和历史的认识局限性，这种局限性使他们不可能认识并研究纯粹形态上的剩余价值。由此又产生了两个逻辑矛盾，这两个逻辑矛盾导致资产阶级古典政治经济学的衰落，因为他们没有能力解决这两个矛盾：“（1）资本和劳动之间的交换与价值规律相一致；（2）一般利润率的形成。把剩余价值和利润等同起来。不理解价值和费用价格的关系。”②

资产阶级古典政治经济学普遍衰落的过程在李嘉图还在世时就已经开始了。庸俗经济学以他的错误和缺点为起点，总的来说也就是以他未解决的问题为起点，但不是为了通过解决这些问题继续发展经济科学，而是相反，用这些问题反对古典劳动价值理论。

马克思分析了资产阶级古典政治经济学解体过程的主要方向。第一，对劳动价值理论带有明显敌意的反动批判；第二，李嘉图的模仿者为李嘉图理论进行辩护，他们把他的理论变成教义，从而加速了它的衰落；第三，那些接受李嘉图理论的主要成就，以便直接从中（尤其是从价值理论中）得出对无产阶级有利的空想社会主义结论的理论家的批判。

工人阶级越是强大地作为独立的政治力量出现，资产阶级经济学作为庸俗经济学就越是被迫否定古典经济学的科学成果，尤其是劳动价值理论。资产阶级古典经济学家们力图研究政治现象背后的本质，与他们

① 《马克思恩格斯全集》第1版第26卷（II）第562页。

② 《马克思恩格斯全集》第1版第26卷（III）第259页，译文有改动。

相反，庸俗经济学家的眼中只有现象世界。“庸俗经济学家——应该把他们同我们所批判的经济学研究者严格区别开来——实际上只是翻译了受资本主义生产束缚的资本主义生产承担者的观念、动机等等，在这些观念和动机中，资本主义生产仅仅在其外观上反映出来。他们把这些观念、动机翻译成学理主义的语言，但是他们是从［社会的］统治部分即资本家的立场出发的，因此他们的论述不是素朴的和客观的，而是辩护论的。对必然在这种生产方式的承担者那里产生的庸俗观念的偏狭的和学理主义的表述，同诸如重农学派、亚·斯密、李嘉图这样的政治经济学家渴求理解现象的内部联系的愿望，是极不相同的。”① 因此，庸俗经济学并没有推进真正的经济学理论，而是把注意力集中在古典经济学理论在科学上的不连贯性，利用他们的弱点达到辩护论的目的。

马克思对李嘉图以后的经济学的研究是从对反动经济学家托马斯·罗伯特·马尔萨斯进行彻底批判开始的，马尔萨斯在李嘉图还在世时就批判李嘉图的理论，公开同他进行论战。当李嘉图和“大地主所有制、‘国家和教会’、年金领取者、收税人、教会的什一税、国债、交易所经纪人、教区小吏、牧师和家仆”② 斗争时，马尔萨斯却在维护这些寄生阶层的利益。虽然马尔萨斯正确地认识到，在资本和劳动之间不存在平等的交换，但他没有在价值规律的基础上为解决这个问题作出贡献，而是完全否定了价值规律的正确性。他把价值和生产价格等同起来，并由此出发，甚至把利润看做是同劳动一样的价值形成要素。他把利润同劳动的内在联系分开，像重商主义者那样把利润解释为让渡利润，从而把利润的起源又推回到流通领域中去了。“这样，马尔萨斯不但没有超过李嘉图，反而在他的论述中企图使政治经济学倒退到李嘉图以前，甚

① 《马克思恩格斯全集》第1版第26卷（III）第499—500页。

② 《马克思恩格斯全集》第1版第26卷（III）第50页。

至倒退到斯密和重农学派以前。”① 马尔萨斯不仅试图使人们的注意力离开对工人阶级的剥削，而且还想证明寄生的社会阶层的合理性，他声称，寄生的社会阶层只消费不生产，因而使社会产品的实现成为可能。

1820年到1830年期间，李嘉图理论的支持者和反对者之间进行了激烈的争论，“它们事实上都只是围绕价值概念的确定和价值对资本的关系进行论战的”②。论战主要是在一批匿名的论战著作中进行的。李嘉图的支持者对反对者的攻击的反应是，他们试图用形式逻辑手段来克服那些被反对者证明的、本身就是资本主义现实的表现的逻辑上的矛盾。他们的出发点并非是资本主义现实，而是歪曲李嘉图理论。在李嘉图公开说出社会矛盾的地方，他们则突出统一和和谐，并否认矛盾的存在。

马克思指出，李嘉图学派的瓦解在詹姆斯·穆勒时就已开始了，穆勒从李嘉图原来的老师变成了他的学生。随着“烦琐哲学的臆造”，穆勒试图使那些不直接同本质相符的表现形式“符合”李嘉图的“基本原则”。③ 英国经济学家罗伯特·托伦斯——他回到斯密的观点——断言，价值规律只适用于以前的时期，但在资本主义制度中不起作用，并试图以此解释价值和生产价格的差别。詹姆斯·穆勒还有爱德华·吉本·威克菲尔德、帕特里克·詹姆斯·斯特林和其他人，又采用了庸俗的供求理论来解释价值。马克思用辛辣的讽刺说明，李嘉图理论的庸俗化过程最终是如何由于辩护论者约翰·拉姆赛·麦克库洛赫而为“李嘉图理论的解体”提供了“最可悲的样板”④ 的。麦克库洛赫把李嘉图理

① 《马克思恩格斯全集》第1版第26卷（III）第8页。

② 《马克思恩格斯全集》第1版第26卷（III）第116页。

③ 《马克思恩格斯全集》第1版第26卷（III）第211页。

④ 《马克思恩格斯全集》第1版第26卷（III）第182页。

论修改成一种为现实辩护的手段，他希望由此能在事业上飞黄腾达。他在彻底论述李嘉图的劳动价值理论的假象下完全放弃了劳动价值理论，因为他学究式地把自然中的过程和机器的作用称为“劳动”，从而把它们解释为价值的形成要素。

李嘉图理论及其学派瓦解的根源在于，随着资本主义矛盾的发展和尖锐化，资产阶级需要新的辩护形式。在空想社会主义者从李嘉图的劳动价值理论中得出反对资本主义制度、对工人阶级有利的结论之后，李嘉图的劳动价值理论对资产阶级来说是危险的。按照李嘉图的看法，利润作为价值的组成部分是工人的劳动成果，与此相应，李嘉图学派社会主义者得出了这样的结论：资产阶级骗走了工人阶级一大部分劳动成果，工人有权得到全部劳动成果。

在《剩余价值理论》的计划中没列入对空想社会主义和共产主义著作家的考察。相反考虑了那些本身就从经济的前提出发，用资产阶级经济学自身的理论手段来同资产阶级经济学作斗争的著作家。马克思非常关注这批空想社会主义者，对他们为工业无产阶级的利益进行辩护的态度给予了很高的评价。但他同时又很准确地证明，他们没有突破政治经济学的庸俗化过程，因为他们作为经济学家仍然是李嘉图主义者，他们提出的对工人阶级有利的要求不是从资本主义制度的经济运动规律出发的，他们没有认识到无产阶级的世界历史使命，而只是提出一些使他们的要求一开始就变成空想的法律的、道德的、伦理的论据。

马克思努力在资产阶级经济学处于普遍衰落过程的同时去发现从科学上推动经济理论向前发展的真正因素，承认它在历史上的价值，尽管这些因素还微不足道。因此他着重指出，瑞士经济学家安东·埃利泽·舍尔比利埃在理论上已发现不变资本和可变资本的区别，但没有认识到这种区别对于研究纯粹形式上的剩余价值具有多大的意义，他只是把它作为超额产品，也就是作为使用价值来分析。在一位后来的资产阶级古典政治经济学代表乔治·拉姆赛身上，马克思发现他想把不变资本纳入对再生产过程的分析中，并发现了一个对于理解价值转变为生产价格很有启发意义的关键观点。然而拉姆赛没有认识到这些因素的理论效果。马克思断定，英国经济学家理查·琼斯已“对各种生产方式的历史区别有了一些理解”①，这一点使他在这一方面超过了李嘉图。但是，因为琼斯终究没有能超越其资本主义的阶级局限，所以他不能继续推进这些富有成效的理论认识。

有关拉姆赛、舍尔比利埃和琼斯的论述是马克思在1861—1863年手稿第XVIII笔记本中所作的增补。从内容上看，它仍从属于《剩余价值理论》第3部分，但仍然被放在马克思当时写作时的位置，也就是被放在第3卷的第5册中。

马克思以“附录：收入及其源泉”结束了《剩余价值理论》。在这个附录里，马克思论述中的理论部分和历史批判部分也是紧密交织在一起的。李嘉图学派瓦解以后，从1830年起无产阶级和资本家阶级之间的阶级斗争公开地普遍地爆发了，已不可能存在科学的资产阶级经济学。庸俗主义越来越控制了资产阶级经济学，它在客观上成为辩护论。随着对收入及其源泉的论述，马克思揭露了庸俗经济学的阶级根源和认识论根源。庸俗经济学过去和现在都求助于关于资本主义生产方式的最肤浅观点，即把土地看做地租的源泉，把资本看做利润的源泉，把劳动看做工资的源泉的观点。当利润分成利息和企业主收入，而其中利息被称做资本的“自然”衍生物而企业主收入被称做资本家的“劳动”的成果时，这种拜物教，生产关系同它的物质表现形式的混淆就达到了极点。当在利润上还可以看到剩余价值的源泉时，

① 《马克思恩格斯全集》第1版第26卷（III）第439页。

在对利息进行的拜物教化的考察中，劳动和剩余价值的关系则完全消失不见了。资本拜物教成为庸俗经济学的游戏场，因为庸俗经济学把社会关系的现实表现当做了本质。

（原载《马克思恩格斯全集》1977 年历史考证版
第 2 部分第 3 卷第 2 册）
（王匀煦 译）

马克思1861—1863年经济学手稿的创作过程及理论意义（二）

——《马克思恩格斯全集》历史考证版第2部分第3卷第5册前言*

《马克思恩格斯全集》历史考证版第2部分第3卷第5和6册发表了马克思的1861—1863年《政治经济学批判》手稿的最后三分之一，即第XV笔记本和第XVI—XXIII笔记本的内容。在这里，马克思首先研究了后来的《资本论》第3卷的基本问题。此后，他直接继续手稿第V笔记本的叙述，完成了对资本的生产过程的研究，从而结束了这部成为制定马克思的价值和剩余价值理论的里程碑的手稿的写作工作。

马克思的这个创作阶段的一个最重要的成果是：为他的主要著作确定了最终方案。马克思在1862年12月28日给路·库格曼的信中写道：他的著作的第二部分将以“《资本论》为标题单独出版，而《政治经济学批判》这个名称只作为副标题”①。显然这是第一次提出未来著作的这个名称。马克思还于1863年1月拟写了第一篇《资本的生产过程》

* 本文选自《马克思恩格斯列宁斯大林研究》1996年第1辑。这篇文章的（一）载于《马克思恩格斯研究》总第23期。

① “第二部分”可能指的是1861—1863年经济学手稿的第一部分，这部分是分析资本主义生产过程的。后来恩格斯把这部分手稿称做《资本论》第1卷第1稿。参看《马克思恩格斯全集》第1版第30卷第636页。

和第三篇《资本和利润》的计划草稿，以此取代了 1861 年夏天的计划草稿《第三章资本一般》①。最后，在写本手稿的最后几个笔记本时，马克思关于论述资本的流通过程的思考也趋于成熟。与原来的、在《政治经济学批判大纲》② 中提出的他的著作的分篇法不同的是，这些计划草稿所涉及的不仅仅是“资本一般”概念所包含的经济过程。而且，这些计划草稿考虑到资本的“实际”运动的一些重要因素，这些因素在平均利润和生产价格理论中，以及在剩余价值的特殊的、派生的形式即工业利润、地租和利息上已经得到了抽象的表述。第 XX 笔记本上的内容提要表明，在这个结构中还列入了对作为劳动力商品价值的转化形式的工资的论述。因此，这些计划草稿反映出：价值理论和剩余价值理论是根据所有重要的因素制定的，由此产生的结果是形成了写《资本论》的想法。这样，严谨而完整地阐述资本关系的发展这一马克思始终为之奋斗的著作就有了方案。这个方案是在长期深入的研究工作中形成的，它使人们明了，马克思计划中的著作同他的所有著作一样，具有论战性质并且充满了革命的精神。

平均利润和生产价格理论同劳动力商品学说一样，也是马克思最重要的发现。它意味着政治经济学思想上的一场变革。这个理论阐释了工人阶级生产的剩余价值被按照什么原则在资本家之间进行分配，说明了价格形成的机制。马克思在《剩余价值理论》中全面论证了这一理论，同时决定，用平均利润和生产价格概念进一步论述价值和纯粹形态的剩余价值。不过，正如马克思在对李嘉图的观点进行批判时是为了自己弄清问题一样，这里的叙述方法实际上仍然带有那种逐步自己弄清问题的特点。在第 XVI 笔记本中，马克思以《第三章资本和利润》为题，第

① 《马克思恩格斯全集》第 1 版第 46 卷（下）第 541—549 页。

② 《马克思恩格斯全集》第 2 版第 30、31 卷。

一次系统地阐述了这个理论。他把那些说明“竞争一般”的概念看做是表述价值转化为生产价格的学说的要素。

在1861—1863年手稿中占据重要地位的《剩余价值理论》[①]中，马克思批评了所有资产阶级经济学始终不能区分剩余价值一般与剩余价值的转化了的形式即工业利润、地租和利息，由于不能区分剩余价值一般和剩余价值的转化形式必然产生一定的错误及矛盾。但是，他的出发点是，问题只涉及一个统一体的相对独立的方面，并且，他在《插入部分。收入及其源泉》[②]中主要强调指出了这些特殊形式的仅仅是表面上的独立性。这样就在实际上证明必须以这些剩余价值的特殊形式的原始形式——纯粹形态的剩余价值——为出发点把这些特殊形式作为一个有机的整体来叙述。

这个思想经过各个不同的写作阶段成熟起来。在《剩余价值理论》中，马克思首先把地租确定为剩余价值的特殊形式。马克思密切联系他的平均利润和生产价格理论，证明了绝对地租的存在及其来源，尤其是完成了级差地租理论。由于对一般—特殊—个别的统一性的认识，正如将这一认识运用到制定剩余价值理论上那样，马克思接着深入研究了商人资本和生息资本。在《政治经济学批判大纲》和1861—1863年手稿第I笔记本中，马克思还指出，要在相关的章节中论述资本的一些特殊形式。同样，关于土地所有制的论述起初应当放在单独的一册。现在，马克思以《商业资本。在货币贸易中发挥职能的资本》为题，第一次详细论证了生息资本和商人资本纯粹是并且为什么是工业资本的特殊形式，并且论证了它们本身成为特殊资本领域，因此，这些资本中的每一种都从工业资本利润中得到一部分，这一部分表现为利息或商业利

① 《马克思恩格斯全集》第1版第26卷（I、II、III）。

② 《马克思恩格斯全集》第1版第26卷（III）第499—600页。

润。由此得出结论：在第三章计划草稿中考虑到了剩余价值理论的这些因素，地租理论同样也包含在这个计划草稿中。正像马克思1862年8月就已说过的那样，它应当作为区分价值和生产价格的“说明”①，因此，马克思打算在《资本论》中只“发挥”“地租的一般规律”②。计划作这种系统的论述是由在《剩余价值理论》中对理论史的批判引起的。

马克思在《政治经济学批判大纲》中制定了劳动力商品的学说。在《大纲》中他已经认识到，只要以劳动力商品的价值而不是以劳动的价值为出发点，就能够毫无异议地解释资本家同雇佣工人之间的交换。虽然劳动是价值的实体，但它本身没有价值。劳动的价格的说法完全颠倒了价值概念，它造成一种假象，似乎工人得到了劳动日产品的报酬。然而，马克思在本手稿的第I笔记本中——他在其中深入地从理论上完成了对资本家和雇佣工人之间的交换问题的论述——仍然把工资看做是《雇佣劳动》册的对象。

在第XX笔记本中马克思最后指出：他在资本的一般概念范围内并不是局限于论述劳动力商品的使用价值和价值，而是也要阐述他的关于工资的观点。在这里必须研究“**劳动价值或劳动价格**的这种形式，因为在实际上和在直接的现象中，**劳动能力价值**是以这种形式出现的”。③工资，确切地说作为劳动力商品价值的转化形式的劳动的价格，正如马克思强调指出的那样，不是一种错误的考察方法的结果，而是这个形式必然产生于资本主义生产关系。“但是，在现实的竞争过程中，劳动力的价值也以这种歪曲的形式出现，因为在竞争过程中，不论在工人的意

① 《马克思恩格斯全集》第1版第30卷第265页。

② 《马克思恩格斯全集》第1版第26卷（II）第300页。

③ 《马克思恩格斯全集》第1版第47卷第621页。

识中还是在资本家的意识中一切都表现为歪曲的形式。”[①] 因此，马克思决定，在本手稿的最后一个部分不再将本质和直接的表现形式分开，就像以前论述价值和生产价格、剩余价值和它的特殊的、派生的形式那样。

马克思认为，资本的本质由于竞争的作用而歪曲地表现出来，因此，它是以歪曲的形式出现的。基于自己的研究方法，马克思起初坚持撇开竞争的所有形式以及资本的具体表现形式，打算弄清资本一般，即全部资本的共性。要阐释资本在竞争中的各种表现形式，必须先认识到许多单个资本的内在联系及互为制约性。价值理论和剩余价值理论，正如在《大纲》中第一次阐述的那样，表述了本质的东西，即资本形成的条件。因此，这个理论绝非偶然地成为马克思的主要著作的不可或缺的出发点及其核心。

马克思没有局限于揭示资本关系的本质。他还借助一些必要的中介环节指出，为什么本质必然以一定的、与它不同的形式表现出来。这些形式在本手稿中被描述为资本在实际竞争中的直接表现形式：平均利润和生产价格，剩余价值和工资的特殊形式。平均利润和生产价格的发现完全解决了研究上的问题，使马克思得以最后确定了他的叙述方法。他取消了将“资本一般”同资本的“实际”运动严格分开的方法，并且通过资本关系的最重要的形式区别的概念扩展了早已为《大纲》制定的《资本一般》篇的结构，将它分为三章：《资本的生产过程》，《资本的流通过程》，《资本和利润》。

马克思的旨在把资本作为历史的必然关系来叙述的方法，致使原有的计划改变了。只有把本质内容的改变同其经验存在形式联系起来加以理解，对这个历史过程的叙述才是完善的。价值和纯粹形态的剩余价值

① 《马克思恩格斯全集》第1版第47卷第621页。

概念反映了资本的普遍的东西、本质的东西，反映了从资本形成的历史的前提条件方面来看的原本的东西，而马克思有时通过直接的表现形式表述了一定的资本形式的特殊的东西，同时通过各种各样的资本形式表述了已经发展起来的、统治着一切的资本关系。他按照产生的过程阐述了作为价值的表现形式的生产价格以及剩余价值的各个特殊的、派生的形式，也就是说，把资本的真正的形成过程分为各个不同的阶段。资本主义生产方式的发展不是被按照它的直接的历史过程复制出来的，而是用系统的形式，归纳为它的合乎规律的内容叙述出来的。

马克思在分析批判资产阶级古典政治经济学的过程中制定了自己的方法。虽然古典政治经济学的杰出代表，特别是大卫·李嘉图，能够比他们的前辈更一贯地运用劳动价值理论，但他们却不能认识价值的实体和价值转化为生产价格。他们能够把剩余价值的表现形式归结为利润的形式，并且把利润归结为无酬劳动，因此，他们在对纯粹形态的剩余价值本身的认识上取得了重要的进步。李嘉图一直前进到考察资本和劳动相交换，从而像马克思确认的那样，揭示了“阶级之间的经济对立——正如内在联系所表明的那样”①，因而在经济学中发现了历史斗争和历史发展过程的根源。资产阶级古典政治经济学由于没有认识到劳动力商品而不可能把利润归结为剩余价值，并且错误地将利润同它的那些特殊的、派生的形式等同起来。

资产阶级古典政治经济学的理论缺点的原因在于它的代表人物的资产阶级阶级立场，它设置了认识上的界限，首先是彻底的反历史主义。英国古典政治经济学“感兴趣的不是从起源来说明各种不同的形式，而是通过分析来把它们还原为它们的统一性，因为它是从把它们作为已知

① 《马克思恩格斯全集》第1版第26卷（II）第183页。

的前提出发的”①。它的“缺点和错误是：它把**资本的基本形式**……不是解释为社会生产的**历史**形式，而是解释为社会生产的**自然形式**”②。马克思把分析方法看做是能够说明资本的形成过程的必要前提。在进行这种分析的时候，资产阶级经济学有时陷入矛盾，“它往往试图不揭示中介环节就直接进行这种还原和证明不同形式的源泉的同一性”③。因此，马克思是从批判和领会这种方法，也就是从制定他的批判的和革命的方法入手研究经济过程的。这种方法证明是揭示资产阶级社会的经济运动规律的钥匙。

促使马克思拟定后来《资本论》第1和第3卷计划草稿的最后的动因显然是在马克思分析晚期李嘉图学派理查·琼斯的观点时产生的。在与资产阶级政治经济学论战的过程中，马克思扼要地、精辟地概括了他的资本的形成及发展的观点，以及资本顺应规律走向灭亡的观点。马克思评价道：琼斯有一个特点，这就是：“对各种生产方式的**历史**区别有了一些理解。”④ 因此，他把“资本的社会的形式规定性作为本质的东西强调出来”⑤，并且明确指出这种生产方式“在它固有的对抗形式中，即在‘积累的财富的所有者’和‘实际的劳动者’之间的对抗形式中，包含着它灭亡的必然性”⑥。不过，琼斯不能把这个方法论原则成功地用于分析经济过程。例如首先说明工人同生产条件相分离是资本本身的形成过程。这一点，正如马克思批评的那样，琼斯“提得不够，说实在

① 《马克思恩格斯全集》第1版第26卷（III）第556页。

② 《马克思恩格斯全集》第1版第26卷（III）第556页。

③ 《马克思恩格斯全集》第1版第26卷（III）第556页。

④ 《马克思恩格斯全集》第1版第26卷（III）第439页。

⑤ 《马克思恩格斯全集》第1版第26卷（III）第467页。

⑥ 《马克思恩格斯全集》第1版第26卷（III）第472页。

的，他只是作了暗示”①。

对资本来说具有特征意义的是，这种分离造成了劳动力向商品的转化。同样重要的是，生产出来的财富的各个部分及特殊的形式无不出自这个商品的使用，因而在某一点上存在着消灭这种分离的所有前提。“原有的统一的恢复，只有在资本创造的物质基础上，并且只有通过工人阶级和整个社会在这个创造过程中经历的革命，才有可能实现。”② 劳动力商品学说是说明作为特殊社会关系的资本的钥匙。资产阶级古典政治经济学，包括理查·琼斯，没有发现这把钥匙。因为资产阶级古典政治经济学能够从生产推导出利润，特别是琼斯甚至认识到资本主义生产方式在历史上暂时的作用，所以，马克思把它看做是科学。然而，琼斯对资本的正确的历史的理解又被“政治经济学家所固有的狭隘见解即‘储备’本身就是‘资本’弄得模糊不清”③。就这一点而言，琼斯仍然停留在资产阶级政治经济学的基础上。当时只有自觉地站在革命无产阶级的立场上，才有可能全面地、科学地分析资本主义及其规律，以及它作为向共产主义社会过渡的形式的特征。

当然，对植根于资本主义生产过程的、由这个过程产生的资本和雇佣劳动之间的对抗性矛盾的研究，不仅仅使马克思得出这样的结论，即作为“否定”一方的、作为本身蕴含着运动并推进发展的力量的工人阶级担负着解决这一矛盾的使命。历史的考察方法还使马克思能够预测社会生产的发展趋势。按照他的观点，主要有两个事实说明资本既是历史上合理的关系，又是向共产主义生产的过渡阶段：第一，“生产资料积聚在少数人手中，因此不再表现为单个劳动者的直接财产，而表现为

---

① 《马克思恩格斯全集》第 1 版第 26 卷（III）第 464 页。

② 《马克思恩格斯全集》第 1 版第 26 卷（III）第 466 页。

③ 《马克思恩格斯全集》第 1 版第 26 卷（III）第 471 页。

社会的生产能力，尽管首先表现为不劳动的资本家的财产。在资产阶级社会里，这些资本家是生产资料的受托人，并享受从这种委托中得到的全部果实。第二，劳动本身由于协作、分工以及劳动同社会对自然力支配的结果相结合，而组织成为社会的劳动。"① 从这两方面，资本主义生产必然把"私有财产和私人劳动取消了，虽然还是处在对抗的形式中"②。由此得出的革命结论是，工人阶级的历史任务在于解决资本主义的基本矛盾并建立生产资料社会所有制。只有这样才能创造出一切可能性，使生产者最终能够自己享受自己劳动的成果。

马克思在他的积累理论中将他的这些考虑直接叙述下去。他强调指出，向无剥削的生产方式过渡的社会条件在何种程度上是与物质条件同时成熟的。"资本主义生产的**内在**进步就在于"③ 通过起初还是对抗的形式扬弃私人生产。积累过程，就它等同于积聚过程而言，有利于工人，不管它会"一再给工人带来多么大的不幸"④。这个过程促使无产阶级的自发组织不断壮大，并且客观上支持联合的努力。雇佣工人越来越克服了他们之间的竞争并承认自己共同的利益。正如马克思预见性地指出的那样："工人对**生产条件**的关系作为对**共同的，社会的量的**关系而发展起来。"⑤

马克思在1857—1863年期间当然特别重视研究作为资本主义生产方式的基本的、特定的关系的资本，尤其重视包含有全部"精髓"⑥ 的

---

① 《马克思恩格斯全集》第1版第26卷（III）第469页。

② 《马克思恩格斯全集》第1版第26卷（III）第469页。

③ 《马克思恩格斯全集》第1版第48卷第157页。

④ 《马克思恩格斯全集》第1版第48卷第157页。

⑤ 《马克思恩格斯全集》第1版第48卷第157页。

⑥ 《马克思恩格斯全集》第1版第30卷第431页。

《资本一般》篇的问题。他还研究了雇佣劳动关系，土地所有制、竞争、商业资本和货币资本与工业资本的关系，并且，最终用后来的《资本论》所实现的关于资本的一般概念的计划扬弃了资本的“简单的”概念。当然，与这部著作原来的结构相反，作者仍然没有考察那种经济关系的“实际的”方面，而是指出对此要作专门的考察。这里指的是对竞争的实际运动的研究，对商业资本、生息资本以及土地所有制的详细分析和对雇佣劳动的分析。

显然，马克思认为他的三册经济学著作即《资本》、《土地所有制》和《雇佣劳动》的计划不是被《资本论》的计划所取代了，而是有明显的改变，正是因此，他在给库格曼的信中写道：这部著作的内容就是“英国人称为‘政治经济学原理’的东西。……至于余下的问题……别人就容易在已经打好的基础上去探讨了”①。

这个考虑清楚地表明，马克思认为他的著作只是相对而言完成了。他认为，对资本的一般的研究需要进一步具体化。在这里他是针对两个基本观点而言的。第一，他认为，在考察实际的关系时可以假定：资本已经形成，生产的一切领域都服从于物质财富：“因为资本主义生产越来越接近这个情况，因为这是原则目标，而且只有在这种情况下，劳动生产力的发展才达到最高峰。”② 就此而言，这个前提表示“极限”，并且“越来越接近于现实情况的正确表述”③。第二，马克思指出，一般的东西必须不断通过进一步的概念和规律加以具体化。只有通过这种方式，实际存在的、不断发展的经济形式的形象才更为完善。他把这个方法论原则归纳为一句话：“一旦在我们面前出现某种具体的经济现象，

① 《马克思恩格斯全集》第1版第30卷第636页。

② 《马克思恩格斯全集》第1版第48卷第61页。

③ 《马克思恩格斯全集》第1版第48卷第61页。

决不能简单地和直接地用一般的经济规律来说明这种现象。”① 他对计划之外的、尚待研究的论题的提示证明，必须不断创造性地使用并进一步发展无产阶级政治经济学。

第5册中以《第三章资本和利润》为题的一篇包括了后来的《资本论》第3卷前几篇的内容。在第XVI笔记本中，马克思依据他在写《剩余价值理论》时获得的认识，论述了剩余价值转化为利润、平均利润（和生产价格）理论以及利润率趋向下降的规律。在这一章之前，也就是在第XV笔记本的最后三分之一部分，显然是与《插入部分。收入及其源泉》② 中的原则的方法论的考虑有关，就开始探讨“商业资本。在货币贸易中执行职能的资本”并在第XVII和XVIII笔记本中继续进行下去。马克思很可能是在第3章之后写下关于商人资本和生息资本的最初的详细研究的，因此，他显然已经把这个研究看做是第3章的继续。包含在第XVII笔记本后半部分和第XVIII笔记本开始部分中的《插入部分。资本主义再生产中的货币回流运动》③ 不是中断了对商业资本的论述，而是全面地，详细地分析了商业资本的专门问题。第5册的最后以关于拉姆赛、舍尔比利埃和琼斯的论述结束了《剩余价值理论》。

在《第三章资本和利润》中，马克思一开始就论证了剩余价值和利润之间的区别。他精确划分了这两个概念的界限并强调说，既不能把这两个概念混淆，也不能把它们等同起来，即使从事情本身来看涉及同一种关系，利润“从本质上说是由剩余价值组成的”④。因此，利润从

① 《马克思恩格斯全集》第1版第47卷第405页。

② 《马克思恩格斯全集》第1版第26卷（III）第499—600页。

③ 《马克思恩格斯全集》第1版第48卷第173—250页。

④ 《马克思恩格斯全集》第1版第48卷第285页。

绝对量来考察，也“同资本在某一定周转时间内所生产的剩余价值没有区别。利润就是剩余价值本身，不过是按不同的方法**计算**”[①]。如果说剩余价值同可变资本有关，那么利润则是按它同预付资本的关系来计算的。剩余价值被算做单个资本家的全部资本得到的“**同样的、无差别的**价值额，而不管资本各组成部分间的有机关系如何”[②]。因此，正如马克思强调指出的那样，剩余价值和利润之间的区别不仅是数量上的区别或者说是计算方法的不同，而且是概念上的、实质上的区别。利润“对资本来说是必然的，表现出它特有的新关系”[③]。剩余价值与利润的同一性再也不能直接认出。利润甚至表现为与剩余价值相矛盾，因为它是作为由资本产生并由资本创立的形式出现的。

正如马克思指出的那样，剩余价值表现为利润，“不单纯是认识方式……支配着资产阶级生产，决定着资本在不同生产部门之间的分配，可以说是自由竞争中的决定因素”。[④] 必须科学地精确地理解剩余价值和利润之间的区别。否则，资本主义生产方式的表现形式“就无法理解、并作为难以理解的现实要素而伴随所有理论”[⑤]。当然，认识过程因而同正在进入另一个阶段即完成阶段的资本的形成过程一样尚未完成，因为在第一种转化中只涉及剩余价值和利润的形式上的区别。这个区别只有在第二种转化——一般利润率或平均利润率的形成——中才成为物质上的区别。[⑥] 这时，不仅看起来利润不同于剩余价值，而且实际

① 《马克思恩格斯全集》第1版第48卷第252页。

② 《马克思恩格斯全集》第1版第48卷第287页。

③ 《马克思恩格斯全集》第1版第48卷第253页。

④ 《马克思恩格斯全集》第1版第48卷第256页。

⑤ 《马克思恩格斯全集》第1版第48卷第261页。

⑥ 《马克思恩格斯全集》第1版第48卷第287页。

上也是如此。马克思写道：利润在这个阶段中获得了“完全异化的”形式，不过，它是“资本的现实性的形式，或者更确切地说，是资本的现实存在的形式”。[①]

对于第二种转化来说，剩余价值转化为利润以及剩余价值率转化为利润率表现为前提、实体。利润现在被化为它们的平均数。这个过程所涉及的“不再只是形式，而是除形式外还涉及实体本身，也就是说……利润的绝对量”[②]。先前没有触及到的利润量，现在改变了。因此，马克思把第二种转化说成是“第二个实践结论”，“是第一种转化的必然结果，而第一种转化是由资本本身的性质造成的”[③]。

在这里的论述中，马克思概括了他在《剩余价值理论》中对资产阶级政治经济学所作的批判。在这里他指出资产阶级政治经济学代表人物的根本缺点在于，他们不能把纯粹形态的剩余价值同它的特殊形式分开来，因此而产生了许多矛盾。同样，“把剩余价值提高和降低的规律与利润提高和降低的规律等同起来”也是错误的，因为，“在剩余价值率降低时利润可能提高，而在剩余价值率提高时利润可能降低，或者，如果剩余价值率的提高或降低由使用的工人人数的相反运动所抵销，利润可能不变”[④]。马克思再一次强调：不能“直接以经验利润的［形式］表现剩余价值的抽象规律，因为否则对规律性的任何认识都是不可能的”[⑤]。不过，马克思有分寸地指出，李嘉图“当然没有”把剩余价值

① 《马克思恩格斯全集》第1版第26卷（III）第536页。

② 《马克思恩格斯全集》第1版第48卷第285页。

③ 《马克思恩格斯全集》第1版第48卷第289页。

④ 《马克思恩格斯全集》第1版第26卷（II）第466—467页。

⑤ 《马克思恩格斯全集》第1版第48卷第290页。

和利润“绝对”混淆起来,① 但同时，他原则上反对“把毫无规律性的现象说成是规律本身”的“经济学的庸人”②。

从这个意义上讲，在论述资本的一般性质时就要求逐步地——通过对起决定性作用的中间环节的说明——解决资本的本质和它的表现形式之间的表面上的矛盾。要做到这一点，就要弄清剩余价值和利润的区别，并且论证利润率在多大程度上不直接受与剩余价值率相同的规律的支配；就要考察在直接的生产过程中的资本的有机构成，并且考察它们在不同的生产部门中的区别，确切些说，考察它们在有机构成上的变化，最后，就要弄清利润在不同的生产领域本身中平均化的过程，正如它在竞争的双重运动中表现出来的那样。

因此，马克思得出这样的结论：不停留在证明剩余价值向利润的转化上，而且还要考虑到经验利润或者说平均利润，它无非就是总利润的分配。平均利润是总利润“在各个特殊生产领域中的各个资本之间按照相同的率”所进行的分配，“或者同样可以说，按照各个资本量的比例的差别，而不是按照这些资本在直接生产这个总利润时占有的比例的差别”③ 所进行的分配。虽然，在资本运动的表现形式中反映出各个作为敌对兄弟的资本家剥削工人阶级，资本和雇佣劳动之间的交换以生产资料资本主义所有制为基础。但是，这些现象赖以产生的规律还不能直接被认识。它由于竞争，由于作为敌对兄弟的资本家为获得较高的剩余价值份额进行激烈的争斗而神秘化了。那么，对平均利润的产生过程的论述就不仅仅证明了剩余价值必须被理解为生产形式和分配形式。更确切地说，它还包含着一个革命的结论：作为整个社会的剥削关系的资本只

① 参看《马克思恩格斯全集》第 1 版第 48 卷第 260 页。

② 《马克思恩格斯全集》第 1 版第 48 卷第 290 页。

③ 《马克思恩格斯全集》第 1 版第 48 卷第 287 页。

有通过作为阶级的雇佣工人的有组织的斗争才能被消灭，而这个斗争的目标必须是使资本主义所有制转变为社会所有制。

由于平均利润率的形成——马克思把平均利润率称做“观念上的平均数”或“抽象物”，正是因为他把在现实中的这种平均化看做是“一个非常复杂的运动”[①]——价值最终转变为生产价格。马克思在第3章中只是简要地论述了这个问题。他在《剩余价值理论》中就已经不仅是揭示了竞争的双重作用引起两种不同的资本流动，由此也发生了价格的“两种平均化运动”[②]。马克思还把这两种平均化运动理解为市场价值和生产价格，并认为它直接属于平均利润率理论。在第3章中，马克思接着区分了实际价格（它显然应当在关于竞争的一章中深入研究）和正常价格（马克思把它理解为生产价格）。通过第二种转化——平均利润率的形成——在剩余价值和利润之间出现了同价值和价格之间的区别一样重要的区别。马克思把解决这两个区别当做本章的起点。

紧接在第3章中占很大篇幅的平均利润率的论述之后，马克思讨论了平均利润率与劳动生产力提高的关系，并且确认“利润率在资本主义生产进程中有下降的趋势”[③]。马克思对这种情况作了科学的说明，其中也包括对一些基本的、对规律起反作用的原因的认识。

马克思研究了有关这个趋势从何而来的问题。平均利润率下降反映出劳动生产力提高了。它表现为“一方面对所使用的活劳动的剥削加剧了，[另一方面]以一定量的资本来计算，按照提高了的剥削率所使用的活劳动的数量相对减少了”[④]。正如马克思指出的那样，从平均利润

① 《马克思恩格斯全集》第1版第26卷（III）第513、514页。

② 《马克思恩格斯全集》第1版第26卷（II）第135页。

③ 《马克思恩格斯全集》第1版第48卷第293页。

④ 《马克思恩格斯全集》第1版第48卷第301页。

率的这种下降绝不能得出结论说：资本的积累会下降，或者说，利润的绝对量会下降。相反，为生产地使用雇佣劳动而必需的资本的最低额增加了，从而资本的积累增加了。“这种不断增长的积聚达到一定的水平，又使利润率发生新的下降。”① 因此，完全存在这样的可能，即利润率的这种下降并不能由于利润量的增加而被抵消，尽管所使用的资本量在增长，利润量本身却能够下降。马克思确认，李嘉图对“这种单纯可能性”的忧虑不安“恰恰证明李嘉图对资本主义生产的条件有着深刻的理解”②。李嘉图所不安的是，利润“——资本主义生产的刺激力……——受到生产的发展规律本身的危害。而数量关系在这里就是一切”③。因此，他只是预感到利润率的这种下降的基础是什么，正如马克思在结束这个问题时所确认的那样，这里以“**纯经济的**方式”，表明了资本主义生产的“界限”，表明了它的“相对性”，“即它不是**绝对的生产方式**，而只是历史的并与一定的物质生产条件的有限发展时代相适应的**生产方式**”④。

马克思在这一章中指出，在关于利润的阐述中还没有划分出工业利润、地租和利息这些特殊形式，因此关于利润的阐述起初不涉及这些形式的特点。这一点对于利息来说显然是有条件的，因为，在这一节里还应当考察的“最后一点”是资本在今天采取的完全固定了的形式，以及资本主义生产方式所固有的神秘化的完成。⑤ 所以，马克思在得出与此有关的认识并在《插入部分。收入及其源泉》中作了简要论证之后，

① 《马克思恩格斯全集》第1版第48卷第302页。
② 《马克思恩格斯全集》第1版第48卷第304页。
③ 《马克思恩格斯全集》第1版第48卷第304页。
④ 《马克思恩格斯全集》第1版第48卷第304页。
⑤ 《马克思恩格斯全集》第1版第48卷第292页。

开始深入研究生息资本，并且最后转向论述商人资本。

马克思在他的分析中证明，货币资本和商业资本一方面是“生产资本的**一般形式规定性**”，是生产资本在自身的再生产过程中执行的“特殊职能”[①]。另一方面，它们仅仅作为“**特殊资本**（从而各特殊资本家集团）”出现。“作为生产资本的特殊形式，它们也就成了各个特殊资本领域，即利用资本的**特殊领域**。”[②] 马克思在此以前——在《插入部分。收入及其源泉》中——就已说明，生息资本从工业资本家的利润中获得自己的份额。现在他又证明，商业资本既不能创造价值，也不能创造剩余价值。“就是说，它不直接创造它们。但既然它有助于流通时间的缩短，而且对形态变化起中介作用……所以它就能执行资本主义生产方式所必需的职能，就能间接地**有助于生产资本所创造的剩余价值的增加**。”[③] 就此而言，商人资本得到的利润或确切些说商业利润，是生产资本的剩余价值的一部分。它不直接参加对雇佣工人的剥削，但尽管如此，它从社会总资本所占有的剩余价值中得到与它的数量相适应的一份。

马克思指出，处于生产过程中的雇佣工人的活动和商业雇佣工人的活动之间存在着经济上的差别。前者在直接的生产中从事劳动，而后者则从事于他人财富的直接再生产。[④] 商业雇佣工人的无酬劳动是利润的源泉，因而它不为商业资本家创造剩余价值，“但是它使**商业资本**能够**占有剩余价值**”。[⑤] 就此而言，正如马克思证实的那样，商业雇佣工人

---

① 《马克思恩格斯全集》第1版第48卷399页。

② 《马克思恩格斯全集》第1版第48卷399页。

③ 《马克思恩格斯全集》第1版第48卷第415页。

④ 参看《马克思恩格斯全集》第1版第48卷第429—430页。

⑤ 《马克思恩格斯全集》第1版第48卷第434页。

和工业雇佣工人的活动尽管有这种差别，他们的活动只是再生产统治这两者并对其实行专制的资本的一种手段。

在《插入部分。资本主义再生产中的货币回流运动》中马克思研究了“商业资本在再生产过程期间发生的货币流通中所起的作用”①。在这里，他首先关心的是“生产资本家、小店主和工人之间的流通”②是如何进行的，特别是商人如何成功地从流通中得到比他投入流通的货币多的货币。对这个问题，他作了如下的回答：“同一通货……足以使资本家支付工资；同时也足以使小店主实现……剩余价值；……并足以使资本家不断支出同一数额来重新购买同一劳动量。”③ 他明确指出，这个流通，就它作为货币流通来考察，它表现为纯粹的流通。“但是，如果我们考察隐藏在这种货币流通背后的过程，那么这里同时又表现出再生产过程的总周期，后者包含有互相交错的生产、消费、分配、流通和再生产等因素。”④ 这样就第一次讨论了小店主即小商人的积累以及积累的各种条件（例如：工人必要的消费数量）。马克思最后超越纯商业资本的范围研究了金和银的生产问题，从而扩展了对货币回流的分析。尤其是在“插入部分”，尽管很简要，讨论了社会生产两个部类之间的交换关系。

第6册主要包含对资本主义应用机器这种生产相对剩余价值的最重要的方法的广泛研究，它的标题是《机器。……》，以及《（IV）剩余价值再转化为资本》和几幅关于资本再生产过程的表格。在发表于第1册的第I—V笔记本中和在这里，即第XIX—XXIII笔记本中，从《货币

① 《马克思恩格斯全集》第1版第48卷第193页。

② 《马克思恩格斯全集》第1版第48卷第173页。

③ 《马克思恩格斯全集》第1版第48卷第178页。

④ 《马克思恩格斯全集》第1版第48卷第180页。

转化为资本》到《剩余价值再转化为资本》，论述了后来《资本论》第1卷的所有论题。因此，恩格斯把手稿的这一部分称做是“该书现有的最早文稿”。①

马克思在1863年1月28日给恩格斯的信中说明：“我正在对机器这一节作些补充。在这一节里有些很有趣的问题，我在第一次整理时忽略了。”② 显然，他在检查第V笔记本中这部分第一次整理的材料时弄清了一点：机器不仅仅应当从资本主义的价值增殖过程的角度考察。要论述作为生产相对剩余价值的方法的机器，也必须了解机器在劳动过程本身中的作用。所以，马克思重新阅读了他于1851年写的工艺学历史笔记，参加有关工艺学的实习课，并且向他的朋友请教。他打算弄清楚经济学家、数学家和技术师们尚未明确阐述的从工具到机器的发展过程。马克思认为这对于“证明人们的社会关系和这些物质生产方式的发展之间的联系”是“非常重要的”。③

马克思把以机器为基础的工业和竞争——资产阶级社会的两个重要的规定——理解为一种历史过程的结果。因此，他研究机器如何从工业革命过程中产生这一问题时，始终紧密联系资本的产生过程。他依据丰富的材料进行研究得出的结果是获得这一重要认识，即工业革命不是起源于动力，而是起源于“直接与羊毛这种材料接触的那一部分工具”④。工业革命的第一阶段产生了工作原理由机器来决定的机械，而动力仍然是人。马克思赋予蒸汽机重大的意义，把采用蒸汽机称为“第二次工业

① 《马克思恩格斯全集》第1版第24卷第4页。

② 《马克思恩格斯全集》第1版第30卷第317页。

③ 《马克思恩格斯全集》第1版第30卷第318页。

④ 《马克思恩格斯全集》第1版第47卷第413页。

革命”①。它不仅实现了利用机器生产机器，而且使得资本主义生产方式完善地发展起来并取得最终的胜利。到此为止，在论述工具转变为机器时，还根本没有涉及“工艺上的……区分，而是在所使用的劳动资料上发生的一种改变生产方式、因而也改变生产关系的革命”②。机器的发展是一种使劳动过程和生产关系发生革命的因素。

马克思深入研究了工场手工业阶段已经在多大程度上产生了适用于机器生产的前提条件。对技术发展的潜心研究使他确认，机器组织中的那些重要区别通过磨表现出来，机器的原理第一次被运用于磨上。磨与钟表同被看做是在工场手工业中为大工业作准备的传统的机器。因此，正如马克思所写的，存在着适用于一切社会形态的规律，按照这个规律：“后一个生产形式的物质可能性——不论是工艺条件，还是与其相适应的企业经济结构——都是在前一个形式的范围内创造出来的。”③

马克思证明，与劳动工具的发展紧密联系在一起的从手工工场到工厂的过渡不仅仅指生产组织的改变。确切地说，它还包括社会关系的变革，即社会最终彻底地分裂为雇佣工人和资本家。因此，马克思特别注重研究作为“发达的、同资本主义基础上的机器生产相适应的劳动组织”④ 的工厂制度。他主要依据弗·恩格斯的《英国工人阶级状况》和英国人安·尤尔的著作《工厂哲学》。他评价这两部著作是论述工厂制度的最好的著作，不过，他把恩格斯说成是社会主义的批评者，而尤尔则相反，是资本主义制度的辩护士。

马克思对资本主义工厂的技术工艺方面的分析表明，在工厂中，不

---

① 《马克思恩格斯全集》第1版第47卷第414—415页。

② 《马克思恩格斯全集》第1版第47卷第412页。

③ 《马克思恩格斯全集》第1版第47卷第472页。

④ 《马克思恩格斯全集》第1版第47卷第400页。

是工人而是各种不同的机器组成总的机构。在手工工场中工人使用工具，在工厂中各种机器决定工人的劳动程序。工人本身变成机器的活的附属物。工人的劳动的特点，正如马克思论述的那样，“是它们的**被动性**，它们对机器本身的作业和运动的适应性，对机器的从属性”①。资本的本质所包含的对象化劳动对活劳动的统治，同机器体系一起，成为“**工艺上的**真实”②。

从社会经济学的角度考察，工厂制度本身才“显示出**剩余价值的**真正本质”③。资本关系作为占统治地位的生产关系刺激生产力的发展，因为，由于追逐剩余价值，生产的技术基础不断地发生变革。反过来说，只有这种技术基础及其不断的变革，才能保证资本主义生产关系的统治。一切技术方面的改善的直接或间接的目的都在于：与剩余价值相比相对地降低劳动力的价值。马克思强调指出，工厂制度是以此为基础的。随着机器的广泛采用而成为可能的使用廉价女工和童工的做法，其目的也在于此。因此，毫无疑问，**劳动能力**的平均价值下降了，贬值了。④

在工厂制度条件下对工人阶级的状况起决定作用的是机器替代活劳动。马克思指出，使用机器导致可变资本与不变资本相比减少了，因为，从价值方面来看，机器总是比它所替代的工人要少的工人的产品。马克思第一次研究了简单协作、分工和机器体系在这种游离过程中的各种不同的作用。与前两种形式不同的是，在机器体系下，社会必要劳动时间的缩短表现为所使用的工人的减少。马克思得到了一个对于理解资

① 《马克思恩格斯全集》第1版第47卷第525页。

② 《马克思恩格斯全集》第1版第47卷第568页。

③ 《马克思恩格斯全集》第1版第47卷第532页。

④ 《马克思恩格斯全集》第1版第47卷第531页。

本主义的人口规律具有重要意义的认识，他指出，只有在以使用机器为基础的工厂中“总是形成着**工人过剩**，这是**表现得十分明显的和有意识的趋势，是大规模发生作用的趋势**。在这里，过去劳动成为代替活劳动或减少工人人数的手段”①。只有随着机器的广泛使用，才实现了马克思在《大纲》中就已揭示的资本的趋势，即工人人数增加而必要的部分人口不断减少，也就是说，工人的一部分作为过剩人口被游离出来。这一点间接地说明了工业后备军的存在。马克思明确指出，过剩人口及其给工人阶级的状况造成的灾难性后果，是资本主义生产方式的主要标志。

机器体系不仅排挤工人，而且又吸引工人，这是资本主义地使用机器体系的矛盾所造成的，因为剩余价值在劳动生产力的一定的发展阶段只能通过工人人数的增加而增长。马克思由此得出了对于工人阶级的斗争具有重要意义的结论，即不断地吸引和抛弃工人造成无产阶级的社会状况极不稳定。资产阶级和无产阶级之间的对立在以机器体系为基础的相对剩余价值生产中发展到“势不两立的程度”②。

马克思详细论述了科学及其在资本主义生产过程中的应用。在这里，他将自己在《大纲》中关于科学转化为直接生产力的思考深化并具体化了。马克思在《大纲》中就已经确认，这一过程不仅仅使各种社会矛盾尖锐化，而且它作为生产力发展中的质的进步，最终必然要消灭资本主义的生产关系和创建共产主义的生产关系。发达的科学在这个过程中是革命的因素，就像机器体系在资本主义生产方式形成过程中那样，这是马克思的社会预测的重要因素。

马克思在本手稿中指出，只有在资本主义生产方式下，才第一次产

① 《马克思恩格斯全集》第 1 版第 47 卷第 561 页。

② 《马克思恩格斯全集》第 1 版第 47 卷第 564 页。

生了“只有用科学方法才能解决的”① 实际问题。在这里实现了应用于生产的科学同直接劳动相分离。科学成为“生产过程的独立因素”②。在资本主义以前的生产方式下，知识和经验在劳动中还没有分开，手工劳动和脑力劳动表现为统一体中的区别，还没有表现为对立面。工艺知识具有秘方集成的性质。自然科学随资本主义生产方式得以发展，因为“这种资本主义生产方式第一次在相当大的程度上为自然科学创造了进行研究、观察、实验的物质手段”③。马克思以18世纪法国、英国、德国和瑞典的机械和数学的发展为例说明了这一点，这种发展在这几个国家中几乎是同时进行的，但是，其发展成果只可能被资本主义最发达的国家即英国所利用。在这种社会条件之下科学和生产发生密切的相互作用。“生产过程成了**科学的应用**，而科学反过来成了生产过程的因素即所谓职能。”④ 科学以过去的各个时代所无法想象的规模向前发展。

马克思在考察现代工业时指出——正如他在《大纲》中已经指出的——资本同时使用绝对剩余价值和相对剩余价值的生产方法。他指出，由此而引起的争取正常工作日的斗争最终致使国家规定工作日的长度，从这一点可以得出一个基本的结论：“工人们自己不能——如果他们作为一个阶级还不会对国家并通过国家对资本施加影响的话——从资本的贪得无厌中挣得哪怕是他们的生存所必需的自由时间。”⑤

马克思从工资和剩余价值的关系的规律性详细研究了工资和剩余价值的不断变化的比例。他在研究中总是按照方法论假定一个确定的量，

① 《马克思恩格斯全集》第1版第47卷第570页。

② 《马克思恩格斯全集》第1版第47卷第570页。

③ 《马克思恩格斯全集》第1版第47卷第572页。

④ 《马克思恩格斯全集》第1版第47卷第570页。

⑤ 《马克思恩格斯全集》第1版第47卷第604页。

即工作日或劳动生产力是不变的，然后分析可能出现的各种不同的情况。他指出——撇开额外剩余价值的生产不谈——在工作日不变的情况下，剩余价值量的变化始终是劳动力商品的价值变化的结果。极为重要的是，他确认了劳动力商品的价值不是不变的量，但总是表现一定数量的使用价值。因此，对于马克思来说，实际工资的不断增长和劳动力商品的价值不断下降并非矛盾。关于这方面的问题，马克思还考察了作为劳动力商品价值的转化形式的工资。

马克思在本手稿第I笔记本中已经论及劳动对资本的形式上的从属和实际上的从属这一问题。在这里他再次并且全面地研究这个问题，把这些范畴与绝对剩余价值和相对剩余价值的范畴紧密地结合在一起。"在所有的场合，和两种剩余价值形式……相适应的，是**劳动从属于资本的**两种单独的**形式**……其中第一种形式总是第二种形式的先驱。"①马克思详细地论述了资本是如何形成的，资本最终如何在它自己特有的、与它相适应的基础上进行生产的。由此指明了资本主义生产方式发展中的各个阶段，——资本产生的阶段和资本在自己特有的基础上发展的阶段——在这个阶段，资本最终成功地获得了统治地位，并且自此以广泛的形式发展起来。从这个基本的方法论思想出发，马克思联系资本主义的发展特别研究了劳动过程的各种变化。他努力探讨对工人阶级的状况及其斗争会有哪些影响。

与绝对剩余价值生产相应的形式上的从属，与以前的生产方式的区别主要在于在剩余价值生产中施行另一种强制。马克思认为，形式上从属的实质在于：工人自由支配他的劳动能力，各种劳动条件实际上已经属于劳动力的买者。因此，与奴隶制和封建制生产方式下相比，资本关

① 《马克思恩格斯全集》第1版第48卷第5页。

系表现为“提高到较高的社会阶段”[①]。在生产过程本身中出现了一种新的统治和从属关系。形式上从属的特点是，从工艺形式上看，资本使劳动过程在它找到该劳动过程时的工艺形式上从属于自己。不过，劳动的连续性和强度却越来越提高。

在形式上从属即资本主义生产过程的普遍形式的基础之上形成了特有的资本主义生产方式，形式上的从属为实际上的从属所取代。这种实际上的从属与生产力的发展有不可分割的联系，并且是建立在生产规模扩大的基础之上的。通过生产过程及其各种因素不断发生变革，资本主义生产方式创造出一种发生了变化的生产形式。生产的这种变化了的形式又构成“资本主义关系发展的基础”[②]。马克思指出，在创造相对剩余价值的所有形式中都产生实际上的从属。实际从属的特点是：社会劳动生产力迅速发展和生产的社会化不断提高。这样一来，才有可能将自然力、科学和机器体系应用于直接生产。同时，社会劳动生产力以一种与工人相异化的形式发展起来。它们表现为统治着工人的资本的生产力。“工人自己的劳动的社会形式……是完全不以单个工人为转移而形成的关系；工人从属于资本，变成这些社会构成的要素，但是这些社会构成并不属于工人。”[③] 资本的神秘化至此达到了顶点。随着这种实际上的从属，不仅“在生产方式本身中”，而且在“资本家和工人的”关系中，“以及在双方彼此的社会关系中，都发生完全的革命”[④]。马克思说道：这种从属关系差不多又退回到了奴隶制的关系。除了生产力的发展和生产的社会化之外，马克思还把使劳动力可变性的要求的不断增加

① 《马克思恩格斯全集》第1版第48卷第12页。

② 《马克思恩格斯全集》第1版第48卷第18—19页。

③ 《马克思恩格斯全集》第1版第48卷第38页。

④ 《马克思恩格斯全集》第1版第48卷第20页。

看做是形式上从属和实际上从属的积极结果。它为形成全面发展的个性创造了前提。最后，马克思确认，由于形式上的和实际上的从属而产生的种种变化及其对无产阶级的状况的影响，客观上致使无产阶级“能够完成”与奴隶“完全不同的历史使命”①。

马克思在《生产劳动理论和非生产劳动理论》的基础上深入研究了资本主义下生产劳动和非生产劳动的问题，而后研究他的第 1 篇《资本的生产过程》的中心点，即《剩余价值再转化为资本》。第 XXII 笔记本中再生产过程图表之一，即“再生产过程图表（绘制时没有考虑货币流通，并假定再生产规模不变）”②，马克思在制作完成后直接附在一封信里寄给恩格斯，并请他仔细看一看，如有意见即告知。③ 此信作为对该图表的说明，包含马克思在写作本手稿的过程中达到的有关社会总资本的再生产和流通的重要认识的扼要的总结。仔细研读过马克思和恩格斯的书信集的列宁在研究了这封信后作了笔记，他写道：“第 2 卷初稿（第 I、II 部类的再生产过程等等）。很清楚!!”④

“（IV）剩余价值再转化为资本”这一点不仅包含对资本主义的积累过程和再生产过程的“简单的”或者说“形式的”阐述，还包含使资本以及资本和雇佣劳动之间的对抗关系形成并不断更新的积累概念。马克思在这一点中还叙述了积累过程的“现实”形式，叙述了实现社会总资本的那些基本条件。他总是补充说，这个问题应在第二篇《资本的流通过程》中论述。“……同下一篇有关的正确理解生产过程的问

① 《马克思恩格斯全集》第 1 版第 48 卷第 11 页。

② 《马克思恩格斯全集》第 1 版第 48 卷第 166 页。

③ 《马克思恩格斯全集》第 1 版第 30 卷第 358 页。

④ 《列宁全集》第 2 版第 58 卷第 366 页。

题，即把生产过程理解为**再生产过程**的问题……”[①] 这个理论的基本要素马克思在写作《剩余价值理论》的过程中批判所谓斯密的“教条”时就已经提出来了。同样，在《剩余价值理论》中对魁奈的经济表所作的分析，显然启发了马克思综合地、概括地论述再生产理论。这样，独创性地剖析资产阶级的再生产理论，最终使马克思第一次系统地论述他的学说。

马克思首先阐述了他的积累理论的几个重要方面。他把所有的资本，即使是在进入资本主义生产过程时还是资本家的个人劳动的成果的资本，都规定为“**剩余价值**，也就是说，是**剩余劳动**，即**物化的他人无酬劳动**”[②]。因此，工人原则上是被用他们自己劳动的成果支付的。由于剩余价值再转化为资本，资本和雇佣劳动之间的等价交换就像在流通过程中发生的那样，转变为纯粹的形式，个人对他的产品的所有权转变为对他人劳动及其劳动成果的所有权。正如马克思强调的那样，在这个过程中，首先是劳动与生产资料的分离从而资本主义的占有关系被不断再生产出来，这种情况通过积累同时在扩大规模的基础上发生。

再生产过程的物质结果也是十分重要的。马克思指出，同等数量的工人用较大量的、已经对象化了的财富会创造出较大量的产品价值，即使同等数量的工人在同量的时间里只生产同量的新价值。社会产品的这种与财富不断增加相联系的价值上和物质上的增加，不能被看做是资本的功劳。而仅仅是雇佣工人过去劳动的结果。然而，随着劳动生产率和资本有机构成的提高，正像马克思最后又明确指出的那样，不仅商品价值增加了，而且资本的结构改变了。

① 《马克思恩格斯全集》第1版第48卷第133页。

② 《马克思恩格斯全集》第1版第48卷第72页。

马克思对资本主义生产过程考察的出发点是：资本家能够按照产品的价值出售他们的产品，同时在流通领域发现了更新和扩大生产所需要的生产资料和劳动力。“我们**假定**，同货币最初转化为资本时一样，这些条件在市场上都**存在**。”① 因此，马克思清楚地知道，要全面地阐述资产阶级社会的经济运动规律，不能简单地以顺利地出售生产出的商品和无阻碍地购买生产性资本的各要素为前提。相反，这种阐述应当回答以下问题：资本家和雇佣工人从哪里获得他们的消费资料，资本家从哪里得到他们的生产资料，以及社会总产品必须有什么样的价值结构和使用价值结构，全部商品资本才能实现，并且通过它的实现满足一切生产的和个人的需要。所以，马克思在“剩余价值再转化为资本”这一点中继续论述资本的生产过程的几个重要方面之后，还探讨了总资本的再生产和流通，并且对简单再生产情况下实现社会总产品的那些基本条件发表了看法。马克思当时已接近论述扩大再生产情况下社会资本的各种实现条件。

按照马克思的观点，简单再生产情况下实现社会资本的第一个基本的条件是：生产生产资料的部类的可变资本和剩余价值的数额必须同生产消费资料的部类所花费的不变资本相等。他用几句话概述了这个条件：“如果生产规模不变，如果再生产以同一规模反复进行，那么，生产**不变资本**的生产者的产品，——只要这种产品是由**可变资本**（工资）和**剩余产品**构成，因而一般说来构成这个［生产者］阶级的**收入**，——应当正好等于生产**消费资料**的［生产者］阶级每年所需要的**不变资本**。如果这种产品更多一些，那么，它就不会有等价物——同它

① 《马克思恩格斯全集》第1版第48卷第68页。

相适应的价值等价物——并会相应地跌价。”① 马克思还阐述了简单再生产情况下实现社会资本的另外两个基本条件，即生产生产资料的部类的全部产品价值必须与两个部类花费的不变资本相一致，以及生产消费资料部类的产品价值等于两个部类的可变资本和剩余价值的总额。他写道：“因此，问题可以这样看：第Ⅱ类的全部产品只补偿社会不变资本，而第Ⅰ类的全部产品构成社会收入，因此，这一产品在扣除可变资本，即扣除作为工资而消费的那部分以后，便构成每年以各种形式消费掉的剩余产品，——［个人］消费，这是以交换，买卖为媒介的，因而剩余产品得以根据需要在它的不同所有者之间进行分配。”②

至于马克思对扩大再生产情况下的交换比例的论述，主要有以下这一点意见极为重要：“由于第Ⅰ类（生活资料的生产）所使用的不变资本增大，第Ⅱ类所生产的并分为可变资本和剩余产品的那部分产品就能增长。但是［第Ⅱ类］的不变资本可以直接增长，这部分地是以实物形式，部分地是通过剩余产品以交换为媒介进行的分配，而无须同第Ⅰ类进行交换，因而在第Ⅰ类的生产中不会遇到直接的障碍。”③ 其中反映这样一个认识：伴随生产资料生产部门的新价值的增长而来的是用于扩大了的消费资料生产的不变资本补充投入。因此，扩大再生产的前提是，生产资料生产部类的可变资本和剩余价值总和必须超过消费资料生产部类所消费的生产资料的生产和用于生产生产资料的生产资料的生产之间必然有所不同；与消费资料市场相比，生产资料市场扩大的可能具有相对的独立性。

① 《马克思恩格斯全集》第1版第48卷第149页。

② 《马克思恩格斯全集》第1版第48卷第149页。

③ 《马克思恩格斯全集》第1版第48卷第151页。

马克思在他以图表形式所作的叙述中限于描述简单再生产，以便更好地理解“基本运动”①。在他看来，如果同时描绘积累过程就会“陷于纷乱”②。后来，正如在后来的《资本论》中的阐述那样，马克思抽象掉了工业资本的独立职能、非资本主义的经济形式以及对外贸易。他同时假定商品按其价值出售，并且——至少是在后两个图表中——假定不变资本的价值在一年中完全进入年产品的价值。在一次相关的叙述中马克思就已经有别于在《资本论》第 2 卷中的说法，把消费资料生产部类称做第 I 部类，并且把生产资料生产部类称做第 II 部类，在这里他还坚持这种说法。此外，他在图表中用线条来清楚地表示，总产品是如何实现的；总产品是如何由此被提供给生产消费和个人消费的。这些线条还说明，两个部类从它们生产成果中保留了什么；它们必须相互交换什么，才能保证总产品的顺利实现和各个部门生产的继续进行……

如果将社会总资本再生产的这种以图表进行的叙述方式变成后来《资本论》的叙述方式，我们得出的结果就是：

	不变资本	可变资本	剩余价值		
第 I 部类	$533\frac{1}{3}$	$133\frac{1}{3}$	$266\frac{2}{3}$	$933\frac{1}{3}$	生产资料
第 II 部类	400	100	200	700	消费资料
总计	$933\frac{1}{3}$	$233\frac{1}{3}$	$466\frac{2}{3}$	$1633\frac{1}{3}$	

从这个图表中可以清楚地看到所有基本的实现条件。

---

① 《马克思恩格斯全集》第 1 版第 48 卷第 171 页。

② 《马克思恩格斯全集》第 1 版第 48 卷第 171 页。

马克思在《大纲》中曾证明，再生产理论不属于“资本一般”所包含的那些经济过程，而是只有联系各资本的相互作用来进行考察。最后对再生产的一般性质的描述，属于在本手稿中成熟起来的《资本论》的计划内容。正如马克思指出的：“在预支了剩余价值的利息和地租形式上，必须假定”，实际上再生产的一般性质“保持不变”①。只要资本主义生产方式存在，情况就是这样。除此之外，“甚至必须假定（情况或多或少也是这样），这一生产方式的**一定关系**在一定时间内保持不变。因此，生产的结果就作为**牢固的**、**因而是充当前提的生产条件固定下来**，并且作为**物质生产条件的**牢固的**属性**固定下来”②。所以，当马克思谈到资本主义再生产的一般性质时，他指的是扩大了规模的并且总是在同一些前提条件——它们是论述的对象——下进行的再生产。

单单证明以多种方式交织成总资本的单个资本的平衡及按比例发展的那些基本条件，并不意味着马克思把资本主义下总产品的实现看做是畅通无阻的过程。他的再生产图表并非简单地包含一定比例的产品，而是资本主义地生产出来的商品，即使用价值和价值的统一体、被消耗的不变资本和可变资本以及剩余价值的承担者。因此，再生产理论同价值理论、剩余价值理论以及积累理论，并由此同危机理论有机地联系在一起。在危机理论中，马克思最终全面地、令人信服地证明，社会总产品的实现不可能不遇到冲突，因为，资本主义生产由价值规律自发地调节，它追求最大剩余价值的准则不可避免必然既引起生产和消费之间的对抗性的矛盾，又引起生产和流通之间的对抗性矛盾。

① 《马克思恩格斯全集》第1版第26卷（III）第575页。

② 《马克思恩格斯全集》第1版第26卷（III）第575页。

后来的《资本论》第 2 卷的中心就是社会总资本的再生产和流通理论。在写作《政治经济学批判（1861—1863 年）》手稿的过程中，马克思还完善了这一卷中的各种要素，它们在写作《大纲》期间就曾作为流通中的资本的各种规定出现过，例如：作为商品资本、货币资本和生产资本的资本形态变化，以及作为固定资本和流动资本的生产资本的形式规定性。对资本的周转的考察也是同样的情况，例如，马克思从周转时间、生产时间和流通时间方面区分了资本的周转。因此，《资本的流通过程》篇的叙述方式实际上在手稿的最后写作阶段成熟起来了。

（原载《马克思恩格斯全集》历史考证版
第 2 部分第 3 卷第 5 册）
（卢晓萍 译）

1861—1863年经济学手稿二十三个笔记本的资料（之一）*

《马克思恩格斯全集》国际版编者

编者按 最近出版的《马克思恩格斯全集》国际版第二部第三卷第一册至第六册，按马克思手稿的原貌发表了1861—1863年经济学手稿，并对这部手稿所由构成的二十三个笔记本的情况作了详细介绍。为了给研究者提供资料，我们特邀冯文光把《马克思恩格斯全集》国际版第二部第三卷介绍手稿原件情况的资料翻译出来。本集发表的系译自国际版第二部第三卷第一册和第二册，其他各册的资料以后将在本书陆续发表。

目　　录①

政治经济学批判

---

* 本文选自《〈资本论〉研究资料和动态》江苏人民出版社1982年版第3集。

① 指本文介绍的资料顺序。

《政治经济学批判》

（1861—1863 年手稿）

1861 年 8 月至 1863 年 7 月

产生和流传过程

这部手稿反映了马克思主义政治经济学形成过程中的一个重要阶段。上一世纪五十年代末，马克思决定不定期分册出版他早就计划的规模宏大的经济学著作。第一分册《政治经济学批判》于 1859 年问世，它包括“商品”和“货币或简单流通”两章。由于要同波拿巴的代理

① 以上译自《马克思恩格斯全集》国际版第二部第三卷第一册副册。

② 以上译自《马克思恩格斯全集》国际版第二部第三卷第二册副册。

人福格特论战，马克思中断了写作过程。这部手稿就是在论战之后写作的，也以“政治经济学批判”为标题，还有一个副标题“第三章：资本一般”。马克思原来打算把这个第三章同前两章一起出版。可是，前两章的篇幅很大，以至于这两章就足以构成第一分册。而且，德国当时的政治形势也首先使马克思把这个第三章即他的经济理论的核心往后推迟了。

马克思开始写作这部手稿时的目的是写《政治经济学批判》的第二分册。但是很快由此产生出了一个不再能作为付印用的独特的著作手稿。他在手稿中也写进了一些有时只是提示性的想法；他常常满足于只是对还需要研究的问题写一个提示，写一些涉及按计划只是以后才研究的所谓的插入部分。这就是说，马克思写这个手稿在相当大的程度上是为了自己弄清问题。马克思力图完全弄清楚在五十年代发展起来的价值理论和剩余价值理论的一切结果。恩格斯在1893年2月7日给弗拉基米尔·雅柯夫列维奇·施穆伊洛夫的信中指出，正是这些原因使《政治经济学批判》第二分册及其他各分册没有问世。

“手稿”很清楚地可以分为三个部分或者三个写作阶段。第一个阶段从1861年8月到1862年3月，写了头五个笔记本，这些笔记本的内容在第一卷中刊出。按照1861年夏季制定的计划①，马克思在这里研究了第一篇“资本的生产过程”的前三个问题。

第二个阶段即**《剩余价值理论》**的写作开始于1862年3月。剩余价值理论的叙述本来应该以对理论史的这一研究结束；但这个部分的篇幅却越来越大。产生这种情况的原因是：马克思不能只限于剩余价值理论，因为在他之前的所有经济学家所制定的不是纯粹的剩余价值范畴，而是把这一范畴同它的各种表现形式混为一谈。另一方面，由于再一次

① 参见《马克思恩格斯全集》第1版第46卷下册第541页。——译者

对资产阶级古典政治经济学进行批判分析，促使马克思从不同的方面详细阐述了自己的理论观点，而且首次阐述了这样一些重要的理论，如平均利润和生产价格理论、地租理论、再生产理论、危机理论、生产劳动和非生产劳动理论。

第三个阶段开始于 1862 年 12 月，即马克思后来称为第三章的“资本和利润”篇的写作。包含这个草稿的笔记本 XVI，马克思最初命名为“最终笔记本”。也就是说，马克思打算在这个笔记本里结束“手稿”的写作。正是这样，他在 1862 年 12 月 28 日给库格曼写信说：“第二部分终于已经脱稿，只剩下誊清和付排前的最后润色了。”按说应该在 1863 年 1 月开始誊清工作。但是马克思没有誊清《资本论》（这个标题在上述信中是第一次使用），而是从 1863 年 1 月至 7 月继续写了七个笔记本。首先，他在 1863 年 1 月建立了“最终笔记本 2”。这两个“最终笔记本”后来被编号为笔记本 XVI 和笔记本 XVII。1863 年写的笔记本 XVII—XVIII 包含的内容主要是对“手稿”中以前写的部分的补充。笔记本 XV 的最后部分可能也是在 1863 年 1 月写的。这里所研究的商人资本问题，在笔记本 XVII 的第 1029 页上得到了直接的继续。在第 1038 页上开始写作“插入部分。资本主义再生产中的货币回流运动”。笔记本 XVIII 开始写“杂记”，包含对剩余价值理论的补充，这个笔记本还包括第一篇“**资本的生产过程**”和第三篇“**资本和利润**”的计划草案。马克思在这之后又回过来写作第三点“**相对剩余价值**”。他先写完了笔记本 V 的最后几页，接着写笔记本 XIX 和 XX。除了笔记本 XXI 和 XXII 中对不同的问题有某些完善的论述以外，例如“劳动对资本的形式上的从属和实际上的从属”、“资本的生产率。生产劳动和非生产劳动”、“剩余价值再转化为资本”、“所谓的原始积累”，“手稿”的最后三个笔记本包含的主要是引文。

手稿的写作日期

“手稿”从1861年8月写到1863年7月。“手稿”的各个笔记本和各个部分的写作日期引起了人们很大的兴趣。因为作者在一个较长的时期内没有写下准确日期，所以必须通过别的途径来了解写作日期。在这里必须考虑到两个特殊情况。第一，马克思不可能连续不断地写作“手稿”。出现了比较短和比较长的中断，有一段时期内紧张得简直难以想象，而在有些时期内又停止了写作。第二，尽管“手稿”的页码编号是连续不断的，但是个别页和部分起初并没有写，只是在后来的研究中才写上字。补写这些部分的确切日期并不总是可以弄清楚的；常常是只能做到恢复写作的顺序。

由于仔细分析“手稿”并利用通信和准备性材料，可以准确地肯定各个笔记本的写作日期并更正先前的材料。下面是研究写作日期的结果及其论证：

第一点“**货币转化为资本**”，马克思在1861年8月至9月期间写于第一和第二个笔记本（笔记本I的第1—53页；笔记本II的第54—94页）。马克思自己在开始写作时在笔记本的A页上写上了“1861**年**8**月**”，可能是他在这里写这本笔记本的内容目录时写的。在笔记本II的第87—88页上，马克思引了1861年9月18日《曼彻斯特卫报》上的一段话。这个材料他可能是从恩格斯那里得到的，因为他在1861年9月28日的信中感谢恩格斯“寄来《曼彻斯特卫报》（我现在非常需要它）”。因此，第一点的写作结束于1861年9月底。

马克思起先没有在笔记本II的最后几页（第89—94页）上写作，而是开始在笔记本III（第95—131页）上写第二点“**绝对剩余价值**”。马克思在同一个笔记本的第125页上开始写第三点“**相对剩余价值**”；并在笔记本IV（第138—174页）和笔记本V（第175—219页）上继续这一部分的写作。在写作这一点时出现了几次中断。马克思在 1862 年 3 月 15 日给恩格斯写信说："由于家务琐事，工作经常整个星期难于进行，也就是说被打断。" 1862 年 3 月，马克思在写作第三点时中断了自己的理论的叙述，他先把笔记本 V 的第 211—219 页留空不写，开始在笔记本 VI 中写作第五点"**剩余价值理论**"。

过去认为，马克思写作相对剩余价值篇一直写到 1861 年 12 月，在 1862 年 1 月转而写作《剩余价值理论》。但是，马克思在笔记本 V 上写作一直写到 1862 年 3 月，而且也只是在这一个月开始写作"剩余价值理论"。这一点也可以从马克思于 1862 年 3 月 6 日给恩格斯的信中看出，他在这封信中要求恩格斯举一个例子"来说明，在机械工场里不存在像亚·斯密所描写的那种作为手工工场基础的**分工**。尤尔已经提出了这个原理"。马克思在这里所依据的是他的"手稿"的第 191 页上的那些话。

"手稿"第 209 页上引自《孟加拉公报》和《孟买商会报告》的引文不可能是在 1862 年 3 月以前插入的。这些引文是从摘录笔记 VII 的第 208 页上转抄的，而这个摘录笔记的第 193—208 页只是在 1862 年 2 月 25 日以后才写的，因为在第 193 页上引了这一天的《旗帜报》的一段话。

马克思在他的笔记本中常常是在第 3 页上开始写正文。他在封面上写上著作的标题《政治经济学批判》和笔记本的号码。反面先是留空不写，后来写上内容目录，还有各种增补的内容。后来马克思把这一页标为 A 页或 a 页。在前五个笔记本的 A 页上有采自《大纲》的摘要。这些摘要可能是没有间断地写下的；这是第一个工作阶段结束时的事情，因为笔记本 IV 的 A 页即 138a 页上，已经包含着"对第 148 页"的补充。因此，在写这第一个补充内容时，第 149 页开始的小标题（b）"**分工**"已经写作了。

笔记本 II 的第 89—93 页也只是后来补写的。因为所涉及的是对分工的补充，所以它们的出现只可能是在马克思结束了这个题目的写作并在笔记本 V 的第 190 页上转而开始下一个小标题（r）“机器”的写作之后。

笔记本 III 中的第 124a—h 页是后来插进去的。这是对绝对剩余价值的增补，在这之后，在第 125 页上开始了第三点“**相对剩余价值**”的论述。根据字体来看，它们不是一气呵成的。第 124d 页和第 124e 页包含有截至 1861 年 10 月 31 日为止的《工厂视察员半年报告》的摘录，这两页的出现不早于 1862 年。接着是摘自艾释黎的《十小时工厂法案》和约·菲尔登的《工厂制度的祸害》的引文。在笔记本 V 的第 196—203 页上，也对这两本著作详细地作了摘引。摘自艾释黎著作中的一段话在第 124e 页上被划掉了，但在第 196 页上又几乎逐字地作了摘引；从“见笔记本 V 第 190 页”这一指示中可以看到这种直接的联系。第 124a—e 页大约是与笔记本 V 同时，直接在第 196 页之前写作的。采用同类型的纸张这一点也说明相同的写作时间。

《剩余价值理论》开始于笔记本 VI（第 220—272 页）。虽然马克思自己没有写下日期，但是可以认为，他是于 1862 年 3 月中旬开始写作的，在他于 3 月 30 日出发到曼彻斯特恩格斯那里去之前就已经基本结束了这个笔记本的写作。在“手稿”第 235 页上，马克思采用了李嘉图的著作《政治经济学原理》反驳亚·斯密的一段话，这段文字他是从 1859—1862 年伦敦摘录笔记 VII 中转抄的；摘录笔记（第 209 页）中出现的这段引文是后来在空白处补写进去的，写于摘自 1862 年 3 月 13 日《泰晤士报》的一段摘录之后。由此可以推知，“手稿”这一部分的可能的写作日期最早是 3 月中旬。1862 年 4 月，马克思在曼彻斯特开始了笔记本 VII（第 273—331 页）的写作。在笔记本 IV 中继续对亚·斯密进行了批判分析。斯密认为，社会产品的全部价值会分解为收入。这一批判分析是促使马克思“研究年利润和工资如何能购买除利润和工资以外还包含不变资本的年商品”的动因。其次，值得注意的是，在这一研究中没有使用任何引文。

从曼彻斯特回来以后，马克思结束了对斯密教条的研究并在第283a和283b以及300—304页上补写了这一研究。接着他就对斯密的**“生产劳动和非生产劳动的区别”**进行批判考察。马克思不仅分析了斯密的观点，而且也研究了“第二流经济学家”之间的争论。他把这些分析和研究写满了笔记本VII、VIII（第322—376页）和笔记本IX（第377—421页）的绝大部分。在这些分析中他还插进了对约翰·斯图亚特·穆勒的观点的分析（第319—345页），而他最初是准备在后来用一节来进行这种分析的，即“在谈到李嘉图的剩余价值理论的地方”（第319页）用一节来进行这种分析。笔记本IX的结尾部分，至少是关于奈克尔的论述，是在经过了短暂的中断以后写的。马克思在这段时间内在一个独立的笔记本（后来是笔记本X）中写了“插入部分。魁奈的经济表”以及关于兰盖和布雷的论述。根据“手稿”中的下述指示可以恢复写作的顺序。在最初只是从1—32页编了页码的独立笔记本的第8页（后来是第428页）上，马克思在谈到德斯杜特·德·特拉西时指出“见前面的论述”，这个指示所提到的地方是笔记本IX的第402—403页。因此，笔记本IX的这一部分当时已经写作了。在笔记本IX中写作奈克尔的一节时，马克思在第419页上写下了下面一段评论意见，即“前面已经引过的兰盖的一些话表明，他对资本主义生产的性质是清楚的。然而这里在谈完奈克尔之后，还可以再提一下兰盖”[①]。由此可以看出，在后一个笔记本X中关于兰盖那一节已经写作了。可见，马克思在4月底至6月初写完了笔记本VII的剩下部分、笔记本VIII和IX

① 《马克思恩格斯全集》第1版第26卷第1册第319页。

以及独立笔记本的第一部分。1862年5月27日，他写信告诉恩格斯说，工作进行得很顺利。他在信中说："我现在……认真埋头工作，拼命写作，我说的是政治经济学的事。"在笔记本VIII的第337页上有一个日期"现在（1862年春）"。

1862年6月18日，马克思写信给恩格斯说："此外，我现在正在加紧工作，奇怪的是，在种种困苦的包围之下，我的脑袋倒比前几年更好用了。我正在把这一卷大加扩充，因为德国的狗东西是按篇幅来估量一本书的价值的。"这一卷的扩大首先是指直到笔记本IX的第419页关于生产劳动和非生产劳动的理论的论述，以及其中包含的再生产理论的研究。这个扩大也是从原来为笔记本VII要研究的问题"（c）斯密（结尾部分），（d）奈克尔，（e）李嘉图"所制定的计划中产生的。

马克思设了一本独立的笔记本，以便在其中写"插入部分"，也就是那些他只是想在他的著作的后一部分研究的问题。6月，马克思在这个笔记本（第25页，后来是445页）中开始写另一个"插入部分"："洛贝尔图斯先生。洛贝尔图斯致冯·基尔希曼的第三封书简。对李嘉图地租理论的反驳和一个新的地租理论的论证，1851年柏林版。"马克思从拉萨尔那里借到了洛贝尔图斯的书。拉萨尔于1862年6月9日要求很快把书还给他。这就促使马克思于6月中旬转而研究这部著作。马克思在对洛贝尔图斯进行这种批判分析的同时，决定把这个独立的笔记本作为笔记本X收进他的"手稿"。他连续编上了69页的页码，从422页到489页。他于1862年6月16日给斐迪南·拉萨尔的信中关于洛贝尔图斯的几点意见，是同笔记本X的第458页上的几段话有联系的。他在6月18日给恩格斯的信中说，他现在终于彻底弄清楚了地租理论。

笔记本XI（第490—580页）可能基本上是在7月写成的。从下面的书信和"手稿"相一致的情况来看，可以进一步看出写作时间。马克思在 1862 年 8 月 2 日给恩格斯的信中列举了他在“手稿”笔记本 XII（第 581—669 页）第 594 页上已经采用过的数目字。不到三个星期以后，即在 1862 年 8 月 20 日，他请求恩格斯告诉他关于折旧基金的情况，这是他鉴于笔记本 XIII（第 670—770 页）第 697—698 页上的那些思考提出的问题。在写作这个“手稿”的过程中出现过中断，因为他于 8 月底至 9 月 7 日这段时间内到荷兰和德国去了。第 746 页包含摘自 1862 年 9 月 19 日《旗帜报》的一段引文，第 750 页包含一个日期“1862 年（现在是秋天）”。其他的笔记本都由马克思本人在封皮上注明了日期。笔记本 XIV（第 771—861 页）和笔记本 XV（第 862—973 页）上注明的日期是 1862 年 10 月。笔记本 XV 的写作一直继续到 11 月，这可以从马克思在笔记本 XVII/XVIII 的封皮上的说明看出：“从第 1029 页开始续笔记本 XV（1862 年 10 月和 11 月）。”卡尔·考茨基在由他于 1905—1910 年首次出版的《剩余价值理论》中错误地把这个日期当做是写作笔记本 XVII 的日期。马克思在 1862 年 11 月 7 日给拉萨尔的信中说，“将近一个半月以来，我完全没有可能写作自己的书”，由此可以推论出，笔记本 XV 主要是在 1862 年 11 月写作的。

1862 年 12 月，马克思写作笔记本 XVI（第 974—1021 页）；他在封皮上也写上了“**12 月**”。

笔记本 XVII（第 1022—1065 页）和笔记本 XVIII（第 1066—1158 页）看起来是合用了一个封皮。这个封皮现在保存在笔记本 XVIII 中，但是上面所引用的内容提要则与笔记本 XVII 有关。卡尔·考茨基在为 1910 年的《剩余价值理论》第三卷写的“前言”中把这个封皮说成是属于笔记本 XVII 的。马克思在这个封皮上写的日期是：“**1862 年 1 月**”。从这个错误的年数可以推断出，马克思是在 1863 年 1 月初开始写作这个笔记本的，当时虽然新的一年已经到来，他还没有习惯用新的一年的年数。

笔记本 XVI 和 XVII 的最初的名称是“最终笔记本”和“最终笔记本 2”。页码是用字母编排的。只是后来才补加上了按顺序的编码，看来也只是在这时才把它们称为笔记本 XVI 和 XVII。

笔记本 XVIII 是在 1863 年 1 月写作的。前面提到的笔记本 XVII 和 XVIII 的封皮上的日期与两个笔记本都有关。考茨基没有提到马克思写的这个日期。考茨基错误地认为，笔记本 XVII 是 1862 年 10 月和 11 月写作的，由此他确定笔记本 XVIII 的写作日期是 12 月。

在恩格斯于马克思逝世后编制的 1861—1863 年手稿的内容目录中也有某些错误。笔记本 XVII 中写着：“62 **年** 12 **月**”。这个日期是后来加进去的。我们可以认为，恩格斯把马克思的这个日期写错了地方，而本来是应该写进笔记本 XVI 中去的。恩格斯没有提到马克思在笔记本 XVII/XVIII 的封皮上写的日期“1862 **年** 1 **月**”。他把“最终笔记本 2”当做笔记本 XVIII，并把马克思在第二封页上写的内容提要当做笔记本 XVIII 的内容提要，尽管这个内容提要与笔记本 XVII 有关。

笔记本 XIX（第 1159—1241 页）上注的日期是“1863 年 1 月”。这是笔记本 V 的直接继续。笔记本 V 的最后几页马克思也是在 1863 年 1 月写的。

笔记本 XX（第 1242—1297 页）是在 1863 年 3 月开始写作的。这个笔记本的写作在 4 月和 5 月继续进行，马克思后来在封皮上补写上了这两个月的日期。于是日期为：“1863 年 3 月、4 月、5 月。”

马克思给笔记本 XXI（第 1298—1345 页）注明的日期是“1868 年 5 月”，在笔记本 XXII（第 1346—1406 页）上注明的日期也是“1863 **年** 5 **月**”。

笔记本 XXIII（第 1407—1499 页）注明的日期是“1868 **年** 6 **月**”。最后这个笔记本一直写到 7 月，因为在第 1452 页上有一段摘自 1863 年 7 月 2 日《泰晤士报》的引文。第 1474—1499 页是空白页。

准备材料

马克思为了写他的主要著作，用许多年时间阅读了范围极其广泛的文献资料。同时作了系统的摘录。因此，在多年时间内产生了十二本摘录笔记本，马克思经常把这些笔记本当做写作材料。特别令人注意的是那些专题摘录笔记本，如“完成的货币体系”，“货币制度，信用制度、危机”，“参考材料”。在这里，先前的摘引都按照一定的观点分成各个大类，有一部分加上了很简短的说明。这样，马克思选好了内容很丰富的材料，后来在自己的“手稿”中对这些材料进行了加工。为了给“手稿”的写作做好准备，马克思还建立了“引文笔记”。马克思时常把标题写在笔记本的右侧，下面所写的引文是专门用于资本一般这一章的，采自已有的摘录笔记本，特别是五十年代的二十四个笔记本。在大标题“**资本。（1）资本的生产过程**”下面，马克思列出了下述小标题：“（A）货币转化为资本。（B）自由劳动。奴隶劳动，雇佣劳动。（C）资本的形成和国家。（D）劳动的生产率。（E）固定资本对利润的影响。时间长短对价值规定的影响。（F）价值以劳动和劳动的价值为尺度。（G）仅仅作为分配份额的利润和工资。（H）利润（剩余价值）。（I）工资。（J）资本的积累（利润率）。（K）资本。（M）机器。（N）固定资本。流动资本。（O）农业。（P）劳动生产力的提高。（Q）一般利润率。”

最初“引文笔记”是由六张纸组成的。这六张纸不够，马克思又加进了几张新的，一部分还写上了新的标题或小标题，如“一般资本形式”、“资本的再生产”、“剩余价值和利润”、“资本”、“一般利润率”。经过许多阶段之后，就逐渐地出现了一本由二十三张纸组成的规模宏大的笔记本，马克思从 1—92 给这个笔记本编了页码。

除了在“引文笔记”中收集过去的引文以外，马克思当然也研究了新的资料，或者说，从新的观点出发对过去已经利用过的资料作摘录工作。他把这些摘录写在笔记本 VII 中，这个笔记本的前 63 页包含着《大纲》的结尾部分。在标为 63a 的下一页上开始了摘录部分。马克思亲自给这一部分注明的日期是：“1859 年 2 月 28 日开始。”笔记本 VII 全部编上了页码，共有 277 页，马克思有时称它为“厚笔记本”。第 63a—192 页一直写作到 1861 年夏天，在 1862 年写作手稿期间继续摘录。特别是地租问题，马克思在这里摘录了许多新的资料。这些摘录后来大部分在“手稿”中得到了采用。

笔记本 VII 的摘录部分和“引文笔记”以及 1861—1863 年手稿中的一些部分，在非常大的程度上是在同一时期写作的。它们不是在同一个地方写作的，笔记本 VII 中的摘录主要是在大不列颠博物馆完成的，而“引文笔记”和“手稿”则基本上是在马克思的书房里写作的。在第一阶段，“引文笔记”中没有出现见笔记本 VII 的提示，后来也从这个笔记本转抄引文。不过，马克思有时也只满足于指出见笔记本 VII 的相应地方，而不再重新转抄引文。此外，马克思不仅给大部分引文注明了作者、著作和页码，而且也注明了引文抄自第几号摘录笔记以及第几页。这就使他能够非常迅速地找到更详细的摘录。马克思也充分地利用了这一点，因为“手稿”里的引文往往要比转抄自“引文笔记”的引文内容要广泛一些。马克思常常重新使用原书，在他的藏书中有这本书时，情况就更是这样。

1861 年 6 月初，马克思开始了一个特别紧张工作的准备阶段。他于 6 月 10 日写信给恩格斯说：“一星期以来，我在认真写我的著作。”这次开始写作与“手稿”无关，“手稿”只是在 1861 年 8 月才开始写作。在前几周时间里，马克思全部阅读了一遍现有的材料，而且还写了某些很重要的材料。

“引文笔记索引”可能是在1861年6月写的。这个索引写在笔记本B″₁₁的第21—27页上。这一次马克思并没有只是满足于内容目录；作为“引文笔记”的基础的分类（当时由于加进了许多增补，这种分类已经看不清楚了）没有得到采用。马克思重新分了类，有些项目被归并在一起，又加进了一些新的项目。在标题下他用很简短的话注明了“引文笔记”的页码，这些标题如下：“（a）资本和雇佣劳动的关系的形成”，“（b）工资和劳动生产率。利润率的下降。”“（c）利润和交换”，“（d）李嘉图的利润理论和工资理论”直到“（x）利润的各种辩护论”。

与他当时写的著作《政治经济学批判》的标题相适应，他概略地了解了一下其他著作家在这个问题上的观点。只是在这之后他才开始阅读他自己在过去关于这个问题的论述。他一边阅读，一边在笔记本B″₁₁的以后9页上写下了“我自己的笔记本的提要”。这是他想用于第三章**“资本一般”**的那些《大纲》笔记本的内容目录。

在马克思以这种方式对已有的材料有了概略的了解以后，他于1861年夏天在一个只有十六页厚的特殊的笔记本里草拟了第三章“资本一般”的结构，即著名的“计划草稿”。紧接着马克思于1861年8月开始了“手稿”的写作。

“引文笔记”是写作1861—1863年手稿，特别是写作头五个笔记本的非常重要的基础。马克思通过“引文笔记”掌握了先前写的十二个摘录笔记的内容。这个笔记本保存在阿姆斯特丹国际社会史研究所。从这个笔记本的情况可以看到，马克思利用这个笔记本的次数是非常之多的。这个笔记本所包含的一切引文，在“手稿”里几乎都得到了采用，而在采用之后标上了消除记号。

相反，马克思对他自己于1857—1858年写的手稿却采取了另一种办法。他没有充分利用1858年8月初和11月中所写的《政治经济学批判》草稿。这个“草稿”包括原来应该是第二章结尾部分的第“(6)向资本的过渡”，以及与紧接着这一部分开始的为第三章“货币向资本的转化”所写的第1点。这里也没有任何消除记号。马克思从《大纲》中采用了某些段落作为附录，在出版的正文的注释中对此作了说明。但是总的来说，马克思离开了《大纲》中所作的阐述。只是在例外的情况下他才把过去的“草稿”用到1861—1863年正文中，例如在笔记本XXII中叙述所谓的原始积累时就是这样。在这里，他几乎逐字逐句地从《大纲》中抄了若干页，并注上“采自以前的论述”。因此，我们在《大纲》中看到的主要不是逐字逐句的消除记号，而是一些说明内容已经利用过的记号。

1863年，在“手稿”写作的最后阶段，马克思以“补充笔记”“A”到“H”的形式建立了另外八个摘录笔记。他在这些笔记本里所摘录的内容，正如他在1863年5月29日写给恩格斯的信中说的那样，是“与我所加工的那部分政治经济学有关的文献”。马克思在写作1861—1863年手稿时，只能在最后两个笔记本即笔记本XXII和XXIII中对这些补充笔记的材料加以充分的利用。

马克思对1861—1863年手稿的进一步利用

当马克思打算准备《资本论》的付排稿时，“手稿”对他来说就构成了很重要的工作基础。他首先通读了一遍全部“手稿”，并在边上用线条作了标记并写上了边注，如“利润”、“再生产过程”、“积累”，用以预示他要在相应的节中采用的那些段落。某些句子和词的下面被打上了横线，页边上的数目字决定了说明例子的顺序。

在选择利用“手稿”时，马克思利用了各种各样的写作用具：墨笔、铅笔、红铅笔。铅笔记号和红铅笔记号无疑属于较后一个加工阶段；因而在出版的正文中用印刷手段表现了这些记号，或者在正文改动情况索引中把它们表示出来了。

采用了作过这种标记的那些段落的1863—1865年手稿，没有完整地留传下来。缺少第一部分，因而不能在每一个细节上证明马克思是如何把相应的正文纳入新的“手稿”的。但是，这里作过标记的许多引文和正文段落，我们可以重新在《资本论》第一卷中看到。在所谓的第六章中，也就是在为《资本论》第一卷所写的“手稿”中留传下来的部分中，可以看到采自1861—1863年手稿的许多段落。

这些段落在纳入新的“手稿”以后，用垂直线或斜线勾掉了。几乎全部正文都有这样的消除记号。马克思通常是逐段做这种记号的。也有一般的消除记号，马克思在页边上用这些记号表示删除了“手稿”。他认为“手稿”的这一部分在内容上已经消除，即使没有得到逐字逐句的采用。这两种消除记号互相交替地出现。消除记号在出版的正文中没有得到再现，而是在正文改动情况索引范围内的一个特殊的索引中列出，并指明了写消除记号所用的不同的书写用具。为了简便和更好地了解，我们把互相连续的消除记号归并在一起了。

在1863—1865年手稿中的前述第六章中，我们可以看到一种采用正文的特殊形式。马克思从1861—1863年手稿的第XXI笔记本中裁剪出许多正页或部分，把它们贴到1863—1865年手稿的相应的地方。

马克思去世后，“手稿”转到了弗·恩格斯手里。马克思口头指定他的女儿爱琳娜和恩格斯为遗著管理人。因为在马克思看来，只有恩格斯才能把经济学手稿和《资本论》第II—IV卷的各个草稿变得具有可以印刷的形式。恩格斯搞了一个所有二十三个笔记本的粗略的内容索引，并在特殊的一张纸上，在标题“资本论Ⅳ。‘政治经济学批判’中的一卷……”之下再一次注明了笔记本 VI 至 XV 的内容。在出版了《资本论》的第二卷和第三卷之后，恩格斯把自己要加工第四卷的计划告诉了劳拉·拉法格。但是，他没有能够实现这些计划。恩格斯在遗嘱中认定，把马克思的全部亲笔手稿，也包括这一个手稿，移交给爱琳娜·马克思。她于 1895 年 8 月 23 日在遗嘱执行人的面前接受了 1861—1863 年手稿。同年，爱琳娜·马克思、艾威林在同劳拉·拉法格取得一致意见的情况下，委托卡尔·考茨基出版《剩余价值理论》。因此，她把整个 1861—1863 年手稿交给了考茨基。考茨基从 1905 年至 1910 年出版了三卷本《剩余价值理论》。后来，这个手稿看来一直在考茨基手里保存到二十年代初，最后考茨基把这个手稿交给了已经收藏有马克思恩格斯绝大部分手稿的德国社会民主党档案馆。1923 年秋天，苏共中央马克思恩格斯研究院得到了从遗著中把迄今为止未发表的手稿和书信照相复印的机会。在被送到莫斯科的大约七千张复制照片中包括了 1861—1863 年手稿。

法西斯主义在德国执政后不久，德国社会民主党档案馆的绝大部分馆藏转移到了丹麦，交给丹麦社会民主党档案馆保管。在 1933 年末至 1934 年 2 月，根据财产清单对档案馆的馆藏进行了一次彻底的清点，发现 1861—1863 年手稿（它在清单中的卷宗号是 121）不见了。这个手稿很有可能根本就没有拿到哥本哈根去，因而显然是在 1933 年 2 月以前就被从德国社会民主党档案馆的马克思恩格斯遗著中拿走了。

苏共中央马克思列宁主义研究院于 1936 年买到了完整的“手稿”。经过多年的准备工作以后，第一次出版了具有完全科学性的《剩余价值理论》俄文版（第 1 册于 1954 年出版，第 2 册于 1957 年出版，第 3 册于 1961 年出版）。在这个版本的基础上，由德国社会主义统一党中央马克思列宁主义研究院于 1956—1962 年出版了德文版。1861—1863 年手稿中属于后来的《资本论》第一卷的那些部分，即笔记本 I—V 以及 XIX 和 XX，已经由苏共中央马克思列宁主义研究院于 1973 年作为《马克思恩格斯全集》第 47 卷出版。[①]

见证人的描述

笔记本 I—V

笔记本是用较大的纸张经过一折或二折做成的，也许由此可以说明，为什么用的是同一种纸张，而笔记本的尺寸不一样。折线不总是在正中间，有几张纸的折线不一样。各张纸用一根线装订在一起，线没有保留下来，装订孔之间的距离不等。最外面的一张纸常常就是封皮。笔记本保存得很好。由于边角的损坏，正文受到了轻微的损失。某些页上有霉点和墨水的污斑，封皮受轻微污损。笔记本于 1947—1950 年修复。

马克思在每张纸的两面用黑墨水密密麻麻地写满了字。平均每页上有 35—40 行字，几乎不留边。手稿很难辨认，因为字迹很潦草，字体很小（用德文书写，外语词用拉丁文书写）。许多词是缩写或者说经过了压缩（去掉了一些字母，主要是元音字母，有许多字母合并在一起

---

① 所有其余的部分，即笔记本 XV—XVIII 尚未发表的内容以及笔记本 XXI—XXIII 的内容，已于 1980 年作为《马克思恩格斯全集》第 48 卷出版。至此，1861—1863 年手稿已全部出齐。第 47 卷中文版已经出版。第 48 卷目前正在翻译中。——译者

了）。定冠词和关系代词 der，die，das 在所有的格和性中都缩写为 d. 。所有代词 sein 在所有的格和性中常常缩写为 s. 。介词 für，mit，von，vom 常常写做 f. ，m. ，v. 。双辅音按照当时习惯的写法写做 m，n。符号×（乘号）表示“乘以”或“倍”。马克思在写作的当时作了许多改动，许多词和句子被删掉了。马克思常常在一行字的上面写进补充部分，有时一直继续写到页边。有许多补充是后来写进“手稿”的，马克思通过相应的记号和附入标记标明这些补充属于哪一部分正文。马克思在后来通读时几乎没有改动正文。他做了一些记号和边注，有些是用铅笔或红铅笔做的。

几乎所有各页都由他人用铅笔或复写笔写上了“NK”的记号，有些页编上了页码。这是“手稿”保存在德国社会民主党档案馆时期写上的。每一页上都有莫斯科苏共中央马克思列宁主义研究院中央档案馆的连续统计页码的印章。

笔记本 I

H　**亲笔原件**。——莫斯科苏共中央马克思列宁主义研究院中央档案馆，编号：F. 1，OP. 1，d. 1563。

笔记本由二十八张（56 页）尺寸为 162×202 毫米的纸组成。纸无条格，淡蓝色，现在略呈微黄，平整，比较厚实。水印：间距为 25 毫米的平行线，在每张纸的一半地方上有时有印记 $\frac{\text{斯托夫福德·穆勒}}{1860}$ 或造纸厂的印章。

第一封页上有标题《**政治经济学批判。第 3 章。资本一般**》以及笔记本号码“I”。左下方有如下字样：“杠杆，轮子和轴，斜面，螺旋，滑轮，楔子。”查理·赫顿在他的著作《数学教程》中把这些东西称为机器的组成部分。马克思在笔记本 XIX 的第 1237 页上引用了这一段话。封面上布满了数学演算式，这是与笔记本 VII 中的剩余价值理论的写作有关的。与笔记本 VII 的第 282 页有关的是，除了许多数学演算式以外，还写了下述表格：

		工作日	追加劳动
A. 不变资本	=	2（产品 =3 个工作日）	1
B.	=	4（产品 =6 个工作日）	2
C.	=	12（产品 =18）	6
D.	=	36（产品 =54）	18
E.	=	108（产品 =162）	54
F.	=	324（产品 =486）	162
		486	243

第二封页上包含有日期“**1861 年 8 月**”，笔记本内容目录和几段补充。这一页编为 A 页。以下各页由马克思用数字 1—53 连续编了页码。

笔记本 II

H　**亲笔原件**。——莫斯科苏共中央马克思列宁主义研究院中央档案馆，编号：F. 1，OP. 1，d. 1565。

笔记本由二十二张（44 页）尺寸为 160×203 毫米的纸组成。纸无条格，淡蓝色，现在略呈微黄，比较厚实。水印：间距约为 25 毫米的平行线，在每张纸的一半地方上有时有印记$\frac{\text{萨夫斯顿}}{1861}$或造纸厂的印章。

第一封页上有标题“**政治经济学批判。第 3 章。资本一般**”以及笔记本号码“II”，下面是若干数学演算式。A 页即第二封页包含笔记本的内容目录和《大纲》的摘要。以下各页的页码从 54 编至 94。第 94

页空白。没有编页码的最后封页布满了数学演算式。

笔记本 III

H **亲笔原件**。——莫斯科苏共中央马克思列宁主义研究院中央档案馆，编号：F.1，OP.1，d.1566。

笔记本由二十四张（48页）纸组成，其中二十张纸的尺寸为163—170×206—211毫米，纸型与笔记本II相同，后来插进去的四张纸尺寸为157—164×205毫米，纸型与笔记本V相同。所有各页都编上了页码，从95页至131页。插进去的几页编为124a—124h。纸的尺寸不完全一致。例如，做封皮的纸不是在正中间折叠的，因此封面上边宽170毫米，下边宽度只有168毫米，左边长度为209毫米，而右边长度为211毫米。封底上边宽163毫米，下边宽165毫米，两边裁成一样长短。下一张纸略小一些，纸张的尺寸为167×207。这张纸也不是在正中间折开的，因此上半张纸即第95、96页边上比下半张纸即第129、130页多出2毫米。中间一张纸是这样对折的，以致第111、112页那张纸的左边多出2.5毫米。变成第109、110和115、116页的那张纸为211毫米，比中间那张纸大3毫米。下边有3毫米严重褪色。后来插进的第一张纸是这样折叠的：变为124a和124b页的那一张上边宽163毫米，下边宽164毫米，而变为124g和124h页的那张纸的宽度只有159或157毫米。插进去的第二张纸起初折叠得也不整齐，现在还可以辨认出当时的折痕。

第一封页有标题“**政治经济学批判**”，笔记本号码“III”和少数数学演算式。第四封页也包含若干数学演算式。马克思在第二封页上标的记号是95a和A，这一页包含有属于第124页的一段引文和《大纲》的摘要。第一封页以后的6页最初编的页码是1）—6）。当后来马克思从

95 到 131 连续编页码时在旧页码上写上了新的页码。100 写在 6 上，结果马克思把这个数字读成 160。接着他继续往下编页码，从 161—179，后来他发现了自己的错误，把这些页码改编为 101—119。后来补加进去的 124a 至 124h 页中，前 5 页编的页码是 a）至 e），页码 124 是后来补加的，而且从 a）到 d）用墨水书写，e）页用铅笔书写。在最后的三页上，数字 124 是同字母 f），g）和 h）一起用铅笔书写的。在 124a 页的页码下面有一个记号“插入 124 页”。

笔记本 IV

H　**亲笔原件**。——莫斯科苏共中央马克思列宁主义研究院中央档案馆，编号：F. 1，OP. 1，d. 1574。

笔记本由二十张（40 页）尺寸为 168×210 毫米的纸组成，纸型与笔记本 I 相同。第一封页上有标题“**政治经济学批判**”和笔记本号码“IV”；第一封页上还有若干数学演算式和一个几何图形。马克思标为 138a 页的第二封页包含对 184 页的补充和《大纲》的提要。马克思把以下各页编号为 138—174。显然，他把笔记本 I 的最后一个页码数 131 看成了 137。第四封页包含某些数学演算式。

笔记本 V

H　**亲笔原件**。——莫斯科苏共中央马克思列宁主义研究院中央档案馆，编号：F. 1，OP. 1，d. 1581。

笔记本由二十四张（48 页）尺寸为 162×206 毫米的纸组成。纸无条格，淡蓝色，现在略呈微黄，比较厚实。水印：间距为 25 毫米的平行线。第一封页上有标题“政治经济学批判”和笔记本号码“V”。马克思标为 175a 和 A 页的第二封页包含《大纲》的摘要和引自拉姆赛的一段话。马克思把以下各页编为175页至219页，而且是写在以前编的页码上的，因此旧页码已经无法辨认。第四封页没有编页码。第175a、189和209页没有充分利用。马克思在第208页上的“**第八点**”以前留了一个很大的空白。

见证人的描述

笔记本VI至X（444页）

笔记本是用较大的整张纸经过一折或二折而做成的；由此就出现了这样的情况，即用的是同一种纸或同一类纸，但笔记本的开本却不一样。各张纸是用线装订起来的，只有笔记本VII上面的线还保留着，装订孔之间的距离不等。最外面那张纸常常作为封皮。笔记本保存得很好。某些页的边角有损坏，因此正文出现了轻微的损失。某些页上有霉点和墨水的污斑，封皮受轻微污损。笔记本于1947—1950年修复。

马克思在每张纸的两面用黑墨水密密麻麻地写满了字。平均每页上有35—40行字，几乎不留边。手稿很难辨认，因为字迹很潦草，字体很小（用德文书写，外语词用拉丁文书写）。许多词是缩写或者说经过了压缩（去掉了一些字母，主要是元音字母，有许多字母合并在一起了）。定冠词和关系代词der，die，das在所有的格和性中都缩写为d.。所有代词sein在所有的格和性中常常缩写为s.。介词für，mit，von，vom常常写做f.，m.，v.。双辅音按照当时的习惯写做m，n。符号×（乘号）表示“乘以”或“倍”。马克思在引证时为了不中断引证，常常把加进的说明或自己的思想放在圆括号内。马克思在写作的当时作了许多改动，许多词和句子被删掉了。马克思也多次在一行的上面加进补充部分，有时一直继续写到页边上。

大部分手稿的写作过程中没有间断。副册中对正文的评注表明，对正文的所有改动都是马克思在写作期间做的（写作当时的改动）。

在进一步制定自己的经济理论的过程中，马克思在这一手稿和以后的手稿中以不同的方式对已经写下的东西进行了检查，并多处用墨水作了增补。第269、270、275、447页以及笔记本VII和VIII的第一封页和笔记本IX的第二封页上的铅笔写的增补，显然是后来仔细阅读正文时加上的。第231、235和240页的铅笔改动也可能是马克思自己做的。笔记本VI—X中的许多其他的标记证明作者后来曾经利用过这些笔记。属于这一类标记的还有各种各样的在页边用墨水、铅笔和红铅笔做的记号，用铅笔和红铅笔划的着重线，以及用墨水和铅笔把或长或短的正文勾掉的删除线（可以看做是消除记号）。

可以看到其他人在手稿里留下的许多痕迹。个别的改正可能是出自恩格斯之手（第223、270和278页）。有许多用铅笔、蓝铅笔或红铅笔在单个词下面划的短线，显然出自考茨基之手，是他在编辑《剩余价值理论》时加上的。这些短线首先是划在很难辨认的词下面，但是也有划在修辞不当之处、正文的败笔和粗俗之词下面的。这些短线常见于笔记本VI，而在笔记本VI中又特别见于前十页，但在笔记本VII、VIII、IX、X和《剩余价值理论》的其他笔记本中也可见到。在这里只是概括地谈到它们。

几乎所有各页都由他人用铅笔或复写笔做了“NK”的记号，个别页由他人编了页码。这是“手稿”保存在德国社会民主党档案馆期间的事情。每一页上都有莫斯科苏共中央马克思列宁主义研究院中央档案馆的连续统计页码的印章。

笔记本 VI

H　**亲笔原件**。——莫斯科苏共中央马克思列宁主义研究院中央档案馆，编号：F. 1，OP1，d. 1582。

笔记本由二十八张（56 页）尺寸为 158×201 毫米的纸组成。纸无条格，淡蓝色，有些地方略呈微黄色，封皮严重变黄，平整，比较厚实。水印：间距约为 25 毫米的平行线。在整张纸的一半地方上有时有印记哈里斯或造纸厂的印章。
1861

第一封页上有标题“**政治经济学批判**”以及笔记本号码“VI”。此外，第一封页上还有许多用墨水和铅笔写的数学演算式以及一个数学图解，左上角由他人写上了德文字母“drn”。在第二封页上有标题“5）**剩余价值理论**”，内容目录，用铅笔写的符号#和字母“Ms”。马克思把以下各页的页码从第 220 页连续编至第 272 页。第四封页没有编页码，上面也没有写字。

笔记本 VII

H　**亲笔原件**。——莫斯科苏共中央马克思列宁主义研究院中央档案馆，编号：F. 1，OP. 1，d. 1583。

笔记本由三十二张（64 页）尺寸为 163×201 毫米的纸组成。纸无条格，淡蓝色和淡紫色之间，有些地方呈微黄色，封皮严重变黄，平整，比较厚实。无水印。

第一封页上有标题“**政治经济学批判**”以及笔记本号码“VII”和许多用墨水写的数学演算式。在第二封页上有标题“（5）**剩余价值理论**”，内容目录和马克思后来用铅笔做的标记“**重商主义者** 317”。马克思把以后各页从第 273 页连续编至第 331 页。马克思在编页码时显然由于疏忽而把第 283 页以后的一张纸叠在一起翻过去了；这两页后来由他增补为第 283a 页和第 283b 页。第四封页没有编页码，上面也没有写字。

笔记本 VIII

H **亲笔原件**。——莫斯科苏共中央马克思列宁主义研究院中央档案馆，编号：F. 1，OP. 1，d. 1587。

笔记本由二十四张（48 页）各种质量的纸组成。最外面的八张纸尺寸为 169 × 210 毫米。纸无条格，淡蓝色，有些地方呈微黄色，封皮严重变黄，平整，比较厚实。水印：间距约为 25 毫米的平行线。在整张纸的一半地方上有时有印记$\frac{\text{哈里斯}}{1861}$或造纸厂的印章。里面的整张纸尺寸为 163 × 201 毫米。纸无条格，淡蓝色和淡紫色之间，有些地方变得呈微黄色，平整，比较厚实，无水印。

第一封页上有标题“**政治经济学批判**”以及笔记本号码“VII”和马克思后来用铅笔做的标记：“托伦斯，本笔记第 387 页”（应该是 337 页，因为在这一页上有谈到托伦斯的话，笔记本 VIII 中没有第 387 页）。在第二封页上有标题：“（5）**剩余价值理论**”以及内容目录。马克思把下面各页的页码从第 332 页连续编至第 376 页。第 337 页上有一个日期“现在（1862 年春）”，这是判断本笔记的准确写作时间的少数可靠依据之一。马克思在第 375 页上用力。划了一个铅笔道，结果出现了一个约占该页的三分之二地方的裂口（现已修复）。第四封页没有编页码，上面也没有写字。

笔记本 IX

H　**亲笔原件**。——莫斯科苏共中央马克思列宁主义研究院中央档案馆，编号：F.1，OP.1，d.1593。

笔记本由二十四张（48页）尺寸为161×206毫米的纸组成。纸无条格，淡蓝色和淡紫色之间，有些地方变得呈微黄色，封皮严重变黄，平整，比较厚实。水印：间距约为25毫米的平行线。

第一封页上有标题“**政治经济学批判**”以及笔记本号码“IX”，马克思用墨水写的许多数学演算式。在第二封页上有标题“（5）**剩余价值理论**”，内容目录以及后来用铅笔补写的提示“**重商主义者**（408）”。以下各页由马克思连续从第377页编至第421页。第387页的低边上有两个数学演算式，第四封页上有马克思写的许多数学演算式。

笔记本 X

H　**亲笔原件**。——莫斯科苏共中央马克思列宁主义研究院中央档案馆，编号：F.1，OP.1，d.1596。

笔记本由三十六张（72页）尺寸为161×206毫米的纸组成。纸无条格，淡蓝色和淡紫色之间，有些地方变得呈微黄色，封皮严重变黄，平整，比较厚实。水印：间距约为25毫米的平行线。

第一封页上有标题“**政治经济学批判**”以及笔记本号码“X”。第二封页上有标题“（5）**剩余价值理论**”和内容目录。以下各页最初由马克思从第1页连续编至第32页。马克思后来决定把这本笔记本作为笔记本X收进手稿，并相应地改变了页码。笔记本X的页码从第422页连续编至第489页。第四封页没有编页码，上面也没有写字。

（冯文光 译）

1861—1863 年经济学手稿二十三个笔记本的资料（之二）*

《马克思恩格斯全集》国际版编者

笔记本 XI

H **亲笔原件**。——莫斯科苏共中央马克思列宁主义研究院中央档案馆，编号：F. 1，OP. 1，d. 1605。

笔记本由 49 张（98 页）各种质量的纸组成。尺寸在 199 和 222 × 327 毫米之间。有一张（2 页）尺寸为 231 × 300 毫米的纸是在写作过程中加进去的，未装订在一起。纸无条格，淡蓝色，有些地方变得呈微黄色，封皮严重变黄，平整，各张纸的结实程度不同，无水印。

第一封页上有笔记本号码“XI”以及标题“**政治经济学批判**”。此外，第一封页上还有许多数学演算式。在第二封页（马克思编的页码为 490a）上有标题“（**5**）**剩余价值理论**”，内容目录和若干引文。以下各页由马克思从第 490 页连续编至第 580 页，其中有两页由于马克思的疏忽都被编为第 508 页。后来在第二个 508 页上用铅笔补写上了 a。在第 574 页和第 575 页之间，马克思加进了一页散页，他把这一页也编为第 574 页。所有页码都用铅笔描画过。第 542 页至第 556 页最初的页码是从第 142 页连续编至第 156 页。这个笔记本可能是把先前已经写好的纸页装订在一起作为手稿笔记本 XI 的，因为在其他各页上也可以看到页码数字的改动。第三封页和第四封页没有编页码，上面也没有写字。

---

* 本文选自《〈资本论〉研究资料和动态》江苏人民出版社 1984 年版第 5 集。

笔记本 XII

H　**亲笔原件**。——莫斯科苏共中央马克思列宁主义研究院中央档案馆，编号：F. 1，OP. 1，d. 1622。

笔记本由46张（92页）尺寸为198×325毫米的纸组成。纸无条格，淡蓝色，有些地方变得呈微黄色，封皮严重变黄，平整，比较厚实，无水印。

第一封页上有笔记本号码“XI”和标题“**政治经济学批判**”。此外，第一封页上还有许多数学演算式。在第二封页上有标题“（5）**剩余价值理论**”，内容目录以及若干摘记和引文（见“补充部分”，第1200—1201页）。以下各页中马克思从第581页连续编至第669页，其中第649页漏编页码。在第644页和第645页之后有两页被撕掉，因而第603—604页和第605—606页在笔记本中是散页。以下各页的编码无法确认。几乎所有的页码都用铅笔描画过。第四封页未编页码，上面有若干用墨水写的数学演算式。

笔记本 XIII

H　**亲笔原件**。——莫斯科苏共中央马克思列宁主义研究院中央档案馆，编号：F. 1，OP. 1，d. 1639。

笔记本由52张（104页）尺寸为168×207毫米的纸组成。纸无条格，淡蓝色，平整，相当结实，有些地方变得呈微黄色，封皮严重变黄。纸无水印。纸的四角折叠，有些地方有重复折叠。封皮的中间折叠处断裂。

第一封页上有笔记本号码“XIII”以及标题“**政治经济学批判**”。此外，第一封页上还有一处马克思在后来写的提示（见“补充部分”，第1201页）。在第二封页（马克思编的页码为670a）上，马克思写有标题“（5）**剩余价值理论等等**”，内容目录（第 672 页），接着是关于“**利润的减少**”的一段话，然后是若干引文（见“补充部分”，第 1201—1202 页）。以下各页由马克思从第 670 页连续编至第 770a 页。第 734—735 页那张纸缺一个上角，因此正文有缺损。第三封页和第四封页的角和页边有损坏，因此也有正文缺损的现象。在第四封页上，马克思在后来对第 716 页写了一段较长的补充，并把这一页编为 770a。正文缺损的现象在这里不严重。

笔记本 XIV

H **亲笔原件。**——莫斯科苏共中央马克思列宁主义研究院中央档案馆，编号：F. 1，OP. 1，d. 1647。——阿姆斯特丹国际社会史研究所，马克思恩格斯遗稿，A－53。

笔记本由 48 张（96 页）尺寸为 166×206 毫米的纸组成。纸无条格，淡蓝色（类似笔记本 V），有些地方略呈微黄，比较结实。水印：间距为 26 毫米的平行线，在整张纸的一半地方有沙尔塔姆穆勒字样和造纸厂的印章。

第一封页上有标题“**政治经济学批判**”，笔记本号码“XIV”和时间“62 年 10 月”。此外还有简短的演算式和两个数学图解。第二封页上开始写有笔记本内容的计划。马克思把下面各页的页码从 771 页连续编至 861 页，漏掉了数字 838。850 和 853 页的背面被标为第 850a 和 853a 页，后面的字母 a 是用铅笔补加上的。在第二和第三封页上，马克思接着第 XIII 笔记本第 770a 页上开始写的对 716 页的补充往下写。然后把这些页编为第 771a 和 861a。

封皮严重损坏。第三和第四封页的下半部显然早已和笔记本脱离。笔记本的第二张纸也严重损坏，因而第 771—772 页和第 860—861 页互相分散开。最后一张纸看得出来长期以来是作为笔记本的封皮用的。

充当第三和第四封页的那张纸保存在阿姆斯特丹国际社会史研究所。第三封页的右上角用铅笔标上第861a页。左上角被撕掉一个大角，结果正文严重缺损。纸张原来的折缝和右下角被撕破。这表明曾经多次被折。马克思的正文只占了这一页的三分之二，在正文下边，别人用铅笔标上“BW76”和“A78－1”字样，并盖有阿姆斯特丹国际社会史研究所的图章。第四封页没有写字。

笔记本XV

H　**亲笔原件**。——莫斯科苏共中央马克思列宁主义研究院中央档案馆，编号：F.1，OP.1，d.1648。

笔记本由60张（120页）尺寸为159×199毫米的纸组成。纸无条格，蓝灰色，已经轻微褪色，有些纸质量低劣，封皮严重变黄，平整。封皮严重损坏。水印：间距约为25毫米的平行线，每张纸的中间有标
G 本纳
记 肯特 或者造纸厂的印章。
1856

第一封页上有标题“**政治经济学批判**”，笔记本号码“XV”以及时间“62年10月”。左上角上写着提示“关于流通费用，在第957—959页上还要考察”。两边写了演算式。马克思在第二封页上写了笔记本内容计划。第四封页上有演算式，有一个提示，指出续篇在笔记本XVII。由于这一页已损坏，正文不全，有些词很难辨认出来。

马克思把这个笔记本从第862页编至972页，但他没有把909这个数字编进去。在第870、947和949页之后，都有两页一起翻过去而未编页码，后来才写上870a和870a（应该是870b）、947a和947b以及950a和950b。在写作这个笔记本时，第865页和866页一起翻了过去。马克思在写了第870a页之后在空白页上接着写作。因此，正文的顺序

是从第870a页回到865、866页，再到870b页。马克思在从这一页过渡到另一页时都做了标记。

像通常的情况一样，马克思没有在封皮上标明页码。他只是在写了笔记本的最后一部分之后才利用空白的第三封页，并把它按顺序编为第973页，因此，笔记本XV的末尾和笔记本XVI的开头都有这个页码数字，那时笔记本XVI的开头一页已经写上标题并编了页码。第二封页编为第862a页。

笔记本XVI

H **亲笔原件**。——莫斯科苏共中央马克思列宁主义研究院中央档案馆，编号：F. 1，OP. 1，d. 1662。

笔记本由24张（48页）尺寸为163×209毫米的纸和2张（4页）尺寸为206×322毫米的封皮纸组成。纸无条格，蓝色，有些地方变得呈微黄色，平整，比较结实。水印：间距约为25毫米的平行线。

第一封页上有标题“**政治经济学批判。最后的笔记。12月**”。马克思在后来的工作阶段补写了“笔记本XVI”。旁边有四个三角函数演算式。第二封页的一半写上了笔记本XVI的内容目录。两页都没有编页码。马克思最初用字母给笔记本编了页码，从a到y（j除外），从α到χ（ξ，η，γ除外）。y和α页之间有两页一起翻过去漏编的标为ψ和ω。马克思很可能是在开始写作并安上封皮以后同笔记本XVII一起又一次从头到尾编了页码，从973页编至1021页。封皮从995页编至998页，由于严重变黄以及封皮的页边超出笔记本，这些页码数字没有保存下来。第995页的右边和下边损坏，因此正文有缺损。第996页的左边和下边损坏。第997页的右上部分被撕掉了。这一页的下面部分也有损坏。第998页的左上边和下边严重损坏。1923年影印的封皮各页包含的正文有些地方还多于四十年代末修复的原件，因为封皮各页在那时还没有损坏得这么厉害。因此，这两个材料都可以用做正文的底本。第三封页编了页码，一半写了字。第四封页未编页码，上面有关于笔记本内容的提示：

“李嘉图和学派第977页。

威克菲尔德第975页。

利润率下降的趋势。

平均利润。第982页。

竞争第976页。

资本主义生产。第979页。”

笔记本 XVII

H **亲笔原件**。——莫斯科苏共中央马克思列宁主义研究院中央档案馆，编号：F. 1，OP. 1，d. 1663。

笔记本由24张（48页）尺寸为162×206毫米的纸组成。纸无条格，蓝色，有些地方变黄，其他保存得很好，平整，比较结实。水印：间距约为25毫米的平行线。

第一封页上有标题：“**最后的笔记本**2。**政治经济学批判**。1862**年**1**月**”。后来马克思标明，“**从**1029**页开始续笔记本**XV（62**年**10**月和**11**月**）”，并写上了笔记本号码“笔记本 XVIII”，又用铅笔写上了“XVII”。笔记本的这个编号以及第一封页，显然是由于加进笔记本 XVIII 而同背面一张纸完全脱开的情况，说明笔记本 XVII 和 XVIII 曾经合用过一个封皮。该页的其余部分写满了演算式。

封页上有他人用铅笔写的页码“1066a”。这个错误显然是由于：脱开的一页放在两个笔记本中间，而上边又有马克思做的标记“笔记本 XVIII”。第二封页同第一封页一样没有编页码。第二封页上有笔记本 XVII 的内容目录（见第1544页）。以下各页由马克思编了页码，最初用 a 至 y（除 j，r 以外），翻过两页以后用希腊字母编了页码，这两页（第1045—1046页）最后标上了 ψ 和 ω。后来马克思又从1022至1065a补编了页码。在第1022页的上边，马克思后来又补写了“**政治经济学批判**。XVII”。第1029页的上边写上了“**续笔记本XV**”。第三封页1065a写满了字。第四封页未编页码，布满了演算式。这一页的结尾是：“11b在一个场合花费1镑3先令，在另一个场合花费1先令$1\frac{4}{5}$便士。”

笔记本 XVIII

H **亲笔原件**。——莫斯科苏共中央马克思列宁主义研究院中央档案馆，编号：F. 1，OP. 1，d. 1671。

笔记本由46张（92页）尺寸为168×208（209）毫米的纸组成。纸无条格，蓝色，有些地方严重变黄，其他保存得很好，平整，比较结实。水印：间距约为26毫米的平行线以及交替出现的沙尔塔姆穆勒字样和造纸厂的印章。

封皮没有保存下来（见笔记本XVII的描述）。第1066页的上边写上了笔记本号码“XVIII”。笔记本各页由马克思从1066至1099和2000至2057编了页码。第1099页以后的错误编码2000至2057，后来用铅笔改正为1100至1157。几乎所有的其他页码数都由他人用铅笔描了一遍。第1068页的下面部分写了提示“续笔记本XVII（第1065a页）”。第1066、1067页和第1156、1157页这两张纸彼此分开了，由于纸张损坏，正文有缺损。第1106页上有一处火烧坏的地方，一直透到1108、1109页（现已修复）。

笔记本 XIX

H **亲笔原件**。——莫斯科苏共中央马克思列宁主义研究院中央档案案馆，编号：F.1，OP.1，d.1672。

笔记本由42张（84页）尺寸为164×206毫米的纸组成。纸无条格，淡蓝色（很像笔记本V），有些地方变得呈微黄色，平整，相当结实。水印：间距约为26毫米的平行线和标记 E 托古特 1863 或英国的象征性标记。

第一封页上有标题“**政治经济学批判**”以及笔记本号码“XIX”。此外，第一封页上还有日期“1863年1月”和若干数学演算式。第二封页上注明，“**笔记本V的续篇**”，第1159页上也注明“笔记本V的续篇（机器等等）”。第二封页上还有内容目录以及一个提示“工厂。利润”。以下各页从1159页编至1241页，没有1174页。第四封页即第1241页，只写了四分之三。

笔记本XX

H　**亲笔原件**。——莫斯科苏共中央马克思列宁主义研究院中央档案馆，编号：F.1，OP.1，d.1685。

笔记本由32张（64页）纸组成，其中24张（外面的12整张纸）尺寸为169×208—211毫米，纸型与笔记本XIV相同，以及8张（里面的4整张纸）尺寸为164×200—202毫米，纸型与笔记本XXI相同。

第一封页上有标题“**政治经济学批判**”和笔记本号码“XX”，下面有若干数学演算式。此外，第一封页上有日期“1863**年**3**月**、4**月**、5**月**”，其中“4月、5月”是马克思后来补写进去的。第二封页上有内容目录以及一处补充。以下各页从第1242页编至第1296页。下一页即1297，马克思显然把它当成了1291。以下各页从第1292页编至第1294页，因此接着1296页又从第1291a页编至第1294a页。第1294a页是第三封页。第四封页上有一半写满了数学演算式。

在第 1273 和 1274 页上，马克思贴上了 1863 年 3 月 24 日《泰晤士报》的若干片断。

笔记本 XXI

H **亲笔原件**。——莫斯科苏共中央马克思列宁主义研究院中央档案馆，编号：F. 1，OP. 1，d. 1695。

笔记本由 24 张（48 页）尺寸为 162—166 × 202 毫米的纸组成。纸无条格，淡蓝色（很像笔记本 V），有些地方变得呈微黄色，平整，相当结实。水印：间距为 26 毫米的平行线和标记 NO33 查尔特哈姆 优质 或英国的象征性标记。

第一封页上有标题“**政治经济学批判**”以及“**笔记本** XXI”。此外，第一封页上还有日期“1863 **年** 5 **月**”，一处提示“贝勒斯 唐 森”和一个数学演算式。第二封页上有提示“休谟和马西（利益）”以及笔记本的内容目录。在标题“摘录”下有七个英文小标题。以下各页从第 1300 页编至第 1345 页，未编进 1327 这个数字。第 1345 页即第三封页写满了字。第四封页没有编页码，上面只有若干数字。在写作 1863—1865 年手稿时，马克思把第 1302—1309 页以及 1318 和 1319 页中的若干页和部分吸收进了手稿，这部手稿的标题是：“**第一卷。资本的生产过程。第六章。直接生产过程的结果。**”由于剪贴，正文有缺损。在某些页上，笔记本 XXI 的页码改成了第六章的页码。

笔记本 XXII

H **亲笔原件**。——莫斯科苏共中央马克思列宁主义研究院中央档案馆，编号：F. 1，OP. 1，d. 1697。

笔记本由32张（64页）尺寸为163×202毫米的纸组成，纸型与笔记本XXI的相同。

第一封页上写有标题“**政治经济学批判**”和“**笔记本** XXII”。此外，第一封页上还有日期“1863.5 **月**”和若干数学演算式。第二封页上写有“**历史部分。配第**。”和内容目录以及八本英语著作的提示。以下各页从第1346页编至1406页。第1406页即第三封页写满了字。若干页的左下半部分被撕掉了，因此正文有缺损。第四封页没有编页码，也没有写字。马克思在写作笔记本的过程中有一处编错了页码。他把1364页当成了1369页，以下两页编为1370和1371页。后来他把1370页改为1365页，把1371页改为1366页，接着从1367页开始编页码。

笔记本XXIII

H　**亲笔原件**。——莫斯科苏共中央马克思列宁主义研究院中央档案馆，编号：F.1，OP.1，d.1708。

笔记本由47张（94页）尺寸为162×201—203毫米的纸组成，纸型与笔记本XXI的相同。

第一封页上写有标题“**政治经济学批判**”和“笔记本XXIII”。此外，第一封页上还有日期“1863.6 **月**”和若干数学演算式。有编码1407的第一页上也有标题“**政治经济学批判**。XXIII。**笔记本**”。在第二封页的《著作》标题下有65个各个作者的小标题。第二封页只有一部分写了字，由于右边破碎，正文有缺损。以下各页从第1407页编至1472页，未编进1432这个数字。在第1438页之后接着是1438a和1438b页。第1472页之后的25页未编页码，也没有写字。封底（第三封页和第四封页）丢失。

（冯文光 译）

1861—1863 年经济学手稿全部发表

——新发表的本手稿结尾部分介绍*

《马克思恩格斯全集》第四十八卷第一次发表了马克思 1861—1863 年经济学手稿的结尾部分，至此这一手稿已全部发表。1861—1863 年手稿共二十三本（编有通贯全稿的页码：1—1472 页），全稿篇幅约二百个印张，是《资本论》继 1857—1858 年手稿之后的第二个草稿。

第 I—V 本及其直接的继续部分——第 XIX 本和 XX 本，其中阐述研究资本生产过程的基本结论——构成《马克思恩格斯全集》第四十七卷的内容。

手稿的中心部分（第 VI—XIV 本和第 XV 和 XVIII 本的一部分）是《剩余价值理论》——《资本论》第四卷的唯一稿本，已经在《马克思恩格斯全集》第二十六卷（第 1—3 册）中发表。

1861—1863 年手稿的其余稿本，即第 XVI、XVIII、XXI、XXII、XXIII 本，以及第 XV 和 XVIII 本的未发表的部分，包括在本卷中。

本卷正文是马克思于 1862 年 11 月到 1863 年 7 月期间写成的。正是在这个时候，马克思决定不照他原先决定的那样以《政治经济学批判》第二分册的形式（第一分册已于 1859 年 6 月问世），发表他的经

* 本文选自《马列主义研究资料》1983 年第 1 辑。

原题注：本文是《马克思恩格斯全集》第 48 卷俄文版说明，译出供参考。本标题是我们加的。——编者注

济学著作，而是以《资本论》为标题，以《政治经济学批判》为副标题作为独立的著作发表（1862年12月28日给路·库格旦的信；《马克思恩格斯全集》第30卷第636页）。

马克思还在写作《资本论》的最初稿（1857—1858年手稿）过程中，就拟定了他的经济学著作的结构，规定为三个部分，或三篇（后来是三册），标题为：(1) 资本的生产过程，(2) 资本的流通过程，(3) 资本和利润。现在，在1863年1月，在1861—1863年手稿的第XVIII本中，他拟定了《资本论》第一部分和第三部分的详细的计划草稿（同上书，第26卷第1册第446—448页）。马克思在手稿写作的结束阶段，就是按照这些计划进行的。上述分为三部分的划分法，成了准备把手稿收入本版第四十七和四十八卷发表时安排手稿原文的基础。

1861—1863年手稿就其结构来说是完全不一样的。手稿的第一部分反映了马克思的《政治经济学批判》第二分册的著作。它的中心部分——《剩余价值理论》——同时就是《资本论》第四卷的草稿和对广义的剩余价值——剩余价值及其转化形式的研究。最后，1861—1863年手稿的结束部分反映了马克思的《资本论》各卷，主要是第一卷和第三卷的著作。

恩格斯在《资本论》第二卷序言（1885年）中说明1861—1863年手稿的内容时指出，在手稿中，"从货币转化为资本一直到卷末"极详细地论述了未来《资本论》第一卷中的问题。接着恩格斯指出在手稿中包含了对《资本论》第三卷中的一系列问题的阐述（题目是：《资本和利润》、《利润率》、《商人资本》、《货币资本》），同时指出，"在第二卷论述的题目和后来在第三卷论述的许多题目，都还没有专门加以整理。它们只是附带地……提了一下。"（同上书，第24卷第4页）。这就是为什么手稿中论述未来《资本论》第一卷问题的那一部分占据了整个第四十七卷和本卷大部分篇幅的原因。

《资本的生产过程》篇的头四章考察货币转化为资本、绝对剩余价值和相对剩余价值，它们构成第四十七卷的内容。本卷中继续发表这一篇的以下四章（第 5—8 章），论述的题目是：劳动在形式上和实际上从属于资本，生产劳动和非生产劳动，剩余价值再转化为资本和所谓的原始积累。

由此可以得出结论：1861—1863 年手稿中第一篇的结构在很多方面接近于《资本论》第一卷的结构。

本卷第二篇论述《资本的流通过程》，包括两章（第 9 和 10 章）：资本主义再生产过程和货币在这个过程中的回流运动。

本卷第三篇是《资本和利润》，也是由两章组成（第 11 和 12 章），展开论述了与剩余价值转化为利润、平均利润的形成、利润率下降的趋势，以及对商业资本和货币资本的分析等有关的题目。

最后，《其他问题》篇包括了手稿第 XVIII 本和第 XXI—XXIII 本中的片断，这些片断论述了各种不同的其他经济学问题，所以没有收入本卷头三篇。其中有：劳动力价值、工资、工人状况、女工和童工劳动、工会斗争、地租、农业生产集中、人口、科学在生产过程中的作用以及其他问题。

由此可见，本卷中发表的 1861—1863 年手稿中的结尾部分包含的材料涉及《资本论》所有三卷理论中的问题。对这一部分内容的分析，同马克思的其他手稿、草稿相对照，以及同《资本论》的相应各篇相对照，证明这一部分对于经济学理论来说，对于马克思主义的历史来说，都具有非常重要的意义。首先，现在发表的手稿部分包含有一系列在《资本论》第一至三卷中没有得到如此详细论述的篇章：劳动在形式上和实际上从属于资本，生产劳动和非生产劳动，货币在资本主义再生产中的回流运动。其次，手稿的材料包含许多论题、思想和结论，它们使我们对某些在马克思的其他手稿和在《资本论》中制定的原理加深理解，因为在这部手稿中它们往往是从其他的，显示资产阶级经济学的新方面的观点来论述的。最后，现在发表的材料展示了马克思创立他的经济学理论的过程的主要特征，特别是展示了从资本主义生产方式的深处的范畴（价值、剩余价值）过渡到使这些范畴显露在资产阶级社会表面上的那些转化形式（利润、平均利润和生产价格、商业利润、利息等等）的过程。

*　　*　　*

本卷从分析**劳动在形式上和实际上从属于资本**开始。对资本主义历史发展中的这两个阶段，马克思在 1861—1863 年手稿的开端第一次作了简短的说明（同上书，第 47 卷第 99—101 页）。马克思在按照他拟定的《资本论》第一卷的逻辑结构，详细地考察了商品和货币问题（《政治经济学批判》第 1 分册），货币转化为资本，绝对剩余价值和相对剩余价值（1861—1863 年手稿第一部分）之后，又回来研究这个问题，大大地加深和扩大了他的研究范围。所以作这样的转移，是由于绝对剩余价值和相对剩余价值正好与劳动从属于资本的上述两种形式相符合。

马克思首先突出了使劳动对资本的形式上的从属关系区别于资本主义前的剥削方式的那些主要特征，他强调指出，资本家和工人之间的关系是纯粹经济上的关系，“再没有政治或社会方面决定的统治和从属关系”，劳动的客观条件作为资本与工人相对立。“这些**劳动条件**越是完全作为他人的财产与工人相对立，**资本与雇佣劳动之间**就越是完全**在形式上发生关系**，也就是劳动在形式上从属于资本。”

马克思在仔细研究经济关系的历史的基础上，在现在发表的手稿部分进一步分析了资本主义生产方式的起源问题，对这一复杂的过程作了详细的科学的阐述，从而不仅在政治经济学方面，而且在历史科学方面，在从辩证唯物主义立场来研究主要的社会学问题和历史问题方面，都作出了重大的贡献。

马克思详细地考察了所谓在资本主义前的形态下发展起来的对劳动的资本主义剥削的**过渡形式**，即向资产阶级生产过渡的形式，揭示了在这一过程中商业资本和高利贷资本的特殊作用。马克思指出，“过渡形式在资产阶级生产方式本身内部不断再生产出来，由它本身部分地再生产出来。”

马克思仔细考察了劳动在形式上从属于资本的**形成过程**，揭示了资本主义关系产生的历史条件，这种关系或者代替了奴隶制和农奴制，或者代替了农民、租地农场主、手工业者的独立生产，最后，或者代替了行会生产。虽然，向资本主义剥削的过渡，在劳动形式上从属于资本的范围内，还不等于生产方式的改变，但是，这种过渡导致提高劳动的连续性，从而提高劳动的强度和生产率。此外，这种过渡真正改变了剥削者和被剥削者之间的关系的性质。农奴或奴隶向雇佣工人的转化，“在这里表现为向更高的社会阶段的发展……改变了的关系使自由工人的活动的强度、连续性、变动性和熟练程度都比奴隶的活动更高。更不用说，这些关系使工人本身成为能够从事完全是另一种具有历史意义的活动的人”。

马克思在说明雇佣工人时也指出，雇佣工人完全不关心自己劳动的内容，基本上能够“任意更换……自己的劳动活动”，如果这种更换能得到“更高工资”的话。

在1861—1863年手稿的前面几个稿本中，马克思详细地研究了相对剩余价值生产的，从而劳动在实际上从属于资本的发展过程中的三个阶段：资本主义简单协作、工场手工业的分工和大机器生产。现在，在总结这一研究时，马克思指出，随着“劳动在实际上从属于资本，在生产方式本身中，在劳动生产率上和在资本家与工人之间——在生产内部——的关系中、以及在两者彼此的社会关系中发生了完全的革命”。

特别是马克思指出，进行资本主义生产所必需的“资本的最低限额”不断增长，这种最低限额同“个别人或个别家庭世世代代所能积蓄的数额无法相提并论，所要求的劳动条件的规模同个别工人在顺利时通过节约等等所能占有的劳动条件更加无法相提并论”。在《剩余价值理论》中，马克思说这个过程使工人在资产阶级社会作为雇佣工人的地位**永恒化**（《马克思恩格斯全集》第26卷第3册第389页）。在手稿的这一部分，马克思具体阐述了这个原理，揭示了在资本主义条件下物对人的统治：“**大量物质财富**的创造……表现为这样一种目的：劳动力只是达到这一目的的手段，并且只有通过劳动力本身转化成**某种片面的和非人化的东西**才能达到这一目的。”

上述论点令人信服地显示了“早期的”马克思和“成熟的”马克思的经济观点发展过程中的继承性。马克思在十九世纪四十年代制定的异化劳动理论，在六十年代由于他进一步的经济研究而得到充实，这一理论首先表现为剩余价值理论。

劳动实际上从属于资本的发展过程同时就是劳动的社会形式、劳动生产率的发展过程，也就是创造未来共产主义社会的物质前提的过程，这个发展过程“是走向生产条件的所有权转变为公有制的必要的过渡阶段”。

马克思认为劳动在形式上和实际上从属于资本的原理具有重要的意义。在以后的时期中，他着手准备《资本论》第一册的正文时，在阐述《直接生产过程的结果》的第六章中基本上使用了这些论点（同上书，第49卷第78—99页）。

对资产阶级社会中的生产劳动的实质和内容的阐述，在本卷中占有重要的地位。

马克思写道：“生产劳动不过是对劳动能力出现在资本主义生产过程中所具有的整个关系和方式的简称。”由此就有必要从分析劳动在形式上和实际上从属于资本过渡到研究资本主义条件下的生产劳动。

在《剩余价值理论》的一个篇幅很大的，批判地考察资产阶级关于**生产劳动和非生产劳动**的观点的章节中（同上书，第26卷第1册第142—318页），马克思从**历史的**观点研究了这个问题。在本卷中对这个问题作了详细的**理论**概述。马克思在这里依据了前述对劳动在形式上和实际上从属于资本的分析，在那里说明了："因此，资本（1）作为**强迫**进行剩余劳动的力量，（2）作为吸收和占有社会劳动生产力……的力量（作为这些生产力的人格化），它是生产的。"由此得出结论：在资产阶级社会，在资本主义生产体系中，生产劳动只是"给使用劳动的人生产**剩余价值**的劳动，或者说，是把客观劳动条件转化为资本、把客观劳动条件的所有者转化为资本家的劳动"。因此，生产劳动的概念是受社会制约的。马克思指出，同一种劳动（例如裁缝的劳动或演员的劳动）可以是生产劳动，如果它是按资本主义方式组织的，即目的在于创造剩余价值，相反，也可以是非生产劳动，如果它属于服务的范畴，是直接满足个人的私人——物质或精神的——需要的。马克思写道："一个自行卖唱的歌女是**非生产劳动者**。但是，同一个歌女、被剧院老板雇用，老板为了'赚钱'而让她去唱歌，她就是**生产劳动者**，因为她生产资本。"

马克思除制定了资本主义制度下作为创造剩余价值的劳动的生产劳动的基本定义以外，还制定了作为在**商品**即物质财富上实现的劳动的生产劳动的**补充**定义。在这里，马克思是从一切物质生产领域从属于资本（形式上或实际上）这一客观趋势出发的。马克思在指出这一点时强调说，不应该只从物质观点来理解生产及其结果即商品的物质性质，因为具体劳动能够在商品上不留任何痕迹。马克思举了"第四个物质生产领域"（其他三个领域是采掘工业、农业和加工工业）——运输业作为例子，在这里"劳动对象发生某种物质变化——**空间的**、位置的变化"。

至于精神生产领域，马克思指出，“这里的大多数情况，都还只限于向资本主义生产**过渡的形式**……资本主义生产在这个领域中的……表现，同整个生产比起来是微不足道的，因此可以完全置之不理”。

在使精神生产大规模地服从于自己的现代资本主义的条件下，马克思的生产劳动定义也适用于这一人类活动的领域。

随着资本主义生产方式的发展，物质产品越来越多地成为许多人的“共同劳动的产品”——脑力劳动和体力劳动的产品，这些人的“**总体**”作为“一个生产集体”出现。马克思在1861—1863年手稿中第一次确定资本主义经济趋向于形成“总体工人”，这种趋势后来在《资本论》第一卷中得到了更加详细的考察。

马克思说明，在资本主义生产方式的条件下，生产劳动发挥作用的合乎规律的结果就是创造剩余价值，之后便转而考察剩余价值的进一步的运动。在1861—1863年手稿中，**对剩余价值再转化为资本**，或者**资本积累**问题的阐述，是以马克思在1857—1858年手稿中对这些问题所作的研究为依据的，也是以在《剩余价值理论》中对李嘉图的积累理论进行的批判结果为依据的。

马克思首先确定积累过程的客观性质：“不断增加资本，而不只是保存资本，是……资本主义生产的**必要性**，是它的条件。”这个过程的最重要的结果是，“现在……总资本实际上只是转化成资本的剩余价值，也就是**物化的无酬的他人劳动**……换句话说，**资本主义关系**创造出更大规模的**资本主义关系**。”

其次，马克思指出，在积累过程中，资本主义生产方式会扩展新的生产领域，造成资本和全部社会财富的集中，形成新的资本。在这里，由同一劳动量推动的不变资本的价值量增长，而可变资本，“即花在工资上的资本部分……增长的比例越来越小”。

考察资本主义积累就必然包括考察**原始积累**的过程，即资本主义生产方式的形成过程。马克思在这里是从他在1857—1858年手稿中得出的对这一过程的研究成果出发的。而现在，马克思是研究从一系列资产阶级经济学家的著作中汲取来的新的广泛的实际材料（后来他在《资本论》第一卷中广泛地运用了这些材料），这些材料证实了他的基本结论：在原始积累过程中起决定作用的“是**现有生产条件积聚**在少数人手里和**这些生产条件同直接生产者脱离**，这些生产条件原来是他们的所有物或占有物”。正是这一结论使马克思能够在发展1857—1858年手稿内容时，阐明上述这个“极端悲惨的历史”，即**所谓的**原始积累的过程。

对劳动在形式上和实际上从属于资本，资本主义的产生，然后是资本主义在本身的基础上，**“在资本主义生产方式本身的基础上”**的发展等问题的研究，对所谓原始积累的过程的分析，然后，关于“资产阶级前的历史，同样它的每一个阶段，也都有自己的**经济和自己运动的经济基础**”的论证，——这一切都是唯物主义历史观，特别是关于社会经济形态的马克思主义学说的进一步具体化。

* * *

马克思在1857—1858年手稿和《剩余价值理论》中已经部分地论述了《资本论》第二册中的问题。在1861—1863年手稿的结尾部分，马克思把主要的注意力集中于论述第二册的中心问题——**社会总资本的再生产和流通**的过程。马克思在这里第一次把社会总生产分成两个部类：生活资料的生产（第I部类）和不变资本的生产（第II部类）。后来，在七十年代，在《资本论》第二册的各种手稿中，马克思已经把生产资料的生产作为第I部类加以考察，从而与这一部类在再生产过程中起的主导作用相适应。

在1861—1863年手稿中考察再生产理论的某些问题时，考虑到了对外贸易或世界市场的影响。对外贸易是资本主义生产所必需的，同时，正如马克思指出的，它会产生新的矛盾。因为“再生产过程不取决于同一国家内互相适应的等价物的生产，而是取决于国外市场上这些等价物的生产，取决于世界市场吸收这些等价物的力量和取决于世界市场的扩大”。根据这一点，马克思得出了非常重要的结论：“这样就使不适应的可能性，从而危机的可能性，**日益增长**。”这个结论实质上是对马克思在《剩余价值理论》中批判资产阶级危机观点的过程中制定的经济危机理论的主要原理的补充。

马克思在他制作和注释的《再生产的总过程的经济表》中（在这张表之前有三个草稿），总结了自己对资本主义再生产过程的分析。为了更清楚地阐明再生产过程中的最主要的方面，考察这个过程时“**不考虑货币流通，再生产的规模也不变**”。马克思在1863年7月6日的一封详细的信中，把自己的研究结果告诉了恩格斯（同上书，第30卷第358—362页）。列宁在摘记马克思和恩格斯的通信时，关于这封信指出：“第二卷的草稿（再生产过程I、II等）。很清楚！！”（列宁：《卡·马克思和弗·恩格斯1844—1883年的通信》摘记，1968年莫斯科版第342页）列宁在这里指出以下事实：在上述信中——同样也可以说在1861—1863年手稿中——已经可以看到未来《资本论》第二卷的中心思想的反映，即社会生产两大部类的学说、再生产的条件。

马克思分析再生产过程时的出发点是，“考察问题时起初必需不考虑**货币**，然后才**考虑**货币”。在1861—1863年手稿中分析再生产过程时虽然不考虑货币，但对货币在资本主义再生产过程中的运动作了详细的研究。马克思在这里第一次阐明了他在《剩余价值理论》中分析魁奈的再生产理论时已经提出的问题：“全体资本家即工业资本家阶级不断从流通中抽出的货币，怎么可能比他们投入流通的货币多呢？”（同上书，第26卷第1册第347页）为了解决这个重要的资本主义再生产问题，马克思需要研究商业资本在货币流通中的作用、剩余价值在流通中的实现过程、金生产者在资本主义再生产中的作用、生活资料生产者和生产资料生产者之间的交换、货币资本的积累。

资本主义再生产问题的解决是马克思在《资本论》第二卷和他所写的《反杜林论》第二编第十章中完成的。

*　　*　　*

马克思在 1861—1863 年手稿的最后部分，在考察《资本论》第三册的问题，首先是剩余价值的转化形式时，第一次对在《剩余价值理论》中作了一定程度论述的**利润理论，以及平均利润和生产价格的理论作了有系统的阐述**。马克思指出，剩余价值与可变资本的关系是“有机的”关系，它反映了资本“形成和增长的秘密”，与这种关系不同，在利润和资本的关系中，“剩余价值获得了已经看不到它来源的任何痕迹的形式”。马克思在强调剩余价值转化为利润的客观性时指出，正是后者表现为资本主义生产的**直接**调节者。同时，利润范畴反映了以下颠倒的、神秘化的观念体系，按照这些观念，资本表现为独立的、不以劳动为转移的剩余价值源泉，而工人变成资本生殖力的简单的源泉。这些观念对资本家十分合适，“可是实践迫使受同一颠倒观点束缚的、只是处在这一观点的另一极，即受压迫的一面的工人，反对这整个关系，从而也反对与这一关系相适应的观念、概念和思维方式”。

由此可见，资本主义的剥削实质促使提高无产阶级的阶级意识，唤醒他们去反对资产阶级统治的压迫。马克思的这一结论对于进一步在经济上来说明关于工人阶级的历史使命的论点具有重大的意义。

由于分析**资本主义生产费用**这个说明利润形成过程的最重要的范畴，使马克思得出一条规律：“按照这一规律，资本家即使**低于**商品价值出售商品，也能**得到利润**。”这条规律意味着可以**形成一般的平均的利润率**，这个利润率规定，一些商品高于本身价值出售，而另一些商品低于本身价值出售。马克思详细考察了两个连续的过程：剩余价值转化为利润，也就是转化为价值超过生产费用的余额，和利润转化为平均利润，也就是转化为总产品价值超过总预付资本价值的余额。两个过程相互联系：第二个过程是在第一个过程的基础上完成的，并且实质上“反映了同一个转化过程”。

马克思在 1861—1863 年手稿的这一部分中研究平均利润的形成这种机制时，没有考察作为它的基础的**竞争的双重作用**（部门内部的竞争和部门之间的竞争），因为马克思在论述自己经济理论的这一阶段，出发点还是：这一考察应当在以后，在专门论述资本的竞争篇中来进行。同样，马克思暂时还把地租看成说明价值和生产价格之间的对比关系的“实例”，也就是说，还是根据在《剩余价值理论》中论述它时的观点。后来，马克思在撰写《资本论》第三册手稿时取消了上述限制，这就使他有可能说明在《剩余价值理论》中已经部分地论述过的问题，即在部门内部的竞争过程中市场价值的形成问题和由于部门之间的竞争市场价值转化为生产价格问题。此外，《资本论》第三册有一篇专门阐述作为剩余价值的转化形式之一的地租问题。马克思在撰写 1861—1863 年手稿的最后三个稿本的过程中，已经为这一篇收集了大量材料。

在这部手稿的现在发表的部分中，马克思也详细地考察了“**随着资本主义生产的进步，利润率有下降的趋势**”这一规律作用的原因和性质。以下原理是解决这一资产阶级政治经济学徒劳地企图弄清楚的问题的钥匙：由于技术进步和固定资本增长，资本有机构成即不变资本对可变资本的比例也就增长。

马克思在指出这一趋势的同时，第一次研究了“障碍”，即与上述趋势相矛盾的因素，首先是表示资本主义剥削加强的剩余价值率的增长。此外，马克思特别强调指出，决不能根据利润率趋向下降而得出结论说，资本的积累和利润的绝对量会下降。利润率的下降会由于利润量的增加而得到平衡，甚至可能得到更多的补偿。

马克思根据对利润率趋向下降的规律的分析，得出以下重要结论："**社会劳动生产力的发展**是资本的**历史**任务和有效证明。资本正是因此而无意识地创造了更高级的生产方式的物质条件……利润——资本主义生产的动因和条件，也是积累的推动力——受到生产发展规律本身的威胁……这里，以纯粹**经济的**方式，从资本主义生产本身的方面，显示出资本主义生产的界限，它的**相对性**，即资本主义生产不是**绝对的**生产方式，而只是历史性的**生产方式**，它与物质生产条件的一定的有限的发展时期相适应。"

因此，马克思关于资本主义的矛盾性质和它在历史上必定灭亡，新的更高级的社会制度——共产主义的前提条件在资本主义怀抱中逐渐成熟等的说明，具有重大的理论意义。马克思强调指出："资本越来越成为**一种社会力量**……但是**一种异化的独立化的社会力量**，这种力量作为物，而借助于这种物作为各单个资本家的力量同社会相对立。另一方面，越来越多的群众［个人］因此丧失生产条件，与生产条件相对立。在资本转化成的**一般社会力量**和各**单个资本家**对这些社会生产条件的**私有权**之间的矛盾越来越不能容忍，并且包含着这种关系的消灭，因为这种矛盾同时包含着使物质生产条件改造成一般的，因而是集体的社会生产条件。"

后来，马克思在撰写《资本论》第三册正文时广泛利用了这些论点。

在本卷中发表的 1861—1863 年手稿的结尾部分中，马克思第一次详细地考察了如商业利润和利息这样一些剩余价值的转化形式，对商业资本和借贷资本作了仔细的分析。他从历史的观点研究了这两种特殊的资本形式，考察了它们在货币流通的发展过程中的产生过程，考察了商人的财产转化为商业资本，而高利贷转化为借贷资本的过程。

在发达的资本主义关系的统治下，商业（商人）资本和借贷（货币）资本已经表现为在流通领域内执行职能的生产资本形式。为了详细分析纯粹的商业资本的专门职能，必须首先把它们同属于生产过程本身的，虽然是在流通中实现的那些职能（运输业务、包装、保存、仓库业务等等）区别开。因此，生产资本的概念扩大了，它包含有：（1）直接加入生产过程的资本；（2）加入再生产过程（包括流通）的资本。

至于商业资本和货币资本，正如马克思指出的，“它们的专门职能应当由商品形态变化的形式，从而由流通本身特有的形态运动来说明”。但是这些专门职能——商品买卖业务——要求花费劳动时间，花费资本等等。

在现在发表的1861—1863年手稿的这个部分中，马克思第一次考虑用价值规律和剩余价值规律的作用来解决说明商业利润和利息这个复杂的理论任务。商业资本在流通领域中既不直接创造价值，也不直接创造剩余价值，但是，由于它有助于缩短流通时间，因而有助于增加生产资本创造的剩余价值。商人，同样货币资本家，由于在商品再生产过程中和生产资本一起执行职能，因而获得权利参加分配总剩余价值，以商业利润的形式获得平均利润率，虽然他与直接生产剩余价值的过程没有关系。

马克思依据他所提出的直接生产领域和再生产领域之间的区别来说明商业雇佣工人（店员）和在直接生产领域中工作的雇佣工人之间的差别：“工人对直接**生产**的关系怎样，店员对他人财富的直接**再生产**的关系也就怎样。他的劳动和工人的劳动一样，只是再生产作为统治他们的力量的资本的手段，同时，正如工人创造剩余价值一样，店员促使剩余价值实现，但不是为了自己，而是为了资本。”

马克思关于商业雇佣工人的劳动的性质的结论，特别是他所揭示的资本主义趋向于把他们从一个在工人阶级中享有特权的、报酬优厚的阶层变成一个在工人阶级中报酬较低的部分的情况，都收进了《资本论》第三册的正文，并得到了恩格斯的高度评价。恩格斯指出，马克思作出的“关于商业无产阶级命运的预言”得到了完全的证实。

因此，1861—1863 年手稿的结尾部分，和这整部手稿一样，具有重大的历史意义和理论意义。因为它在马克思制定经济学说的过程中和在整个经济思想史中构成了一个重要的阶段，它包含有极重要的科学原理、思想和结论：它们可以既为创造性地研究政治经济学的现实问题，也为批判资产阶级经济学家的理论提供坚实的理论基础和方法论基础。

（华容 摘译）

马克思学的新成就*

〔苏〕И. 博尔迪烈夫

《马克思恩格斯全集》俄文第二版的出版是最近时期苏联马克思学的重大成就。现在已经出齐《马克思恩格斯全集》主卷三十九卷和补卷十一卷。不久前出版的《马克思恩格斯全集》第四十八卷，在这一版中占有重要地位。这一版的问世，是卡·马克思遗著出版事业又向前迈进的重要一步。这对进一步深入研究《资本论》的创作史是新的强有力的推动因素。

在大约十五年以前，学术界还不可能得到对研究具有如此重大意义的这部分马克思遗著。随着《资本论》初稿（即1857—1858年手稿）的出版①，随着《资本论》第二卷初稿（即所谓第I稿）以及《第六章。直接生产过程的结果》为标题的手稿、第一版《资本论》第一卷的附录《价值形式》② 和一系列其他材料的出版，这种情况发生了根本的变化。这些手稿都是在1857—1867年期间写成的。这一时期在全部《资本论》创作史上具有决定性的意义，对《资本论》第一卷来说更是如此，这一点现在是越来越清楚了。最近卡·马克思的1861—1863年

---

* 本文选自《马列主义研究资料》1983年第3辑。

① 《马克思恩格斯全集》第1版第46卷（上下册）。

② 《马克思恩格斯全集》第1版第49卷。

经济学手稿也已全部译成俄文发表了[①]。

恩格斯为《资本论》第二卷（1885 年）所写的序言，是对这一手稿的最初评论，同时也是关于它的简短叙述。恩格斯写道，马克思的由二十三册笔记本组成的手稿是在 1861—1863 年写成的，这套手稿后来被称做《资本论》第二稿。恩格斯直到他去世前一直希望把包含《剩余价值理论》的那部分手稿作为第四册（卷）出版。但希望没有实现。手稿长期地存放在德国社会民主工党的档案馆里。到 1905—1910 年，《剩余价值理论》才由卡·考茨基编辑出版。这一版虽然具有它的全部重要意义，但它并没有反映马克思手稿的真正精神和意义，而且首先是因为考茨基没有把发表的材料作为《资本论》的完成部分来对待。

《剩余价值理论》（《资本论》第四卷）真正科学的版本是苏联马列主义研究院在 1954—1961 年整理出版的。德意志民主共和国在 1956—1962 年按照这一版本出了德文版。

但《剩余价值理论》本身又是一个内容更加丰富得多的手稿的组成部分。关于这个手稿的很重要部分，过去读者是不知道的，因此在 1857—1858 年的手稿与《资本论》第一卷和其他各卷的草稿之间缺乏联系起来的中间环节。毫无疑问，这使人看不到马克思致力于《资本论》写作的全过程。

现在，出版了《马克思恩格斯全集》第四十八卷以后，马克思学不仅拥有了这一手稿的历史批判部分，而且拥有了理论部分。

这部手稿新发表的部分构成全集第四十七卷和第四十八卷的内容。第四十七卷包括与《资本论》第一卷第二至六篇有关的各个问题的论述。而收进第四十八卷的材料则反映了“资本的生产过程”结尾各章的内容（其中各章是：关于劳动在形式上和实际上从属于资本；关于生

① 《马克思恩格斯全集》第 1 版第 48 卷。

产劳动和非生产劳动；关于剩余价值再转化为资本；关于所谓原始积累），第四十八卷还包括以下两篇："资本的流通过程"（这是该卷的编者单独分出来的）；"资本和利润"①。后来，从这两篇产生出了《资本论》第二卷和第三卷。

在这里，我们只限于考察一下1861—1863年手稿的一个方面：马克思经济学理论的形成过程，即《资本论》的创作史。

在研究《资本论》的结构时提出这样一个问题：《资本论》四个部分中的每一部分是何时开始使用"册"这个词来表示的？表示结构单位的上述用语，最初被用于《政治经济学批判》这一著作中，是因为马克思在五十年代末曾经设想把他的全部经济学著作分为六部分。在1859年，定出了下列结构："第一册是论资本。第一篇是资本一般。第一章是商品。第二章是货币或简单流通。（第三章是论资本。）"② 根据著名的《政治经济学批判》（1857—1858年手稿）的计划，我们可以断定，当时马克思还要发表第一册的第三章、第一册的其余三篇以及以后

① 《流通过程》这一篇是被该卷编者单独分出来的。在第四十七卷和第四十八卷的编者序言中，对所有这部分手稿作了评述。维戈茨基为第四十七卷的出版而写了文章《卡·马克思〈资本论〉创作的历史》（见《经济问题》杂志1974年第2期）。

② 《马克思恩格斯全集》第1版第13卷第7、13、15、54、177页。

的五册。①

马克思经济学著作结构的进一步发展过程（确实是**过程**），在 1861—1863 年手稿的创作进程和结果中究竟是什么样子的呢？马克思开始写这一手稿是在 1861 年 8 月。现在看得很明显，马克思当时确实是遵循着他已经形成的计划写作的。请看第一本手稿的开头就是："第三章。资本一般"②。它反映了与 1857—1858 年经济学手稿（在这个手稿中初次阐明了关于资本一般的学说）的连接性，以及与《政治经济学批判》这一著作的连接性，并使人有可能深入考察手稿的内容如何逐渐超出了它最初的名称。

---

① 这一计划的提纲是：

第 I 册《资本》

第 1 篇《资本一般》

第一章《商品》

第二章《货币》

第三章《资本一般》（1）资本的生产过程，（2）资本的流通过程，（3）两者的统一，或资本和利润

第 2 篇《资本的竞争》

第 3 篇《信用》

第 4 篇《股份资本》

第 II 册《土地所有制》

第 III 册《雇佣劳动》

第 IV 册《国家》

第 V 册《对外贸易》

第 VI 册《世界市场》（参看《马克思恩格斯全集》俄文版第 26 卷编者说明）。

② 该卷的编者把这一开头放入序言和注释中。（《马克思恩格斯全集》第 1 版第 47 卷第 635 页注释 1）

马克思对资本这一章的结构怎样看待呢？在这里，我们碰上了不平常的情况。一方面，情况很简单，因为还在马克思写作1857—1858年手稿的过程中，他就已得出了关于手稿划分为三部分是合理的结论，即划分为“资本的生产过程”、“资本的流通过程”；两者的统一或“资本和利润”。而且，正如马克思留下的许多计划所表明的，这些部分本身，特别是第一部分，又要细分为各个部分。[①] 另一方面，现在愈来愈明显的是，不论在1857—1858年的手稿中，还是在1861—1863年的手稿中，这种三分法都还没有找到完全适合的形式。在1857—1858年的手稿中，只是表示转入资本章的最后部分：“我们现在转入第三篇”[②]。但是在最后的手稿中，“篇”已经被用来表示更大的结构单位：“资本一般”[③] 了。

按照第48卷编者加的注释，我们可以了解到为了从手稿中分出第

---

① 例如，见1860—1861年写的计划（《马克思恩格斯全集》第1版第46卷下册第541—549页）。

② 《马克思恩格斯全集》第1版第46卷下册第262页。

③ 《马克思恩格斯全集》第1版第47卷第3页。在这里应该注意到“篇”这个词必须投于方括弧中，因为它是编者加的。

二部分和第三部分而进行的鉴定工作。[①] 此外，我们在手稿中还看到这一时期第一篇和第三篇计划的最后方案，但已不是第三章的计划草稿，而是以《资本论》为标题的这一著作的计划草稿了。这些草稿是在1863年1月写的，而在1862年12月，马克思在给库格曼的信中写道："第二部分终于已经脱稿……它是第一册的续编，将以《资本论》为标题单独出版……其实，它只包括本应构成第一篇第三章的内容，即《资本一般》。这样，这里没有包括资本的竞争和信用。"[②]

在1863年初，标题不再是《第三章》，而是《资本论》了。因此，经济著作分为三篇就成了十分自然的事情。但在马克思写作的新阶段上，首先是在创作《资本论》第二部分和第三部分的新阶段上，最初拟定的研究范围被远远超过了。只有到这个时候，这些部分才确定用"册"来表示。

---

① 《马克思恩格斯全集》俄文版第48卷的注释关于《资本的流通过程》写明，在1861—1863年手稿中，《资本的流通过程》这一标题下的几个部分，原先马克思也是打算作为第I篇和第III篇而写的。例如，《再生产》部分属于《资本的生产过程》。《资本主义再生产过程中货币的回流运动》属于《资本和利润》。

而上述材料放在《资本流通过程》这一篇中发表，是编者从其实际内容来考虑的。

关于"XVI笔记本"写道："1861—1863年手稿的XVI笔记本包含着本章正文的大部分，马克思注明的日期是：'12月'（1862年）。"

在这个笔记本封皮的反面（第973c页）上有表明本章开始并符合本章内容的计划草稿，马克思加的标题是：《第三章。资本和利润》。这个标题证明，在手稿的这个地方开始了《资本和利润》这一篇。马克思在这里把"第三章"理解为他对《资本一般》进行研究的整个第三部分。马克思还把这一部分叫做"第三篇"，后来又叫做"第三册"。

② 《马克思恩格斯全集》第1版第30卷第636页。这个地方不止一次地引起人们的注意。这封信对评价马克思在这一时期及其后一个时期的著作非常重要。

《马克思恩格斯全集》第四十七卷和四十八卷中所发表的马克思1861—1863年手稿的理论部分，使深入研究马克思创作《资本论》第一卷的历史有了全新的可能性。如果把《第六章》这一手稿的正文、一系列单独的评论、《工资、价格和利润》这篇著作除外，那么，摆在我们面前的就是1861—1863年手稿和第一版《资本论》的第一卷。把这两个正文对照一下，就会看出，马克思在1863年7月完成第二十三本手稿起到1867年9月《资本论》第一卷出版为止这段时期内，在实质上和形式上为第一册所做的一切工作。通过这样的比较分析所得出的令人信服的事实，对于解决与创作第一册最后正文有关的非常复杂的问题，能够说明许多情况。

为了说明以上的看法，我们举出几个问题，对其中每个问题都需要专门加以研究。

1857—1858年手稿和1861—1863年手稿的重要特点之一在于，在它们的结构中工资范畴还找不到自己的位置。在这方面我们要指出，甚至在第一版《资本论》的第一卷中，工资作为劳动力价值（价格）的转化形式也没有单独分出来加以论述，它是在对绝对剩余价值和相对剩余价值的统一进行分析的进程中，作为该章的最后一节提出来的。从这种意义上说，第二版《资本论》第一卷中把工资学说分出来成为单独的一节，这应该看做是马克思进一步写作《资本论》的最重要的创造性要素之一。

这种情况可以找到完全合乎逻辑的解释：按照马克思拟定的整个著作的总计划，工资学说应当是《雇佣劳动》这一册中的单独一节。在1863年春天马克思还强调指出："……在考察［劳动和资本间的］一般关系时，我们只是作为例外才必须引用劳动力价值所表现的这种歪曲的形式。"在另一处，他更明确地写道："……一种方法来表示劳动力的

价值，虽然这一方法在我们对资本的分析中没有多大的意义，但是在专门考察工资时，却是非常重要的。"① 而且，在研究过程中这一范畴不时地"冲入"经济分析当中来。虽然马克思在这个阶段上作为假设也认为"劳动力价值"和"工资"这两个用语具有同一含义，但他所理解的它们之间的差别，仍然不时地并且按照各种不同的原因而被确认下来。1861—1863年手稿使人有可能深入探究：还在分析资本的生产过程的范围内，工资学说是如何取得了独立性的。② 在这里我们不妨注意一下马克思在手稿第XX本封面上所写的一行字："**作为劳动的价值或价格的劳动力的价值的转化形式。**"③ 这大概是关于工资本质的第一个清楚的规定。这个规定成了第一版《资本论》第一卷中表述工资的基础："转化为工资形式的劳动力价值或价格。"

我们现在看到的1861—1863年手稿，还表明了一个重要的细节：不论在1857—1858年手稿中，还是在1861—1863年手稿中，关于劳动过程和价值增殖过程的分析都还包括在货币转化为资本的那一章范围内。④ 但是在1863年1月所写的《资本论》第一篇的计划草稿中，这几部分已被移到关于绝对剩余价值的那一章中⑤，而在《资本论》第一册中，也就是说在1867年出版的《资本论》第一卷中，也确实是这样做的。

《马克思恩格斯全集》第四十七卷和四十八卷的正文附有编者的详细注释，它可以解决在认识马克思的非常复杂的手稿的过程中所产生的

---

① 《马克思恩格斯全集》第1版第47卷第613页。

② 《马克思恩格斯全集》第1版第47卷第613—632页。

③ 《马克思恩格斯全集》第1版第47卷第652页注释第163。

④ 《马克思恩格斯全集》第1版第47卷第54—194页。

⑤ 《马克思恩格斯全集》第1版第26卷第1册第446页。

主要困难。但是不能断言，这些困难已经完全不存在了。这里的问题首先在于，编者使手稿的编排顺序服从于马克思主要著作的三分法，这同《资本论》中所分析的那些问题在制定时的原有次序并不一致。因此，必须始终记住，手稿的个别部分虽被置于其他部分之前，但是写作却在其后。这种情况要求经常注意编者加的注释。编者在第四十八卷卷末加了一个“1861—1863年手稿在第二十六、四十七和四十八卷中排列次序的页码索引”，读者有了这个很方便的工具，可以得到很大的帮助。

其次，编者按照马克思在《政治经济学批判》（1857—1858年）中就已规定的《资本论》三部分结构的新经济内容，为出版手稿进行了复杂的工作。但是手稿太复杂了，所以要达到绝对令人信服地解决它的出版问题看来是不可能的。在我们看来，需要重新发表（但要以更完全的形式并按照另外的上下文顺序发表）关于生产劳动和非生产劳动的章节，这些章节过去是作为《剩余价值理论》的附录发表的。

我们所以说具有很大的复杂性，是由于在手稿的许多部分中，在研究某一主要问题时，有时包含着极其重要的其他评论，而且往往包含着阐明一系列其他问题的相当多的插入论述。举例来说，在论述生产劳动和非生产劳动，论述再生产过程的各章中，就包含着对第三篇《资本和利润》的补充论述。

手稿中按照基本内容而被编入第四十八卷“其他问题”那一篇的一些节，应该特别细心地进行研究。其中手稿第XXIII本的某些片段是关于深入研究所谓积累问题的。第四十七卷和第四十八卷中刊载的详细的“名目索引”在这方面提供了重要的帮助。

手稿所以能够发表，是由于对手稿，对它的创作史进行全面而细心的研究的结果，它的发表提出了一系列新问题。按照我们的看法，下面的情况就是这些问题之一。全集第四十七卷和第四十八卷的问世，以及

《剩余价值理论》的发表，使读者有可能认识马克思所作的为数很多的提示，这些提示表明了手稿各个不同部分之间的联系，写在笔记本封面上的提示归纳了它们的内容，在页边上的提示指出了补充的来源等等。这些提示很可能是在手稿写作结束以后才写的，所以是马克思在 1863 年夏就着手进行的“整理手稿，准备付印”的重要环节。[①] 对这些提示进行总结是研究 1861—1863 年手稿以后命运的重要环节。

手稿的全部发表，还提出了这样一个问题：手稿的编号是何时标上的？对这个问题作出正确的回答，对于确定手稿各个不同部分的写作日期具有重要意义。

手稿第 XXIII 本的最后一些页必然使人去考虑这一笔记本是何时最后完成的。按照马克思在封面上所作的提示，起点可以从 1863 年 6 月算起。而终点呢？一般认为是同年 7 月。1863 年 8 月 15 日马克思致恩格斯的信也表明了这种情况。但在手稿第 1452 页上却写道：“……过度的劳动和年轻妇女的死亡”（《泰晤士报》1863 年 7 月 2 日；补充笔记本 H 第 168 页）。看一看编者加的注就会知道，在补充笔记本的第 168 页上，载明是 1864 年 2 月 26 日《泰晤士报》的摘录，而正文中所指出的该报 1863 年 7 月 2 日那号报纸的摘录则写在笔记本的最后一页上。[②] 这自然会使人得出结论：这段摘录是在 1864 年 2 月以后才写上的，因而应该认为写完第 XXIII 笔记本的时间应当更晚。

---

① 《马克思恩格斯全集》第 1 版第 30 卷第 364 页。

② 关于这两个摘录，在《马克思恩格斯全集》俄文版第 48 卷所加的注释中写道：“在补充笔记本 H 第 168 页上是 1864 年 2 月 26 日《泰晤士报》的摘录（《饿死》——致该报编辑的信，见《马克思恩格斯全集》第 23 卷第 518 页）。而 1863 年 7 月 2 日《泰晤士报》的摘录则是在补充笔记本 H 的最后一页上，只是这一页已经不完整了。”

手稿全文的发表既表明了它与马克思过去著作的联系，也表明了它对创作《资本论》的以后各部分所起的作用。特别是表明了《第六章》这部分手稿与1861—1863年手稿之间的更密切的联系，在我们迄今所知道的马克思的手稿中，再也没有和《第六章》这一手稿相类似的手稿了。特别是这涉及劳动对资本的形式上的从属和实际上的从属问题。大家知道，在《第六章》这一手稿中有马克思的这样一段话："在我们进一步考察劳动对资本的实际上的从属以前，还要从我的笔记本中作以下补充。"[①] 所以，如果说在出版《马克思恩格斯全集》第四十九卷时，当时可能只认为说的是1861—1863年手稿，那么，现在已经很清楚了：《第六章》这一手稿的最后一些页是直接从1861—1863年手稿中转抄来的。[②] 此外，可以看出，马克思还经常不断地回到1857—1858年手稿上去。

因此，越来越清楚地表明，在1857—1867年这十年期间，马克思写作《资本论》是连续的不间断的。

最后，手稿的发表使社会科学各个部门的人们面临着一个必然的任务，即设法指出1861—1863年手稿同《资本论》相比所包含的一切新

---

① 《马克思恩格斯全集》第1版第49卷第85页。

② 《马克思恩格斯全集》俄文版第48卷的注释说："马克思在写作《第六章》（《直接生产过程的结果》）手稿的过程中，把1861—1863年手稿第XXI本中的某些页贴在《第六章》相应的页上，把它们转入了这一章的正文。苏共中央马克思列宁主义研究院党中央档案馆对写在粘贴起来的那些页反面的正文所做的恢复工作，使手稿第XXI本的正文差不多完全恢复了。可以看出，这些页反面的内容，部分地或完全地被马克思再用到《第六章》手稿的相应地方，用到下列各节：《关于劳动对资本的形式上的从属》，《资本的神秘性》（《马克思恩格全集》第1版第49卷第85—95、110—113、95—99页、114—121页）"。并见第49卷第532页注释26。

内容具有怎样的科学和实践意义，因为《资本论》有严格的范围，容纳不下马克思的无限丰富的思想，和《政治经济学批判》相比也是如此。

（原载苏联《经济科学》杂志 1982 年第 5 期）

（沈渊 译）

马克思1861—1863年经济学手稿的理论意义

——《马克思恩格斯全集》英文版第30卷说明*

《马克思恩格斯全集》第30—34卷包括马克思写于1861年8月至1863年7月的手稿，即《政治经济学批判》。这个手稿共有23个笔记本，统一编了页码，大约1472页，它代表着马克思经济学理论发展中的一个重要阶段。这部手稿考察了支配资本主义生产的运动的经济规律，揭示了这一运动借以在资产阶级社会的表面表现出来的转化形式的内容。马克思是通过批判资产阶级政治经济学作出他的发现的，而这一批判详细地体现在核心部分即《剩余价值理论》中。

这一手稿篇幅庞大，因此分5卷出版。第30卷包括第I—VII个笔记本，由关于资本的生产过程篇的三章和《剩余价值理论》的开头部分（手稿第1—210和220—299页）组成。

发表在第31卷中的是第VII—XII个笔记本，包括《剩余价值理论》的中间部分（手稿第300—636页）。

第32卷收入的是第XII—XV个笔记本，包括《剩余价值理论》的结尾部分（手稿第636—944页）。

第33卷包括第XV—XVIII个笔记本、第V个笔记本（结尾部分）、第XIX和XX个笔记本（第944—1157，211—219，1159—1251页）。

第34卷包括第XX—XXIII个笔记本（手稿的第1251—1472页），

* 本文选自《马克思恩格斯研究》1994年总第19期。

以及《资本论》第 1 卷结尾部分的草稿（《第六章。直接生产过程的结果》）。

无产阶级政治经济学的基本原理形成于 19 世纪 50 年代末。马克思在《资本论》的第一稿，即 1857—1858 年的经济学手稿（见本版第 28 卷和 29 卷）中揭示了资产阶级社会的内在机制，并指出，资本主义的矛盾的发展将不可避免地导致一个更加高度地组织起来的社会制度来代替它。

这个结论是从马克思的剩余价值理论中得出的。马克思通过制定出他的经济学说，把他和恩格斯早在 19 世纪 40 年代首次形成的唯物史观从假设变成了“科学地证明了的原理”①。

1859 年，马克思开始在一本以《政治经济学批判》为书名的著作中发表他的研究成果。第 1 分册阐述了他的价值理论和货币理论。正像马克思所说的，在这部著作中，“通过最简单的形式、即**商品**形式，阐明了资产阶级生产的**特殊**社会的，而决不是**绝对**的性质”②。

马克思最初打算在第 1 分册之后接着写第 2 分册，分析资产阶级社会中占支配地位的生产关系，即资本。他认为，第 2 分册“具有决定性的重要意义。实际上，这是全部资产阶级污垢的核心”③。

1861—1863 年手稿开始就是作为第 1 分册的直接继续而写的，大标题是一样的，即《政治经济学批判》，小标题是《第三章。资本一般》。由于 1861—1863 年手稿实际上是《资本论》的第二稿，因此，它事实上包括了马克思打算在他的主要著作中论述的所有问题。这部手稿大约有一半内容是关于“剩余价值理论”的，恩格斯把它描述为政

① 《列宁全集》第 2 版第 1 卷第 112 页。

② 《马克思恩格斯全集》第 1 版第 29 卷第 445 页。

③ 《马克思恩格斯全集》第 1 版第 29 卷第 483 页。

治经济学核心问题的详细批判史。这部手稿还制定了生产劳动和非生产劳动的理论，劳动对资本的形式从属和实际从属的理论，以及他在其他地方从未专门讨论过的危机理论的许多问题。马克思在《资本论》的最后一稿中，总结了他在这部手稿中对这些问题的研究，得出了一般理论。

马克思利用他在19世纪50年代形成的关于价值和剩余价值理论的重要原理，在1861—1863年手稿中继续分析了劳动和资本的关系，考察了关于资本主义生产方式的对抗性矛盾的许多问题，以及资产阶级社会中工人阶级的状况和斗争。

马克思在对剩余价值的起源的研究中，论证了资本主义的剥削过程——剩余价值的生产和剩余价值的占有——和价值规律、等价交换规律之间的一致性。这是马克思的主要理论成就之一。“经济学家从来不可能把剩余价值同他们自己提出的等价交换规律一致起来。社会主义者总是停留在这个矛盾上，反复谈论这个矛盾，但他们不理解劳动能力这种商品的特殊性质，不理解这种商品的使用价值本身就是创造交换价值的活动。”① 在1857—1858年手稿中，马克思就开始分析“劳动力”商品（或者用他在19世纪50年代和60年代初所使用的术语，“劳动能力”）。在1861—1863年手稿中，他更详尽而全面地考察了这种特殊的商品。

首先，他揭示了劳动力商品的特点，即能够创造剩余价值。资产阶级经济学家只把资本主义关系看做是简单的商品所有者在市场上的相互关系，认为剩余价值实际上来自于商业上的欺骗，来自于违背买卖双方公平交换原则。相反，马克思指出，资本主义生产关系远远不能归结为简单的商品——货币关系，它是这些关系的更为发展了的形式。“资本

① 《马克思恩格斯全集》第1版第47卷第95页。

关系的形成从一开始就表示，资本关系只有在社会的经济发展即社会生产关系和社会生产力发展的一定历史阶段上才能出现。它从一开始就表现为历史上一定的经济关系，表现为属于经济发展即社会生产的一定的历史时期的关系。"① 只有在社会经济发展的一定历史阶段，货币所有者在市场上发现了被剥夺了一切劳动资料、只有一种商品即自己的劳动力才可以出卖的工人时，资本关系才能出现。不区分劳动能力与劳动过程本身，就不可能揭示出剩余价值的来源。马克思因此着重指出：工人所提供的商品仅仅是潜在的劳动可能性，它既同劳动本身相分离，又同实现劳动的条件相分离。

像任何其他商品一样，劳动力商品具有使用价值和价值。它的使用价值就在于：这种商品的消费即它的实现过程就是劳动过程本身。但是，由于这样的劳动是社会生活的永久条件，所以庸俗经济学家为了力图证明资产阶级社会是永恒的、"自然的"制度，总是用生产一般来论述资本主义生产。"……为资本辩护，把资本与一般简单劳动过程的一种要素混淆或等同起来。"②

然而，资本主义生产过程并不仅仅是一个劳动过程，它同时又是一个价值自行增殖的过程。在这里，"劳动力"商品的价值，它同在劳动过程中新创造的价值相比较的过程，表现出来了。

马克思在论证他的剩余价值理论时，极为重视确定"劳动力"（劳动能力）商品及其货币表现形式即工资的价值量。从重农学派开始的资产阶级经济学家认为，这种商品的价值（他们说的是"劳动的价值"）不依赖于历史发展阶段的不变的量。他们提出了"最低工资"理论，认为工资的多少是由维持工人生存所必需的生活资料——这种生活资料

① 《马克思恩格斯全集》第1版第47卷第37页。

② 参看《马克思恩格斯全集》第1版第47卷第67页。

是既定不变的——的价值所决定的。马克思在1861—1863年手稿中首次证明，这一理论是站不住脚的，因而他也就有可能证明工人阶级争取提高工资和缩短工作日的斗争的合理性。

马克思指出，“所谓的第一生活需要的数量和满足这些需要的方式，在很大程度上取决于社会的文明状况，也就是说，它们本身就是历史的产物”①。因此，尽管资本家的确企图把劳动力的价值和价格减少到最低限度，但是，确定工资的多少以及“劳动力”的价值量，并不简单地就是确定生活必需品的最终界限。因此，工人阶级的经济需要促使它为争取提高工资和缩短工作日而进行不屈不挠的斗争。

马克思在1861—1863年手稿中，不仅论证了这种斗争的必要性，而且还论证了它的可能性。最低工资理论本身是历史条件的产物。马克思着重指出，在资产阶级经济理论发展的一定阶段，它的意图曾经是有益的，因为它使人们有可能认识到，剩余价值是由工人创造的超过他的劳动力价值的价值。它还帮助马克思的前辈建立了这样的理论，即工资的提高并不增加商品的价值，而只是降低了资本家的利润率。得出这个重要结论的荣誉应归功于李嘉图，但是，只有马克思才最终证明了这一结论。他还克服了资产阶级古典政治经济学家在这方面的自相矛盾的观点，例如从亚·斯密开始就把工资看做是商品价值的组成部分②，按照这一观点，工资的提高能够导致商品价值的提高。这种错误的前提导致了错误的结论，即工人争取提高工资的斗争是毫无意义的，因为工资的提高不可避免地导致商品价格紧跟着提高。

在这部手稿中，从资本主义生产方式的历史发展的角度来分析这一生产方式，占有相当重要的位置。马克思第一次详细地考察了劳动对资

---

① 参看《马克思恩格斯全集》第1版第47卷第43页。

② 《马克思恩格斯全集》第1版第47卷第67页。

本的形式从属和实际从属的实质和阶段，其中，绝对剩余价值的生产在第一阶段起主要作用，相对剩余价值的生产在第二阶段起主要作用。

在第一阶段，资本只是在形式上使实际的生产过程从属于自己，而没有改变它的任何技术装备。这个阶段的显著特征是劳动过程和工人自身由资本控制和支配。同前资本主义的生产方式相比，只有强制的性质改变了。直接的超经济的强制由建立在“自由”的、卖方与买方之间的纯粹经济关系基础上的强制所取代。劳动对资本的实际从属产生于劳动在技术上的从属性，即工人不能在按照资本主义的方法组织起来的生产过程之外起作用。

马克思还详细地探讨了他所说的**过渡形式**，这种过渡形式是在前资本主义形态的结构内发展起来的，在这种形式下，甚至在资本采取了生产资本的形式，或者劳动采取了雇佣劳动的形式之前，资本就开始剥削劳动了。他揭示了商业资本和高利贷资本在向资本主义生产转变过程中所起的作用，并且指出，这些过渡形式是在资产阶级生产方式内部不断再生产出来，并且部分地是由资产阶级生产方式本身再生产出来。①

马克思考察了劳动对资本的形式上的从属的**起源**，并且阐述了取代奴隶制和封建制或者取代农民和手工业工人的独立劳动的资本主义关系可能产生的历史条件。劳动对资本的形式从属结构内的这种向资本主义剥削的转变，在没有引起生产方式的技术特征有任何改变的情况下，提高了劳动的连续性，因而提高了劳动强度和劳动生产率。而且，它改变了剥削者与被剥削者之间的关系的实质。农奴或奴隶转变为雇佣工人在这里表现为上升到一个更高的社会阶段。这些已改变的关系使自由工人的活动比奴隶的活动更紧张、更有连续性、更灵活、更熟练，至于这些

① 参看《马克思恩格斯全集》第1版第47卷第43页。

关系使自由工人本身能够完成完全不同的历史行动，那就不必说了。①

同时，马克思指出，尽管劳动的形式从属在历史上先于以特殊资本主义生产方式的建立为前提的劳动的实际从属，但是，劳动的形式从属，即“劳动过程被置于资本的控制之下”②，正如它的结果即绝对剩余价值一样，在发展了的资本主义阶段也完全保存着。所有不直接参加物质生产的社会阶层都靠工人的剩余劳动为生，靠此来获取生存所必需的物质资料和用于从事一些非生产性的活动或仅仅用于闲暇而必需的自由时间。其他人所享受的自由时间意味着工人的过度劳动。马克思在这部手稿中写道：“迄今为止的一切文明和社会发展都是以这种对抗为基础的。”③

马克思利用了主要来自英国工厂调查员报告的大量统计资料，来论证资本越过任何界限增加剩余劳动的倾向。他描述了一幅令人震惊的资本主义的剥削画面。在资产阶级社会的早期阶段，即绝对剩余价值生产的情况下的过度劳动，缩短了劳动力的正常发挥作用的时期，加速了劳动力价值的“毁灭”，破坏了工人得以出卖他的劳动能力的正常条件。马克思阐述了资本主义生产方式正在完成的受历史制约的任务，指出了资本主义在为未来的社会准备前提的过程中所占的地位。他写道（这里的原文是英文）：“资本主义生产……最节省**物化劳动**……资本主义生产比其他任何一种生产方式都更加浪费人和活劳动，它不仅浪费人的血和肉，而且浪费人的智慧和神经。实际上，只有通过最大地损害个人的发展，才能在作为人类社会主义结构的序幕的历史时期，取得一般人的

---

① 《马克思恩格斯全集》第1版第26卷（I）第73—78页。

② 《马克思恩格斯全集》第1版第46卷第30页。

③ 《马克思恩格斯全集》第1版第46卷第11页。

发展。”①

资本主义生产的直接目的是榨取工人阶级的剩余劳动，只有有组织的工人的抵抗才能使资本的无止境的欲望无法实现。单个工人的孤军奋战丝毫也控制不住这种对剩余劳动的无限度贪欲。需要的是来自整个工人阶级的抵抗。马克思着重指出，工人们自己——除非他们作为一个阶级对国家并通过国家对资本施加影响——不能从资本的贪得无厌中挣得哪怕是他们的生存所必需的自由时间。②

马克思分析了工人阶级的斗争，这种斗争导致在英国和许多其他欧洲国家合法限制工作日。他指出，尽管相关的法律常常是名存实亡，但这个过程总的看来——如统计学所证明的——对于改善英国工人阶级的体力、道德和智力的状况，产生了非常有利的影响。③

劳动对资本的形式从属以及与此相应的绝对剩余价值的生产，当然构成资本主义关系、资本对劳动的统治的基础，但也为资本主义生产方式的发展设置了非常狭隘的界限。在这个意义上，马克思强调指出："资本只有在自己的发展过程中才不仅在形式上使劳动过程从属于自己，而且改变了这个过程，赋予生产方式本身以新的形式，从而第一次创造出它所特有的生产方式。"④ 这一点突出了马克思的劳动对资本的形式从属和实际从属的理论对于进一步发展唯物史观并使之具体化的重要性：资本主义生产关系在改变生产方式中所起的积极作用，在这里被用来作为论证生产关系对生产力发展的强大的反作用影响的例子。

马克思在分析劳动对资本的实际从属时，着重指出了资本主义条件

① 参看《马克思恩格斯全集》第1版第47卷第190页。

② 参看《马克思恩格斯全集》第1版第47卷第604页。

③ 参看《马克思恩格斯全集》第1版第47卷第408页。

④ 参看《马克思恩格斯全集》第1版第47卷第100页。

下所有物以及物质财富对个人的日益增强的支配地位。创造**以实物形式存在的大量财富**表现为这样一种目的，劳动能力只是达到这种目的的手段，并且只有把这些能力变成片面的和非人的东西，才能达到这种目的。① 同时，马克思在阐述劳动对资本的形式从属和实际从属以及分别考察绝对剩余价值和相对剩余价值的生产时，指出，资本的倾向是同时采用这两种形式来生产剩余价值。②

但是，工人阶级的反抗为通过延长工作日而获得更多的剩余价值，换句话说，为绝对剩余价值的生产设置了一定的限制。除此之外，这种延长还存在着一种纯粹生理上的障碍。资本家阶级企图通过发展生产力，即通过提高劳动生产率来克服这些限制，从而保证相对剩余价值的增长。在这个过程当中，工人所消费的大量生活资料可能增加了，尽管它们的价值降低了。马克思指出，工人生活状况的可能改善，“丝毫也没有改变**相对剩余价值的性质和规律**，丝毫也没有改变这样一个事实，即生产力提高的结果是工作日中一个越来越大的部分为资本所占有。因此，想通过统计材料证明工人的物质状况由于劳动生产力的发展在某个地方或某些方面得到了改善，以此反驳这个规律，这是荒唐的”③。

马克思在1861—1863年手稿中第一次详细地分析了资本主义生产内劳动生产率发展的三个连续的阶段，他称这三个阶段为“协作”、“分工”和“机器。自然力和科学的应用”。它们同时代表劳动对资本的实际从属的发展和资本主义剥削强化的三个阶段。

协作，就是许多工人为取得共同的结果而实行的协同行动，它构成资本主义发展中的一个特殊的历史阶段，同时还是“一般形式，这种形

---

① 参看《马克思恩格斯全集》第1版第47卷第408页。

② 参看《马克思恩格斯全集》第1版第47卷第99—100页。

③ 参看《马克思恩格斯全集》第1版第47卷第285页。

式是一切以提高社会劳动生产率为目的的社会组合的基础"[①]。协作使劳动更为有效。协作行动的领域扩大了，要求取得一定结果的时间缩短了，劳动生产力的发展绝对超过了孤立的工人所达到的发展程度。在某种程度上，协作缩短了必要劳动时间，它提高了被资本家凭空占去的相对剩余价值。在这种意义上，"协作这种社会劳动的生产力，表现为资本的生产力，而不是表现为劳动的生产力。"[②] 这种"取代"发生在资产阶级社会的一切生产力方面，这里所发生的是"劳动的让渡过程即异化，表现为劳动自身的社会形式转化为同劳动相异化的权力"[③]。

在资本主义的协作条件下，当工人的互相联系成为一种同他们相异化的关系时，就出现了一种特殊的劳动，即监督劳动。在工人集中的地方指挥劳动的职能是一种客观需要，但是，马克思指出，在"联合体的条件下"所要采取的指挥劳动过程的形式与资本主义下对劳动的控制毫无共同之处。

马克思认为，资本主义工厂中的分工是发展了的协作形式，它对于提高生产率和增加相对剩余价值极为有效。工厂内的分工是在引起商品交换的社会分工的基础上发展的，并代表着生产单一使用价值的各种专业化"局部"劳动的协作。马克思在1861—1863年手稿中详细地考察了两种分工的相互作用，并且指出，在这种意义上，分工"从某一方面来看，是政治经济学的一切范畴的范畴"[④]。同商品关系一般相适应的社会内部的分工，在生产中表现为特殊的资本主义形式。两种主要类型的分工互相制约，这一事实是由马克思发现的，它表明，"……随着资

---

① 参看《马克思恩格斯全集》第1版第47卷第291页。

② 参看《马克思恩格斯全集》第1版第47卷第297页（译文稍有改动）。

③ 参看《马克思恩格斯全集》第1版第47卷第351页。

④ 参看《马克思恩格斯全集》第1版第47卷第304页。

本主义生产即资本的发展已经阐明的关于商品的一般规律……第一次得到实现”，并且，“实际上，商品只有在资本，资本主义生产的基础上才成为财富的一般的基本形式。”[①]

从历史上来看，资本主义生产过程内部的分工“是以作为**特殊生产方式的工场手工业**为先决条件的”[②]。工场手工业最初在于把生产同一种商品的工人集合在一起，并把劳动资料集中于一个作坊置于资本家的指挥之下，它包括工厂内部分工的发展以及劳动生产率的提高的一切前提。这种工场手工业显然使资本比宗法式的以行会为基础的生产占有决定性的优势。马克思论证说，与资产阶级经济学家的观点相反，资本主义工场手工业的特点不是把不同种类的劳动分配给工人，相反，它是把工人分配给不同劳动过程，“其中每一个过程……就会成为他们唯一的生活过程”[③]。这种分配的最突出的一点就是在工场手工业中把劳动结合起来。工人只是这种结合的“建筑材料”，并且完全依附于整个机制。

马克思在探讨工场手工业的起源时，作了一个重要的方法论评述：正像各种不同的地质层系相继更迭一样，在各种不同的社会经济形态的形成上，不应该相信各个时期是突然出现的，或者是相互截然分开的。[④] 马克思特别关注这样一个事实，即像火药、指南针或印刷术这样的发明就是资产阶级社会的手工业时期创造的。在每一个阶段起作用的**普遍规律**在于：后一个形式的物质前提——不论是工艺条件，还是与其

---

① 《马克思恩格斯全集》第1版第47卷第353页。

② 《马克思恩格斯全集》第1版第48卷第305页（本译文与原译文稍有不同）。

③ 《马克思恩格斯全集》第1版第47卷第317页。

④ 参看《马克思恩格斯全集》第1版第47卷第472页。

相适应的企业经济结构——都是在前一个形式的范围内创造出来的。①

马克思探讨了作为机器生产的技术前提的劳动工具的分化和专门化。他认为，争论工具和机器之间的区别是纯粹学究式的，并且指出，所需要的是在所使用的劳动资料上发生的一种改变生产方式、因而也改变生产关系的革命。② 工业革命首先影响的是机器的工作部分，然后才是它的动力。这第二个过程，即采用蒸汽机作为产生运动的机器，马克思称之为第二次革命。③

大规模的机器生产的特征是资本大量利用自然力和科学。马克思早在 1857—1858 年手稿中就指出了科学转变为直接的生产力的倾向。现在他把这个重要的原理具体化了，他指出，资本主义生产第一次把物质生产过程变成**科学在生产中**的应用——变成运用于实践的科学。④ 这个过程出现在社会的劳动生产力，首先是机械工厂和自动化工厂的建立中，它们体现了科学成就，但被资本单独占有和利用。现在，**科学**，人类理论的进步，得到了**利用**。⑤ 不仅如此，资本把作为社会生产力的科学变成反对工人的东西。科学表现为**异己的**力量，同劳动相**敌对**，并**统治**劳动。⑥

以利用机器为基础的生产方式典型地表现在自动工厂中。自动工厂是与机器相适应的完善的生产方式，而且它越是成为完备的机械体系，

① 参看《马克思恩格斯全集》第 1 版第 47 卷第 472 页。

② 参看《马克思恩格斯全集》第 1 版第 47 卷第 412 页。

③ 参看《马克思恩格斯全集》第 1 版第 47 卷第 414—415 页。

④ 参看《马克思恩格斯全集》第 1 版第 47 卷第 576 页。

⑤ 参看《马克思恩格斯全集》第 1 版第 47 卷第 570 页。

⑥ 参看《马克思恩格斯全集》第 1 版第 47 卷第 571 页。

要靠人的劳动来完成的个别过程越少，它也就越完善。①

机器的资本主义利用的前提条件和结果在关于机器的这一节中占有相当重要的位置。随着生产力在资本主义基础上的每一次提高，使用机器的主要目的是缩短已支付的工作日部分，延长未支付的部分，即增加剩余劳动时间。因此，正像马克思指出的，使用新的机器最重要的是要求劳动条件的集中，以及这些条件被协作工人共同使用，从而能更经济地利用。正是由于这一点，它们才能够在劳动过程中既有较高的效能，又能耗费较少的费用。② 马克思探讨了机器生产把最初独立的生产部门联合起来并把它们转变成连续的生产体系的倾向。他根据工厂视察员报告所作出的对棉纺织厂的详细统计分析得出结论说，联合企业的特征是：较高程度的生产集中，能量的更集约的利用以及劳动力的更经济的使用。

劳动时间的绝对延长和相对延长是机器生产的一种客观倾向。这种倾向，即资本家力图加速固定资本的更换并确保它连续地起作用，表现在采用夜间工作和加强劳动强度，即劳动的“浓缩”。马克思在1861—1863年手稿中揭示了资本家加强劳动强度对工人阶级状况所造成的双重影响。他指出了在英国法律规定采用10小时工作日与随后的提高劳动强度的技术进步之间的联系。工业生产中的重大变革是通过立法程序确定剥削工人的外在极限的必然结果。③ 这种极限并没有降低英国工厂主的利润。同时，马克思指出，在生产发展的任何一个特定阶段，劳动强度的提高都会遇到客观的限制。

技术发展的一个最重要的结果是手工劳动被机器所代替，以及工人

① 参看《马克思恩格斯全集》第1版第47卷第518页。

② 参看《马克思恩格斯全集》第1版第47卷第514页。

③ 参看《马克思恩格斯全集》第1版第47卷第406页。

被从生产本身驱逐出去。马克思注意到了工业无产阶级相对意义上的减少趋势，尽管正如他指出的那样，它的绝对数量在增长。“尽管工人人数绝对增加了，但相对来说减少了，不仅同吸收工人劳动的不变资本相比而言相对减少了，而且同社会中与物质生产不发生直接关系或者根本不从事任何生产的部分相比也相对减少了。”① 因此，机器的资本主义利用客观上必然造成在劳动对资本的实际从属的发展中的一个新阶段。只有当这个阶段到达之后，**工人过剩的形成**才成为**表现得十分明显的和有意识的**趋势，大规模发生作用的趋势。② 劳动同资本之间的对抗性矛盾在这里发展到势不两立的程度，因为资本现在不仅是使活的劳动能力贬值的手段，而且也是使它变为**过剩**劳动力的手段。③ 马克思同时指出了机器生产的相反的倾向——不断招收新工人、扩大剥削领域。

1861—1863年手稿详细地阐述了资本主义社会里生产劳动和非生产劳动的问题。马克思指出，制定生产劳动的标准意味着阐明剩余价值理论的基本原理并使之具体化。“生产劳动不过是对劳动能力出现在资本主义生产过程中所具有的整个关系和方式的简称。但是，把生产劳动同**其他**种类的劳动区分开来是十分重要的，因为这种区分恰恰表现了那种作为整个资本主义生产方式以及资本本身的基础的劳动的形式规定性。”④ “由此可见，在资本主义生产体系中，**生产劳动**是给使用劳动的人生产**剩余价值**的劳动，或者说，是把客观劳动条件转化为资本、把客观劳动条件的所有者转化为资本家的劳动。”⑤

---

① 参看《马克思恩格斯全集》第1版第47卷第346页。

② 参看《马克思恩格斯全集》第1版第47卷第561页。

③ 参看《马克思恩格斯全集》第1版第47卷第564页。

④ 参看《马克思恩格斯全集》第1版第48卷第47页。

⑤ 参看《马克思恩格斯全集》第1版第48卷第47页。

生产劳动的概念因此受到社会的制约。关于资产阶级社会，马克思指出，同一种劳动，如果按照资本家的方法来组织，那它就是生产劳动，如果仅仅用于满足单个工人的需求，那它就是非生产劳动。“一个自行卖唱的歌女是**非生产劳动者**。但是，同一个歌女，被剧院老板雇用，老板为了赚钱而让她去唱歌，她就是**生产劳动者**，因为她生产资本。”①

把生产劳动定义为生产剩余价值的劳动，这就意味着要弄清楚，在资本主义生产方式下什么不是劳动生产率本身，而仅仅是劳动生产率的相对增长——剩余价值率和剩余价值量的相对增长。在资本家看来，工人的所有必要劳动都是非生产劳动。谈到这个生产性的工人阶级本身，“他们为自己进行的劳动就是‘非生产劳动’”②。

但是，同根据资本主义生产来定义生产劳动的概念一样，马克思还把它定义为实现在商品中的劳动，实现在物质财富中的劳动。这个定义是以社会生产过程的物质内容为出发点的。马克思认为，这两方面的定义是必要的，因为加入物质生产的劳动必须同其他一切种类的劳动区分开来。“这种区分决不可忽视，而这样一种情况，即使其他一切种类的活动都对物质生产发生影响，物质生产也对其他一切种类的活动发生影响，——也丝毫不能改变这种区分的必要性。”③

生产劳动的理论使马克思得出许多关于工人阶级在资产阶级社会中的地位的重要结论。尤其重要的是，他指出，劳动生产率的增长必然导致被雇用于物质生产中的人数的相对减少。“同总产品相比，一个国家

① 参看《马克思恩格斯全集》第1版第48卷第53页。

② 参看《马克思恩格斯全集》第1版第26卷（I）第158页。

③ 参看《马克思恩格斯全集》第1版第26卷（III）第476—477页。

的生产人口愈少，国家就愈富……”[①] 在此我们看到了科学社会主义理论的进一步发展。在《共产党宣言》中，马克思和恩格斯写道，随着资产阶级生产的发展，“其余的一切阶级都日趋衰落和灭亡”[②]。现在，马克思从他对资本主义生产方式的详尽分析，尤其是他对相对剩余价值的生产的考察出发论证说，资本主义下中间阶层的“长期存在”具有客观基础。工业工人数量的相对减少导致非生产方面的增长，导致生产阶级的一些部分无产阶级化，以及处于工人和资本家之间的中间阶层的增加。马克思谈到了“介于工人为一方和资本家、土地所有者为另一方之间的中间阶级不断增加。中间阶级的大部分在越来越大的范围内直接依靠收入过活，成了压在工人身上的沉重负担，同时也增加了上流社会的社会安全和力量。”[③]

马克思在分析生产劳动时还得出了一个重要结论，即资本主义生产方式人为地把脑力劳动和体力劳动分离开来。另一方面，随着资本主义的发展，物质产品日渐成为从事这两种劳动的人的努力的成果。现在从事这两种劳动中任何一种劳动的人表现为与资本发生关系的雇佣劳动者。[④] 因此，马克思在这里详述了雇佣劳动的范围和物质生产领域。生产劳动者包括“所有以这种或那种方式参加商品生产的人，从真正的工人到（有别于资本家的）经理、工程师”[⑤]。

马克思在1861—1863年手稿中批判地分析李嘉图的积累理论时，

---

① 参看《马克思恩格斯全集》第1版第26卷（I）第229页。

② 参看《马克思恩格斯全集》第1版第4卷第476页。

③ 参看《马克思恩格斯全集》第1版第26卷（II）第653页（译文略有改动）。

④ 参看《马克思恩格斯全集》第1版第48卷第63页。

⑤ 参看《马克思恩格斯全集》第1版第26卷（I）第147页。

制定了他自己的再生产理论，并以此为基础建立了他的资本主义经济危机理论。资产阶级古典政治经济学家把注意力放在剩余产品上，对不变资本未给予应有的重视，与他们相反，马克思把不变资本放在他的再生产理论的中心地位。他指出，有一部分总产品不能归结为收入（斯密和其他经济学家认为所有产品都是收入），只能生产地被消费掉，马克思在这部手稿中第一次提出了一个对再生产理论非常重要的原理：产品必须在两种意义上得到补偿，以同再生产过程的两个基本方面相适应——它必须以价值和以它的实物形式来得到补偿①。他还按照产品的实物形式详细地把社会生产——并且，与此相适应，把社会产品——划分为两个基本范畴：生产资料的生产和消费品的生产②。他对再生产理论的详细分析，使他得出了一系列关于资本主义危机的性质的重要结论。

在更早一些时候，即在1857—1858年经济学手稿中，马克思就指出，即使最简单的经济关系——买卖行为，也包含着危机的抽象的可能性。但是，表明资本主义不可避免的周期发展的经济危机理论，正像马克思在1861—1863年手稿中强调的那样，只能“从资本主义生产的现实运动、竞争和信用中”得出。③ 在考察资本主义的危机问题时，不能再从比如一切商品都是按其价值出卖这种假定出发。在这里要求对资本主义经济进行具体分析。

马克思指出，李嘉图之所以否认生产过剩的可能性，在很大程度上是由于未能理解“实际的社会结构”。关于这一点，马克思说，资产阶级社会“决不仅仅是由工人阶级和产业资本家阶级组成的，因此，在社

---

① 参看《马克思恩格斯全集》第1版第26卷（I）第88页。

② 参看《马克思恩格斯全集》第1版第26卷（III）第270—274页。

③ 参看《马克思恩格斯全集》第1版第26卷（II）第585页。

会中消费者和生产者不是等同的"①。与此同时，他进一步论证说，资产阶级政治经济学力图抽象掉资本主义生产的矛盾，把资本主义生产说成是为了消费而进行的生产，认为资本主义再生产的各种要素会形成统一。他们忽视了生产和消费之间的对立性质，无视资本主义生产的实际不平衡。资产阶级经济学家要么把资本主义生产方式与简单商品生产等同起来，要么把它与和谐地发展的生产体系这种虚构等同起来，也就是说，他们把资本主义"看做**社会的**生产，在这种生产中，社会好像按照计划，根据为满足社会的各种需要所必需的程度和规模，来分配它的生产资料和生产力"。② 由于资产阶级经济学家把资本主义看做是永恒的、绝对的生产方式，所以他们总是谈论生产一般、消费一般和人的需要的无限性等等。但是，实际上，重要的是要考察由货币支付的需要，而这些需要的水平被人为地降低了。生产过剩"只同有支付能力的需要有关。这里涉及的不是绝对的生产过剩"③。在资本主义社会中存在的问题不是同绝对需要有关的生产过剩，而是同有效需求有关的相对生产过剩。至于谈到满足劳动人民的必不可少的需要，"在这个意义上，在资本主义生产的基础上经常是**生产不足**"④。

在这个阶段，马克思还没有着手全面论述或描述实际危机，他利用他以往的分析概述了生产过剩促使危机出现的一般条件。他把一般条件同资本主义再生产的客观规律联系起来。资本运动的一般形式，M—C—M′，是资本主义条件下再生产得以进行的一种形式。再生产条件的

---

① 参看《马克思恩格斯全集》第1版第26卷（II）第562页（译文略有改动）。

② 参看《马克思恩格斯全集》第1版第26卷（II）第604页。

③ 参看《马克思恩格斯全集》第1版第26卷（II）第578页。

④ 参看《马克思恩格斯全集》第1版第26卷（II）第602页。

任何破坏都会引起正常的资本职能的中断。正像不变资本在马克思的再生产理论中占有特殊地位一样，不变资本在马克思关于危机的思想中也占有特殊地位，它构成资本主义生产的各个部门之间的联系。单个资本的再生产过程的紧密的相互联系构成“使［危机］可能性可能发展成为现实的相互债权和债务之间、买和卖之间”特有的“联系”①。

预付资本的补偿无论是实物形式的补偿还是价值补偿，都是再生产的主要条件之一。市场价格的波动——或涨或落——搅乱了目前价值的货币表现量同资本的再生产过程中的使用价值之间的现存比率，并因此导致这个过程发生混乱，结果导致危机。

在1861—1863年手稿中，马克思极为注重价值和剩余价值的具体表现形式。如果不能揭示出资本主义的本质范畴借以表现在资本主义社会表面上的转化形式的起源，那么对资本主义生产方式的内在结构的分析就会是不完善的。1861年底，马克思在考察相对剩余价值生产的同时开始写作“资本和利润”篇，在这一篇中，马克思通过阐明资本主义生产的一般规律即剩余价值规律借以表现的形式来完善对资本主义生产方式的分析。同1857—1858年手稿相比，马克思在这一篇中还前进了一大步。

还是在以前的手稿即《资本论》的第一稿中，马克思就概括地指出，作为剩余价值的转化形式的利润是资本主义生产的直接调节者。在1861—1863年手稿中，他更准确地阐述了这一点，指出，这个调节者的实际体现是平均利润和平均利润率。经验利润或平均利润只能是总利润（从而总利润所表现的总剩余价值，或全部剩余劳动）在各个特殊生产领域中的各个资本之间按照相同的比率所进行的分配，或者同样可以说，按照各个资本量的差别，而不是按照这些资本在直接生产这个总

① 《马克思恩格斯全集》第1版第26卷（II）第584页。

利润时占有的比例的差别所进行的分配。[①] 虽然马克思最初并没有打算考虑计算平均利润的实际机制，但是，即使在那时，他就写道，使这种计算得以实现的因素是**资本**之间的**竞争**。[②] 他指出，竞争的结果还表现在下述事实中，即资本主义生产的内在规律以歪曲的形式表现于表面。因此庸俗的经济学家倾向于用资本主义关系在竞争中表现出来的形式来描述资本主义关系。马克思尖锐地指出，庸俗政治经济学把它不理解的一切都用竞争来解释。换句话说，在它看来，以最浅薄的形式说明现象，就是对这种现象的规律的认识。[③]

在手稿的这个部分中，马克思发展了他第一次在 1857—1858 年手稿中表述的关于隐藏在随着资本主义生产的发展利润率有下降的趋势这个规律后面的因素的观点，以及这个规律起作用的方式的观点。[④] 资产阶级政治经济学不能解释它所预言的利润率的下降。马克思通过指出由技术进步和固定资本的增长所引起的资本有机构成即不变资本同可变资本的比例的变化而提供了解决的办法。

对利润率呈下降趋势这一规律的分析表明，资本主义是受一定历史条件制约的，是历史的、暂时的。**社会劳动生产力的发展**是资本的**历史**任务和权利。正因为如此，资本无意之中为一个更高的生产方式创造了物质条件。另一方面，正是由于生产力的发展，利润——资本主义生产的刺激力和积累的条件以及积累的动力——受到支配生产发展的规律本身的危害。这里以**纯经济**的方式，从资本主义生产本身出发，表明了资本主义生产的界限，表明了它的**相对性**，即它不是**绝对的生产方式**，而

---

① 《马克思恩格斯全集》第 1 版第 48 卷第 287 页。

② 《马克思恩格斯全集》第 1 版第 48 卷第 287 页。

③ 《马克思恩格斯全集》第 1 版第 48 卷第 290 页。

④ 《马克思恩格斯全集》第 1 版第 48 卷第 293 页。

只是历史的并与一定的物质生产条件的有限发展时代相适应的**生产方式**。[①]

马克思最初并没有打算详细考察价值向生产价格的转化，但是，他在《剩余价值理论》中就绝对地租的可能性的理论基础驳斥洛贝尔图斯时得出结论说，这个问题，连同作为“价值和生产价格的区别”[②] 的理解的地租一般问题，必须在这个阶段加以考察。因为，如果不揭示出资本主义生产方式的一般规律，不论证一下资产阶级政治经济学在这个问题上所持的观念的毫无根据，那么就不可能回答绝对地租是否完全可能这个问题。

马克思指出，以亚当·斯密和大卫·李嘉图为代表的古典政治经济学揭示出资本之间的竞争通过利润率的平均化使商品按其价值出售。李嘉图从这一点出发得出结论说，绝对地租是不可能的。但是，正相反，资本有机构成的差别以及在不同生产领域起作用的其他特殊因素本应向资产阶级经济学家证明，竞争正是通过以下途径来确立一般利润率的：“它把商品的价值转化为平均价格，在平均价格中，一种商品的剩余价值的一部分转到另一种商品上。”[③] 马克思考察了在两种类型的竞争的影响下价值规律转化为生产价格规律的变化。

第一种竞争产生于某一特定的生产领域，并为某种特定的商品导致同一的市场价值。“于是，竞争——部分地是资本家之间的竞争，部分地是商品的买者同资本家的竞争以及商品的买者之间的竞争——在这里就导致这样的结果：某一特殊生产领域的每一个别商品的价值决定于**这**

① 《马克思恩格斯全集》第1版第48卷第304页。

② 《马克思恩格斯全集》第1版第26卷（I）第447页。

③ 《马克思恩格斯全集》第1版第26卷（II）第22页。

一特殊社会生产领域的商品总量所需的**社会劳动时间总量**，而不决定于个别商品的个别价值，换句话说，不决定于个别商品的**特殊**生产者和卖者为这一个别商品花费的劳动时间。"①

第二种竞争产生于不同的生产部门之间，它导致不同部门中的不同利润率的平均化，导致一般利润率，或平均利润率的形成，并且导致市场价值转化为作为瓜分全部剩余价值的依据的生产价格，"资本家们既作为同伙又作为敌手来瓜分赃物——他们所占有的别人劳动，于是他们每个人占有的无酬劳动，平均说来，同其他任何一个资本家占有的一样多"②。这样，马克思的批判超越了斯密和李嘉图所持的价值即生产价格的观点，并且指出，他们不能够阐明商品价值由耗费的劳动决定同等量资本获得等量利润这一资本主义现实之间的矛盾。马克思指出，李嘉图"不理解一般利润率的起源"③，因而也不理解他的错误观念。与这种分析相联系，马克思着重指出了他的理论的一个首要的方法论原理，即必须引入中介联系，这些中介联系使得有可能解决价值和剩余价值的一般存在形式和转化的、表面的存在形式之间的矛盾。在这方面，他探讨了剩余价值同利润之间的区别（并相应地探讨了剩余价值率同利润率之间的区别），以及不同生产部门中资本的有机构成的决定，最后，他探讨了各种利润率平均化为平均利润率的机制。正是通过这种具体的理论探讨，马克思才得以确证这个理论，即生产价格"只有在价值和价值规律的基础上才能理解，没有这个前提，它们的存在就是不可思议的和

---

① 《马克思恩格斯全集》第 1 版第 26 卷（II）第 228 页。

② 《马克思恩格斯全集》第 1 版第 26 卷（II）第 21 页。

③ 《马克思恩格斯全集》第 1 版第 26 卷（II）第 194 页。

荒谬的”。[①]

而且，正是由于对价值转化为生产价格的这种分析，使得马克思能够更具体地探讨剩余价值的转化形式——地租、利息，还有商业利润。

他对地租问题的解决是建立在工业和农业中资本的有机构成不同以及作为限制竞争自由的现实关系的私有土地垄断权的基础之上的。他指出，在19世纪，由于工业和农业中资本的组成部分的比例随历史的发展而有所不同，所以在农业中生产的剩余价值超过了在工业中获得的平均剩余价值率。但是，由于土地私有垄断权，价值在这里并没有转化为生产价格。土地所有权把超额剩余价值固定为绝对地租的形式。同某些仅仅通过农产品按高于它们的价值出售来说明绝对地租的资产阶级政治经济学家相反，马克思论证说，绝对地租在价值规律的基础上是可能的。而且，他在阐述市场价值问题时为级差地租提供了较为详细的理论证明，并阐明了李嘉图地租理论的局限性。他指出了李嘉图对农业市场价值的形成的片面理解，并着重强调了这样一个规律，在这个规律支配下，“市场**价值**不能**高于**在**最坏生产条件**下生产出来，但是作为必要供给的一部分提供的产品的个别**价值**，这个规律被李嘉图歪曲为市场价值不能降到**低于**这种产品的价值，也就是说始终都要由这个价值来决定”[②]。因此，在1861—1863年手稿中提出的地租理论进一步论证了平均利润和生产价格理论，并使之具体化了。

马克思在1861—1863年手稿中通过阐述他的平均利润率和生产价格理论，第一次考察了商业利润和利息这样一些剩余价值的转化形式，并对商业资本和借贷资本进行了详细的分析。他从历史的角度考察了这

① 《马克思恩格斯全集》第1版第26卷（II）第85页。

② 《马克思恩格斯全集》第1版第26卷（II）第304页。

两种特殊形式的资本，在货币流通的发展过程中追溯了它们的产生，并探讨了商人资本向商业资本以及高利贷资本向借贷资本的转化。他指出了这些“古老的”形式在历史上所起的作用，并论证说，一旦资本主义生产方式发展起来，商业资本和货币资本便仅仅成为在流通领域中起作用的生产资本形式，而且它们的独特职能应当用商品形态变化形式，并因此用流通本身所固有的形态运动来加以阐明。[①] 伴随着商品买卖的形态变化，尽管众所周知花费了劳动时间，但它并没有为流通领域中所用的资本创造剩余价值。那么，商业资本家和货币资本家的利润从何而来呢？资产阶级政治经济学的主要观点是，商业利润完全来自商品价值的加价。与这种观点相反，马克思在1861—1863年手稿中第一次通过价值规律和剩余价值规律阐述了商业利润和利息。商业资本本身既不创造价值也不创造剩余价值。但是它减少了流通时间并因此促使生产资本创造剩余价值。商人同生产资本一起参与了商品的再生产，因而即使他没有直接参加商品的生产，他也有权瓜分全部剩余价值并以商业利润的形式获取平均利润率。

在1861—1863年手稿中，马克思还探讨了——同样也是第一次——商业雇佣工人同物质领域中直接雇用的工人之间的区别。他是以直接生产领域同整个再生产的领域的区别为出发点的：工人同直接**再生产**的关系是怎样的，办事员同他人财富的直接**再生产**的关系也就是怎样的。办事员的劳动如同工人的劳动一样，只是再生产资本这一统治着他的力量的一种手段，同时，正如工人创造剩余价值一样，办事员帮助资本实现剩余价值，二者这样做都不是为了自己，而是为了资本。[②]

① 《马克思恩格斯全集》第1版第48卷第392页。
② 《马克思恩格斯全集》第1版第48卷第429页。

马克思在进一步分析资本的运动时，追溯了利息借以形成并作为剩余价值的一种特殊形式确立起来的过程。生息资本和产业资本的分离，“是产业资本本身的发展、资本主义生产方式本身的发展的**必然**产物”①。同时，利息分离出来是由货币现在表现为资本的一种转化形式这一事实决定的。货币具有直接代表资本并以这种形式成为作为货币资本家的收入的利息的特殊来源的性质。同样，工资和地租作为收入的其他两种基本形式获得了独立的存在。马克思强调指出，这是一个客观过程。“［剩余价值］各个特殊部分的形态的这种独立化，它们作为独立形态的相互对立，由于以下的事实而完成了：这些部分中的每一部分都可以归结为作为其尺度和特殊源泉的某种特殊要素……”② 与资本主义生产的内在过程之间的联系就这样被完全神秘化了。

这个过程的结果——利息、利润，总之收入的每种形式——日益表现为它的条件，个别资本的情况是这样，整个资本主义生产的情况也是这样。剩余价值的特殊形式的分离使工人—资本家之间关系的对立恰好转变为它的对立面，即庸俗经济学家声称的“利益的和谐”。结果，资本主义生产的代理人便作为互不关心的、中立的人出现在资产阶级社会的表面，也出现在资产阶级辩护论者的思想中，因此，马克思指出，这种印象之所以产生，在于“它们不是处于相互敌对的关系，因为它们根本没有任何内在联系”③。

资产阶级思想的这种现象并不仅仅存在于理论中，当资本主义生产的结果——剩余价值的各种形式——作为僵化的形式并固定为它的前提

① 《马克思恩格斯全集》第1版第26卷（III）第522页。

② 《马克思恩格斯全集》第1版第26卷（III）第538页。

③ 《马克思恩格斯全集》第1版第26卷（III）第559页。

时，这种现象也反映了资本主义生产中正在进行的实际过程。在资本家的日常意识及实践活动中，它们实际上也就是如此，因为，在他看来，地租和利息是他预付的生产费用的部分。正如马克思所指出的那样，对于庸俗经济学家来说，在分析资本的生产和流通时中介关系并不存在，他是以剩余价值的这些僵化的形式为前提的，很“显然”，剩余价值的每一部分都来源于一种以它本身的物质因素为基础的源泉。

马克思以收入及其源泉的形式探讨了再生产过程并以此结束了他对资本主义生产方式的理论考察，他的分析因而也就涉及了资本主义生产关系借以在表面上表现出来的形式，也就是同隐藏的、完全神秘化的内在联系相脱离的形式。

1861—1863 年手稿在另一方面也很重要：在该手稿中，马克思第一次全面地阐述了资产阶级政治经济学的历史。尤其是，他追溯了关于剩余价值这一经济学理论的重要概念的“观点的发展”。他批判地分析了资本主义生产关系在资产阶级经济学家的头脑和理论中的反映，与此同时得出了关于资产阶级生产的完整概念。

马克思对资产阶级关于资本主义生产的观点的历史研究有两个特点。第一，他指出，这些观点受到了社会生产力和阶级对抗的发展水平的制约，他揭露了形形色色的经济学概念的阶级性质，指出了它们的基础是资本主义社会中统治阶级的物质利益。第二，他揭示了这些经济学理论的方法论根源，并且前后一贯地论证了个别资产阶级经济学家所使用的方法的优缺点是怎样影响到他们的论点的。

马克思的结论得到了整个资产阶级经济学的历史的验证。他恰当地确定了某一特定的经济学家在资产阶级思想史上的地位和作用，认为他的观点反映了他那个时代的经济现实。从这个角度出发，马克思研究了资产阶级政治经济学的全部历史，从它的产生（重商主义），经它的古典时期（重农学派，亚当·斯密和大卫·李嘉图），到它的衰落（李嘉图学派的解体和庸俗政治经济学）。

在考察重商主义者时，马克思发现，他们的观点受到了资本主义生产方式的最初时期即资本的原始积累时期的制约。他们表达了“上升的资本主义社会的观点，对这种社会具有意义的不是使用价值，而是交换价值，不是享受，而是财富”①。因此，直到商人资本和高利贷资本的全盛时期，重商主义的主要观点即财富本身就是货币才被提出来，这并非偶然。剩余价值来源于流通领域这种思想是以当时的全部经济现实为依据的同时，新兴的资产阶级代言人的观点显然打上了他们的阶级属性的烙印。例如，17世纪英国的一些经济学家反对把利息看做剩余价值的独立形式，这种论战“反映了新兴的产业资产阶级反对旧式高利贷者——当时货币财富的垄断者——的斗争”②。

马克思指出，重农学派所认为的农业劳动是唯一的生产劳动这种观点，来源于农业在法国经济中所占的优势地位。他们的观点的局限性表现在他们过高地估计了农业生产，并导致他们认为自然是剩余价值的最终源泉。

同重农学派相比，亚当·斯密的理论体系反映了英国资本主义发展的工业时期，即严格意义上的制造业时期。在资产阶级生产内部固有的对抗性矛盾还未成熟的情况下，斯密能够从革命的资产阶级立场出发“认为资本主义生产方式是最生产的（同以前的那些形式比较起来，它无疑是这样的）”③。另一方面，恰恰因为社会生产力还没有得到充分的

① 《马克思恩格斯全集》第1版第1版第26卷（I）第279页。

② 参看《马克思恩格斯全集》第1版第26卷（III）第517页。

③ 参看《马克思恩格斯全集》第1版第26卷（I）第195—196页。

发展，使得亚当·斯密持有重农学派的农业劳动是最生产的观点。由于他，政治经济学才第一次成为一个全面的体系。在这个体系中，资产阶级生产以双重形式表现出来，一方面表现在它的隐蔽的内在结构中，另一方面表现在范畴的内在联系借以表现为竞争现象的肤浅表象中。马克思指出，亚当·斯密的方法的这个特征使得有可能把他的理论庸俗化——把一种陈述方式同另一种陈述方式完全分离开来。在某种程度上，亚当·斯密本人确实就是这样，因为他对资产阶级社会的内部生理学的研究和他对这个社会的生活过程中的外部现象的描写是“各自独立进行的”①。

大卫·李嘉图是资产阶级政治经济学古典学派的主要人物。他的理论有力地展示了局限于资产阶级视野范围内的科学运动在研究经济现实时所能达到的制高点。资产阶级科学作为一个特殊的剥削阶级的意识形态所具有的历史局限性在李嘉图的理论中表现得也很明显。作为大规模的工业不断加速增长的见证人，李嘉图颂扬他那个时代的生产力的发展，并认为它们的资本主义形式最充分地适应了这种发展的需要。“李嘉图的观点，”马克思指出，“整个说来符合**工业资产阶级**的利益，这只是**因为**工业资产阶级的利益符合生产的利益，或者说，符合人类劳动生产率发展的利益，并且**以此为限**。凡是资产阶级同这种发展发生矛盾的场合，李嘉图就**毫无顾忌地**反对资产阶级，就像他在别的场合反对无产阶级和贵族一样”。② 李嘉图认为，这种发展表现在社会财富的增长及其价值的增殖中，因此，他还关心创造出的价值在各阶级间如何进行分配的问题。

① 参看《马克思恩格斯全集》第1版第26卷（II）第182页。

② 《马克思恩格斯全集》第1版第26卷（II）第125页。

马克思指出，李嘉图的功绩在于，他在探讨分配时，分析了资本主义生产的内在结构，在于他“揭示并说明了阶级之间的经济对立——正如内在联系所表明的那样，——这样一来，在政治经济学中，历史斗争和历史发展过程的根源被抓住了，并且被揭示出来了”①。但是，李嘉图的阶级狭隘性在这点上立即显示出来：他认为资产阶级社会中劳动和资本的对抗是一种自然的关系。对他来说，资本主义的生产组织是其唯一真正的组织。“李嘉图把资产阶级的生产，确切些说，把资本主义的生产看做生产的**绝对形式**。资本主义生产的生产关系的一定形式……不会同生产本身的目的……发生矛盾……”② 一方面，李嘉图的资产阶级追随者乔治、拉姆赛爵士、安都昂·舍尔比利埃和理查·琼斯，都曾试图在一定程度上克服这种狭隘性，他们宣布：“生产的**资本主义形式**，从而**资本**，对生产来说并非绝对的条件，而只是偶然的、历史的条件。”③ 另一方面，李嘉图学派的社会主义者也试图克服这种狭隘性，他们从他的理论中得出结论说：“资本家作为生产上的职能执行者对工人来说已经成为多余的了，就像在资本家本人看来，土地所有者的职能对资产阶级的生产是多余的一样。”④ 但是这两类人都仍然是资产阶级狭隘思想的俘虏。马克思在探讨李嘉图的无产阶级反对派——他们说：“我们需要的是资本，而不是资本家”⑤ ——的观点时，专门论证了这一点。

马克思在分析资产阶级政治经济学的历史时，极为重视描述它的方

① 《马克思恩格斯全集》第1版第26卷（II）第183页。

② 《马克思恩格斯全集》第1版第26卷（III）第54页。

③ 参看《马克思恩格斯全集》第1版第26卷（III）第362页。

④ 参看《马克思恩格斯全集》第1版第26卷（III）第552页。

⑤ 参看《马克思恩格斯全集》第1版第26卷（III）第326页。

法。古典政治经济学（尤其是亚当·斯密和大卫·李嘉图）所作出的贡献在于，它能够“通过分析，把各种固定的和彼此异化的财富形式还原为它们的内在的统一性，并从它们身上剥去那种使它们漠不相关地相互并存的形式；它想了解与表现形式的多样性不同的内在联系”①。马克思指出，在这条道路上，通过把各种收入形式最终还原为无酬劳动，古典学派离理解剩余价值的本质已非常接近了。但是它的方法的局限性在这里也充分地表现出来，马克思写道：古典政治经济学“感兴趣的不是从起源来说明各种不同的形式，而是通过分析来把它们还原为它们的统一性，因为它是从把它们作为已知的前提出发的”②。资产阶级经济学家缺乏历史方法以及他们的阶级偏见就表现在这里，他们认为资本主义制度的物质条件不仅是现成的，而且是任何生产的永恒的、自然的前提。马克思以李嘉图学派的解体为例说明，古典政治经济学的误解是如何使它日渐放弃了它最初的出发点：价值仅仅由劳动时间来决定。

马克思反复指出，即使李嘉图本人也对更为高度发展的形式的最初起源不感兴趣，具有把它们单方面地、强制性地还原为简单形式的倾向。例如，不管李嘉图如何努力，他都没有能够证明等量资本获取等量利润与价值原则是不相矛盾的。为驳斥马尔萨斯以捍卫李嘉图的学说，李嘉图的追随者试图取消他的观点中的种种矛盾。但是他们保留了他的方法。马克思指出，“在这里，一般规律同进一步发展了的具体关系之间的矛盾，不是想用寻找中介环节的办法来解决，而是想用把具体的东西直接列入抽象的东西，使具体的东西直接适应抽象的东西的办法来解

① 参看《马克思恩格斯全集》第 1 版第 26 卷（III）第 555 页。

② 参看《马克思恩格斯全集》第 1 版第 26 卷（III）第 556 页。

决。而且是想靠**捏造用语**……来达到这一点。”①

李嘉图学派解体过程中，庸俗政治经济学作为资产阶级政治经济学内的一个独立的流派趋于形成。随着资本主义生产的内在的对抗性矛盾的发展以及工人阶级斗争上升到一个更高的阶段，庸俗流派开始在资产阶级经济学中占主导地位。李嘉图学派尽管存在着众多缺陷，但它关心的是李嘉图学说的矛盾，尤其是那些反映了资本主义生产的内在矛盾的矛盾。庸俗经济学家则日益专心致志于资本主义生产的表面形式以及单个资本家的观念和动机。“庸俗政治经济学无非是以学理主义的形式来表达这种（单个资本家的）在其动机和观念上都囿于资本主义生产方式的外在表现的意识。而庸俗政治经济学愈是肤浅地抓住现象的表面，仅仅用一定的方式把这种现象的表面复制出来，它就愈觉得自己‘合乎自然’，而与任何抽象的空想无关。”②

资产阶级已没有能力进一步发展作为一门科学的政治经济学，这种状况恰好是同资产阶级社会所处的阶段相一致的，在这个阶段，无产阶级开始意识到自己是一个拥有自己的权利的阶级。只是在这个阶段之后，在工人阶级作为新的社会进步的代表阐明了自己的观点之后，政治经济学的使命才可能由马克思通过把辩证唯物主义方法运用于研究资本主义现实来完成。

本版这一组经济卷还包括《资本论》第1册结尾部分的草稿。这部分写于1864年夏天之前，标题为：第六章。直接生产过程的结果。它没有包括在《资本论》最后的正文中。

按照马克思的最初打算，本章旨在暂时总结一下对资本主义生产的

① 参看《马克思恩格斯全集》第1版第26卷（III）第91页。

② 参看《马克思恩格斯全集》第1版第26卷（III）第539页。

分析，并且在其结尾部分为第 2 册——资本的流通过程（手稿第 441 页）——提供一个过渡。

除此之外，第六章还考察了劳动对资本的形式从属和实际从属以及生产劳动，这一部分在 1861—1863 年手稿中较为详尽地讨论过了。

这一章对资本主义生产作了相对广泛的分析，把它看做特殊的资本主义生产关系的生产和再生产。资本主义生产过程不仅再生产出了生产资料和劳动力，而且还再生产出了资本主义的关系，因此也再生产出了相互发生关系的生产当事人的社会地位。马克思指出，资本主义关系只是外在地不同于其他更为直接的奴役劳动和生产条件的占有者从事劳动的财产形式（手稿第 493 页）。但是，同那些被奴役的人仅仅通过直接的非经济的强制就可以使他们处于被统治地位的以前的形式相比，资本主义形式创造了自由工人，并且资本家只有通过经济强制才能使工人处于被统治地位。对资本的再生产的分析表明，在资产阶级制度的结构内，工人不可能打破这些桎梏。

在第六章中，马克思阐述了资本主义生产的历史作用。他把资本主义描述为一个创造无限的社会劳动生产力的必要阶段，而只有这种社会劳动生产力才能够形成自由人类社会的物质基础（手稿第 466 页）。

资本主义生产关系的再生产包括创造新的生产力，这种新的生产力反过来又影响生产方式并因此导致全面的经济革命（手稿第 494 页）。这一革命将为代替充满矛盾的资本主义关系的新的生产方式创造条件。换句话说，它将为新组织起来的社会生活过程并因此为新的社会形态创造物质基础（手稿第 494 页）。

在这里，由本版第 30—34 卷构成的 1861—1863 年手稿，是根据《马克思恩格斯全集》历史考证版第 2 部分第 3 卷第 1—6 册重新出版的。只有组成《剩余价值理论》的那部分手稿以前用英文发表过。第

34 卷中的第六章《直接生产过程的结果》，对照《马克思恩格斯全集》历史考证版第 2 部分第 4 卷第 1 册核对过。

在准备目前的这个版本时，根据历史考证版对手稿的正文作了几处较次要的改动。尤其是，马克思对 1857—1858 年手稿的摘录已移至正文的相关段落中。

对于马克思正文中明显的笔误，编者都作了改正而未加说明。作者缩写的专有名词、地名和其他单词都改用了全称。手稿中的缺漏之处都在脚注中作了说明，正文中毁坏了的或难以辨认的地方都用删节号表示。在可能的情况下，编者的补正文字放在方括号内。

马克思所用的外来词和短语也保留下来了，必要时在脚注中加上译文。原稿中出现的英文短语、词句和个别单字都加上了特殊的标志。用英文写的较长的段落和引文都加上星花以示区别。马克思用法文引用的英国经济学家著作的段落、已根据作者引用的英文版给出。在任何场合都尊重了马克思的引用形式。除德文外，凡马克思引用的语种都予以说明。

（原载《马克思恩格斯全集》英文版第 30 卷）

（闫月梅 译　冯文光 校）

国际版上新发表的1861—1863年手稿（《资本论》的第二草稿）*

〔民主德国〕尤·容尼克尔　C. 桑德尔①

重要的新发现

1861—1863年手稿的意义是什么，为什么值得首次完整地在国际版上作为成果发表，这个手稿的重要性和以前发表的《政治经济学批判大纲》具有同等地位吗？

在这个手稿中，马克思创立了他的经济理论的一些基本要素，并对以前已有的论点作了进一步阐述。他对劳动力商品进行了更深入的研究并对工资问题作了阐述。对绝对剩余价值和相对剩余价值理论的一些要点进一步作了阐述。特别是对相对剩余价值的研究在这个手稿中占有突出的地位。马克思在这里第一次阐述了平均利润、生产价格和绝对地租理论，并进一步对级差地租进行了研究。他分析了商业资本和货币经营资本，对积累理论、再生产理论和危机理论的一些本质要素进行了研究，并且认识到社会生产分为两大部类。马克思不仅研究了剩余价值的纯粹形式，而且研究了它的转化形式即利润、利息和地租以及剩余价值的分配规律。

此外，这个手稿所以具有特殊意义，是因为它在《剩余价值理论》

* 本文选自《马列主义研究资料》1983年第5辑。

① 作者均为民主德国马列主义研究院科研人员。——译者注

的叙述中包含着《资本论》第四卷的唯一草稿。还需要指出的是，这个手稿中经济理论的进一步发展是同马克思主义哲学和科学共产主义的进一步发展联结在一起的，不过这个问题在本文中未详加研究。这方面可以证明，马克思主义的发展是在它的各个组成部分的统一中进行的。因此，对1861—1863年手稿的评价应该是所有社会科学家的任务。下面我们分几个方面来较详细地论述这个手稿在经济理论上的进一步发展。

系统分析劳动力商品和剩余价值形式

如果说马克思在《政治经济学批判》第一分册中研究的是商品、价值和货币，那么，他在1861—1863年手稿的开头是进一步研究资本主义的基本生产关系。这时，他首先论证剩余价值在价值规律基础上是怎样产生的。为了这个目的，马克思依据《大纲》中的认识，进一步分析了劳动力商品，从而认识到，**“劳动力的价值规定对于认识……资本关系当然是最重要的”**①。在这种情况下，马克思第一次揭示了劳动力价值规定中的历史的道德的因素的作用。为此，马克思最终克服了资产阶级思想家至今还假设的最低工资观念。劳动力价值是一个可变化的量，同时对工人阶级的斗争有很重要的实际政治意义。这使工人阶级为缩短劳动时间和提高工资的斗争具有多种多样的可能性和必要性。马克思1865年在第一国际总委员会会议上所作的《工资、价格和利润》的报告，无疑是这方面的一个例子。

马克思详细研究了工资和剩余价值相互关系的规律性。同时得出这样的认识：实际工资的提高和劳动力价值的降低并不是对立的，实际工

① 参看《马克思恩格斯全集》第1版第47卷第46页。

资的提高包括在相对剩余价值的运动中。

在 1861—1863 年手稿中，无论是从方法论上研究劳动力价值的运动，还是对这个问题本身，都有大量的论述。我们认为，马克思的认识至少对那些研究劳动力价值的发展趋势的马克思主义社会科学家们中间经常出现的讨论是一大推动。

在这个手稿中，马克思第一次决定，除了阐述劳动力价值（本质）外，还对它的表现形式——工资——进行阐述。与《资本论》相比，马克思在这里走这一步是有其理由的。正如马克思所指出的，工资作为劳动力价值的转化形式，不是某种错误的考察方式的结果，相反，这种形式是由资本主义生产关系造成的。这个具体问题是在本质和现象的统一中阐述的，而且对揭露资本主义的剥削关系并使工人阶级认识到自己受剥削的实质具有重要意义。同时也表明，马克思在研究经济理论过程中对提出的每个有关工人运动的实践问题都作了科学的回答。

正如前面所提到的，相对剩余价值理论的研究在 1861—1863 年手稿中占有突出的地位。马克思在《大纲》中已经阐述了绝对剩余价值和相对剩余价值的特征，而且认识到，在相对剩余价值形式上，“**以资本为基础的生产方式的产业性质和特殊的历史性质**直接表现出来了”①。在 1861—1863 年手稿中，马克思首次表述了相对剩余价值的规律。马克思是这样说的：“**生产力提高的结果是工作日中一个越来越大的部分为资本所占有**。”② 依据这种认识，马克思科学地论证了，生产力发展的结果使资产阶级和无产阶级之间的矛盾尖锐化。

作为相对剩余价值形式的超额剩余价值的特征，在这里第一次比在《资本论》中更详尽地得到了阐述，它的作用被看做是促使科学技术发

① 参看《马克思恩格斯全集》第 1 版第 46 卷下册第 291 页。

② 参看《马克思恩格斯全集》第 1 版第 47 卷第 285 页。

展的刺激。在这方面，马克思论证了剩余价值的这种形式也来自剥削，这种论证在批判资产阶级思想家的论战中具有现实意义，因为他们竭力把超额剩余价值说成与剥削无关，并且胡说成是因技术的缘故得到的。[①]

马克思在《大纲》中对资本主义在世界历史关系上的地位提出了重要见解，并指出了它的历史暂时性。在这个手稿中，马克思着重研究的是资本主义社会形式的内在辩证关系，以便为在《大纲》中，尤其是《政治经济学批判》前言中所说的关于资本主义是最后一个对抗性的社会制度提供大量的证据。马克思的愿望是研究资本主义的形成、发展和灭亡过程。为此，他把剩余价值规律看做资本主义社会形态的运动规律。马克思的这个愿望在1861—1863年手稿中实现了，因为在这里，马克思第一次分析了相对剩余价值的生产方法——协作、分工和机器——以及劳动对资本的形式上的从属和实际上的从属。

马克思考察的上述提高劳动生产率的各主要形式，同时反映了资本主义发展各阶段的特征。通过这些分析，马克思是为了揭示生产力和生产关系之间矛盾的运动形式。马克思在对简单协作、分工和机器进行详细研究的同时揭示出，资本主义的基本矛盾和从中产生出来的资产阶级和无产阶级之间的矛盾是怎样在资本主义历史发展进程中展开的。通过这些研究，对以下的现实问题得出了很有价值的认识：例如，物质技术基础的发展和一个社会形态的发展之间的关系，以及作为主要生产力的人的发展问题。这些研究令人信服地证明了，经济理论的进一步发展和唯物史观之间存在着密切的相互作用。这整个手稿表明，资产阶级思想家的观点是多么荒谬，他们认为马克思在《大纲》中已放弃了唯物史

① 参看卡尔·屈内：《经济学和马克思主义》1974年诺依维特和西柏林版第2册第537页。

观，因为唯物史观对分析资本主义是不起作用的。[①]

马克思为了研究资本主义生产方式的产生，创立了与绝对剩余价值理论和相对剩余价值理论有密切关系的劳动对资本的形式上的从属和实际上的从属这个方法论的概念。根据这些范畴，马克思分析了资本主义生产方式的不同成熟阶段，并由此认识资本推动劳动过程改变得具有与资本相适应的形式。这些范畴反映了与劳动过程的改变有关的资本关系的成熟程度。形式上的从属是资本主义生产方式产生过程的本质特点，而实际上的从属所表明的成熟阶段，是资本创立与自己相适应的技术基础的成熟阶段，也就是资本主义生产方式在自己的基础上发展的成熟阶段。当代的讨论表明，马克思对这个问题的分析肯定会引起极大的兴趣，因为在《资本论》中，由于叙述的缘故，没有包含这样详细的内容。

由苏联社会科学家开始的、后来也在我们中间进行的讨论，即马克思关于劳动对资本的不同从属的理论对进一步研究共产主义的成熟阶段所具有的意义的讨论，必将由此受到新的推动。

此外，马克思在阐述中还对资本主义社会形态的所有发展阶段上生产力和生产关系之间的辩证法发表了极有意义的见解。这对分析一个社会形态的成熟过程具有普遍的意义。从这方面来说，应当更加注意这个手稿第 XIX 和 XX 笔记本的内容。其中有关于资本主义生产关系和与它相适应的技术基础之间的相互作用所进行的阐述[②]，这些阐述有的超过了《资本论》中的有关阐述。首先我们可以看到，马克思是怎样达到一定的认识的，也就是说，这里非常清楚地显示了马克思使用的方法。

---

① 例如 G. 施托尔贝格的《马克思恩格斯和历史唯物主义》，《科学和教育的历史》，斯图加特 1978 年第 9 期第 542 页。

② 参看《马克思恩格斯全集》第 1 版第 47 卷第 409—572 页。

科学技术进步和工人阶级

在这些新发表的手稿中，有被称为“技术笔记本”的第 XIX 和 XX 笔记本，但是这种叫法并没有确切地反映出这些手稿的内容。马克思在这里不仅研究技术史，而且还通过分析技术发展来加深他关于资本主义社会形态下生产力和生产关系之间的辩证法的认识。这些阐述不仅对各学科的社会科学家特别有意义，而且对从事技术问题的科学家也具有特别的意义。

马克思在这些笔记本中对产业革命的起点和本质所进行的分析，极有价值地表明了技术革命和生产革命对于一个社会形态的发展具有怎样的作用。此外，对分析科学技术革命有重要的方法论的见解。我们认为，马克思关于生产力的发展所进行的广泛分析，对说明马克思主义社会科学家们中间讨论的问题，即生产力的内在逻辑，生产力在什么情况下成为政治经济学的对象等问题有一定的帮助。

在这里，只需举出马克思详细研究工具转化为机器这个例子就够了。

从资本主义国家工人阶级的斗争方法和斗争的现实意义来看，马克思对下述问题的研究也是很有意义的。这些问题是：在资本主义社会中技术进步的社会作用，资产阶级和无产阶级之间的矛盾如何尖锐化，失业的增加——马克思说：“**工人过剩……是大规模发生作用的趋势**”① ——，工人阶级社会生存的不安全感的加剧，以及由于生产更加社会化而引起的工人队伍结构的变化。

1861—1863 年手稿表明，马克思首先通过分析机器和工厂制度，

---

① 《马克思恩格斯全集》第 1 版第 47 卷第 561 页。

进一步充实了在资本主义社会中为共产主义社会形态创造前提的论点。他特别提到两个因素：生产资料的积聚和作为社会劳动的组织。马克思是在认识到社会化的生产和私人占有之间的矛盾日益尖锐的基础上提出这个前提的。马克思把生产和劳动的社会化看做决定性的前提。因此，他强调说：“**个别人占有生产条件不仅表现为不必要的事情，而且表现为和这种大规模生产不相容的事情**。”①

在这方面，马克思关于科学变为直接生产力的叙述指出，科学在证实资本主义的历史暂时性方面起着重要的作用，马克思的这些阐述已经比在《大纲》中的有关阐述前进了一步。马克思在这里用经典的方式表述了与资本主义有紧密关系的生产和科学之间的相互关系：“**生产过程成了科学的应用，而科学反过来成了生产过程的因素即所谓职能**。”②马克思详细阐述了，科学对发展生产力和所有社会生活领域有深刻影响，而且也加深资本主义内在矛盾的尖锐化。马克思看到了科学的进步作用，即科学具有加速未来社会前提的性质，尽管它的资本主义应用产生了一些破坏性的因素。

马克思在这个手稿中进一步认识到，资本主义在主要生产力即人这方面，通过提高对他们技能不断变动的要求，给更高的社会形态创造了基本前提。马克思和恩格斯早在四十年代提出的迫使工人阶级完成他们的历史使命的各要素（而且他们也有能力完成这种使命），在1861—1863年手稿中也谈到了，特别是通过分析资本主义机器大生产，以及进一步研究积累理论和它们的政治经济基础，而使这些思想达到了成熟。马克思对工人阶级是唯一彻底的革命阶级的认识也更加全面了。正

---

① 手稿第XXI笔记本第1309页（中译文见《〈资本论〉研究资料和动态》第3集第19页）。

② 参看《马克思恩格斯全集》第1版第47卷第570页。

如列宁所指出的："只有马克思的哲学唯物主义，才给无产阶级指明了摆脱精神奴役的出路，一切被压迫阶级一直受着这种精神奴役的痛苦。只有马克思的经济学说，才阐明了无产阶级在整个资本主义制度中的真正地位。"① 马克思对资本主义社会中共产主义物质前提的产生的详细论证，给工人阶级的历史使命提供了最可信的经济依据。

马克思在1861—1863年手稿中多次谈到，共产主义社会的原则和基本特征只能从资本主义的经济运动规律中产生，而不是像资产阶级思想家反复说的从任何人的主观愿望中产生。这个手稿中到处都有关于共产主义社会形态的各种不同问题的论述。

积累理论和危机理论

资本主义经济运动规律的发现是和深入研究积累理论联系在一起的。因为只有研究了积累理论才有可能发现，掩盖着剩余价值的资本主义生产方式的矛盾和规律是怎样发展的。手稿在这些方面取得的认识上的提高，是与克服"资本一般"概念紧密相关的，对此我们后面还要谈到。

马克思在1861—1863年手稿中论述了积累理论的一些重要方面。这些可以从马克思同斯密教条进行的论战中和论述**剩余价值再转化为资本**的观点中看到。马克思提出，通过资本积累，个人对自己产品的占有权如何转化为对他人劳动成果的占有权。在这个过程中，工人同生产资料相分离，从而资本主义生产关系在扩大的规模上再生产出来。马克思在这里第一次阐述了再生产理论中关键性的命题，即在再生产过程中物质补偿和价值补偿形成一个统一体。

① 《列宁全集》第19卷第8页。

马克思从已经提出的把社会生产分成生产资料的生产和消费资料的生产出发，说明了他关于简单再生产条件下社会总产品实现的基本条件的观点，并为确定扩大再生产条件下的实现条件创造了重要前提。正如1861—1863 年手稿所表明的，马克思能达到这种认识，是因为与资产阶级政治经济学家相比，他弄清了不变资本再生产的问题。

研究积累过程也包括分析这个过程对工人阶级状况的影响。马克思以这种方式创造了他后来加以表述的资本主义积累的一般规律的核心思想。他论证了一方面工人阶级绝对增加，另一方面它与所使用的资本相比却相对减少。马克思在他的结论中指出，相对过剩人口是资本生产的必要条件。但马克思同时认为，积累过程虽然必定给工人**“带来多么大的不幸”**①，但它会促进没有剥削的社会前提的增长。正如马克思明确指出的，**“工人对生产条件的关系作为共同的、社会的量的关系而发展起来”**②。

马克思在《大纲》和《政治经济学批判》中，仅仅指出了经济危机的抽象的可能性，而在 1861—1863 年手稿中，他揭示了这种可能性变为现实性的一些进一步的因素。虽然马克思是在论述信贷和世界市场时谈到危机的，但这表明，危机理论在 1861—1863 年手稿中已经创立出来。它与积累理论的研究有密切的关系。马克思从资本主义内在矛盾的总体中得出经济危机的不可避免性。马克思指出，资本主义生产的目的包含着生产和消费之间的对抗性矛盾。同时马克思还指出，危机对资本主义社会中生产力的发展有巨大的刺激作用。

---

① 手稿第 XXII 笔记本第 1385 页（中译文见《经济学译丛》1982 年第 10 期第 3 页）。

② 手稿第 XXII 笔记本第 1385 页（中译文见《经济学译丛》1982 年第 10 期第 3 页）。

对剩余价值的特殊形式的分析

1861—1863年手稿的特点在于，马克思在这里不仅研究了剩余价值的纯粹形式，而且还研究了它的派生形式，如利润、利息和地租。这个过程是与逐步克服“资本一般”的概念联结在一起的。这个在《大纲》中提出的并在1861—1863年手稿中被当做基础的概念，是根据认识论的考虑提出来的，即认为应把资本一般和资本的“现实”运动严格区分开来。马克思所以进行这种区分，是因为在竞争中，在资本的“现实”运动中，资本的本质表现为相反的东西。在这方面，马克思首先集中研究基本的生产关系，研究资本对雇佣工人的剥削，也就是研究资本的纯粹形式。马克思认为，**“资本一般……抓住了与所有其他形式相区别的资本的特征”**①。资本关系的发展被理解为剥削关系和统治关系的发展，从而看做是资产阶级和无产阶级之间的不可调和的矛盾的发展。只有在这个基础上，才能科学地理解竞争中出现的现象。诚然，马克思始终认为，资本关系作为社会关系的全面阐述，也必须把竞争、信贷和股份资本包括在内。正如马克思1858年4月2日给恩格斯的信中所指出的，这些问题应该和“资本一般”一起构成《资本论》这一册的内容。②

马克思在考虑他的经济著作的写作计划时，总是从把一般、特殊和个别统一起来的思想方法出发的。然而，正是这个1861—1863年手稿使我们看到，马克思在研究过程中的这个想法是如何在叙述经济运动规律时得到具体实现的。在这方面，在1861—1863年手稿中占很大部分

① 《马克思恩格斯全集》第1版第46卷上册第444页。

② 《马克思恩格斯全集》第1版第29卷第299页。

的《剩余价值理论》具有特殊的意义。

资产阶级经济学家总是把剩余价值同它的表现形式混淆在一起，这就迫使马克思在批判他们时仔细研究平均利润、利息和地租这样一些问题。同时，《剩余价值理论》表明了马克思把资产阶级经济学家的一些估计和认识运用于研究他自己的学说的复杂过程。这样，他在批判分析李嘉图时阐述了科学基础上的生产价格和平均利润的市场价值学说。

马克思从他的价值理论和剩余价值理论出发，从抽象范畴通过必要的中间环节转到具体范畴。马克思把商品称做是资本的产品，由此得出价值规律是怎样变成生产价格规律的。这是《剩余价值理论》中最有意义的发现之一，因为只有这样，才有可能揭露资本主义生产发生作用的机制。马克思在分析了竞争的两种形式以后指出，一个生产部门内部的竞争形成市场价值。市场价值范畴比在后来的《资本论》第三卷中有更详细的阐述。它的发现对认识超额利润及其在资本主义生产中的作用有特别重要的意义。马克思还指出，各个不同生产部门之间为了有利的投资而进行的竞争，使存在于各个生产部门的利润率平均化为平均利润率，并使市场价值转化成生产价格。马克思认为平均利润的本质是，**"总利润……各个特殊生产领域中的各个资本之间按照相同的率，而不是按照这些资本在直接生产这个总利润时的比例的差别所进行的分配。"**[①] 依据对平均利润的这种认识，马克思指出，从整个社会来看的平均利润量取决于整个资本主义生产的剥削程度，这是资本家作为敌对的兄弟来剥削工人阶级的结果。事实上，工人不是和个别资本家相对立，而是和整个资本家阶级相对立，由此得出革命的结论：只有通过工人阶级反对资本家阶级的联合斗争，资本关系才能消灭。

平均利润和生产价格理论是马克思进一步得出重要发现的钥匙，是

---

① 手稿第XVI笔记本第992页。

发现绝对地租的钥匙。在手稿中，对绝对地租的存在作了详细的阐述，并揭示了它的起源。由于论证了绝对地租和价值规律的一致性，同时也就证明了平均利润和生产价格理论的正确性。

马克思随着对生息资本和商业资本所进行的详细分析，在论证上又前进了一大步，他指出剩余价值也调整利息和商业利润。他把货币资本和商业资本规定为生产资本的特殊形式，并指出生息资本分享产业资本利润的事实。商业资本的商业利润也是产业资本取得的剩余价值的一部分。因为正像马克思所说的，商业资本既不能创造价值，也不能创造剩余价值，它最多能“**间接地有助于生产资本所创造的剩余价值的增加**”①。

马克思在1861—1863年手稿中除了分析剩余价值，还分析了它的转化形式，从而揭示了剩余价值的分配方式，并确定了资本主义社会中不同的有产阶级的地位。这种分析同时可以表明，马克思怎样通过各种不同的中间环节而发现了本质和现象之间的矛盾关系，并且正是在这种辩证的关系中来理解现实。在这个认识过程中，政治经济学的方法也得到了进一步发展。在手稿中这方面的直接论述是很多的，而在《资本论》中就不再是这种情况了。正是由于这个原因，手稿具有特殊的意义。

上面所说的、特别是马克思在《剩余价值理论》中的发现，对于逐步克服资本一般和资本的“现实”运动之间的严格区分具有决定性的影响。在《大纲》中已经作出的篇章划分，即把资本一般这一篇分为“资本的生产过程”、“资本的流通过程”以及“资本和利润”，成为马克思经济著作的决定性结构。同时，竞争问题也在理解资本主义经济

---

① 手稿第XV笔记本第971页（中译文见《马列主义研究参考资料》1983年第1辑第34页）。

运动规律所必需的范围内加了进来。这些变化可以从马克思 1863 年 1 月为《资本和利润》这一部分所写的计划草稿中明显地看出来。[①] 这个计划包含着（1861）基本的、在手稿的写作中取得的超出“资本一般”的认识。从而，《资本论》（这个书名是马克思在 1862 年底给库格曼的信中第一次提出的[②]）的结构的具有决定性的各点成熟了。这是 1861 — 1863 年手稿的最重要成果之一。

——

1861—1863 年手稿对于各门学科的社会科学家具有重大价值，把这个手稿中的理论加以研究和阐发，将有助于解决现实的理论任务。

（原载民主德国《经济科学》1983 年第 1 期）

（章丽莉 译　马今 校）

① 《马克思恩格斯全集》第 1 版第 26 卷第 1 册第 447 页。

② 《马克思恩格斯全集》第 1 版第 30 卷第 636 页。

马克思的1861—1863年经济学手稿*

张钟朴

长期以来，我国读者比较熟悉马克思写的《剩余价值理论》（旧译《剩余价值学说史》）这一名著。这部著作以剩余价值理论为中心，从历史上批判地考察了资产阶级经济学各流派的理论，现在收入了《马克思恩格斯全集》第二十六卷。其实，这部著作只是马克思1861—1863年经济学手稿中的一个部分。最近几年，这个手稿的其余部分才陆续发表，和世人见面。一九七九年我国翻译出版了《马恩全集》第四十七卷，其内容主要就是这个手稿的开头部分。今年又将出版这部手稿的最后部分，即《马恩全集》第四十八卷。这是很有意义的事情。我国读者见到这部手稿的全貌的日子已经不远了。这部手稿从它写成起直到今天中译本全部发表，中间经历了120年左右的时间。马克思的这部经济学手稿是继1857—1858年经济学手稿之后写成的又一篇幅巨大的手稿，它的全部发表对于人们更好地研究马克思的经济理论无疑具有重要作用。

1861—1863年手稿的写作经过

本来，马克思在写完一八五七——一八五八年手稿之后，打算紧接着把它整理出版。原定内容包括三章：第一章，商品；第二章，货币或简

* 本文选自《读书》1984年第3期。

单流通；第三章，资本。后来马克思从政治上考虑，认为“真正的战斗正是从第三章开始，我认为一开始就使人感到害怕是不明智的”。所以决定先把前两章整理出版，作为《政治经济学批判》第一分册，然后再把第三章写成第二分册。一八五九年一月第一分册由敦克尔出版社出版。

然而，在这个时期里革命形势大为发展，马克思忙碌不堪。他本人贫病交迫，而敌人又不时对他和工人运动加以攻击污蔑。正当他要着手写作第二分册的时候，被路易·波拿巴出钱收买的德国庸俗民主主义者福格特跳了出来，写书肆意攻击马克思及其战友在共产主义者同盟中的活动，把他们描绘成同警察有秘密联系的阴谋者，甚至说马克思勒索、告密革命者，印制假钞票等等。这显然不是针对他个人的攻击，而是企图使正在形成的无产阶级政党信誉扫地。马克思在这样的原则问题面前，不得已只好暂时放下经济学的研究，在一八六〇年用了近一年的时间写成了《福格特先生》这一著名的论战著作，彻底揭露了福格特的嘴脸。

直到一八六一年夏天，马克思才得到了写作这个第二分册的机会。这时，马克思先写了一个《我自己的笔记本的提要》，主要是把一八五七——八五八年手稿按照专题作了初步归纳，接着又写了一个《〈政治经济学批判〉第三章提纲草稿》。后者显然是为写作一八六一——一八六三年手稿做准备的提纲。从一八六一年八月到一八六三年七月，马克思写成了二十三个笔记本的手稿，折合中文约一百四十万字。这就是一八六一——一八六三年经济学手稿，通常被认为是《资本论》的第二稿。

这部手稿的写作过程大致可分为四个阶段。第一个阶段是一八六一年八月至一八六二年初，写成了手稿的第I—V笔记本，内容和《资本论》第一卷的前半部大体上一致。第V笔记本还没有写完，刚刚写到机器生产，马克思就转入了“剩余价值理论”的写作，即转入了第二写作阶段。马克思从一八六二年初直到年底，把理论史的内容写在第VI—XV笔记本中。按照马克思的提纲，这部分本应在第四部分“其他问题”项下来写，但现在马克思把这部分的写作提前了。这可能是因为，马克思认识到要完成经济理论的研究，就必须弄清价值和剩余价值范畴是如何在社会表面上表现出来的，即利润、地租等问题。而只有在批判资产阶级经济理论的过程中，才能把这些问题研究清楚。手稿写作的第三个阶段大约从一八六二年十二月至一八六三年一月，马克思在写完理论史之后，继续写成了第XVI—XVII笔记本手稿，内容主要是“资本和利润”，这可以说是《资本论》第三卷内容的最初概述。到这时候，马克思本打算结束这部手稿。例如，一八六二年十二月二十八日马克思致库格曼的信中说：“第二部分（即第二分册——引者）终于已经脱稿，只剩下誊清和付排前的最后润色了”。

就在这时，马克思考虑到原来第V笔记本中的机器生产问题还没有论述完，他又回过头来接着研究机器生产问题，从这时起，手稿的写作可以说进入第四阶段。一八六三年一月二十八日马克思在致恩格斯的信中说：“我正在对机器这一节作些补充。在这一节里有些很有趣的问题，我在第一次整理时忽略了。为了把这一切弄清楚，我把我的笔记（摘录）全部重读一遍，并且去听韦利斯教授为工人开设的实习课……”在此基础上，从一八六三年一月底起，马克思写完了第XIX和XX两个笔记本。这些手稿是关于机器生产问题的重要补充。紧接下去，马克思又写了第XXI—XXIII笔记本，内容主要是劳动对资本的形式上的从属和实际上的从属，剩余价值再转化为资本即资本积累问题；原始积累问题；再生产问题和货币回流问题等。这些相当于《资本论》第一卷的后半部和第二卷的一部分内容。直到一八六三年七月，这部手稿终于全部写完。上述第三阶段和第四阶段写的这些手稿，除第 XIX 和 XX 本收入《马恩全集》第四十七卷以外，其余的均收入《马恩全集》第四十八卷。换句话说，第四十八卷包括的内容相当于《资本论》第一卷后半部分、第二卷的再生产以及第三卷的前半部分的初步草稿。

在批判中制定平均利润和生产价格理论

一八六一——一八六三年手稿最重要的理论贡献，是制定出了平均利润和生产价格理论、地租理论、生产劳动和非生产劳动理论等等。如果说一八五七——一八五八年手稿制定了剩余价值理论，那么这部手稿则把这个理论发展成为严整而完备的体系，阐明了剩余价值范畴在资产阶级社会表面上的各种表现形式，也可以说完成了广义的剩余价值理论。

平均利润问题是资产阶级古典学派李嘉图的理论碰壁的关键之一。李嘉图曾坚持劳动价值理论，认为商品的价值取决于商品中包含的劳动时间，这是对的。但在资产阶级社会中，各个资本的有机构成不同，周转时间不同，各自推动的劳动量不同，可是等量资本却能得到相等的利润，这是什么原因呢？从表面看来，这是同劳动价值理论相矛盾的。李嘉图没有能科学地解释这个问题，这成了李嘉图学派解体的原因之一。马克思在这部手稿中第一次科学地解决了平均利润和生产价格的理论。讲清楚了从剩余价值范畴过渡到平均利润的各个中间环节。马克思指出，平均利润的形成是由于两种竞争的作用造成的。一方面，同一部门内部各个资本家之间竞争的结果，使这一部门生产的所有商品的价值都取决于这个部门平均需要的劳动时间，从而确立这个部门的市场价值。另一方面，各个部门之间由于市场价值不同，利润率有高有低，资本从利润率低的部门转入利润率高的部门。这样竞争的结果，使得不同部门之间形成同一的平均利润率。这时，各个资本不论使用多少劳动，都按照统一的平均利润率取得利润，这种利润是平均利润。平均利润的形成，表明资本家阶级把他们共同剥削的工人阶级的剩余价值拿来在自己中间重新分配。而平均利润加到生产成本上，就形成生产价格。在商品经济高度发达的资本主义时代，市场上的商品价格不再是围绕着价值波动，而是围绕着生产价格波动。这样，马克思就科学地阐明了平均利润不但和剩余价值并不矛盾，而且是剩余价值的必然发展，从而在经济学史上第一次解决了这个难题。

在批判中制定地租理论和生产劳动理论

马克思制定平均利润和生产价格理论是同批判李嘉图的地租理论相联系的。李嘉图承认级差地租存在，但否认绝对地租。这是他的价值理论的错误造成的结果。另外，李嘉图虽然承认级差地租，但他把级差地租理论同“土地肥力递减规律”联系起来，这也是错误的。马克思在这部手稿中批判了李嘉图的错误，比别处更充分地论证了绝对地租理论。马克思的价值和生产价格的理论是阐明绝对地租的前提。农业中资本的有机构成比工业中低，因此农业中商品的价值高于社会的生产价格，由此在农业中形成超额利润。由于存在着土地私有权，这部分超额利润不能像工业中那样参加一般利润率的平均化，而是落入土地所有者的腰包。这就形成了绝对地租。而李嘉图把价值和生产价格直接等同起来，当然不能找到绝对地租。绝对地租理论的阐明揭露了土地私有制的寄生性，论证了土地国有化的进步意义。另外，在级差地租理论方面，马克思阐明级差地租来源于土地的有限性和土地的肥力各不相同。由于农业中的市场价值由坏地上的产品价值决定，好地上的产品的较高利润就形成级差地租。马克思批判了“土地肥力递减规律”，认为土地的生产率不是越来越下降，相反，每次追加投资通常都伴随有土地质量的改善，从而提高土地肥力。因此，土地肥力递减规律是站不住脚的。

在这部手稿中，马克思还比别处更详尽地专门论述了生产劳动和非生产劳动的理论。在资产阶级政治经济学中，研究这个问题的代表人物是亚当·斯密等人。马克思正是在批判地分析斯密等人的理论中制定自己的生产劳动理论的。马克思首先认为，生产劳动是一个历史范畴，总要联系一定的生产关系来考察。在资产阶级生产方式下，生产劳动就是为资产阶级创造剩余价值的劳动，换句话说就是直接同资本相交换的劳动。而非生产劳动则是同收入相交换的劳动，这种劳动不创造剩余价值，而是收入的单纯消耗。除了这个主要定义之外，马克思还有一个关于生产劳动和非生产劳动的补充定义，即认为生产劳动是物化在商品中的劳动。在这部手稿中，关于生产劳动和非生产劳动的理论作了非常详尽的论述。

把马克思的生产劳动和非生产劳动的理论运用到社会主义社会的实践中有重要意义。人们一直在讨论这个问题并有不同看法。在我国，一种意见认为，既然资本主义社会中生产剩余价值的劳动是生产劳动，那么社会主义下的基本经济规律是满足人民的物质文化需要，因此凡是能满足人民物质文化需要的劳动就是生产劳动。按照这种意见，不仅从事物质生产的劳动，而且服务部门、教育卫生等部门的劳动，都应算做生产劳动。另一种意见则认为，社会主义下只有从事物质生产的劳动才是生产劳动，因为只有这种劳动才创造国民收入。而服务、教育卫生等部门不创造国民收入，只是国民收入的再分配，因而不能算做生产劳动。另外还有介于这两种意见之间的第三种主张。

关于工人阶级绝对贫困的一种论述

关于工人阶级的绝对贫困问题，长期以来人们一般理解为工人阶级的生活水平越来越坏。而在这部手稿中，马克思却从另外的角度作了论述。马克思写道："劳动能力表现为**绝对的贫困**，因为整个物质财富世界以及物质财富的一般形式即交换价值，都作为别人的商品和别人的货币与他相对立，而劳动能力本身只是工人活的机体中存在的和具有的从事劳动的可能性，但是这种可能性却与实现劳动能力的一切物的条件，即同它本身的现实性完全分离了，失去了这些条件而独立地存在着。"（《马克思恩格斯全集》第四十七卷第38页）马克思还说："劳动能力由于被剥夺了劳动资料即被剥夺通过劳动占有自然因素所需的物的条件，它也就被剥夺了**生活资料**……因此，被剥夺了劳动资料和生活资料的劳动能力是绝对贫困本身。"（同上，第39页）至少从这些论述可以知道，马克思这里所说的绝对贫困是指工人首先丧失生产资料，从而丧失生活资料，而不是像通常所理解的工人生活水平越来越坏。

关于再生产、个人所有制和其他问题的论述

马克思在《资本论》中分析再生产过程时抽象掉了很多因素，是单纯就两个生产部类之间的关系来分析的。而在这部手稿中，马克思在分析再生产过程时却联系了一些方面，因而给我们以启发。首先，马克思论述了再生产是生产和流通的统一，提醒人们注意流通在再生产中的重要性。一个生产部门并不是单纯生产出产品就能进行再生产，它还必

须把这些产品卖出去才能进行再生产。其次，马克思强调指出，要进行再生产，除了资本这种物化劳动的积累以外，还必须有“工人个人技能的**不断积累**，其方式是把已获得的技能传授给正在成长的新一代工人”，“**科学**就其被应用于生产的物质过程来说，其积累也与这里的问题有关。这种积累就是规模不断扩大的不断再生产”。（《马克思恩格斯全集》第四十八卷第154页）马克思的这些论述对于我们今天从事经济建设具有重要的现实意义，要想很好地进行再生产，不仅要积累资金，还必须积累技能，掌握科学，特别是青年一代更是如此。不然也是搞不好再生产的。

在《资本论》第一卷第二十四章的最后，马克思有一段著名论述。马克思预见到，资本主义的丧钟就要响了，剥夺者就要被剥夺了。马克思运用否定的否定规律，指出资本主义私有制是对以个人劳动为基础的私有制的第一个否定，但随着资本主义的发展，又会造成对资本主义私有制的否定，这是否定的否定，即在资本主义成就的基础上，在共同占有生产资料的基础上，重新建立个人所有制。那么，这里所说的“重新建立个人所有制”是指什么呢？长期以来人们认为是生活资料的个人所有制。但最近也有人认为应是生产资料的个人所有制，还有人认为是指社会主义下的劳动力的个人所有制。这个问题一直争论不休。而这部手稿新发表的部分却能给我们以新的启发。马克思有一段话告诉我们，在资本主义社会中，劳动和所有权已经在事实上分离了，“所有制和劳动的这种分离，是生产条件的所有制转化为**公有制**的必要过渡阶段……资本家对这种劳动的**异己的所有制**，只有通过他的所有制改造为非孤立的单独个人的所有制，也就是改造为**联合起来的社会个人**的所有制，才可能被消灭”。（《马克思恩格斯全集》第四十八卷第21页）马克思的这段话告诉我们，作为资本主义私有制的否定而重新建立起来的个人所有制，应是“联合起来的社会个人的所有制”，换句话说，即社会主义或共产主义的公有制。

在这部手稿中，马克思在论述机器生产的部分，特别对我们祖先的三大发明所起的推动历史的作用，给予了高度的评价。马克思写道：“**火药、指南针、印刷术**——这是预告资产阶级社会到来的三大发明。火药把骑士阶层炸得粉碎，指南针打开了世界市场并建立了殖民地，而印刷术则变成了新教的工具，总的来说变成科学复兴的手段，变成对精神发展创造必要前提的最巨大的杠杆。”（《马克思恩格斯全集》第四十七卷第427页）

民主德国研究《资本论》第二稿的最新成果*

朴金中

随着近年来《马克思恩格斯全集》原文版和俄文版补卷的出版，马克思的篇幅庞大的 1861—1863 年经济学手稿已全部发表。过去人们只看到这个手稿中的一部分即《剩余价值理论》，现在其余的部分已经和全世界读者见面了。这个包括二十三个稿本总共一千五百页左右的手稿在马克思经济思想史上占有非常重要的地位。它是继 1857—1858 年经济学手稿之后的第二个《资本论》手稿，其中包含许多宝贵的理论思想，有的比《资本论》中论述得还要详尽。

1983 年民主德国狄茨出版社出版了《论〈资本论〉二稿》一书。这本书是专门研究这个手稿的论文集，共收入十四篇论文和三篇索引，作者们都是民主德国马列主义研究院和哈雷马丁·路德大学的科研人员。这些作者大部分亲自参加整理和编辑过马克思的这部手稿。因此，论文集中的论文是他们多年研究的成果，具有很高的参考价值。1861—1863 年经济学手稿中有许多重要理论是第一次制定出来的，有许多问题的论述是和《资本论》不同的。例如，平均利润和生产价格的问题；剩余价值的各种特殊形式——工业利润、商业利润、地租和利息等问题；资本积累和经济危机问题；相对剩余价值的三种基本形式，即协作、手工业分工和机器大工业，生产劳动等问题，正是在这些问题上，

* 本文选自《马列主义研究资料》1987 年第 3 辑。

马克思的这部手稿作出了突出贡献。本论文集对这些问题都有专文论述，其中有：《1861—1863年〈政治经济学批判〉手稿的价值》（曼·缪勒）；《价值理论发展的若干问题》（罗·黑克尔）；《资本主义所有制，劳动价值理论和剩余价值理论》（卡·福尔格拉夫）；《相对剩余价值理论的系统研究》（尤·容尼克尔）；《生产劳动理论的进一步发展》（帕·利茨）；《马克思的再生产、积累和危机理论》（沃·缪勒）；《马克思利润理论的进一步发展——平均利润和生产价格学说的论证》（海·阿本德）；《马克思地租理论的产生过程》（罗·尼措尔德）等。特别使人感兴趣的是克劳斯·施图德写的一篇论文《马克思人口理论的发展》，其中系统地论述了马克思研究人口理论的科学成果及其和马尔萨斯人口理论的原则区别。

《剩余价值理论》在1861—1863年经济学手稿中占有特殊地位，专门研究《剩余价值理论》的著作至今也已出版了不少。本文集中讨论这个题目的论文有三篇，一篇是《〈剩余价值理论〉在〈资本论〉形成史中的地位》（沃·扬和托·马克斯豪森），另一篇是《历史主义原则是评价资产阶级经济学家的标准》（埃·卡兰德尔和乌·卡兰德尔）。这些文章无论从论述的角度还是从深度来说，都代表了国外对《剩余价值理论》研究的新水平。还有一篇是《〈剩余价值理论〉的出版情况》（赫·桑德尔），除把考茨基等人整理《剩余价值理论》的经过作了历史说明以外，还透露了一个情况，就是当年考茨基所以把这一著作作为独立著作出版，而没有作为《资本论》第四卷出版，其中一个重要原因是由于马克思生前和出版家迈斯纳订有合同，规定《资本论》的以后各卷必须交给后者出版，而考茨基整理出来的手稿只有作为独立著作才能交由社会民主党的狄茨出版社单独出版。

这部文集还有一个特点，就是它包含的论文都很注意联系现时代西方资产阶级社会的一些实际情况。例如，论述马克思地租理论的文章，在最后考察了当前西方农业中地产进一步集中，中小农户大量破产的情况，并且考察了科学技术的进步导致工农业中资本有机构成越来越平衡的情况。在论述经济危机理论的论文中，专门考察了马克思的危机理论应用于今天资本主义国家周期性经济危机的重大意义，等等。

本文集最后有一篇专门论述 1861—1863 年经济学手稿写作经过和二十三个稿本写作日期判断的详细考证文章，其中有不少对这个手稿进行研究的新资料和新成果，这也是想学习和研究马克思这一著名手稿的必不可少的参考材料。

当然，论文集中的文章也不是毫无缺点的。由于论文集是 1983 年出版的，所以它关于标题为《资本和利润》的第 XVI 和 XVII 稿本的写作日期，仍沿用苏联的错误判断，认为是《剩余价值理论》以后写的。而实际上这部分手稿是在《剩余价值理论》以前写的，这已由最近几年包括我国学者在内的研究者所证实。另外，在我们看来，有的文章可能把 1861—1863 年经济学手稿的某些理论成就评价过高了，如说什么《剩余价值理论》包含关于政治经济学的“最成熟的论述”等等。尽管如此，本文集仍不失为研究马克思这一庞大手稿的理论成就的重要参考书。本书中译本已编入《〈资本论〉研究译丛》这套丛书，将由山东人民出版社出版。

马克思经济学第二手稿（1861—1863）中第1册结构的完善过程*

〔德〕温弗里德·施瓦茨

由23本单个笔记本组成的，标题为《第三章，资本一般》的1861—1863年经济学手稿可以分为三个部分。手稿的前220页（第Ⅰ—Ⅴ笔记本），包括生产过程篇的前三章，即《第一章，货币转化为资本》，《第二章，绝对剩余价值》，《第三章，相对剩余价值》。① 在写作第三章时，不过是在已经开始写作最后一小部分《C）机器》这节之后，理论阐述中断了，开始了所谓的历史批判部分。这个第二部分从手稿的第220页至第890页，包括第Ⅵ至第ⅩⅤ笔记本。根据《大纲》中插入的"资本理论"② 和1859年的《政治经济学批判》中有关商品理论和货币理论的历史概要，对最重要的经济学理论的这一进一步的分析（不仅仅只限于狭义上的剩余价值理论）是马克思对17世纪中叶以来的政治经济学史③所做的唯一有关的研究。这一理论在1905—1910年

* 本文选自《马克思恩格斯研究》1993年总第13期。

① 1973年用俄文发表。1976年第一次用德文发表，即发表在《马克思恩格斯全集》历史考证版第2部分第3卷第1册中。

② 《政治经济学批判大纲》第447—512页。

③ 《马克思恩格斯全集》第1版第31卷第544页。

由卡尔·考茨基以《剩余价值理论》为标题出版。[①] 按照1863年的计划草稿，这些材料首先应该像《政治经济学批判》一样分配到各理论章节中。虽然马克思决定紧接着《资本论》的三册书写第四册，即统一的“历史文献”部分，以便概括理论批评[②]，但这个计划没有能够实现，因此，第二经济学手稿中这一部分原稿成了《资本论》第四册唯一的稿本。[③] 我们所说的手稿第三部分（从手稿的第890页至第1472页（结尾部分）或即第XVI—XXIII笔记本）是最不统一的，特别因为它不仅包括正面的理论阐述，而且包括历史批判。马克思又开始阐述自己

---

① 原民主德国的马克思恩格斯研究对这一点的最新认识：克利斯特尔·桑得尔《论〈剩余价值理论〉第1版（卡尔·考茨基出版）出版史》，载于《经济科学》柏林版1875年第7期第1086页及以下各页。

② 《马克思恩格斯全集》第1版第31卷第135页。

③ “研究课题小组”在他们的“理论”评注（《是〈资本论〉第4卷吗?》）中对原始形式发表把第二经济学手稿的历史文献部分当做第4卷的原稿来出版是否有道理提出了疑问。如果对经济学家的批判已经有一个特别的理论体系为前提，如果这个理论体系在第二手稿，甚至在“理论”部分中也还完全处在形成过程中，那么就必然会得出这一主要论据即批判在有些地方必然会缺乏科学性。因此，他们认为不应把这部分手稿称为《资本论》第4卷，而只应称做“马克思研究过程中的一个步骤”。

对此目前只须指出：如果为了批评这个或那个定理而必须插入一个研究阶段，那么“研究过程”和“第4卷的原稿”就已经不是一种选择，而如“研究课题小组”所认为的那样，选择只是在于马克思作出错误的判断是由于有了研究过程还是由于没有研究过程，但是，“研究课题小组”在这种情况下不仅仅要去寻找这种错误的判断，而且要找到这些错误的判断。（参看我们在本著作第V章中对PKA所作的注释）另外，参看沃尔夫冈·亚恩的简短的反批判《认为“剩余价值论”是卡尔·马克思的〈资本论〉第4卷正确吗?》，载于《马克思恩格斯研究文集》哈雷版1976年第55页及以下各页。

的理论，不过不是立即开始第一部分的续篇，而是写作第三部分：第XVII和第XVIII笔记本的内容有《剩余价值和利润》、《平均利润率》、《利润率的下降》和《借贷资本和商业资本》。[①] 第XVIII笔记本是一篇较长的历史批评的增补，是对拉姆赛、舍尔比利埃和理·琼斯的批判。[②]（另外，在这个笔记本的结尾部分写下了1863年1月的计划草稿。）在第XIX笔记本中，马克思终于又继续写作他在第V笔记本之后中断的第一部分的阐述，确切地说，就是在他一年前写作《相对剩余价值》时中断的地方继续阐述。在第XX笔记本中开始写作《4）绝对剩余价值和相对剩余价值》[③]，这是手稿直至结尾部分的主要内容。根据1863年的计划草稿，这一章包括剩余价值和工资的比例、没有列入计划的有关工资的形式转化的插入部分、形式从属和实际从属[④]、资本的生产率[⑤]、生产劳动和非生产劳动[⑥]，最后还包括剩余价值再转化为资

---

① 《马克思恩格斯全集》第1版第26卷（III）注释144。正文本身迄今为止既未用德文发表，也未用俄文发表。

② 《马克思恩格斯全集》第1版第26卷（III）第22、23、24章。

③ 两个笔记本均包含在俄文版中，参看《马克思恩格斯全集》第1版第47卷第409—632页。

④ “形式从属”（手稿第1306—1316页）于1933年用德文发表于《在马克思主义的旗帜下》，莫斯科—列宁格勒版第VII年态第1—2册第22—28页。（1970年由政治书籍出版社于厄尔兰根再版）。

⑤ 手稿第1317—1331页。参看《马克思恩格斯全集》第1版第26卷（I）第418—445页。

⑥ 手稿第1317—1331页。参看《马克思恩格斯全集》第1版第26卷（I）第142—445页。

本[①]和原始积累。[②]

我们在对第二经济学手稿作了上述概略的考察之后立即可以看到，这部手稿缺少流通过程篇。虽然在历史批判部分的有关批判中附带地研究了其中的一些题目[③]，但这却绝对不能代替独立的第二篇的阐述，1863年计划草稿也表现出对流通过程不太重视，在该草稿中只有第一篇和第三篇的章节结构。除了已独立发表的有关商品和货币的一章以外，在《资本论》第二稿中只有第一篇得到了充分的研究，即使对第一篇的研究从时间上来说也分为两个不同的阶段。其中到1863年写作计划草稿时为止，第一篇的第一阶段或前半部分就已经完成了。因此，对这一篇的前半部分来说，计划草稿已经具有概括的性质或者重新安排的性质（因为在《大纲》之后，计划草稿已经有第二手稿作为自己的基础），而对于这一篇的后半部分来说，计划草稿只能提供一个方向，而这个方向并不仅仅由于对有关材料进行加工就可以确定下来，尽管必须考虑到，对正文第一部分的加工也会对还没有写作的第二部分产生某些影响。至少可以肯定，只有第一篇的前三章是按照1861年8月计划草稿写作的。因此，我们在研究第二经济学手稿第一篇的特性和进一步的阐述时，首先集中注意该篇开头部分的叙述方式。与此同时，我们不应该忽视同第一篇的阐述有关、而且对我们来说十分重要的问题，这一个问题就是马克思最终决定把积累过程作为独立的一章纳入生产过程篇的时间和实际原因。

---

① 手稿第1353—1371页。参看《马克思恩格斯全集》第1版第47卷第640页注释53。（未发表）

② 手稿第1395—1397页和第1403—1406页。参看《马克思恩格斯全集》第1版第47卷第639页注释44。（未发表）

③ 特别是社会总资本的再生产过程得到更多的修改。参看本著作第Ⅳ章。

《资本论》第二稿与《大纲》中的第一稿相比，很大的优点就在于，马克思从这时起能够以一个相对完全成熟的材料的结构划分为依据。如果说他那时的主要工作还是找出材料的内部联系，那么现在这个手稿则按照1861年计划草稿的形式划分成了若干最重要的阶段。因此，从表面上可以看到，《草稿》克服了相对的无系统性；各自有特定材料范围的一章接着另一章。当然，这并不是说，实际的正文在所有细节上都同计划草稿一样，而首先是说，马克思现在掌握了清晰的主线，这个主线使他能够第二次深入理解资本内在的发展逻辑并发现他在第一次进行比较困难的表述尝试时可能忽略的要素和环节。

(a) 论述生产过程的第Ⅰ—Ⅴ笔记本

如果我们局限于《资本论》的结构史，那么我们就不可能进一步研究在新的《马克思恩格斯全集》历史考证版中发表的手稿的内容。第二手稿作为对《资本论》的补充读物，至少与《大纲》具有同样重要的意义，因为许多思想在第二手稿中比在最终正文中叙述得更详细，甚至一些思想在最终正文中根本找不到。

正文的起点与《大纲》中资本分析的起点相同。第一部分是：

(1) 货币转化为资本

在1861年计划草稿中只是简单提到的“过渡”，现在得到了准确的表述，即小节《(a) G—W—G。资本的最一般的形式》①。价值作为资

① 《马克思恩格斯全集》第1版第47卷第3页。(我们以下引用原始文本)

本的特殊的增殖运动，即价值在流通中的保存和增加[①]，必须是资本在从货币出发的过渡中的第一个规定，并且是进一步的范畴发展的一般基础。G—W—G运动形式的分析和《(b)由价值的本性产生的困难等等》[②] 这一节的阐释很自然地就过渡到《(C)同劳动的交换……》[③]或同活劳动能力的交换，因为由价值本性产生的困难就在于"交换本身……没有使投入流通的价值发生变化，没有添加任何价值"[④]。这是唯一能够导致增殖的行为，因为只有这种商品具有增加交换价值的使用价值，或者说"这种商品的消费就等于价值的创造或劳动的物化"[⑤]。同《大纲》和后来的《资本论》一样，这之后是有关《劳动能力的价值。最低限度的工资或平均工资》的研究。[⑥]

再一次简短地研究了货币和劳动能力的交换[⑦]之后，进一步的发展只能是劳动力的实际使用，因为它的使用价值本身只是创造价值的"才能"和"潜力"。在迄今为止的商品分析中，一种商品在它被购买之后的消费是无关紧要的，而这种商品的使用价值都涉及到"经济关系和经济的形式规定性本身"[⑧]，因此这种使用价值的实现必定成为研究的对象。这个实现就是劳动过程。我们对劳动过程感兴趣的首先"只不过是

---

① "价值不仅保存了，而且在流通中产生了新的价值即我们要称做的剩余价值。"（《马克思恩格斯全集》第1版第47卷第13页）

② 《马克思恩格斯全集》第1版第47卷第16页。

③ 《马克思恩格斯全集》第1版第47卷第16页。

④ 《马克思恩格斯全集》第1版第47卷第23页。

⑤ 《马克思恩格斯全集》第1版第47卷第35页。

⑥ 《马克思恩格斯全集》第1版第47卷第41页。

⑦ 《马克思恩格斯全集》第1版第47卷第50页。

⑧ 《马克思恩格斯全集》第1版第47卷第54页。

劳动过程分解成的，作为劳动过程所固有的最一般的环节”[①] 和它的物质组成部分：劳动材料、劳动资料和劳动活动本身。从对生产过程的物质分析出发，紧接着就是它的特殊的形式方面，价值增殖过程[②]，即资本必然转化为三个不同的组成部分：材料、工具和劳动能力。价值余额无论如何不会均匀地从价值的全部三个组成部分中产生，而只是产生于转变成劳动能力的部分。材料和劳动资料的价值通过活劳动的物质的（不是形成价值的）活动得到保存；这部分价值只是被转移到产品上并在产品中毫无变化地再现出来，全部资本之所以能增殖，只是因为活劳动能力再生产出为买卖它而预付的价值并提供出大于这一价值的价值。尽管在这里还没有出现在名称上不同于“资本”的不变资本概念和可变资本概念，但是马克思在这里已经解释了它们彼此的区别。

由于在价值增殖方面存在着原材料和工具（不变的）同活劳动能力（可变的）的区别，由此进一步阐述的结论如下：由于剩余价值只是从可变资本中产生，不变资本的大小对于实际的价值增殖来说是无关紧要的；在这种情况下，对剩余价值形成的纯粹分析就要求抽象掉不变的价值部分并考察可变资本和剩余价值之间的联系。因此，明确不变资本和可变资本之间的区别是迈向纯粹的剩余价值分析的必不可少的中间一步。从范畴的总体联系来看，《资本论》第1卷中《不变资本和可变资本》一章的主要作用就在于此。

正如我们所记得的那样，在《大纲》中第一次对剩余价值所作的简短分析的出发点就已经是“始终不变的”资本组成部分和转化为“劳动价格”的资本组成部分之间的区别。[③] 当然，关于不变资本的价

① 《马克思恩格斯全集》第1版第47卷第56页。

② 《马克思恩格斯全集》第1版第47卷第68页。

③ 《马克思恩格斯全集》第1版第46卷（上）第282—286页。

值转移和价值保存的理论论证只是后来作为分析李嘉图的资本增殖观点的插入部分提供的。[1] 1861 年的计划草稿没有包括不变资本和可变资本之间的区别，更不用说这一区别同剩余价值分析的联系了。马克思只是在第二经济学手稿中才很快弄清楚在开始研究剩余价值时分析价值增殖过程的作用。

由于认识到在这一章中还不应该考察剩余价值本身，所以也就认识到了“价值增殖过程”的准备性作用。因此，现在放弃了 1861 年计划草稿所预先规定的作为《价值增殖过程》这一节的小标题“剩余价值的一般概念”，同样，同时并存的工作日被移到接下来的第二章。

在开始写剩余价值章以前，马克思在对作为劳动过程和价值增殖过程的统一的生产过程[2]进行考察之后，插入了很长一段涉及到过去的论述的文字。这些回顾标志着第二手稿的特征，因为《货币转化为资本这一过程的两个组成部分》[3] 和所谓的《增补》[4] 主要研究的是不同的经济学家对直到现在所探讨的材料——资本概念、工资或劳动能力的价值，不变资本的价值转移，雇佣劳动的生产性等等的观点。在《政治经济学批判》的商品章和货币章中就已经把这样的历史批判考察作为一章的结尾部分。在相对剩余价值章中插入的理论批判（后来从中发展出所谓的剩余价值理论）也有这样的起源，尽管这些理论批判远远超过了起源的范围。

---

① 《马克思恩格斯全集》第 1 版第 46 卷（上）第 315—329 页。

② 《马克思恩格斯全集》第 1 版第 47 卷第 99、112 页。

③ 《马克思恩格斯全集》第 1 版第 47 卷第 99 页。

④ 《马克思恩格斯全集》第 1 版第 47 卷第 153 页。

（2）绝对剩余价值

甚至第一节的标题就再次明确强调了过渡到剩余价值分析的特殊步骤，即抽象掉不变资本。这个标题是：（a）应当把剩余价值看成只是同一定的、即用于工资的资本部分的关系。[①]

就内容而言，这一节完全符合《剩余价值率》章，《资本论》就是从这一章开始研究剩余价值的。[②]

在这两个地方都是先分析劳动力剥削程度的不同性质的剥削形式，而后紧接着用两章研究绝对剩余价值的两个特殊的生产方法，即延长工作日和增加工人人数。

在《（b）剩余劳动与必要劳动的比例。剩余劳动量》[③] 这一标题下简短地谈到了资本家延长工作日以及工人为把劳动时间限制在法定的标准量所作的斗争（《资本论》《工作日》一章的内容），当然这里还没有举例说明，只是在增补[④]中部分地补上了例证。但是，只是在这里详细阐释了为什么没有把这一论题纳入叙述范围的方法论问题：很简单，作为资本的趋向，劳动时间的延长是从它的一般概念中推导出来的。因为资本是追求发财致富的无休止的欲望，所以扩大剩余劳动符合它的内在的性质。相反，工人为了限制工作日而同资本家进行的具有经济性质的

---

① 《马克思恩格斯全集》第1版第47卷第195页。

② 在《资本论》中，在本来意义上研究剩余价值不是从绝对剩余价值的第一节即第5章《劳动过程》开始，而是从第7章开始，更确切地说是从这样一个地方开始的，在那里论证了为什么“要对这个过程进行纯粹的分析，必须把产品价值中只是不变资本价值的再现的那一部分全抽去，就是说，必须使不变资本 C = 0”（《马克思恩格斯全集》第1版第23卷第240页）。

③ 《马克思恩格斯全集》第1版第23卷第203页。

④ 《马克思恩格斯全集》第1版第23卷第218页及以下各页。

阶级斗争和限制本身好像都处于另一个领域。“而这里以后产生的界限，例如从供求关系，或者从国家干预产生的经济界限等等，看来不包含在一般关系本身中。”①

马克思继续写道：“但是，应当考虑”②，超过一定限度延长劳动时间虽然符合资本的内在的性质，但却会破坏劳动能力的生理基础和它的价值。由此会破坏我们在研究一般关系时的必要的起点条件，即商品是按其价值出售的。由于工人要求他的劳动能力的价值得到保存，“于是这里出现了二律背反”③。“由这种使用价值的特殊性质可以得出劳动能力可以被消费、被使用的程度必须限制在一定的界线内，以便使劳动能力的交换价值本身不被破坏。”④ 由此，资本的过分的要求完全像限制劳动时间的必然性一样，都是这种生产方式的普遍规律。因此，由于这个矛盾而进行的为争取正常工作日的阶级斗争应纳入对资本和劳动之间的一般关系的分析。

如果正常工作日是既定的，与此同时单个工人能够提供的剩余价值（剩余价值率）也是既定的，剩余价值量取决于“同时雇佣的工人人数”⑤ 或“（d）同时并存的工作日”⑥。我们在《大纲》和1861年计划草稿中已经认识到这点，不过这一点在那里不是被安排在绝对剩余价值部分，而是被安排在价值增殖过程部分。根据它的内容和位置，相当于

① 《马克思恩格斯全集》第1版第23卷第206页。

② 《马克思恩格斯全集》第1版第47卷第206页。

③ 《马克思恩格斯全集》第1版第23卷第262页。

④ 《马克思恩格斯全集》第1版第23卷第207页。

⑤ 《马克思恩格斯全集》第1版第23卷第211页。

⑥ 《马克思恩格斯全集》第1版第23卷第209页。《（c）过度劳动的利益》这节无关紧要，这里可以把它忽略。

现在的《资本论》中的《剩余价值率和剩余价值量》[1] 章。

在必要的《增补》之前（其中批判了西尼耳的“最后一小时”并比较了对多瑙河各公国的徭役劳动和英国的工厂劳动），马克思写了简短的《(e)剩余劳动的性质》。[2] 这一节的内容是，注定没有发展前途的劳动群众的剩余劳动以剩余产品的形式提供了“除劳动阶级外的一切阶级存在的物质基础，社会整个上层建筑存在的物质基础”。此外，“整个人类的发展”要以剩余劳动为基础，因为它提供了用于文化方面的自由时间。“发展其他能力的自由支配的时间。”[3]

我们只是在《资本论》第3卷的结尾部分才又找到了一个相关段落，在那里马克思谈到了资本的文明的方面。[4] 当然，对立的社会发展在那里同时是从这种发展的扬弃的观点来考察的，对立的社会发展之所以可能，就在于由资本本身所创造的生产力的发展。（也许这也是在绝对剩余价值部分中没有谈到这一点的原因，因为在这里还没有可能研究生产力的发展。）

（3）相对剩余价值[5]

作为超过必要劳动的剩余劳动，绝对剩余价值同时是剩余价值本身的一般形式。换句话说就是：“绝对剩余价值即绝对剩余劳动以后也一直是［资本主义生产的］占统治地位的形式。”[6] 因此，通过缩短必要

① 《马克思恩格斯全集》第1版第23卷第336页。

② 《马克思恩格斯全集》第1版第47卷第215页。

③ 《马克思恩格斯全集》第1版第47卷第216页。

④ 《马克思恩格斯全集》第1版第25卷第925页。

⑤ 《马克思恩格斯全集》第1版第47卷第264页。

⑥ 《马克思恩格斯全集》第1版第47卷第217页。

劳动而形成的相对剩余价值无论在现实中还是在叙述中都要以绝对剩余价值为前提。剩余价值在总劳动时间既定的情况下可以通过劳动能力价值的下降而提高，而这一点要以劳动生产力的发展为前提。相对剩余价值在逻辑和历史上相继的生产方法是：

（a）协作①

（b）分工②

（c）机器。自然力和科学的应用。③

第三章在内部结构上完全符合 1861 年计划草稿及《资本论》的最后稿。在这里第一次得到系统阐述的各节的内容十分有意义，因此我们在这里不考察只涉及它的内部逻辑的方面。

马克思写作第二经济学手稿的第一工作阶段就到这个地方。他没有进一步阐述机器，而是在 1862 年 3 月④为了写作剩余价值理论中断了正面的叙述将近一年。只是第三工作阶段才完成了机器部分并写作生产过程的结尾部分，即绝对剩余价值和相对剩余价值的结合和积累。不过，第一工作阶段和第三工作阶段之间的区别不只是时间上的区别。

马克思在刚刚介绍的直至相对剩余价值的范畴发展中能够以已有的准备工作即《大纲》和 1861 年计划草稿为依据，因此这一范畴发展的结构与《资本论》的最终形式十分相近，但是，对于结尾部分来说还不存在这样的依据（原始积累除外）。相反，结尾部分的写作计划是在手稿写作过程中才形成的。如果不探讨这一部分的结构变化，那么我们对第一册书的形成的研究就不全面。不过，根据我们的主要问题，我们

① 《马克思恩格斯全集》第 1 版第 47 卷第 290 页。

② 《马克思恩格斯全集》第 1 版第 47 卷第 301 页。

③ 《马克思恩格斯全集》第 1 版第 47 卷第 359 页。

④ 《马克思恩格斯全集》历史考证版第 2 部分第 3 卷第 1 册资料卷第 12 页。

首先必须说明把积累问题安排在第一册写作的时间和原因：因为积累部分已经在笔记本 I—V 中结束了。

（b）积累的加入

我们已经看到，在论货币转化为资本的第一章中，马克思改变了1861 年计划草稿中预定的若干小节。但是他对由五章组成的第一册书的总体结构还没有产生问题。所以，根据计划草稿，不仅涉及到了《I. 4，原始积累》①，而且也涉及了应该构成第五章的《资本和雇佣劳动》②。

在绝对剩余价值章中的情况就不一样了，更确切地说，同时并存的工作日一节与计划草稿不同，不再放在价值增殖过程部分来考察。在绝对剩余价值章中可以看到，在剩余价值率既定的情况下（尤其是在法定的正常工作日的情况下）只有通过增加同时工作的工人才有可能增加绝对剩余价值。③ 因此，社会剩余价值量取决于已有的全部劳动力的数量，或者说，工人人口的数量和他们的自然增长构成了剩余价值总额的界限。

“因此人口的自然增长，从而市场上的劳动能力的增长就是资本的生产力，因为它构成剩余价值（即剩余劳动）的绝对量增长的基础。”④

---

① 《马克思恩格斯全集》历史考证版第 2 部分第 3 卷第 1 册资料卷第 141 页。

② 《马克思恩格斯全集》历史考证版第 2 部分第 3 卷第 1 册资料卷第 36 页。

③ 与 1861 年计划草稿相一致的说法是：“如果生产力和绝对劳动时间已定，就必须增加同时并存的工作日数。”（参看《马克思恩格斯全集》第 1 版第 46 卷（下）第 543 页。）

④ 《马克思恩格斯全集》第 1 版第 47 卷第 212 页。

正如我们所看到的[①]，马克思在《大纲》中首先围绕着雇用追加工人这个问题来分析李嘉图的资本价值增加理论，不过这一分析的核心问题是另一个问题，即雇用更多的工人是否是价值增殖的唯一源泉；在这一分析之后，他在《大纲》[②] 中为这个题目写了较长的若干段文字。就像在第二经济学手稿中一样，马克思在《大纲》中分析“同时并存的工作日”时最终也碰到了人口理论的问题。与李嘉图不同的是，他在那里也提出了雇用追加工人的前提问题，并认识到，为此，首先，在资本方面要有支付新的劳动力的追加价值，其次，在劳动方面必须有一支足够大的工人人口队伍。在资本方面作为追加资金的可能来源，他只是提到了单个劳动能力的价值由于生产力提高而降低所造成的（他在对李嘉图的批判中经常提到的）价值游离机制：单个劳动能力的价值的降低所节省的可变资本可以用于追加工人。至于劳动市场上的追加人口或者追加工人的存在，他不仅提到了资本“竭力追求”绝对人口增长的趋势，而且大致推导出了以“相对剩余人口”形式存在的经常的后备军的产生。

1861年计划草稿考虑到了剩余价值量的增加与追加人口之间的必然联系，既在同时并存的工作日小节中论述了人口，又在绝对剩余价值小节中论述了剩余人口。[③] 尽管马克思肯定不能满足于对人口理论的零散的、无独立性的考察（除了第一章和第二章，还打算在第四章中论述“人口”[④]）但是在计划草稿中还是没有列入论述人口规律的独立的一章（显然，这些规律只是在各个有关的具体场合中得到了考察）。在第二

① 参看第3篇这一章的b）节。

② 《马克思恩格斯全集》第1版第47卷第209—215页。

③ 《马克思恩格斯全集》第1版第46卷（下）第543页。

④ 《马克思恩格斯全集》第1版第46卷（下）第545页。

经济学手稿中，马克思在这一点上作了更加系统的论述。在他把人口的自然增长确定为剩余劳动量增加的一般条件之后，他首先提出了在资本这方面追加工人的前提问题。

“从另一方面来看，很清楚，资本要使用更多的工人，资本就必须增加。首先，必须增加资本的不变部分，即资本的价值只在产品中再现的那一部分……其次，与劳动能力相交换资本的可变部分也必然（……）按照工人人数或同时并存的工作日的数量增长的比例而增长。”①

与《大纲》所不同的是马克思在这里考虑到了追加的不变资本，不再把由于劳动力的价值下降而产生的特殊的价值游离机制看做是追加资金的来源。这不仅是因为这个机制要以这里没有考虑的生产力的提高为前提；而且这个机制的意义实际上也很小，尤其是不仅需要为更多的劳动力提供资金，而且必须为更多的生产资料提供资金。因此，如果在资本虽保持不变的情况下，用已游离的货币额来支付，就不可能购买这两者，不仅如此，即使它们更便宜了，也不可能用这种已游离出来的货币额来购买。事实上，资本必然绝对增长，才能使用追加工人和追加生产资料。在考察同时并存的工作日时直接提出了资本绝对增长这个问题。但是（这是李嘉图的问题），在资本的价值量能够增长之前，难道资本不是首先必须雇用追加工人作为追加的价值生产者吗？或者，如马克思自己提出的问题：

“因此，一方面，为了在既定的条件下使剩余价值量增长，即总资本增长，人口就必须增长，另一方面，为了使人口增长，就要以资本已经增长为前提，因而在这里看来出现一种循环论证。{这一点应先抛在

① 《马克思恩格斯全集》第1版第47卷第213页。

一边，不加阐述。这个问题属于第五章。}”①

马克思不是在这里，而只是在《资本论》第Ⅴ章中将解决这个表面的循环论证。在那里他的解决办法完全没有什么复杂的地方。对资本在总人口和实际就业的雇佣工人人数都没有增加的情况如何会绝对增长这个问题，回答是简单的，这个回答就是积累，即剩余价值再转化为追加资本，问题的另一面，即人口如何能在资本不增长的情形下自然增长，马克思甚至在提出了上述问题之后自己立即作出了回答：

“假定平均工资不仅足以使工人人口维持，而且足以使‘它以任何比例不断增长，那么，从一开始就使增长的资本得到更多的工人人口，同时，得到更多的剩余劳动，因此，人口的增长，也使资本增加……至于资本主义生产本身怎样促进人口的增长，这里还不需要研究。”②

阻碍马克思在目前范围内进一步考察资本增长或人口增长的原因，绝对不是马克思对同时并存的工作日的增加在资本方面和劳动方面的实际前提没有充分的了解。这是体系方面的、叙述方式方面的原因：他想在独立的一个章节即“第五章”中专门研究资本增长和人口增长的问题。这无疑表示对同时并存的工作日的考察方式在某种程度上来说是未完成的，因为所能研究的只是同时并存的工作日的增加过程和它对剩余价值形成的影响，而必须暂时撇开这个过程的前提。

那么，“第五章”是什么呢？是1861年计划草稿中所说的《第五章 资本和雇佣劳动》吗?③ 我们看到，除了“占有规律的转化”这

① 《马克思恩格斯全集》第1版第47卷第213页。

② 《马克思恩格斯全集》第1版第47卷第214页。

③ 《马克思恩格斯全集》历史考证版第2部分第3卷第1册资料卷（第121页）的编者支持这个观点（我认为不正确）。

一节，这章的内容到现在为止几乎是不明确的。尽管这一章的标题所包含的范围无疑应该包括资本增长和人口规律这两个题目，但是这一章根本没有谈到这两个题目。而马克思本人又在同一手稿页上作了一个新的标记即“第五章”，这一章应该是研究资本增长和人口增长的。尽管已经决定在同时并存的工作日部分中不谈人口问题，但他还是再一次偏离到这个问题上，并寻找雇佣工人人数在总人口没有绝对增加的情况下如何能够增加的答案。他采用的第一个例子是工人家庭中迄今非就业的成员加入雇佣工人队伍，第二例子是独立生产者转化为无产者。

“在两种情况下，雇佣工人人数都增长。在一种情况下，绝对的工人人口并不增长，在另一种情况下，绝对的总人口并不增长；……这样，剩余劳动、剩余价值同时会增长，从而潜伏着人口绝对增长所必需的资本的增长。{这一切应在谈到积累的时候来考察。}”①

我们认为，最后这个有关积累的附注说明了“第五章”的内容。它不再是《资本和雇佣劳动》（在1863年计划草稿二中是第三册的结尾章，不再是第一册的结尾章），而是积累。后来马克思决定在这个地方撇开同时并存的工作日同人口规律（和资本增长）的直接联系，代之以插入论积累的部分，其中将在谈到资本增长时涉及人口增长。

毫无疑问，在写作相对剩余价值即第三篇时，以前计划的第一册的结尾部分，即1.4原始积累和1.5资本和雇佣劳动变成了绝对剩余价值和相对剩余价值的结合和积累。在那里插入了第一册整个结尾部分的新的计划草稿，这个计划草稿已大体上预先反映了1863年计划草稿的内容。

---

① 《马克思恩格斯全集》第1版第47卷第214—215页。

“在相对剩余价值之后，应该把绝对剩余价值和相对剩余价值结合起来考察。然后考察剩余价值提高和下降的比例。在这之后或者相反在这之前，考察生产方式本身在变为资本主义生产方式时所经历的变化，不再只是劳动过程在形式上从属于资本。……然后应当说明，资本在多大程度上是生产的，并要考察与此有关的生产劳动和非生产劳动的问题。然后，工资和剩余价值表现为收入，表现为我们在过渡到资本积累时不可缺少的收入形式。”①

我们记得，《资本论》中积累过程的分析实际上是以收入，以作为资本的周期果实的剩余价值开始的。在这里第一次对这个过渡步骤作了计划，根据这段话可以毫无疑问地承认积累是第一册的组成部分。

实际上，只是在手稿的最后部分才对积累过程作了分析。在这一章的计划和它的实现之间除第三册外还有全部历史批判部分，其中马克思偶尔也分析了资产阶级的积累理论——尽管他还没有系统地制定自己的理论。完全相反，马克思利用这种机会（首先是在对霍吉斯金、拉姆赛、舍尔比利埃和琼斯②的批判中）来阐明自己的观点，但是这些观点正如我们所看到的那样，能够以《大纲》中所获得的知识为依据，因

① 《马克思恩格斯全集》第1版第47卷第351—352页。

② 《马克思恩格斯全集》第1版第26卷（III）第297—302、347—349、369—370、388—389、419—420、352—358页。

此这些批判决不是像“研究课题小组”① 所认为的那样缺乏科学性。此外，在对拉姆赛的批判中有一个对我们的问题来说极其重要的关于叙述方式上的注释：

“只要对积累，即对剩余价值转化为资本进行初步考察，就可以看到，全部剩余劳动表现为资本（不变资本和可变资本）和剩余劳动（利润、利息、地租）。因为在剩余价值向资本的转化中显示出：剩余劳动本身采取资本的形式，工人的无酬劳动作为客观的劳动条件的总和同工人相对立。”②

在这个离1863年计划草稿50手稿页前写的注中，有意义的不是单纯提到积累章，而是给这一章设定的内容。马克思在这里谈到的就是在追加资本的生产过程中劳动本身作为资本与工人相对立——这无非就是在《大纲》中同追加资本的循环结合在一起探讨的两个要点之一，我们称之为“预付资本化为劳动的结果”。这个题目（“第二个生产过程”的特点之一）马克思已经在1861年计划草稿预定为第一篇的内容，但

① 考虑到马克思对李嘉图的积累理论的批判“不充分”，“课题研究小组”假设马克思：“还绝对没有清楚地认识到要把积累包括进来；同时有一点变得很清楚，现在没有弄清的问题是建立在马克思的一个未解决的旧的研究问题的基础上的。”（参看“课题研究小组”的《是〈资本论〉第4卷吗?》第429页）

马克思在写第XIII笔记本时还不知道把积累这一章放在哪里，因为他还不知道（旧的“研究问题”把《资本一般》的“实际上的存在”放在哪里，在1863年的计划草稿中才确定下来）。

对于我们来说，不仅俄语，其他许多事情都让我们感到很惊奇，尽管他们知道前5个笔记本的俄文版已出版，但还是提出了在此之前可能已受到反驳（人们没有读到）的这类假设，这决不是科学上“充分”的方法。

② 《马克思恩格斯全集》第1版第26卷（III）第388页（第XVIII笔记本第1098页）。

没有把积累过程本身吸收进来——，现在最终同积累联系起来。正如我们所看到的那样，预付向结果的转化实际上至少要以一个新的生产过程为前提。对这一转化的研究在《大纲》中已超越了除一般价值规律和它的具体表现形式之间的中间环节之外的范畴发展的狭窄范围。

现在我们看到，马克思在 1862 年结束对《资本论》手稿的修订时，也就是在 1863 年著名的“计划改变”之前，得出了由于《大纲》中的两个要点而第一次突破最初的结构原则所带来的全部结论。把积累纳入生产过程篇不仅使得有可能在这里对剩余价值再转化为资本作出恰当的分析，而且使得有可能把《大纲》中的那些要点放在它们在系统中所占的实际位置上，即同生产过程的更新联系在一起加以研究，除此以外，还使得有可能在资本主义特殊人口规律的实际联系中来叙述这些对理解绝对剩余价值（同时并存的工作日）的生产也具有重要意义的规律自身。

这样，1863 年计划草稿第 6 章以前的写作史最终结束了。第 6 章的内容是：“（6）剩余价值再转化为资本。原始积累。威克菲尔德的殖民学说。”[①] 1863 年的计划草稿还考虑到了“资本关系的再生产”和“占有规律的变革”。前者极有可能包含在标题“（7）生产过程的结果”之中——虽然同积累资本分开，但却是积累资本的直接继续。[②] 马克思把“变革”安排在“第 6 点或第 7 点”[③]，也就是说，安排在《积累》或《结果》中考察。

现在，积累篇的全部五个主要组成部分都已经得到了人们的承认，由于我们了解了这五个主要组成部分的发展情况，我们现在已经明白，

① 《马克思恩格斯全集》第 1 版第 26 卷（I）第 446 页。

② 我们在下面还要研究第三经济学手稿中的《结果》章。

③ 《马克思恩格斯全集》第 1 版第 26 卷（I）第 446 页。

这些部分的插入与放弃原来的《资本一般》的计划的突然改变无关。1863 年的计划草稿仅仅对在《大纲》就已开始的结构计划作了修改。

（C）对绝对剩余价值和相对剩余价值的组合的第一次分析

积累被列入组成部分并没有结束《资本论》第一册的结构史。在第二经济学手稿中第一次得到系统阐述的还有那些后来放在绝对剩余价值和相对剩余价值篇中的要点。这些要点一直到在《资本论》中得到最终的表述所经历的发展过程可以清楚地寻找其踪迹。①

1861 年计划草稿预定的《第四章。原始积累》只是把《绝对剩余价值和相对剩余价值的结合》当做它的许多小节中的一节，马克思最迟在写作我们前面引用的那段插话②时放弃了这一章。这段插话规定了在相对剩余价值之后要叙述的内容，预先确定了新的一章“相对剩余价值和绝对剩余价值的结合”，并且列出了最后在 1863 年计划草稿中出现的全部要点。实际的正文大体上是根据这一结构划分章节的。

第四章的中心部分无疑是剩余劳动和工资之间的“升降的比例”，后来在《资本论》中被称做“劳动力价格和剩余价值的量的变化”。其中考虑到这样的实际情况：在实际生产过程中不断被创造出来的既有绝对剩余价值，也有相对剩余价值。研究了从形成剩余价值的两个主要因素的交互变化产生的各种结合：生产力已定的情况下工作日发生变化（绝对剩余价值），或工作日已定的情况下生产力发生变化（相对剩余

① 第二经济学手稿中的《第四章。绝对剩余价值和相对剩余价值》（只有一部分为俄文，另一部分为德文（参看第五章的卷首说明），这一章中的许多论题将在第三经济学手稿的留传下来的《第六章。直接生产过程的结果》中论述）。

② 《马克思恩格斯全集》第 1 版第 47 卷第 351 页。

价值)。(在《资本论》中还有劳动强度作为第三个因素)。

不过，计划草稿中预定的其他要点，即形式从属和实际从属、资本的生产性和生产劳动却没有同样程度的重要性。叙述“各种结合”是为了完整性，因为这些结合补充了对绝对剩余价值和相对剩余价值的各自分开的研究。但是，其他要点几乎不能称之为直接生产过程的必要因素，不能说不分析这些要点就不能进一步过渡到更具体的规定，例如过渡到流通过程。另一方面如劳动对资本的形式从属到实际从属的发展或劳动生产力向资本生产力转化的发展这类关系标志着资本主义生产的本质特征，因此这些关系对于认识过程至少具有很高的补充意义。这里似乎涉及到了我们在研究重复进行的生产过程的特点时所遇到的相同的方法论问题。这些特点之所以要包括进叙述，首先也只因为它们有助于揭示资本的内在本质。现在我们必须找到一个合适的位置，也就是说这样一个要点，一方面不中断严谨的范畴发展，另一方面能够使分析本身得到实现，而无须提前论述还没有论述的东西。因此，这个位置就必须处在一个已经进展到较深层次的地方，以至于形式从属和实际从属已经可以说明人们能够认识资本的特殊生产性并能够区分生产劳动和非生产劳动。由于所有这三个题目在内容上都与直接生产过程有关，所以这一要点必然紧接在直接生产过程的考察之后。我们已经在这部著作的第 2 章中深入研究了第二经济学手稿中工资和剩余价值之间的结合的关系。我们在同一地方指出了马克思是怎样遇到工资的形式转化和怎样为后来的独立的工资篇确立起点的。下面我们要研究的只是余下的三个要点，即马克思在他的第 XXI 手稿笔记本中考察的从属、资本的生产性和生产劳动。

形式从属和实际从属。过渡形式[①]

劳动对资本的**形式从属**首先只是劳动过程按照资本主义方式进行的另一种说法。因此它是“资本主义生产的一般形式”[②] 并且还标志着充分发达的生产方式。如果资本关系没有在工艺上改变历史上存在的劳动方式——而只是允许绝对剩余价值形式的剩余价值，那么，从属也只是形式上的。对资本的这种形式从属实际上只是通过以下各点表现出来：

1. 资本对于工人表现为超过直接需要进行剩余劳动的强制。这种强制关系是通过纯经济的媒介即通过形式上自愿的劳动力的出卖而形成的，所以这种关系当然比奴隶制度“更加有利于生产”[③]，因为“奴隶只有在外界威胁的鞭策下才能劳动，而不是为了**自身**生存而劳动”[④]。

2. 劳动过程在资本家的指导监督下进行，资本家监督劳动质量。

资本家通过劳动能力的预先购买获得了占有剩余劳动的权利和监督权，这是从劳动能力的预先购买产生的直接结果。对工人来说是被强制进行剩余劳动，而对资本家来说这只是劳动能力的使用价值的实现。对劳动过程的监督不过是对属于他的商品的消费过程的监督。

在形式上从属于资本的劳动过程从一开始就有别于传统生产方式的唯一区别是它的规模较大。因为工人的数量，例如他们的剩余劳动必须至少能够供养资本家。这是存在着从资本主义前的劳动方式到资本主义

① 手稿第XXI笔记本第1306—1316页（尚未发表），参看《马克思恩格斯全集》第1版第26卷（I）第475页注释148。

② 《马克思恩格斯全集》第1版第26卷（I）第419页。

③ 《马克思恩格斯全集》第1版第26卷（I）第419页。

④ 《马克思恩格斯全集》第1版第49卷第91页。

的劳动方式的各种过渡形式。(参看《过渡形式》)

实际从属。在形式从属的基础上，随着相对剩余价值生产的发展，生产过程的实际形态完全改变了，并特殊产生了一种生产方式，特殊的资本主义的生产方式。但是，随着相对剩余价值生产的最高形式即现代机器的出现，资本不是简单地创造出一种崭新的、从前没有出现过的生产方式，而是创造出这样一种生产方式，这种生产方式的形式从物质上直接表现出资本与劳动之间的社会关系，即物化劳动对活劳动的支配。这种情况之所以能够出现，是因为“随着机器生产的发展，劳动条件在工艺方面也表现为统治劳动的力量，同时又代替劳动，压迫劳动，使独立形式的劳动成为多余的东西”[①]。如果工人没有被机器抛弃在街头，那他就沦为机器的活的附件，因此，机器体系在物质上是资本关系的“最合适形式”。生产方式实际上已从属于资本，改变得与资本的内在本性相一致了。

一方面，社会生产力的一定发展阶段是资本的最合适的表现；另一方面，(马克思在第二手稿中特别注意到了这种历史辩证法）恰恰是社会生产力的高度发展对作为与它相适应的形式的资本关系本身提出了疑问。因为资本主义生产关系越来越不适合于技术上发展的生产过程。资本在实际从属过程中必须“消除一切个性”并“采取适合于社会生产的生产资料规模数”[②]。这一过程的“积极结果”不仅是通过劳动的社会形式克服分散的小生产，“以致为了生产更多的生活资料所需的劳动时间减少了”[③]。而且是，“生产条件的个人占有不仅不是必需的，而且

① 《马克思恩格斯全集》第 1 版第 26 卷（I）第 420 页。

② 《在马克思主义的旗帜下》1933 年莫斯科—列宁格勒版第 1—2 册第 23 页。

③ 《在马克思主义的旗帜下》1933 年莫斯科—列宁格勒版第 1—2 册第 24 页。

与更大规模的生产不相协调。”① 因此，从历史角度来看，资本是“生产条件的所有制向社会所有制”、向“联合的社会的个人”的所有制“转变的必由之路。”②

资本的生产性③

活劳动和对象化劳动一旦作为雇佣劳动和资本发生关系，它们之间就会发生它们的物质关系的社会颠倒。在形式从属中已经不是工人支配劳动材料和劳动资料，而是相反：“不是工人使用它们，而是它们使用工人。……对工人来说，它们不是生产产品的手段……相反，工人对它们来说倒是一个手段，它们依靠这个手段，一方面保存自己的价值，另一方面使自己的价值转化为资本……”④

随着实际从属的发展，这种关系变得更加“复杂”和“神秘”，因为即使是劳动的生产性本身在这种情况下也表现为资本的异己的生产力。即使纯粹考察形式从属，资本也具有一定的生产性，这种生产性，正如我们所看到的，就在于超过工人的需要强制进行剩余劳动。但是，随着特殊的资本主义生产方法的形成，“就连社会地发展了的劳动的形式——协作、工场手工业……工厂……——都表现为资本的发展形式”。⑤ 资本的本身生产性对于工人来说不仅是异己的，而且是对立的，

---

① 《在马克思主义的旗帜下》1933年莫斯科—列宁格勒版第1—2册第24页。

② 《在马克思主义的旗帜下》1933年莫斯科—列宁格勒版第1—2册第25页。

③ 《马克思恩格斯全集》第1版第26卷（I）第418页及以下各页（第XXI笔记本第1317页及以下各页）。

④ 《马克思恩格斯全集》第1版第26卷（I）第419页。

⑤ 《马克思恩格斯全集》第1版第26卷（I）第420页。

“纯粹作为不依赖于工人而支配着工人的劳动资料的存在形式”①。

劳动生产性向资本的生产性转变的原因是，在劳动过程之前的流通行为中发生的劳动力与单个工人的分离以及劳动力归并入资本。工人作为资本的组成部分而劳动，工人的具有生产性的劳动力属于资本。

“因为活劳动——由于资本同工人之间的交换——被并入资本，从劳动过程一开始就作为属于资本的活动出现，所以社会劳动的一切生产力都表现为资本的生产力和形式……即物化劳动的，劳动的物的条件的生产力和形式……”②

那神秘化的合理内核在于：生产力由以产生的劳动力的社会结合，正如科学和自然力在生产过程中的应用一样，不是来源于各个工人，而是由资本家来安排的。资本家把每次都是单个购买来的许多劳动能力——纯粹的主体性——组成有机的整体并以此唤起他们的社会生产力。

“工人自己的社会劳动的形式，是完全不以单个工人为转移而形成的关系……因而，这些社会构成，作为资本本身的形态，作为不同于每个工人的单个劳动能力的、属于资本的、从资本中产生并被并入资本的结合，同工人相对立。”③

正像马克思总结的那样，资本的生产性可用以下两点来表达：

“因此，资本（1）作为强迫进行剩余劳动的力量，（2）作为吸收和占有社会劳动生产力和一般社会生产力（如科学）的力量（作为这些生产力的人格化），它是生产的。”④

---

① 《马克思恩格斯全集》第 1 版第 26 卷（I）第 420 页。

② 《马克思恩格斯全集》第 1 版第 26 卷（I）第 418 页。

③ 《马克思恩格斯全集》第 1 版第 26 卷（I）第 420 页。

④ 《马克思恩格斯全集》第 1 版第 26 卷（I）第 422 页。

生产劳动和非生产劳动[1]

在手稿的历史批判部分，马克思用了一百多页的篇幅深入研究了关于生产劳动和非生产劳动的理论。[2] 这一理论批判的意义也在1863年计划草稿中表现出来，在这个计划草稿中，这一理论批判在第一册书中自成一章，而且被安排在紧接《剩余价值理论》之后。[3] 现在第一次把这个问题放在系统联系中加以考察。

生产劳动和它的对立面即非生产劳动同前面论述的资本的生产性有直接的联系。过渡问题的意思是，如果一切劳动生产力被资本所吸收并表现为资本的生产性，那么在这种情况下谈论生产劳动具有什么意义呢?

“试问：既然劳动的生产力已经转给了资本，而同一生产力不能计算两次，一次作为劳动的生产力，另一次作为资本的生产力，那么，同资本相对立的劳动，怎样或者说为什么表现为生产的，表现为生产劳动呢?”[4]

答案已经包含在问题里。如果一切生产性都表现为资本的生产性，那么劳动就无论如何只能在劳动本身被资本所吸收并作为资本发挥作用

---

① 《马克思恩格斯全集》第1版第26卷（I）第422页及以下各页（第XXI笔记本第1318页及以下各页）。

② 《马克思恩格斯全集》第1版第26卷（I）第142—318页（第VII笔记本第300页至第IX笔记本第419页）。

③ 《马克思恩格斯全集》第1版第26卷（I）第446页。

④ 《马克思恩格斯全集》第1版第26卷（I）第422页。

时才是生产的。“只有直接转化为资本的劳动才是生产的。”① 活劳动必须在货币和劳动能力的形式交换之后在现实劳动过程中作为资本即作为它的活的组成部分发挥作用才能转变为资本。活劳动通过创造剩余价值来证实自己是资本的这样一个组成部分，“生产劳动不过是对劳动能力出现在资本主义生产过程中所具有的整个关系和方式的简称。”② 换句话说：生产劳动在资本主义基础上只是“给使用劳动的人生产剩余价值的劳动”③。

（原载《从〈原始草稿〉到〈资本论〉
——马克思主要著作的结构史》）
（刘泳梅 译　冯文光 校）

① 《马克思恩格斯全集》第 1 版第 26 卷（I）第 422 页。
② 《马克思恩格斯全集》第 1 版第 26 卷（I）第 426 页。
③ 《马克思恩格斯全集》第 1 版第 26 卷（I）第 426 页。

关于1861—1863年经济学手稿第XVI本和第XII本前七页的写作时间问题*

随着《马克思恩格斯全集》国际版和第47卷和48卷的出版，马克思的1861—1863年经济学手稿已经全部发表，这对于研究马克思的经济思想具有很大意义。

但是，国际版的编者和第48卷俄文版的编者在判断手稿各笔记本的写作日期时，却把第XVI本和第XVII本的前七页（第1022—1028页）的写作日期弄错了。这部分手稿原标题为《第三章。资本和利润》和《杂项》，在全集第48卷中编为《第三篇。资本和利润》，并由编者加了《第十一章。剩余价值和利润。生产费用。平均利润率。利润率下降的规律》这样的标题。① 马克思在第XVI本封页上注明写作日期为“12月”，在第XVII本上注明“1862年1月”，并从1029页起注明“续笔记本XV（62年10月和11月）”。这表明从1029页起直接和第XV笔记本的内容相连。国际版编者只注意到笔记本的编号，把这一部

* 本文选自《马列主义研究资料》1985年第6辑。这篇文章是随后三篇文章《1861—1863年经济学手稿第XVI本和第XVII本前七页写作时间考（摘要）》、《关于〈第三章。资本和利润〉和〈杂项〉的产生阶段：1862年12月还是1861年12月？（摘译）》和《马克思的〈政治经济学批判（1861—1863年手稿）〉包含的〈第三章。资本和利润〉何时产生？（摘译）》的编者按。

① 见《马克思恩格斯全集》第1版第48卷第251—348页。

分手稿断定为写于第 XV 笔记本之后。而第 XV 笔记本主要是 1862 年 11 月写的，因此他们认为，第 XVI 本上注明的“12 月”应为 1862 年 12 月，第 XVII 本上的“1862 年 12 月”是马克思把日期写错了，应为“1863 年 1 月”[①]。也就是说，他们认为这部分手稿写于 1862 年和 1863 年之交，是在写完《剩余价值理论》之后才写的。《马克思恩格斯全集》第 48 卷俄文版编者持同样的看法。[②]

但是，自从《马克思恩格斯全集》国际版和第 48 卷出版以后，人们经过研究，对这一部分手稿写作日期的上述判断提出了异议。中国人民大学的马健行同志、日本的大村泉教授、以及不久前民主德国马列主义研究院的曼·缪勒和沃·福克，先后发表文章，从不同的角度证明这一部分手稿是在 1861 年 12 月至 1862 年 1 月写的，也就是在《剩余价值理论》之前写的。最初马克思并没有把这两个笔记本编号，只是到后来在重新编号时才把它们编为第 XVI 和 XVII 本。

这些文章不只有考证的意义，而对于我们理解 1861—1863 年手稿的理论内容也有重要帮助。这就清楚地表明了马克思制定平均利润和生产价格理论的过程和这些理论的不同发展阶段，同时还表明了关于商业资本理论的制定（第 XV 笔记本和 XVII 笔记本 1029 页以下）是一气呵成的，并没有被写作平均利润问题所中断，等等。

现在，《马克思恩格斯全集》第 48 卷中文版已经出版，为帮助读者学习和研究新发表的这部分 1861—1863 年经济手稿，我们把上述三篇文章的摘要发表于下，供参考。马健行同志的文章全文载于《〈资本

① 见《〈资本论〉研究资料和动态》1982 年江苏人民出版社版第 3 集第 48—49 页。

② 见《马克思恩格斯全集》第 1 版第 48 卷第 598 页注 141。

论〉研究资料和动态》第七集。大村泉和曼·缪勒等人的文章原文载于民主德国马列主义研究院出版的《马克思恩格斯研究论丛》1984年柏林版第16期。

1861—1863 年经济学手稿第 XVI 本和第 XVII 本前七页写作时间考（摘要）*

马健行

马克思生前为创作《资本论》写下了大量手稿和笔记。准确地判定它们的写作时间，对于研究马克思主义经济思想有着极大的意义。《马克思恩格斯全集》俄文第 2 版第 48 卷的编者和国际版编者在编辑 1861—1863 年手稿时，在没有充足根据的情况下，把马克思在第 XVII 本手稿封页上亲手标明的时间“1862 年 1 月”武断地说成是“1863 年 1 月”之误，并据此进一步把马克思在第 XVI 本封页上注明的时间“12 月”错误地断定为“1862 年 12 月”。这样一来，他们便把马克思在《剩余价值理论》之前写成的这些手稿，说成是在《剩余价值理论》之后写成的。由此造成了一种假象：六十年代初，马克思经济思想的发展似乎经历过一个倒退阶段。不仅如此，他们这样做的结果还在逻辑上造成了极大的矛盾。

一、从手稿的理论内容来看写作时间

1861—1863 年经济学手稿的第 XVI 本和第 XVII 本前七页主要是研究利润、平均利润和生产价格理论。所以我想首先通过对这些理论成熟程度的分析，看看该手稿到底是写在《剩余价值理论》之前还是之后。

---

* 本文选自《马列主义研究资料》1985 年第 6 辑。

首先让我们看看马克思对利润和平均利润的分析。早在1857—1858年经济学手稿中，马克思就曾经分析过剩余价值向利润、利润向平均利润的转化问题，阐明了所谓利润不外乎是用预先存在的资本总价值来计量的剩余价值。利润率则是剩余价值同资本总量的比，在任何情况下利润率必然小于剩余价值率。所以剩余价值向利润的转化不仅掩盖了利润的真正来源，而且也掩盖了资本对劳动的剥削程度。此外，在这部手稿中还研究了利润率下降的规律，研究了影响利润率的各种因素。最后，在这部手稿中，马克思还研究了利润向平均利润的转化，阐明了由于不同资本的有机构成不同和周转速度不同所造成的不同利润率乃是平均利润率形成的条件和前提。

同1857—1858年手稿比较起来，马克思在第XVI本手稿和第XVII本手稿前七页对这些问题的论述又向前迈进了一大步。这主要表现在他在这里对剩余价值到利润和利润到平均利润的转化作了比较研究。指出后一种转化不仅涉及形式，而且还涉及到实体本身。他说：“**一般利润率**，从而在实际形态上，在经验形态上的利润，已经以剩余价值转化为利润，从而以剩余价值率转化为利润率为前提。但是，**除此之外，还存在着剩余价值的不同**（剩余价值率的不同，从而相对来说剩余价值总量的不同），这种不同出现在各个特殊的投资领域中，部分地说是由于可变资本与不变资本之比不同，部分地说是由于流动资本与固定资本之比不同……可见，**不同的剩余价值率**，或者说，**剩余价值的不同**继续存在，尽管采取的是利润不同或者说具有不同的利润率这种改变了的形式，这后一种不同成为**一般利润率**的实体，前提，因而也是**处于有机形式中的利润**的实体，前提。它们被平均化，化为它们的平均数，这个平均数就是由社会分工造成的资本的所有特殊生产领域中实际的（正常的）利润率。因此，在第一种转化［剩余价值转化为利润］的基础上，发生了第二种转化［利润转化为平均利润］，这第二种转化所涉及的不再只是形式，而是除形式外还涉及实体本身，也就是说，改变利润的**绝对量**，从而改变在利润形式上表现出来的剩余价值的**绝对量**。”①

虽然同1857—1858年手稿相比，第XVI本手稿和第XVII本手稿前七页的论述有了较大的进步，但同《剩余价值理论》相比则还有较大的距离。差距主要表现在马克思在这些手稿中，还没有像他在《剩余价值理论》中那样，联系着对两种不同性质的竞争的分析，阐明伴随着剩余价值转化为利润，利润转化为平均利润，价值也就开始转化为市场价值，进而转化为生产价格。他在《剩余价值理论》中说：“第一个论点是，同一领域的产品按同一市场价值出售，因而竞争以强制的方式造成不同的利润率，即造成对一般利润率的偏离。第二个论点是，对一切投资来说，利润率都必须是相同的，或者说，竞争造成一般利润率。第一个规律适用于投入同一生产领域的不同的独立资本。第二个规律适用于投入不同领域的资本。竞争通过它的第一种作用造成市场价值，即为同一生产领域的商品造成同一价值，虽然同一价值必然要产生不同的利润；因此竞争不顾不同的利润率，通过它的第一种作用造成同一价值。竞争通过它的第二种作用（不过，第二种作用是以另一种方式实现的；这是不同领域的资本家之间的竞争，它使资本从一个领域转移到另一个领域，而前面所说的那种竞争，只要不是在买者之间进行，则是发生在同一领域的资本之间），造成费用价格，即造成不同领域的同一利润率，虽然这同一利润率与价值不等的情况矛盾，因而只有通过不同于价值的价格才能造成。”② 由于正确地将竞争区分为部门内部的竞争和部门间

① 《马克思恩格斯全集》第1版第48卷第284—285页。

② 《马克思恩格斯全集》第1版第26卷第2册第229页。

的竞争，阐明了同一部门内部的各个资本家间的竞争，以强制的方式造成了相同产品的统一的市场价值，造成了具有不同生产效率的各个资本家之间的不同的利润率。而各个不同部门之间的资本家的竞争，使资本从一个领域转移到另一个领域，从而造成一般利润率，造成了统一的费用价格；由于把剩余价值到利润再到平均利润的转化同价值到市场价值、生产价格的转化联系起来加以分析，马克思才彻底解决了李嘉图学派没能解决的劳动价值论和等量资本获得等量利润的矛盾。在专门论述这个问题的1861—1863年经济学手稿的第XVI本和第XVII本前七页中还没有解决这个问题，这决不是什么结构安排或简单的疏忽，而只能是说明马克思当时还没有透彻地认识这个问题。这也是这部分手稿写于《剩余价值理论》之前的一个证明。

其次，我们再看看马克思对生产价格问题的论述。从1857—1858年经济学手稿来看，马克思当时已经了解，由于形成了平均利润率，商品的价值规定已经发生了某种变化。他说："需求、供给、价格（生产费用）是进一步的形式规定；价格作为市场价格，或一般价格。然后是一般利润率的确立。然后，由于市场价格的关系，资本分配在不同的部门。生产费用的降低等等。总之在这里，一切规定同它们在资本一般中的情形相比，都显得是颠倒过来了。"① 在这里，马克思是同一般利润率相联系来使用"一般价格"这个概念的，所以这一概念相当于他后来所使用的"费用价格"或"生产价格"。这说明当时他已感觉到，由于平均利润率的形成，价值已转化为同它自身不同的某种东西，但是另一方面，他又把"一般价格"同"市场价格"并列，这说明他当时还未完全弄清这种转化的实质，还把这种转化等同于市场价格的波动。那

① 《马克思恩格斯全集》第1版第46卷下册第166—167页。

么，在1861—1863年经济学手稿第XVI本和第XVII本前七页中，这种情况是否发生了根本性的变化呢？让我们看看以下两段话："因为形成了平均利润，即普遍尺度，并且资本家们是按照另外一些规律来计算和分割提供给资本家阶级的**全部价值**的……由于这情况，商品的实际价格——撇开市场价格的波动不谈——发生了重大变化，并且成为和商品价值不同的东西。"① "在第二种情况下（指利润向平均利润的转化——引者），既会出现利润和剩余价值之间的差别，又会出现商品的价格和价值之间的差别。而且，商品的实际价格——甚至商品的正常价格——与它的价值不同。"②

从以上两段话可以看出，在这部手稿中马克思的认识发生了一些变化，特别是从前一段话来看，他似乎是开始将生产价格（引文中叫"实际价格"）同经常波动的"市场价格"区分开来。但从第二段话看，他似乎仍然还是将生产价格和市场价格混淆在一起。

但是，在《剩余价值理论》中情况则完全不同了。在这里，马克思明确阐明了由于部门间的竞争，一方面形成了平均利润率，另一方面同时发生了市场价值向费用价格（生产价格）的转化。他说："这样一来，由于平均利润……就产生了**不同于**商品价值的**平均价格**，或者说，**费用价格。**"③ 又说："什么是自然价格呢？就是等于预付资本加平均利润的那种价格。"④ 在这里不仅没有了前两部手稿中的那种对生产价格和市场价格的混淆，而且还明确地批判了这种混淆，他说："应当把这

---

① 《马克思恩格斯全集》第1版第48卷第259页。

② 《马克思恩格斯全集》第1版第48卷第289页。

③ 《马克思恩格斯全集》第1版第26卷第2册第200页。

④ 《马克思恩格斯全集》第1版第26卷第2册第496页。

种费用价格同**市场价格**区别开来；费用价格是不同部门的商品的平均市场价格。”① 在这里马克思还进一步阐明了，在生产价格出现以后，作为市场价格的调节者已不再是价值而是生产价格了，生产价格成了市场价格波动的中心。他说：“费用价格无非是预付资本的价值加预付资本所生产的剩余价值，这种剩余价值是在各个领域之间按照它所在总资本中所占的份额进行分配的。所以如果考察的不是单个领域而是总资本，费用价格就归结为价值。另一方面，每个领域的市场价格，由于不同领域的资本的竞争，经常还原为费用价格。每个单个领域的资本家的竞争力求使商品的市场价格还原为它的市场价值。不同领域的资本家的竞争使市场价值还原为所有领域共同的费用价格。”② 所有以上这些内容不仅在1857—1858年手稿中没有，就是在1861—1863年手稿第XVI本和第XVII本前七页中也不存在。这也说明《剩余价值理论》中的生产价格理论比前两部手稿成熟得多。

最后，从对李嘉图理论体系的第二个矛盾的提法来看，《剩余价值理论》的提法也更为明确，它反映了这部著作更为成熟。马克思早在写作《资本论》的第一部草稿时，就已经发现了李嘉图学派的这个矛盾，当时他已指出由于李嘉图学派的抽象方法不合理，不够彻底，因而混淆了剩余价值和利润，也混淆了价值和生产价格。他当时在这部手稿中说：“托伦斯先生的混乱，对于李嘉图学派的抽象方法来说是合理的。这种混乱本身是根本错误的，第一，价值由纯粹的劳动时间决定，这只能在资本生产的基础上，也就是说，在两个阶级分离的基础上发生，由于同一的平均利润率而形成的**价格**的平均化——（这一点也要有保留地

① 《马克思恩格斯全集》第1版第26卷第2册第214页。

② 《马克思恩格斯全集》第1版第26卷第3册第574页。

来理解），和价值规定**毫无**共同之处，相反，**是以价值为前提的**。这一段话对于表明李嘉图学派的混乱是很重要的。”① 这些话说明，马克思当时虽然已认识到李嘉图学派的这个矛盾，但思想上还不是十分明确，因此在提法上还有些模糊。在1861—1863年手稿的第XVI本和第XVII本前七页中，这种提法有所改善。这从以下这段话便可以看出：“剩余价值和利润的混淆和区分不清，正是政治经济学中产生极大谬误的根源。杰出的经济学家们，例如李嘉图，当然没有把两者绝对混淆起来，不过他们在任何地方也没有表明他们明确理解这两者之间的区别。但是，正因为如此，在他们那里，一方面实际规律表现为实际运动的抽象，因而实际运动到处都在局部上同这种抽象相矛盾。另一方面，他们想用价值的或剩余价值的性质来强制地说明那些只是从利润形式的剩余价值中所产生出来的特殊现象。由此就得出错误的规律。”② 在这里，马克思明确指出了混淆剩余价值和利润是资产阶级政治经济学中的许多重大错误的根源；指出了由于他们想强制地用价值、剩余价值这些反映事物本质的范畴直接说明以利润等形式表现出来的“特殊现象”，因而造成了极大的矛盾。毫无疑问，所有这一切都较1857—1858年手稿有所前进。但是，如果同《剩余价值理论》比较，则远不如后者深刻和全面。他在后一部手稿中说：“李嘉图所以犯这一切错误，是因为他想用强制的抽象来贯彻他把剩余价值率和利润率等同起来的观点。庸俗经济学家由此得出结论说，理论上的真理是同现实情况相矛盾的抽象。相反，他们没有看到，因为李嘉图在正确抽象方面做得不够，才使他采取

---

① 《马克思恩格斯全集》第1版第46卷下册第344页。

② 《马克思恩格斯全集》第1版第48卷第260页。

了错误的抽象。”① “李嘉图在任何地方都没有离开剩余价值的特殊形态——利润（利息）和地租——来单独考察**剩余价值**。因此，他对具有如此重要意义的资本有机构成的论述，只限于说明从亚·斯密（特别是从重农学派）那里传下来的，由流通过程产生的资本有机构成的差别（固定资本和流动资本）；而生产过程本身内部的资本有机构成的差别，李嘉图在任何地方都没有涉及，或者根本就不知道。就是由于这个缘故，他把**价值和费用价格**混淆起来了，提出了错误的地租理论，得出了关于利润率提高和降低原因的错误规律等等。”② “所有经济学家都犯了一个错误，他们不是就剩余价值的纯粹形式，不是就剩余价值本身，而是就利润和地租这些特殊形式来考察剩余价值。”③

从这三段话可以看出，马克思在《剩余价值理论》中对这个问题的论述至少有三点发展了前面两部手稿的思想。第一，更深刻地阐明了混淆剩余价值和利润，混淆价值和生产价格是一切资产阶级政治经济学的通病，绝不是李嘉图学派所独有的。第二，指出了李嘉图之所以会犯这种错误，从方法论来说，并不像庸俗经济学家攻击他时所说的那样，是由于李嘉图运用了抽象法，相反，是由于他在运用正确的抽象法方面还做得不够。第三，李嘉图错误地越过了许多中间环节，越过了对资本有机构成等这样一些重要经济范畴的分析，企图用本质直接去说明资本主义经济中的某些日常现象，结果导致对剩余价值和利润，价值和生产价格的混淆。马克思在《剩余价值理论》中所发挥的这些重要思想，说明这部分手稿的写作在后，而第 XVI 本和第 XVII 本手稿的写作在前。

① 《马克思恩格斯全集》第1版第26卷第2册第497页。

② 《马克思恩格斯全集》第1版第26卷第2册第423页。

③ 《马克思恩格斯全集》第1版第26卷第1册第7页。

以上我们通过对手稿内容的分析，说明了 1861—1863 年手稿的第 XVI 本和第 XVII 本前七页只能是在 1857—1858 年手稿之后，在《剩余价值理论》之前写成的。以下我们再通过对手稿写作日期的分析来直接证明这一点。

二、从手稿注明的写作日期来直接证明

1861—1863 年经济学手稿第 XVI 本和第 XVII 本前七页被编入《马克思恩格斯全集》俄文第 2 版第 48 卷第十一章中，编者加的标题是《剩余价值和利润。生产费用。平均利润率。利润率下降的规律》。

《全集》国际版编者（看来俄文第 2 版第 48 卷的编者也一样）对这部分手稿的写作时间作出了这样两个重要判断：一是，马克思在第 XVII 本封页上注明的时间“1862 年 1 月”系“1863 年 1 月”之误，认为“当时虽然新的一年已经到来，他还没有惯用新的年数”，其二是，马克思在第 XVI 本封页上注明的“12 月”系“1862 年 12 月”。下面让我们看看他们的这两个结论能否成立。

《马克思恩格斯全集》国际版的编者对同这部分手稿有关的各本笔记作了如下描述：

关于第 XV 本笔记，

“第一封页上有标题《政治经济学批判》，笔记本号码‘XV’以及时间‘62 年 10 月’。……第四封页上有演算式，有一个提示，指出续编在笔记本 XVII。”①

关于第 XVI 本笔记，

① 《〈资本论〉研究资料和动态》1984 年江苏人民出版社版第 5 集第 64 页。

“第一封页上有标题《政治经济学批判，最后的笔记本。12 月》。马克思在后来的工作阶段补写了‘笔记本 XVI’。……马克思最初用字母给笔记本编了页码……马克思很可能是在开始写作并安上封皮以后同笔记本 XVII 一起又一次从头到尾编了页码。从 973 页编至 1021 页。”①

关于第 XVII 本笔记，

“第一封页上有标题：《最后的笔记本 2。政治经济学批判 1862 年 1 月》。后来马克思标明，‘从 1029 页开始续笔记本 XV（62 年 10 月和 11 月）’，并写上了笔记本号码‘笔记本 XVII’，又用铅笔写上了‘XVII’。……在第 1022 页上边，马克思后来又补写了‘政治经济学批判。XVII’。第 1029 页上边写上了‘续笔记本 XV。’”②

国际版编者（俄文第 2 版第 48 卷编者也一样）却对第 XV、XVI、XVII 三本笔记的写作时间作了如下判断：

“笔记本 XV 的写作一直继续到 11 月，这可以从马克思在笔记本 XVII—XVIII 的封皮上的说明看出：‘从第 1029 页开始续笔记本 XV（1862 年 10 月和 11 月）’。……马克思在 1862 年 11 月 7 日给拉萨尔的信中说，‘将近一个半月以来，我完全没有可能写作自己的书’，由此可以推论出，笔记本 XV 主要是在 1862 年 11 月写作的。

1862 年 12 月，马克思写作笔记本 XVI（第 974—1021 页）；他在封皮上也写上了‘12 月’。

笔记本 XVII（第 1022—1065 页）和笔记本 XVIII（第 1066—1158 页）看起来是合用了一个封皮。这个封皮现在保存在笔记本 XVIII 中，

---

① 《〈资本论〉研究资料和动态》1984 年江苏人民出版社版第 5 集第 65—66 页。

② 《〈资本论〉研究资料和动态》第 5 集第 67 页。

但是上面所引用的内容提要则与笔记本 XVII 有关。……马克思在这个封皮上写的日期是：‘1862 年 1 月。’从这个错误的年数可以推断出，马克思是在 1863 年 1 月初开始写作这个笔记本的，当时虽然新的一年已经到来，他还没有习惯用新的一年的年数。”①

从以上资料可以看出《全集》编者的判断有一个明显违反常理的地方。因为按照马克思注明的时间，第 XV 本的写作时间是 1862 年 10 月，而第 XVII 本笔记第 1029 页以后续第 XV 本笔记的部分是 1862 年 10 月和 11 月间写的。这就是说这两部分的写作是紧紧相连接的，中间没有间断，从笔记的内容来看也是衔接在一起的。如果按照《全集》编者的意见，第 1029 页以前的部分是 1863 年 1 月写的，也就是说是在第 1029 页以后部分写完之后才写下的。这就意味着当马克思用完第 XV 本笔记本之后，不是从一个新笔记本的开头继续写作，而是从一本从未用过的新笔记本的中间开始写起。这显然是不合理的。一般说来这种情况也是不可能的。合理的情况是第 XVII 本笔记的第 1022—1028 页的《劳动过程和价值增殖过程：使用价值和交换价值》部分的写作时间早于第 1029 页及其以后的部分，即马克思在用完第 XVI 本笔记之后，用一本新本子继续写作，一直写到第 1028 页便中断了这一部分，本子没有用完。当马克思在 1862 年 10 月用完第 XV 本笔记本之后，便在第 XVII 本没有用完的部分即从第 1029 页开始继续第 XV 本的写作。

认为第 XVI 本笔记和第 XVII 本笔记前七页的写作时间早于第 XV 本笔记和第 XVII 笔记 1029 页以后部分是否可能呢？根据上述对手稿的描述的资料看是完全可能的。因为，这两本笔记本本来就是被马克思叫做“最后的笔记本”和“最后的笔记本 2”的两本独立笔记本，并且是

① 《〈资本论〉研究资料和动态》第 3 集第 48 页。

用字母单独编了页码，只是在它被编入笔记本的总的序列时，马克思才用阿拉伯数字重新编了统一页码，所以它们在第 XV 笔记之前写成完全可能。

那么第 XVI 本笔记及第 XVII 本前七页的确切写作时间是什么时候呢？我认为第 XVII 本前七页的写作时间就是马克思自己注明的时间："1862 年 1 月。"也就是说，马克思自己注明的这个日子并不像两部《全集》编者所认为的那样，是由于马克思还不习惯于用新的年份而误写的，而是准确地记录了这部分手稿开始写作的时间。看来这部分手稿的写作一直继续到三月初才结束，因为在这个笔记本的第 1028 页上马克思引用了《手术刀》3 月 1 日号上的一段话。既然第 XVII 本前七页写于 1862 年 1 月，那么马克思在第 XVI 本笔记封皮上注明的"12 月"也就不是 1862 年 12 月，而是 1861 年 12 月，因为这两个笔记本是连接在一起的。

可见，第 XVI 本和第 XVII 本前七页手稿写于《剩余价值理论》之前。

关于《第三章。资本和利润》和《杂项》的产生阶段：1862年12月还是1861年12月？（摘译）*

〔日〕大村泉

一、前　言

"首先是《政治经济学批判》手稿，四开纸1472页，共23本，写于1861年8月到1863年6月。这是1859年以同一书名在柏林出版的第一册的续篇……"① 恩格斯在1885年写了这些话，使这个手稿为公众所知。今天，几乎在一百年之后，《马克思恩格斯全集》国际版的编者把这整个手稿公布了②，这样，国际版的出版就帮助推动和促进了对马克思著作的研究。

恩格斯接着写道："从第973—1158页（第XVI—XVIII本），是论述……那些后来在第三卷手稿中阐述的题目。"③ 国际版的编者发表这些笔记本的说明，第XVI本写于1562年12月，第XVII和XVIII本写于

* 本文选自《马列主义研究资料》1985年第6辑。

① 恩格斯：《〈资本论〉第二卷序言》，见《马克思恩格斯全集》第1版第24卷第4页。

② 《马克思恩格斯全集》新国际版第2部分第3卷（1—6册）。

③ 《马克思恩格斯全集》第1版第24卷第4页。

1863年1月①。本文作者根据下述论据得出结论认为：

1. 马克思第XVI本写于1861年12月至1862年1月。

2. 马克思第XVII本第1022—1028页写于1862年1月至1862年3月。

3. 马克思手稿的第1029—1158页即第XVII本和XVIII本，写于1862年11月至1863年1月。

由此可见，第XVI本论述《第三章。资本和利润》的部分，以及第XVII本中与此有关的评述，马克思写于《剩余价值理论》各稿本之前。

二、文献依据

作者引用下列文献依据来证明上述结论：

（A）马克思在第XVI和XVII本上都写上了“最后的笔记本”的字样，这些字写在每个稿本的封页上。封页的标题分别是：“政治经济学批判。最后的笔记本”，“最后的笔记本2。政治经济学批判”。人们都知道，在马克思1861至1863年期间写的手稿中还从没有写过这种共同的标题。

（B）马克思最初用字母 a、b、c……α、β、γ……给第XVI和XVII本编了页码。只是到后来马克思才给它们标上了页码973、974、975……同时这些笔记本才编号为XVI和XVII。

（C）在第XVI本即“最后的笔记本”的封页上写着“12月”字样。

① 国际版编者关于手稿写作日期的说明《产生和流传过程》（中译文见《〈资本论〉研究资料和动态》第3集第48页。——译者注）。

（D）在第XVII和XVIII本的封页上写着两个不同的日期。一个日期是“1862年1月”，它写在标题“最后的笔记本2。政治经济学批判”下面一行，而另一个日期“62年10月和11月”写在“1862年1月”下面。而且，这第二个日期写在马克思写明的“从1029页开始续笔记本XV”这些话后面。

（E）马克思用潦草的字体在第XVII本第1029页的上边中间加写了“续笔记本XV”。

三、关于笔记本的产生时期

1. 上面已经指明，马克思的话“续笔记本XV”写在第XVII本第1029页的上边。从这一页开始往后，马克思叙述“商业资本”，并且这些论述是紧接着第XV本后半部分所开始的论述①。这使我们猜想，第XVII本封页上的话“从1029页开始续笔记本XV（62年10月和11月）”是同第XV本后半部分连着的，并且是从第1029页开始接着写的。因此，可以认为，马克思在第XV本后半部分和第XVII本第1029页以后写的论述“商业资本”的部分，写于1862年10月至11月②，并且在考虑到上述情况时，在1862年11月注明了上述那些话。如果我

① 在第XV本封页上有“62年10月”字样，这表明马克思是在1862年10月开始写的。

② 往下，在关于这个手稿的《产生和流传过程》的国际版编者说明中，有一些矛盾的判断：（a）“笔记本XIV（第771—561页）和笔记本XV（第562—973页）上注明的日期是1862年10月。笔记本XV的写作一直继续到11月”（中译文见《〈资本论〉研究资料和动态》第3集第48页。——译者注）。（b）“笔记本XV的最后部分可能也是在1863年1月写的”（同上书，第42页）。作者都着重指出过。

们考虑到继XVIII本之后写的XIX本的封页上写着“1863年1月”字样，那就自然而然地可以认为，马克思第XVII和XVIII本的第1029页至1158页是在1862年11月至1865年1月期间写的。

2. 如果我们进一步考察一下上面的（B）项，只要考虑到马克思给这些笔记本编页码和改为全手稿贯通页码的时间，那么第XVI和XVII本写作时间的确定也是没有问题的。第XVII本从第1022页开始。上述（D）项已经说明，第XVII本是分两个阶段写的，即“1862年1月”和“62年11月”。上述（1）项已经得出，第1029页以下各页是后一阶段写的。问题在于，第XVII本的哪一部分是马克思在“1862年1月”写的。（D）项解决了这个问题，它已表明马克思的“最后的笔记本2。政治经济学批判”是在“1862年1月”产生的。①

3. 第XVI本封页上写的“12月”又是指哪一年呢？马克思把第XVII本前7页上写的东西叫做“杂项”（一些片断）。这些叙述是对第XVI本即“最后的笔记本”的解释，进一步说明其中的一些内容。因此很明显，这些叙述是在“最后的笔记本”以后写的。由此可以得出结论，第XVI本必定是在1862年1月以前写的，也就是说，是马克思在写第XVII本即“最后的笔记本2”以前写的。可见，马克思的第XVI本写于1861年12月，而不是1862年12月。

---

① 国际版编者认为，“1862年1月”写错了，应当是“1863年1月”。但编者的这种看法是同他们自己的如下说明矛盾的：“第一封页上有标题：《最后的笔记本2。政治经济学批判。1862年1月》。后来马克思标明，‘从1029页开始续笔记本XV（62年10月和11月）’”（见《〈资本论〉研究资料和动态》第5集第67页——译者注）。显然，马克思绝不可能在“1863年1月”之后又写上“62年10月和11月”字样。

四、《杂项》这一部分的性质

马克思在第 XVII 本第 1028 页上即“最后的笔记本 2”的最后《杂项》项下写了如下的话：“1862 年 3 月 1 日《手术刀》上指出，乘火车旅行引起的大量疾病，是由于车箱内缺乏弹性和支撑车箱的弹簧缺乏弹力造成的。”① 根据这种情况看出，马克思引用了报纸的文章“乘火车旅行对公众健康的影响”中的一段话。可以认为，马克思的这些引文并不是从他自己的摘录笔记本上转抄来的，因为国际版的编者并没有说明马克思从《手术刀》上摘录的这些话是先写在摘录笔记本上的。马克思是**直接**从《手术刀》上摘录这段话的，而且比较合理的看法是，马克思在读完这段话以后就直接抄录下来了。事实可以说明这一点。马克思摘引这段话不是在 1862 年 11 月，这是可以肯定的。

如果马克思是在 1862 年 11 月才摘引《手术刀》上的这段话，那他不会不把它先写在自己的摘录笔记本上。这就说明，马克思是在《手术刀》上发表这些话之后不久就写自己的这个《杂项》的。如果说这只是一个外部的根据，那么这还是一个关于写作《杂项》的时间的重要证据。

1. 《杂项》符合第 XVI 本《第三章。资本和利润》的写法和论据，特别是符合这一章的第七篇。按照顺序，它是第七篇的注释。

值得注意的是马克思在《第三章。资本和利润》中的研究，这一章由七篇组成。在前六篇中，他没有考察固定资本和一般利润率趋向下降的规律之间的结果。然而他在最后一篇即第七篇中作了这种考察。

在《杂项》的第一部分“劳动过程和价值增殖过程：使用价值和

① 《马克思恩格斯全集》第 1 版第 48 卷第 348 页。

交换价值”[①] 中考察固定资本价值转移的特性时，马克思指出，固定资本本身造成对抗一般利润率下降趋势的一些要素，而固定资本投资的增加却增强一般利润率下降的趋势。

如果我们把固定资本的两种作用比较一下，那么就能够说，后一作用是前一作用的说明。在《资本和利润》的最后一节和《杂项》的其余部分的论述之间也存在同样的关系。这种情况表明，《资本和利润》和《杂项》这两部分几乎是同时写成的。由此本文作者得出结论，《杂项》显然是在1862年3月写的。

2. 马克思写这个作为进一步说明性的《杂项》，是在写第VI至XV本之前，即在论述“剩余价值理论”以前。

在第XIII本的第716页上马克思指出，“这里还要指出，我们必须在叙述完成了的资本——**资本和利润——之前**叙述流通过程或再生产过程……对于再生产过程以及在这个过程中得到进一步发展的危机的萌芽，在论述再生产的这一部分只能作不充分的叙述，需要在**《资本和利润》**一章中加以补充”。[②]

考察一下这段话可以知道，马克思在《流通过程或再生产过程》中的研究是在《资本和利润》中的研究的前提条件。如果马克思的第VI本至XV本是在《杂项》以前写成的，那么《杂项》中的研究必将回顾关于“流通过程或再生产过程”的论述所得出的成果。

然而在《杂项》中没有回顾这件事。这就可以得出结论，马克思的这个《杂项》是在第VI本至第XV本之前完成的，也就是在1862年3月开始写第VI本之前完成的。这个结论同马克思在1862年3月写成《杂项》的判断并不矛盾。

---

① 《马克思恩格斯全集》第1版第48卷第340页。

② 《马克思恩格斯全集》第1版第26卷第2册第586页。

五、结　论

考虑到马克思手稿的产生时期，可以概括如下：

1861年12月 至 1862年1月	1862年1月 至 1862年3月	1862年3月 至 1862年11月	1862年11月 至 1863年1月
最后的笔记本——	——	——	第XVI本 （第973—1021页）
	最后的笔记本2——	——	第XVII本 （第1022—1028页）
		第VI—XV本 （第220—973页）	第XVII—XVIII本 （第1029—1158页）

图表说明，马克思是在1862年12月把最后的笔记本和最后的笔记本2按照贯通的标号标为第XVI本和第XVII本的，因为在马克思标出第XVI和XVII的编号之前，必须先存在编号XV。像本文第3节第（1）点指出的，马克思是在1862年10月至11月写第XV本的。图表表明了下述重要理由：自从恩格斯告知人们存在着这个手稿时起（见本文开头），人们就普遍认为马克思的《剩余价值理论》是在他的《资本和利润》之前写的。我不同意这种意见，上面已经作了说明。

手稿的形成阶段导致如下结论：《剩余价值理论》是建立在第XVI本和第XVII本的基础上的，而第XVI本和XVII本又是《资本论》第三卷的起点。

（京祚　译）

马克思的《政治经济学批判（1861—1863年手稿）》包含的《第三章。资本和利润》何时产生？（摘译）*

〔民主德国〕曼·缪勒沃·福克

在1980年出版的《马克思恩格斯全集》（国际版）第二部分第三卷第五册中，用德文原文第一次发表了《第三章。资本和利润》。它包括关于剩余价值转化为利润，剩余价值率转化为利润率，以及利润率的计算等内容。篇幅颇大的一部分手稿涉及生产费用和平均利润理论，以及利润率趋向下降的规律。在编者写的《前言》中，把这个第三章说成是后来的《资本论》第三卷第一篇的最初稿。并且论证说，马克思曾以《剩余价值理论》中对这些问题的详细研究作为依据，即以1861—1863年手稿第VI至XV笔记本中的研究作为依据。而且认为这个第三章也是写在从一开始就编号为第XVI本的里面的，因此，按照顺序，这部分手稿是在1862年末和1863年初写的。

经过对内容的重新分析和对手稿外部特征的比较研究，我们越来越得出如下看法：至少这一章的主要部分早在《剩余价值理论》以前就写成了，显然时间在1861和1862年的交替期间。而且研究一下正文的写作经过就可以知道，第XVI和XVII本是彼此密切相连的。在第XVI本中《第三章。资本和利润》之后，马克思又在这个笔记本的最后几页和第XVII本的前七页上补写了各种补充性的叙述、插入部分和简短的评述，并简称为“杂项”。

---

* 本文选自《马列主义研究资料》1985年第6辑。

一、关于第 XVI 和 XVII 笔记本的产生和流传

这两个笔记本的现有编号显然是后来编的，很可能是在给手稿排顺序的时候才把编号写在封页上的。最初，在第 XVI 本上写的是“最后的笔记本。12 月”，第 XVII 本上写的是“最后的笔记本 2”。写上这样的标记是由于 1861 年夏天的计划草稿[①]，也就是说，是按照马克思关于《资本论》未来各章结构的设想。关于资本和利润的论述应当形成第三点即最后一点，并且按照这个计划，应放在手稿的最后，但是，在写这个第三章手稿的时候，显然还没有想到手稿的完成问题。

能说明这种判断的是如下情况：马克思最初为这些“最后的”笔记本标的是另一种页码，他是用拉丁字母和希腊字母标的页码。只有在为手稿排次序时才重新按照前面的笔记本延续下来的顺序标上了阿拉伯数字的页码。顺便指出，马克思的手稿第 X 本也有类似情况。

对于重新确定第 XVI 和 XVII 本的写作时间的重要证据，是马克思自己在扉页上写的日期，以及在这以前和以后的笔记本上所写的日期。第 XV 本上写的是“62 年 10 月”，它的第 862—890 页包含的是《剩余价值理论》的一部分，第 891—944 页上是《收入及其源泉》，第 944—973 页上是一个插入部分《商业资本。货币经营资本》。第 XVI 本上写的是“12 月”，其中包含的是《第三章。资本和利润》，以及一些补充性的说明，一直写到第 XVII 笔记本。第 XVII 本和 XVIII 本共用了一个封皮，上面写的是“1862 年 1 月”，这是最初写上的，后来又补写上“从 1029 页开始续笔记本 XV（62 年 10 月和 11 月）”。第 XVII 本的第 1022—1029 页上就是对第三章的补充性说明，第 1029 至 1038 页上是

① 见《马克思恩格斯全集》第 1 版第 46 卷下册第 541—549 页。

《商业资本……》的后继部分，第1038至1065a页上是《插入部分。货币回流运动》。在第XVIII本的第1068—1074页上，这个《插入部分……》结束，第1075—1084页上则是《商业资本……》的结尾部分，最后，在第1084—1157页上写了《剩余价值理论》的结尾。

国际版编者显然认为马克思在第XVII本上的日期是写错了，说马克思当时还没有习惯使用新的年数“1863年”①。同时，第XVI本上的日期“12月”被补充上了“1862年”。根据上述这些说法，仿佛马克思在1862年12月和1863年1月期间写下了1861—1863年手稿的下面这些部分：第XVI至XVIII笔记本，以及第V笔记本的第211—219页，还包括第XIX笔记本重新论述资本主义使用机器的问题。这些加起来总共将近350页手稿，而且是论述多种多样的主题！这当中还包括颇为费力地研究关于《机器……》部分的笔记和写完《剩余价值理论》。如果我们考虑到，马克思在1862年12月5日至13日曾住在曼彻斯特恩格斯家里，并且接着在利物浦又待了几天，那么这两个月的工作任务几乎是无法完成的。换句话说，第XVI本和第XVII本的前七页必然是1861年12月和1862年1月期间写成的。

作出这种判断的一个重要依据，是这两个“最后的笔记本”所用的纸张。这些纸张和第V本用的纸张是一样的。相反，第XV本和XVIII本所用的纸张则是和1862年秋季写的《剩余价值理论》的笔记本的纸张一样。

这样“重新”判定的日期，解决了马克思在这一时期写作过程的说明中的一个矛盾。这样判定的日期是完全有根据地以下列情况为根据的：在第XV本中开始的关于商业资本的论述，是直接在第XVII本中

① 见编者写的关于这个手稿的《产生和流传过程》（中译文见《〈资本论〉研究资料和动态》第3集第48页——译者注）。

接着叙述的，这表现了思路的延续。国际版第二部分第三卷第五册的编者用不着把手稿正文移动位置了，而像现在这样按不正确判定的日期编定的顺序，就好像马克思为研究资本和利润问题而中断了原来的思路。今后必须把属于未来《资本论》第三卷的材料，即第XV本第891页至第XVIII本第1084页的材料，更好地联系起来，按照作者在为这些笔记本编号和编页码时表现出来的愿望，但是又按照它们实际产生的先后顺序编排出来。事实是，马克思先研究的是“资本和利润”问题，在十个多月以后才研究商业资本。这种看法由第XVII和XVIII本封页上的如下说明进一步得到证实：“从第1029页开始续笔记本XV（62年10月和11月）。”因此，在1861—1863年手稿中必须把关于资本和利润的论述按照时间顺序放在关于商业资本之前。

二、关于论述的成熟程度

对《第三章。资本和利润》中的理论按其成熟程度进行分析，也可以看出这部分手稿写成的时间比较早。

马克思在《剩余……》中得出的如下认识是一种基本性的认识：竞争的双重作用引起不同方式的资本流动，结果发生价格的“两种平均化运动”①。马克思把它们称为“市场价值”和“生产价格”，并且把它们看做直接属于平均利润率的问题。这是同对李嘉图的批判有关的，李嘉图和亚当·斯密一样，把价值和生产价格等同起来，并且不能阐明商品的价值规定和等量资本提供等量利润这种现象之间的表面矛盾，因为他“不理解一般利润率的起源”②。因此，马克思着重指出还必须找

① 《马克思恩格斯全集》第1版第26卷第2册第135页。

② 《马克思恩格斯全集》第1版第26卷第3册第194页。

到价值规律和生产价格规律之间的“中介”，由于找出了决定性的中间环节，才解决了一般形式和转化形式之间的表面上的矛盾。

但是，马克思在这个第三章中虽然区分了剩余价值和利润，也区分了利润和平均利润，可是在这里还没有论述竞争的双重作用，没有叙述价格的两种平均化运动，而只是区分了“正常价格”和“实际价格”①。

马克思在写《剩余价值理论》时指出，价值在竞争条件下具有转化的形式，直接表现为生产价格，因此他决定把这两者作为价值转化为生产价格的学说进行联结在一起的叙述。他在1862年8月2日致恩格斯的信中说：“我还是打算把地租理论放在这一卷作为增补，即作为对前面提出的原理的说明。”② 这段话意味着价值和生产价格问题的“解决”。这就是为什么在第XVI本没有论述这个问题的原因。在手稿的第XVI本中曾指出，实际价格和正常价格同价格的区别将在论竞争的那一章里详细研究。③ 这宁可说还是按照“资本一般”和资本的“现实”运动之间的划分来考虑问题，因为按照这种划分，资本的“现实”运动部分将研究平均利润和生产价格，还将研究剩余价值的一些特殊形式如工业利润、地租和利息。而1861年夏天的计划草稿到了1863年1月才最终被“扬弃”。④

根据上述这些事实，我们不能再说马克思在《第三章。资本和利润》中是根据他在《剩余……》中研究的成果进行论述的，相反，马克思这部分手稿产生于《剩余……》之前。这个手稿的写作经过，特别是涉及这里的理论方面，表明了《资本论》创作史上的以下各点：

① 《马克思恩格斯全集》第1版第48卷第291页。

② 《马克思恩格斯全集》第1版第30卷第265页。

③ 见《马克思恩格斯全集》第1版第48卷第291—292页。

④ 见《马克思恩格斯全集》第1版第26卷第1册第446—448页。

第一，这个第三章证明，马克思当时的研究还严格遵照在写《大纲》之后于1861年夏天订立的计划，限制在“资本一般”的范围内，只是后来在《剩余……》中才决定把这个计划扬弃。第二，他在写这部分手稿的时候，决定首先只叙述平均利润和生产价格理论，和绝对地租理论（作为“说明”）。第三，在写完《收入及其源泉》之后，马克思才决定详细研究商业资本和生息资本。马克思把这部分论述和第三章结合起来，这也就表明这些内容成了叙述资本关系的有机组成部分。

（京祚 译）

论1861—1863年经济学手稿第XVII和XVIII笔记本中《补充部分。资本主义再生产中的货币回流运动》的内容和地位*

〔东德〕贝·费舍尔

随着1861—1863年《政治经济学批判》手稿第一次全部以原文发表，现在马克思在第XVII和XVIII笔记本中写的《补充部分。资本主义再生产中的货币回流运动》① 也将公之于众。

要想把这一内容丰富而在科学上还没有探讨过的、至少有三十七页写得满满的手稿部分编入1861—1863年经济学手稿，并且纳入马克思全部经济理论的发展过程，就必须首先从内容方面着眼。从形式上考察《补充部分》的地位是非常不够的，部分地甚至是错误的。马克思在第XV笔记本的结尾，也就是还在《剩余价值理论》中，就开始分析商业资本。他中断了这项研究，从第XVI笔记本开始，转而写作第三章《资本和利润》，即后来的《资本论》第三卷中的问题。从第XVII笔记本开始，马克思又重新回头来分析商业资本，直到第XVIII笔记本的第1084页结束。《补充部分》包括第XVII笔记本的一半多和第XVIII笔记本的开头部分，它并不是又一次打断了对商业资本问题的论述，② 而是可以被看做插入部分，看做对商业资本的十分特殊的问题所作的内容丰

---

* 本文选自《马列著作编译资料》1981年第17辑。

① 在本文中以下简称：《补充部分》。

② 《马克思恩格斯全集》第1版第26卷第3册第624页（注144）。

富、十分详细的分析。马克思研究了“商业资本在再生产过程中出现的货币流通方面所起的作用”①。在这里，关于商业资本，在作了详细的十分专门的阐述之后，进行了比较一般性的探讨；有时商业资本问题被搁在一边，以便以后在其他方面重新进入马克思的分析中心点。当然，这里作了超出纯粹商业资本的某种“扩充”。对资本再生产许多问题作了进一步的研究（例如社会两大部类之间的交换问题，贵金属生产者的作用和地位问题，以及其他等等），但是马克思时常回过头来分析商业资本在资本主义再生产过程中的运动。谈到这个插入部分，为了说明“扩充”，也必须考虑到，马克思在《剩余价值理论》中虽然阐述了他的再生产理论的重要因素，阐述了他的再生产理论的出发点的命题②，但是还有许多问题没有解决，这些问题在《补充部分》中部分地得到了考察和解决。

在《补充部分》中，在研究货币的回流运动时，阐述了货币的不断回流问题，这个问题对于全面和深入地分析资本来说十分重要。马克思在说明资本是社会关系时，详细研究了资本循环运动、它的不同形式，并强调说，资本只能“理解为运动，而不能理解为静止物”③。特别是《资本论》第二卷第一篇表明，关于货币资本、生产资本和商品资本的循环的分析，对于理解资本的运动来说是多么重要。在我们这里特别感兴趣的第一章《货币资本的循环》中表明，货币怎样能通过它

① 卡·马克思：《政治经济学批判（1861—1863年手稿）》，第XVII和XVIII笔记本（至今未以原文发表的部分），第1074页。本文所提供的页码皆引自这一部分。

② 参看维·维戈茨基的《〈资本论〉的形成》1976年柏林版第93页。

③ 《马克思恩格斯全集》第1版第24卷第122页。

“在资本运动中的一定作用”① 来执行资本的职能，资本价值的不断回流或再转化为它的最初的货币形式有什么意义。资本主义生产过程所绝对必要的货币资本向生产资本的转化（$G—W<\genfrac{}{}{0pt}{}{A}{P_m}$），（见原文第44页）要求经常存在货币所有者，而这直接与货币的继续不断的回流联系在一起。这样，资本主义“生产按照当前的规模不间断地进行……就要有货币，也就是要有货币流回”②。

马克思在上述《补充部分》中第一次连贯地、详细地研究了曾被他看做在循环运动中消失的因素③的货币不断回流这个问题。同时，1861—1863年手稿的这一部分的意义还在于：分析和了解货币回流的基本问题，现在也有助于回答和解决资本再生产的个别问题和细节问题。要探讨货币的回流运动，前提是弄清再生产的基本问题，这一点马克思在《剩余价值理论》中已实现了。

在《魁奈的经济表（插入部分）》④ 中马克思阐述了他自己的再生产理论的要点。令人注意的是，在那里经常提到货币的回流运动。马克思在这里第一次详细地研究了这个问题，而且总是一再把它放在重要的考察地位。这一研究的主要成果无疑是区分了货币的“形式上的回流”和作为再生产行为的回流运动。从货币到商品和从商品到货币的“形式上的转化”出现在简单流通过程中，出现在单纯的商品交换中。这种“特殊的、不由再生产决定的货币回流——每当收入同资本交换时，都

---

① 《马克思恩格斯全集》第1版第24卷第35页。

② 《马克思恩格斯全集》第1版第24卷第316页。

③ 《马克思恩格斯全集》第1版第24卷第74页。

④ 《马克思恩格斯全集》第1版第26卷第1册第323—366页。

一定要发生”。[①] 而这种回流的继续、不断重复却表示再生产的行为。[②] 在这个问题上有两个方面特别值得注意。第一，指出“形式上的回流运动”，是马克思对他在 1859 年写的《政治经济学批判》中表示的对这一问题的观点的修正。“因此，我……说 G—W—G 的形式必定是 G—W—G′，是不对的。这种形式可以只表现货币回流的形式。”[③] 这个例子再一次证明，马克思从来不害怕修正错误和作出必要的精确表达，这证明他就这一点而论也肯定不同于资产阶级经济学家；第二，马克思决不认为对货币回流的研究已经结束，而是在这里（1861—1863 年手稿第 X 笔记本）一再表示打算“以后”再来加以研究。与《补充部分》（第 XVII 和 XVIII 笔记本）有关联的这个提示，值得更详细地加以考察。马克思在关于魁奈的《插入部分》中提出这样的问题：“全体资本家即工业资本家阶级不断从流通中抽出货币，怎么可能比他们投入流通的货币多呢?”[④] 这个问题正好在大约半年以后成为《补充部分》的中心点。因此，马克思从第 XVII 笔记本开始继续分析货币的回流运动——虽然特别注意商业资本的作用——，而决不是突然地、完全无联系地或者有点偶然地谈到这个问题。对货币回流开始的分析，首先在《剩余价值理论》中中断了，但是明确指出：“还有一个问题，即资本家从流通中抽出的货币多于他投入流通的货币的问题，留待以后解决。”[⑤] 根据上述理由，提出在这个问题上《经济表（插入部分)》与《资本论》第二卷有直接联系，而不考虑或不指出参阅内容丰富和承上启下的

① 《马克思恩格斯全集》第 1 版第 26 卷第 1 册第 329 页。

② 《马克思恩格斯全集》第 1 版第 26 卷第 1 册第 345—346、364 页。

③ 《马克思恩格斯全集》第 1 版第 26 卷第 1 册第 342 页。

④ 《马克思恩格斯全集》第 1 版第 26 卷第 1 册第 347 页。

⑤ 《马克思恩格斯全集》第 1 版第 26 卷第 1 册第 365 页。

中间阶段的《补充部分》，那是不正确的。[1]

在进一步探讨同《资本论》的“联系线”之前，首先必须对《补充部分》的内容作一些初步的、但绝非全面的评价。

马克思在研究货币的再转化时认为这种回流是连续不断的、不断重复的——也就是把它看做再生产的行为。这从标题就已经看出，在正文中某些地方也已清楚地表明。[2] 在那里总是把简单的货币流通同作为再生产过程的标志的回流运动区别开来。“简单的货币流通不过是同一货币经过不同人的手。相反，回流运动—连续性—的内容是，同一货币或同一货币额总是不断地作为购买或支付手段经过**同一人的**手。”（第 1047—1048 页）

《补充部分》一开始就分析“生产资本家和小店主和工人之间的流通”（第 1038 页）。马克思详细地研究了资本再生产过程中货币的形式变化。例如指出，货币对于工人来说是“单纯的铸币”，而它在生产资本家的手中是作为流通手段或购买手段的资本，“不过只是发生了形式变化的资本”（第 1038 页）。谈到商业资本（马克思在分析中总是把它放在重要地位），他说：“最后我们来看小店主，货币对于他来说不仅是他的资本的形式，而且货币的回流运动是他的资本的运动。G—W—G′。”（第 1039 页）他详细地并结合着算术例子探讨了小店主、小商人的作用和地位，考察了小商人对资本家的中介作用，而从中得出的重要成果应该说是澄清了以下问题：小店主怎样总是从流通中抽出多于他投入流通的货币？马克思先是回答说，为此“只需资本家按周（或定期）给工人支付工资”。（第 1040 页）稍后这个思想发展了。“无论如何我

---

① 《马克思恩格斯全集》第 1 版第 26 卷第 1 册第 470 页第 106 注。

② 卡·马克思：《政治经济学批判（1861—1863 年手稿）》，第 XVII 笔记本第 1038、1042 页。

们这里的例子说明，同一流通……足以使资本家支付工资；同时也足以使小店主实现……剩余价值，最后，同一数额足以使小店主实现资本和收入，并且足以使资本家总是支付同一数额来重新购买同一劳动量。”（第 1040 页）马克思特别强调说：“这种流通（就我们所考察的货币流通的范围）虽然表示货币的单纯流通：G—W—G—W 等。但是，如果我们考察隐藏在它背后的过程，这种流通同时也就表示再生产过程的总循环，它包含了密切相关连的生产、消费、分配、流通和再生产等因素。”（第 1041 页）在进一步的研究中马克思的出发点是：“在实际再生产过程中……一部分利润作为收入用掉，另一部分积累起来。”（第 1042 页）小店主的积累在这里第一次得到广泛的同时是十分详细的分析。马克思探讨了这种积累的条件（例如工人的必要的消费水平）；在这里马克思明确地把竞争抽象掉，把他的分析同部分是复杂的计算结合起来，并且把商人的现实的营业扩大同另一方面是可能的单纯的货币积累区别开来。马克思对小店主的实际积累作了某种总结，他写道：“因此，商店如果积累了，支付工资的货币就必然增加……只有当生产资本在扩大的规模上进行生产，而且只要这种扩大引起可变资本，即支付工资的资本的增长……作为商店的商店才能积累。因此流通的扩大必须……由资本提供。”（第 1044 页）可能的、在货币形式上的资本积累——当商人没有机会扩大他的营业时——可以看做是“唯一的、能够不以生产资本的其他领域中同时进行的再生产为前提的积累”。（第 1045 页）然后，马克思用以下的话结束了《补充部分》的第一部分：“就商人（小店主、零售商）来说，我们看到，他怎样总是‘从流通中抽出多于他投入流通的货币’。”（第 1046 页）

在这个地方——马克思大约已经写了《补充部分》的四分之一——他的分析有一定的扩大和变化。他说，至今的研究“对于说明商业资本在再生产过程中出现的货币流通方面所起的作用……是很重要的"，但这样还"没有解决……问题"。（第1047页）到目前为止，十分明显，仅仅是涉及和局限于商业资本的作用问题。马克思在这第一部分中自己注意到了同上述《剩余价值理论》，特别是同《魁奈的经济表（插入部分）》的连接[①]，而到目前为止，他首先是探讨商业资本从流通中抽出的怎么总是多于它投入的这一问题。

现在马克思对这个提问作了精确的说明，并且扩大了对货币回流的分析，使之超出了单纯商业资本的范畴。现在《补充部分》的性质渐渐地表现为插入部分了。研究的这种变化在下面这个注释中清楚地表现出来，这个注释，马克思特别在页边上画线加以强调。"成为问题的不是资本家收回的价值多于他付出的。因为这是关于剩余价值的来源问题，这个问题已解决了。**因此，涉及的问题是：这种剩余价值在流通中如何实现**。"（第1048页）关于这方面，马克思指出，"在总再生产过程中，不同资本的使用价值和价值怎样互相代替、支付、实现"[②]（第1048页），这已经探讨过了。那时抽象掉了货币流通，现在"只考察在流通中的货币，撇开生产过程"。（第1049页）在下一部分中，马克思十分详细地研究了金和银的生产问题。对贵金属生产者的这一首次有关联的详细的考察，对于回答上述精确说明的关于剩余价值实现的问题，是绝对必要的。社会总资本的再生产的一个重要问题（例如社会各部类之间的交换关系）要求弄清在资本主义再生产过程中金生产者的职能和作用。此外，探索一下在马克思经济理论的形成过程中对这一问题进行的第一次广泛的研究是很重要的。虽然在这里不能把马克思这一分析的全部重要方面都提及，但是必须提一下同货币回流运动有密切关系的下

---

① 卡·马克思：《政治经济学批判（1861—1863年手稿）》，第XVII笔记本第1039页。

② 马克思在这里显然是指《剩余价值理论》而言。

面这些方面。

马克思单独研究了，通过贵金属生产者同机器工厂主、煤炭生产者等之间的交换，有多少金流进了流通。然后十分详细地、结合着许多计算、并且再次联系到商业资本和生产资本，论述了金生产者的积累的可能性，探讨了“第 I 部类和第 II 部类”之间的特殊的交换关系。马克思作了某种总结，并且用少有的铅笔划的线突出了这一说明：“我们考察了同一货币额在小店主、工厂主和工人之间的循环……工厂主……最先把这些货币投入流通。因此，他必须最先从流通中收回；但是同金生产者一起从流通中收回。”（第 1057 页）

紧接着这个“总结”，有一个虽然简短但也是很重要的部分，在那里就货币回流这个方面，论述了土地所有权、地租和利息。

在这之后，马克思重又探讨了社会两个部类之间的交换关系。① 这个分析包含有很重要的阐述，这些阐述清楚地表明了马克思的再生产理论在这个时候的认识程度，而且从方法论的观点来看也是很有意思的。这些阐述在这里不再结合着像《补充部分》的第一部分中那样的专门的计算，而是已经带有比较一般化的，系统性较强的性质。马克思在方法上的处理也表明了这一点。首先抽象掉积累，也就是假定是简单再生产。（然后在第 XVIII 笔记本中加进积累。）马克思同样抽象掉了金和银的生产：他首先撇开了不变资本，并且在这里只是就可变资本和剩余价值这方面来研究流通和部类之间的交换。

马克思在批判了认为商品总价值归根到底分解为工资、利润和地租的斯密教条以后，转而研究第 I 部类和第 II 部类的资本家在他们的不变资本这个方面的再生产关系。关于对斯密的探讨，在这里只需指出，在

① 这部分占满了第 XVII 笔记本的其余篇幅，直到第 1066 页。

《剩余价值理论》中对这个问题已经有阐述。[①] 把《补充部分》同《资本论》作一对比，在这个特殊问题上得出了有趣的结果。在《资本论》第二卷中马克思在第二十章《简单再生产》中提出问题："每个资本家"怎么能够"从流通中抽出多于他投入流通的货币"，并且朝着我们已经知道的方向改变了这个问题："这全部商品价值借以进行交换的货币从何而来？"[②] 在这之后是对斯密和图克的观点进行的批判，这里必须确定同《补充部分》的相应部分相当一致的地方（直到同样的编排和引文的使用）。[③] 对于《补充部分》同《资本论》之间的这种关系还要加以较详细的研究。

在《补充部分》中对上述交换关系的分析到1064页就结束了。此外，这是可以清楚认出的一个部分的结尾，因为在下一页的开头马克思写道：

"现在还要注意：

（1）积累，特别是就货币而言。

（2）运动的**同时并行**。

（3）**金和银的生产者**。

（4）在整个运动中的**商业资本**。"（第1065页）然后马克思从第（4）点开始，并在第XVIII笔记本中继续进行这一考察。这一对商业资本的总运动的分析（现在也考察批发商和零售商）被一个简短的插入部分《关于复利问题》（占了第XVIII笔记本的前面的两页半）所打

① 《马克思恩格斯全集》第1版第26卷第1册第111—112、129—131、255—256页。

② 《马克思恩格斯全集》第1版第24卷第533页。

③ 卡·马克思：《政治经济学批判（1861—1863年手稿）》，第XVIII笔记本第1061—1062页。

断。这所以引人注意，是因为这个插入部分几乎完全地，只作了稍稍修改就被收进了《资本论》第三卷。[①] 在对商业资本的总运动的考察中包含了大量有意义的论述，在这里至少应当从中举出两点。第一，马克思强调说，“批发商的介入丝毫没有改变在小店主、生产者和工人之间原先进行的循环”。（第1068页）第二，指出“商业资本的”流通掩盖了“实际的运动，实际的关系”，“再生产过程的每一单个行为都表现为分离的和独立的”。（第1069页）

在《补充部分》的结尾部分，马克思在研究货币资本积累的同时探讨了他在分析金生产者的积累时已经提到的问题。这个问题现在得到了较广泛的论述，并且马克思作出了结论，他在这里也特别用铅笔画线加以强调：“金生产者同其他部类之间的交换不表现新的现象。但这是就以下情况而言：一部分剩余价值在这里直接表现为金的材料，从而简单再生产过程获得了使商品的价值增殖直接表现为金的积累，也就是表现为潜在的货币资本的积累的因素。”（第1073页）

马克思并没有停留在这个论证上，而是在《补充部分》的最后一页上提出了以下问题：“撇开通过同金生产者的交换……积累起来的这部分剩余价值不谈，生产资本究竟怎样能把它的一部分收入……作为货币资本积累起来……？”（第1074页）马克思没有进一步探讨这个问题，他在《补充部分》的结尾注明：“这一点放到以后来进一步考察。”[②]

鉴于对货币回流运动的阐述，对比一下关于计划的某些考虑是很有意思的。在1861年的计划草案中，以及在1861—1863年手稿的第XVI

① 《马克思恩格斯全集》第1版第25卷第444—448页。

② 卡·马克思：《政治经济学批判（1861—1863年手稿）》，第XVIII笔记本第1074页。

笔记本中关于计划的考虑里，马克思对这个问题没有发表意见。《补充部分》第一次也是唯一的一次出现在计划中，是在1863年1月的第XVIII笔记本中，也就是在写完这些笔记后的不久。马克思打算把这个问题作为第三篇《资本和利润》中的第十点“（10）资本主义生产总过程中货币的回流运动”① 来论述。所以产生用语上的值得注意的差别——在《补充部分》中马克思说“资本主义再生产”，而在计划草案中说“资本主义生产总过程”——，其原因肯定在于要编入《资本论》第三卷。但是，1894年出版的马克思主要著作的第三卷并没有包含这一点。马克思是否认为对货币回流运动的分析是次要的，或者把它根本放弃了呢?

马克思改变了他的计划——把货币回流作为第三卷中独立的一点来阐述——并且把所有基本的一般阐述放到第二卷中去，而货币回流运动的特殊问题仍留在《资本论》第三卷中，但不再作为独立的一点。一方面马克思的注释本身，另一方面对《资本论》第二卷和第三卷的内容加以比较，都可以说明这种假设。

大约在写了1863年1月的计划草案的半年以后，马克思在1861—1863年手稿的第XXII笔记本中在分析剩余价值再转化为资本的同时写道：“我们要假定产品出售后又转化为货币。对这个过程的进一步考察属于下一篇流通过程。”（第1353页）至今还没有发表的，大约是在1867和1870年间写的《资本论》第二卷的“手稿II”，在内容十分丰富的第二章《资本周转》中包含有作为第五点的“积累。关于在剩余价值实现为货币这一方面的货币流通的研究”。在《资本论》第三卷中马克思也明白确认把《补充部分》编入第二卷。“回流表示商品资本再转化为货币，G—W—G′，这是我们在第二卷第一篇考察再生产过程时

① 《马克思恩格斯全集》第1版第26卷第1册第447页。

已经看到的。"[1] 下面要举出《补充部分》中的某些基本的和一般的问题，这些问题已归入第二卷，也要指出某些特殊的个别的货币回流问题，这些问题包含在《资本论》第三卷中。

货币回流的主要问题——马克思大概是为了更好地理解而不再使用"Reflux"这个术语——已经在第二卷第一章中论述了。[2] 第十七章《剩余价值的流通》中有许多类似《补充部分》的地方。特别是关于金和银的生产的分析有明显一致的地方。[3] 第二十章《简单再生产》显示出最大程度的相一致。首先在《V. 货币流通在交换中的媒介作用》中我们得到证实，马克思把货币回流的基本问题从《补充部分》吸收到《资本论》第二卷中，并在这里加以进一步的发展和说明。[4] 类似和一致的地方不仅在内容上有，而且某些地方在原文的编排和引文的使用上也直接存在。

在《资本论》第二卷中有一系列重要的和部分详细阐述的货币回流运动的问题同《补充部分》相一致，而《资本论》第三卷在这方面包含的很少，而且只是一些十分特殊的问题，这些问题又阐述得十分简短。与《补充部分》相关的有第五篇《利润分为利息和企业主收入。生息资本》的两部分。第二十八章《流通手段和资本》包含有对"图克对通货和资本作出庸俗的划分"[5] 进行的批判，马克思在《补充部分》中也研究了这个问题。在考察小商人在货币回流中的作用时也还有一致的地方。马克思在这一章中也在信用的特殊问题上提到货币回流。

---

① 《马克思恩格斯全集》第 1 版第 25 卷第 506 页。

② 《马克思恩格斯全集》第 1 版第 24 卷第 42、51、52—53、60 页。

③ 《马克思恩格斯全集》第 1 版第 24 卷第 360—366、370—376 页。

④ 《马克思恩格斯全集》第 1 版第 24 卷第 466—469、532—536 页。

⑤ 《马克思恩格斯全集》第 1 版第 25 卷第 505 页。

例如他写道：“回流迅速而可靠这种假象……总是会由于……信用，而在较长时间内保持下去。”① 在第三十章和第三十一章《货币资本和现实资本》中在阐述货币资本的积累时有某些与《补充部分》有点关联的地方。② 在第三十三章《信用制度下的流通手段》中马克思论述了货币回流和信用之间的关系的特殊问题以及其他。在那里我们看到下面这个对我们来说是很重要的指示。马克思说明货币在“交换完成后，总是又回到预付人的手里”以后，指示说：见第 2 卷第 20 章③。这个指示肯定不是偶然出现的。《资本论》第二卷第二十章，特别是第五点显示出与《补充部分》极其相似的地方，这一点已经得到证实。因此，马克思的这一指示完全可以看做是指示参阅《资本论》第二卷中对货币回流的一般的基本的问题的阐述。

《补充部分》通过它同《剩余价值理论》和以后的《资本论》的关系，证实了马克思创作过程的连续性。同时这个重要的政治经济学的“细节问题”说明了 1861—1863 年经济学手稿在马克思经济理论的形成过程中所具有的意义。“这份大约有 1500 页，因而内容极其丰富的流传下来的马克思的手稿，清楚地表明了在对资本主义社会的经济运动规律的研究和阐述方面和在对资产阶级政治经济学的论述方面的一个重要的阶段。”④

（原载《我们的党取得了一个胜利》柏林 1978 年版）

（王燕华 译）

---

① 《马克思恩格斯全集》第 1 版第 25 卷第 507 页。

② 《马克思恩格斯全集》第 1 版第 25 卷第 539—544、547—545、552—553、567—571 页。

③ 《马克思恩格斯全集》第 1 版第 25 卷第 602 页。

④ 《马克思恩格斯全集》国际版第 2 部分第 3 卷第 1 册第 7 页。

理论研究

1861—1863 年《政治经济学批判》手稿在马克思制定无产阶级政治经济学理论过程中的地位

——研究的若干成果和问题*

〔东德〕汉·斯卡姆伯拉克

I. 关于第一次用原文出版 1861—1863 年经济学手稿的工作。这部著作的一般特点

几年来，特别是从 1973 年底以来，科学界正在从事一项光荣而艰巨的任务，即为出版《马克思恩格斯全集》（国际版）而对篇幅巨大的、迄今还未全部发表的马克思的经济学手稿进行编辑准备工作，给予科学的评注和加以阐明。本文谈的是马克思写于 1861—1863 年的《政治经济学批判》，这部著作是《资本论》写作道路上的一个重要阶段。这部著作卷帙浩繁——约 1500 页，上面写满了马克思的密密麻麻的手迹，这 1500 页手稿大约比《马克思恩格斯全集》（国际版）印刷页多一倍。因而手稿作为第二部分第三卷分成六册出版。大量的工作一直要延续到 1980 年，而且还有许多学术上的、编辑和编排上的问题需要加以解决。

---

* 本文选自《马列著作编译资料》1981 年第 17 辑。

原题注：本文对马克思的 1861—1863 年经济学手稿作了全面介绍，有一定参考价值。因全文过长，我们对一些地方，特别是有关《剩余价值理论》部分，作了删节。

第二部分第三卷六册中的第一册已于1976年10月问世。这是一本比较薄的小册子，但内容极为重要：马克思的原文有300多印刷页，每一页都是新的，科学界迄今仅有所传闻，现在第一次用原文发表。[①] 第二、三、四册是《剩余价值理论》，已经出版。第五、六册正在编辑整理中。

这部手稿为什么这样重要？它的科学价值何在？1861—1863年《政治经济学批判》手稿是卡尔·马克思为他的主要著作《资本论》所写的内容极为丰富的、严谨的准备著作。手稿是探讨和论述资本主义社会形成的运动规律、分析资产阶级政治经济学的一个重要阶段。在马克思创造经济学理论的过程中，这部手稿是1857—1858年《政治经济学批判大纲》和《资本论》之间最重要的联系纽带。在这部手稿的写作过程中，马克思找到了用来阐明他对剖析资本主义社会的全部认识的最终的和完善的形式和结构。手稿写于1861年8月至1863年7月。

1861—1863年手稿的最重要之处在于，它包含着大量新的理论发现，总的说来，这些理论发现远远超出《大纲》所达到的研究水平，并且相当接近《资本论》的成熟的、最终的论述。这首先涉及价值理论和剩余价值理论的进一步制定，以及对许多与此相关的、在此以前尚未涉及的剩余价值的特殊形式和价值转化为生产价格问题的解决。

II. 1861—1863年经济学手稿的写作经过

马克思在他1859年发表的《政治经济学批判》著作的扉页上写有“第一册”的标记。他打算把他的主要著作分册陆续出版。“第二册”本应包括《资本一般》这一章，也就是马克思经济学理论的核心。他

① 参看《马克思恩格斯全集》第1版第47卷。

曾考虑把这一章分为三篇：1. 资本的生产过程，2. 资本的流通过程，3. 资本和利润。很明显，这种划分同后来的三卷理论著作《资本论》的各个主题是一致的。

然而，马克思所写的手稿篇幅越来越大，这部手稿与其说是“第二册”的付排稿，不如说是独立成分越来越多的工作手稿。即使在手稿的前五个笔记本中明确地展示了后来的《资本论》第一卷前三篇的结构，但在这些阐述中往往一再插进一些题外话，和对一些零碎问题的阐述以及有待制定的东西的提示。如果说从第 VI 笔记本起是《剩余价值理论》，而且像计划中的那样，把它作为对剩余价值生产各篇的理论史的补充，那么，无需往下翻阅多久，就会证实一个相似的现象：又偏离了本题，重新详细阐述实际上还不应在这里论述的问题，更进一步地对资产阶级政治经济学，尤其是英国古典学派的主要代表人物斯密和李嘉图进行新的、广泛的分析。马克思随时随地都从另一个角度来考察问题，他引经据典，演算习题，对任何一种可能的反对意见都从逻辑上精辟地加以论证。如果说马克思提到他尚未考虑并解决全部理论问题，尤其是没有完全考虑并解决这些问题的科学结论，那么这整个手稿就证明了他的无限的彻底性，也就是无情的自我批判的认识。而恰恰是在真正的创造性的过程中，在研究和叙述不断变换、但也在相结合并水乳交融般地交织在一起的过程中，马克思除了着重阐述和较为明确地解决早已涉及到的问题外，首先获得了他的巨大的理论发现，这些理论发现总的说来不仅可以说，而且客观上也必须说是马克思在数十年间制定他的经济学理论的一个新阶段。

在 1861—1863 年手稿里面，可以明确区分内容方面的三个主要要素即三个部分，这同马克思的四个写作阶段是一致的。

第一个写作阶段从 1861 年 8 月至 1862 年 3 月。手稿的第 I—V 本笔记是在这个时期写成的。在这里，马克思直接谈到他的 1859 年《政治经济学批判》著作所包含的研究。他在这里论述了《资本的生产过程》这一篇的前三个题目，即《货币转化为资本》、《绝对剩余价值》和《相对剩余价值》。第V笔记本还没有写完，马克思就突然中断了对相对剩余价值的论述。

第二个写作阶段从1862年3月至12月。《剩余价值理论》（第VI—XV笔记本）就是在这个时期写成的。马克思在十个月中就写出了三册《剩余价值理论》!

第三个写作阶段是在1862年12月从写作第XVI本笔记开始的。除了对以前论述过的主题的补充外，马克思在这里还以《资本和利润》为标题写了一个草稿。这是对剩余价值转化为它的一种表现形式的最初的概述，可以说是后来的《资本论》第三卷最初各篇的原有结构。马克思在后两年中即在1863年至1865年写成的手稿中继续进行这些研究，马克思逝世以后，恩格斯从这部手稿中整理和出版了《资本论》第二卷和第三卷。

从1863年1月底起，马克思重新专心研究相对剩余价值生产问题。而且他把主要注意力放在技术进步史上。他重新研究了有关文献，深入探讨这些问题。此外，他还在伦敦地质学院听过工艺学课。

马克思在中断了他的手稿第V本笔记中关于相对剩余价值的笔记将近一年之后又继续写作，在写完第V笔记本后就直接写第XIX和XX本笔记。但是从内容上看，这里显然不仅仅是续篇。在这里，马克思是在对相对剩余价值问题已有更高认识的基础上写作的，从历史角度来看，这些问题必然同技术进步的历史有关。问题可能会出现，不管这段时间是否可以被看做手稿的全部著作的新的、独立的第四个写作阶段，不管是否同迄今所看到的那样，这段时间只包含《剩余价值理论》结束后的部分著作，这部分著作的确是由手稿的八个笔记本组成的，不过决不包括主题思想，而在内容方面却有包罗万象的特点。这个问题可以进一步研究。

手稿的最后三个笔记本还包含对《资本论》第一卷的问题的进一步制定，其中有：《劳动对资本的形式上的从属和实际上的从属》、《剩余价值再转化为资本》、《所谓原始积累》。另外，还有许多草稿可以说明最后几个笔记本的特征，这些草稿从内容上看可以列入《剩余价值理论》，然而在马克思看来，这些草稿似乎更多地是从写一部系统的政治经济学史的角度来撰写的；我们在这里只能推测，马克思当时已开始逐渐产生和筹划独立的《资本论》第四卷的思想。在这理论史的补充部分中，首先论述的是一篇威廉·配第的系统的札记，以及关于约翰·洛克、达德利·诺思、托马斯·霍布斯、大卫·休谟、约瑟夫·马西、约翰·格雷、弗朗斯瓦·魁奈及其他经济学家的笔记。最后几个笔记本的所有这些阐述，尤其是在手稿的结尾，往往补充并穿插着大量其他作者的引文和例证，而在最后一个笔记本中几乎只是摘录性的。

III. 1861—1863年手稿第一册（第I—V笔记本）的科学意义

这部分手稿中的马克思经济学理论的新的理论认识和不断发展，实质上围绕着两大主题。第一个主题包括资本和劳动之间的关系，包括同制定劳动力商品学说有关的资本和劳动这两者之间的交换。第二个主题包括对绝对剩余价值和相对剩余价值生产的详细研究。这两个主题总是互相密切地联系在一起，尤其是通过回答下述问题而联系在一起：剩余价值生产是否在价值规律的基础上和不违反价值规律地得到实现。

资产阶级古典经济学的杰出代表人物也正是在这个问题上碰得头破血流，因为如果不能说明资本和劳动之间的交换怎样在价值规律的基础上成为可能，那么也就不能揭示同价值规律一致的剩余价值生产。

为了最终解决已在《大纲》中起着重要作用的这个问题，为全面解决这个问题打下基础，马克思就是这样深入地研究工人出卖给资本家的“这种商品的特殊性质”。因此，我们在1861—1863年手稿中可以看到关于资本和劳动之间的交换的颇为详细的论述，可以看到对马克思认识劳动力商品的多方面解释，马克思由此而揭示出资本主义剥削的实质。在马克思以前，没有一个经济学家跳出如下的圈子，即认为工人出卖给资本家的是他的劳动。只有马克思才能准确地确定工人出卖给资本家的商品——即工人的劳动力。马克思在这里十分详细地解释说，劳动力即工人的劳动能力具有这样一种特殊属性，它创造的价值多于它自身的价值即维持自身所需要的价值。“计量劳动能力本身的交换价值的劳动时间同劳动能力作为使用价值被使用的劳动时间的这个差数是劳动能力在它的交换价值所包含的劳动时间之外劳动的时间，也就是高于劳动能力原先的价值而劳动的时间，作为这样的劳动时间就是剩余劳动——**剩余价值**。”[①] 创造多于劳动力即劳动能力维持自身所需要的价值的交换价值，就是它特有的使用价值。[②] 马克思强调指出，“假定工人的需要水平较高还是较低”，就是说，不管这个水平有无地区和时间上的差别，都是无关紧要的。“关于工人需要水平的变动问题，以及关于劳动能力的市场价格围绕这个水平上下涨落的问题……不涉及雇佣劳动与资本的一般关系。”[③] 就是说，历史上也没有什么原则差别，例如在1861年英国的资本主义和现代资本主义——也不是高度发达的工业国的资本主义——之间就没有原则上的差别。在资本主义所有发展阶段中，劳动力与资本的一般关系是相同的：通过资本占有工人的无偿劳动，而不管

① 《马克思恩格斯全集》第1版第47卷第94页。

② 《马克思恩格斯全集》第1版第47卷第41页。

③ 《马克思恩格斯全集》第1版第47卷第44页。

现在的工资高低与否。

现在我们谈谈第二个主题，在这个主题中，马克思在这部分手稿里得出了重要的理论认识。

马克思早在《政治经济学批判大纲》中就提出了绝对剩余价值和相对剩余价值概念，以便从质的方面区分剩余价值生产的两种方法。这两种方法第一次在 1861—1863 年手稿中得到了系统的研究和论述。马克思指出，绝对剩余价值生产在早期资本主义中，在资本主义向占支配地位的社会经济形式发展过程中占有重要的地位，这不是说，绝对剩余价值生产独一无二地属于这个时期。在资本主义开始时，实际上也进行相对剩余价值生产，尤其是通过工业革命促进了这种生产，而随着资本主义的飞速发展，这种生产就越来越重要了。这两种方法总是相互依存的，直到我们这个时代还是这样。不过，相对剩余价值生产在历史上却越来越占有重要的地位。

这后一个主题就是马克思为什么在手稿中这样不遗余力地、详细地分析"相对剩余价值"问题的基础。他在这里第一次阐明了这种剥削方法在其历史发展中的特征，他把这个历史发展分成三个质的阶段，这三个阶段同样是资本主义生产方式内部劳动生产力的发展和提高的历史阶段。众所周知，这三个阶段是：1. 协作，2. 工场手工业中的分工，3. 机器、大工业和科学的应用。

马克思指出，协作是"**基本形式，……一般形式**，这种形式是一切以提高社会劳动生产率为目的的社会组合的基础，并在其中任何一种协作中得到进一步的专业划分"①。马克思进一步把协作看做是"一种社会劳动的自然力，因为单个工人的劳动通过协作能达到他作为孤立的个

① 《马克思恩格斯全集》第 1 版第 47 卷第 290—291 页。

人所不能达到的生产率”①。在资本主义条件下，“这种社会劳动的生产力，表现为资本的生产力，而不是表现为劳动的生产力”②。

马克思把资本主义工场手工业中的分工称为协作的更发达的形式，称为提高劳动生产率，从而增加相对剩余价值的重要杠杆。马克思在这里第一次区分分工的两种主要形式：1. 社会分工，在这种分工中，产品作为商品进行交换；2. 工场手工业本身的分工即资本主义特殊的分工形式。他详细地研究了这两种分工之间的相互关系，他指出，资本主义工场手工业的特征不是把不同的劳动过程分配给工人，相反，而是把工人分配给不同的劳动过程，其中每一个过程都会“成为他们唯一的生活过程”③。因此，工人成为工场手工业中纯粹的“建筑石材”。马克思概述工人在这些条件下的资本主义生产过程中所处的地位时指出：“这种结合劳动的**社会形式**作为资本的存在与工人相对立。结合作为有强大威力的天命与工人相对立，工人受到这种天命的支配是由于他的劳动能力变成了完全片面的职能，这种片面的职能离开总机构就什么也不是，因此，它完全要依赖于这个总机构。工人本身变成了这个机构的一个简单的零件。”④ 马克思强调指出，在这里，资本主义生产方式已经在本质上抓住并改变了劳动：“这已经不再只是工人对资本的**形式上**的从属。”⑤

马克思第一次在这部手稿中阐述了关于劳动最初只是形式上从属于资本，后来才在实际上从属于资本这个命题。

---

① 《马克思恩格斯全集》第1版第47卷第293页。

② 《马克思恩格斯全集》第1版第47卷第297页。

③ 《马克思恩格斯全集》第1版第47卷第317页。

④ 《马克思恩格斯全集》第1版第47卷第319—320页。

⑤ 《马克思恩格斯全集》第1版第47卷第318页。

关于分工的这一节清楚地表明，马克思在分析政治经济学的先驱者的过程中发展了自己的理论。他比在《资本论》中详细得多地探讨从古代思想家一直到资产阶级时代的理论家关于分工的观点。但他主要研究了亚当·弗格森和亚当·斯密的阐述，首先是对斯密进行了分析。马克思批判斯密，主要是因为斯密没有区分两类不同的分工。马克思指出："亚·斯密没有把**分工**看做是资本主义生产方式所特有的东西。"[①]他认为这种情况是"由当时与现代工厂还有很大差别的**工场手工业**的发展程度"[②] 决定的；因此，在斯密看来，分工的作用相对来说要大于还只是劳动的附件的机器的作用。

然而，与资本主义生产相适应的生产方式是机器大生产。这是马克思所强调的；他在手稿的第V笔记本中着手从各个方面研究机器大生产。同时，他在机器这一节的开头就指出了同资本主义生产以前的各个阶段的本质区别：通过简单协作和分工来提高劳动生产力，资本家是不费分文的，而是他在这里使用的"社会劳动的无偿自然力"[③]。相反，随着机器的运用，劳动资料的范围明显地扩大，从而劳动过程和价值增殖过程之间的差别也就成为"生产力发展和生产特点中的一个重要因素"[④]。在这里，资本主义生产过程中劳动过程和价值增殖过程的统一特别清楚地表现出来了。在这里，使用机器只是为了提高利润，而不是为了减轻劳动或增加使用价值的生产。

马克思详细研究了在资本主义条件下机器大生产在工人身上产生的结果，并且把由机器代替活劳动称为技术进步的重大成果。使用机器不

---

① 《马克思恩格斯全集》第1版第47卷第309页。

② 《马克思恩格斯全集》第1版第47卷第312—313页。

③ 《马克思恩格斯全集》第1版第47卷第363页。

④ 《马克思恩格斯全集》第1版第47卷第368页。

仅使劳动生产率提高，而且也使劳动变得高度紧张。马克思在这里第一次详细研究了仍然具有重大现实意义的资本主义生产方式的这种趋势。机器产生的结果是劳动时间的缩短，“这时，每一分一秒都充满了更多的劳动；劳动强度提高了。由于采用机器，不仅劳动生产率（从而劳动质量）提高了，而且在一定时间内消耗的**劳动量**也增加了。时间的间隙由于所谓劳动紧凑而缩小了”①。结果是工人的寿命缩短了，至少是工人一生的能动时间缩短了，因为“在同一劳动小时内，劳动力被更快地消耗掉了”②。

马克思叙述了工人怎样反抗这种新的剥削形式。他描绘了工人反对降低工资、为提高工资或者为确定正常工作日所进行的罢工斗争。资本家则通过使用机器来对付这种罢工。关于这一点，马克思说，机器在这里直接成了“资本**驾驭**劳动的权力，成了资本镇压劳动追求独立的一切要求的手段。在这里，机器**就它本身的使命来说，也成了与劳动相敌对的资本形式**”③。

马克思根本不排除工人的物质状况有可能得到改善，但他强调指出，这一点丝毫也没有改变“**相对剩余价值的性质和规律**，丝毫也没有改变这样一个事实，即生产力提高的结果是工作日中一个越来越大的部分为资本所占有”④。他把“想通过统计材料证明工人的生活状况由于劳动生产力的发展在某个地方或某些方面得到了改善，以此反驳这个规律”的尝试说成是“荒唐的”。⑤

---

① 《马克思恩格斯全集》第1版第47卷第378页。

② 《马克思恩格斯全集》第1版第47卷第378—379页。

③ 《马克思恩格斯全集》第1版第47卷第385页。

④ 《马克思恩格斯全集》第1版第47卷第285页。

⑤ 《马克思恩格斯全集》第1版第47卷第285页。

以上所说的就是 1861—1863 年手稿第一册同《大纲》相比在理论方面最重要的新东西。

IV.《剩余价值理论》——1861—1863 年经济学手稿的组成部分和理论知识的宝库

我们所以应当在这里考察《剩余价值理论》，因为它是马克思 1861—1863 年经济学手稿的完整的组成部分。在这里，在我们面前的确展示了一个广阔的考察天地，我们的眼光也宽阔了，正如约翰·菲力浦·贝克尔在谈到《资本论》时曾经说过，《资本论》是隐藏着质地最纯的黄金的科学宝库和含有闪闪发光的珍珠的理论知识宝库。马克思遗留下来的《剩余价值理论》手稿使我们对他的创造性的工作方式有所了解。

在马克思着手写《剩余价值理论》时，他进一步制定了价值理论和剩余价值理论的基本特点，从理论上阐明了作为生产过程中的纯粹形式的剩余价值的产生。但是，对价值理论和剩余价值理论的全面的科学阐述和完成尚有所待；摆在马克思面前的主要任务是：全面研究和论述剩余价值在资本主义社会的表面所表现出来的具体形式，即利润、利息和地租。因此，直到这时，只有一些象征性的初步提纲。

因此，马克思第一次在他的著作的历史部分的草稿中分析了这些范畴，这决不是偶然的。资产阶级的经济学家，包括他们的主要代表人物斯密和李嘉图在内，都不懂得剩余价值的本质和内容。马克思在《剩余价值理论》卷首写道："所有经济学家都犯了一个错误：他们不是就剩余价值的纯粹形式，不是就剩余价值本身，而是就利润和地租这些特殊形式来考察剩余价值。”① 因此，马克思对资产阶级剩余价值观点的分析和批判必然要同他对资产阶级关于利润、地租和利息的理论的分析和批判交错在一起。

马克思对一些基本论点，尤其是对资产阶级古典政治经济学的代表人物的基本论点进行分析，从而加强了他的研究工作，这使马克思在《剩余价值理论》中取得了一系列极为重要的成果，如第一次从理论上全面解决了平均利润和生产价格、市场价值、利息、地租、特别是绝对地租、社会总资本的再生产、资本积累、经济危机这些问题，最后则分析了生产劳动和非生产劳动问题。

此外，《剩余价值理论》的价值所以有所提高，是由于在这里较为详细地论述了一些在《资本论》中简要地阐述的问题，即使这一论述还比较粗糙。例如涉及生产劳动和非生产劳动的区别，资本主义危机的不可避免性，地租理论，特别是绝对地租理论，或者商品的个别价值和市场价值之间的关系。这里值得注意的，是思想、认识的由来。就外表来看，《剩余价值理论》手稿以其叙述的修改和补充显示了马克思为最好地恰当地论述研究和认识的东西所作的努力。其中有许多东西在过去的著作中是见不到的。因此，只要从手稿的形成过程和联系上来考察马克思经济研究的成果，就可以深刻理解这一成果。

《剩余价值理论》极为明显地深刻地说明了马克思方法的一个基本特点：他总是把制定自己的经济学理论同研究和论述经济学说史密切结合在一起。资产阶级政治经济学这门科学的发展过程都反映在马克思自己的经济学著作的各个阶段中。对马克思来说，历史观是他的经济理论的不可分割的组成部分，然而并不是静止不动的要素，而是批判，是卓有成效的分析。马克思早在1844年就想写一篇《政治和政治经济学批

① 《马克思恩格斯全集》第1版第26卷第1册第7页。

判》。写于马克思的主要著作之前而又逐渐为这部著作准备的五十、六十年代的所有卷帙浩繁的研究用的手稿，除了有些小的变动外，都用了《政治经济学批判》这个标题。1859年发表的第一册是以这个名称出版的，而完整的著作《资本论》最后还保留了《政治经济学批判》这个副标题。对马克思来说，对政治经济学的批判同对资产阶级社会的批判一样重要，而对到目前为止的经济学理论的批判是同他自己的理论的发展紧密结合在一起的。

马克思在《剩余价值理论》中对法国重农学派的历史地位和理论功绩作了全面的评价。他们为解决在价值规律基础上资本和劳动之间的交换问题作出了重大贡献。马克思主要研究了重农学派在资产阶级经济科学史上和在资产阶级经济科学发展中的两个主要功绩。其中一个主要功绩在于，他们最早不再从流通领域研究剩余价值的起源。重农学派的第二个巨大理论功绩在于，弗朗斯瓦·魁奈最早就试图研究和论述在全国范围内资本的整个再生产过程和流通过程。

马克思在研究重农学派的经济观点时，除了评价他们的科学功绩外，还着重指出这样一个事实，即重农学派本身具有一种对资本主义社会的绝对非历史的考察方式。他们认为资产阶级社会是永恒不灭的，资本主义生产方式是人类共同生活的自然形式。后来的全部资产阶级经济科学对这个问题的看法同他们是一致的，并且不能克服他们对资产阶级社会的非历史的观点，这是理论研究中十分重要的认识局限。资产阶级经济学家不可能理解：生产资料只有在一定的历史条件下才能转化为资本；他们把资本同自然物质生产条件本身混同起来，并且没有认识到资本表现了以历史为依据的社会关系，而同时又隐藏了这种关系。

同重农学派相反，亚当·斯密是在这样一种决定性的情况下继续发展资产阶级古典政治经济学的，他在许多问题上直接突破了重农学派的客观的认识局限。马克思在《剩余价值理论》中对亚当·斯密的科学功绩予以高度的评价。同时，马克思指出了斯密学说中的矛盾和错误，指出他在分析经济范畴中的两重性，这种两重性在他所确定的和相互矛盾的各种价值规定中表现得特别明显。

为了批判把社会产品的全部价值归结为收入的所谓斯密“教条”，马克思在《剩余价值理论》中明确提出了社会总资本的再生产问题，特别是详细研究了不变资本的补偿问题。他阐明了按使用价值再生产和按价值再生产的条件和区别。

马克思的《剩余价值理论》以很大的篇幅分析了关于资本主义社会中生产劳动和非生产劳动的资产阶级观点。这个问题同阐明资本和劳动之间的交换有十分密切的联系。马克思深入研究了斯密对这个问题的见解。马克思对斯密关于生产劳动和非生产劳动的观点的批判和分析，是同他自己对这个问题的见解的发展紧密结合在一起的。虽然马克思曾计划过，但却从未像在《剩余价值理论》中这样一再回过头来详细地论述这个问题。马克思认为，分析资本主义社会中哪一种劳动是生产劳动这个问题，对于进一步制定他的剩余价值理论是至关重要的。他指出，在资本主义生产条件下，只有创造剩余价值的劳动才是生产劳动。

马克思在《剩余价值理论》中还同普鲁士经济学家约翰·卡尔·洛贝尔图斯论战，洛贝尔图斯早在十年前就以要求揭示并论证被李嘉图所否认的绝对地租的存在著称。同洛贝尔图斯的论战所以有重大意义，是由于马克思因此而第一次制定了卓有成效的绝对地租理论。

在分析李嘉图的科学体系的过程中，马克思在《剩余价值理论》中获得了大概是最重要的理论发现。他认为李嘉图的学说是资产阶级古典政治经济学的顶点，并且对李嘉图在发展经济科学方面的功绩予以很高的评价。李嘉图对政治经济学的发展受到资产阶级的科学的和阶级的认识局限所限制，但他没有克服这一认识局限。这使他在到了不可避免地要认识资本主义的历史性质，而他却缺乏这种认识的时候，他就往往会得出错误的理解。马克思详细阐述了李嘉图的错误；然而他没有就此停滞不前。他在《剩余价值理论》中第一次发展了有科学根据的市场价值理论，平均利润和生产价格理论。

《剩余价值理论》中的剩余价值理论、平均利润和生产价格理论的制定是极为重要的。这种理论是论述马克思在政治经济学中所完成的革命的极其重要的知识。但它也是解决资产阶级古典政治经济学所束手无策的其他重要问题的钥匙。平均利润和生产价格理论的制定，使马克思能够论证绝对地租的存在及其来源。

因为李嘉图把价值和生产价格等同起来，这就妨碍他从理论上对利润率这种有倾向性的情况作出正确的解释。因为他没有区分利润率和剩余价值率，所以他认为工资的提高是利润率下降的原因。同李嘉图相反，马克思指出，资本有机构成的不断增加是利润率下降的真正原因。

马克思在《剩余价值理论》中还分析了李嘉图对不变资本的本质的不理解，这种不理解使李嘉图同更早以前的亚当·斯密一样，在研究社会总资本的再生产时忽视了这个资本组成部分，因为这个组成部分表面上可以又归结为劳动。同李嘉图相反，马克思强调指出："首先，必须弄清**不变资本的再生产**。"①

马克思第一次阐发了关于社会总资本的再生产的原则是同这些考虑分不开的。把社会生产分为两个部类具有极为重大的意义：第I部类——生产资料的生产，第II部类——消费资料的生产。这使马克思不仅能够从价值方面，而且能够从使用价值方面准确地分析社会总资本的再生产的理论条件。马克思在政治经济学上的一个基本发现也就是解决了这些问题，这一发现已在《剩余价值理论》中作了阐述。

在《剩余价值理论》中，我们还可以看到关于发生资本主义危机

① 《马克思恩格斯全集》第1版第26卷第2册第538页。

的重要论述。马克思从资本主义的矛盾中，主要是从资本主义的基本矛盾中得出经济危机的规律性。

最后，马克思在《剩余价值理论》第三部分中分析了作为科学的资产阶级政治经济学的衰退过程，这个过程从李嘉图在世时就已开始，但全面的衰退却是从1830年开始。马克思分析了完成资产阶级古典经济学的这一解体过程的主要流派：第一是劳动价值论的公开反对派对李嘉图的反动批判；第二是李嘉图的继承人捍卫李嘉图的学说，他们使李嘉图学说教条化，从而加速了它的衰退过程；第三是继承李嘉图理论的主要成果，以便从这些成果特别是价值论中得出有利于无产阶级的空想社会主义的结论的理论家的批判。

随着工人阶级作为独立的政治力量的出现和壮大，资产阶级经济学中庸俗的成分就开始占了上风。这种情况是与对古典经济学的科学成就，特别是对劳动价值论的逐步否认同时发生的。同致力于研究经济现象的本质的资产阶级古典经济学家相反，庸俗经济学家看到的是现象世界。马克思写道："庸俗经济学家——应该把他们同我们所批判的经济学研究者严格区别开来——实际上只是［用政治经济学的语言］翻译了受资本主义生产束缚的资本主义生产承担者的观念、动机等等，在这些观念和动机中，资本主义生产仅仅在其外观上反映出来。他们把这些观念、动机翻译成学理主义的语言，但是他们是从［社会的］统治部分即资本家的立场出发的，因此他们的论述不是朴素的和客观的，而是辩护论的。"①

《剩余价值理论》的计划并不考虑空想社会主义和空想共产主义的著作家们的论断。值得注意的倒是那些自身从经济学的前提出发并用资产阶级经济学本身的理论方法来反对资产阶级经济学的空想社会主义

① 《马克思恩格斯全集》第1版第26卷第3册第499—500页。

者。马克思对这批空想社会主义者极为关注并对他们维护工业无产者的利益给予很高的评价。但是，马克思同时十分准确地指出，这些空想社会主义者没有冲破政治经济学的庸俗化过程，因为他们作为经济学家仍然是李嘉图派，他们有利于工人阶级的要求的出发点不是资本主义的经济运动规律，他们不了解无产阶级的世界历史使命，而只能提出一些从一开始就使他们的要求变为空想的合法的、道德的和伦理的根据。

马克思以《补充部分：收入及其源泉》结束了《剩余价值理论》的写作。在这一补充部分中，马克思论述的理论部分和历史批判部分同样是互相密切地联系在一起的。在李嘉图学派的解体完结之后，在无产阶级和资本家阶级之间的阶级斗争从 1830 年起公开和普遍爆发后，就不再可能有科学的资产阶级经济学了。庸俗主义逐渐侵蚀了资产阶级经济学，而资产阶级经济学客观上变成了辩护论的经济学。马克思在《补充部分》中令人信服地、简明扼要地论述了资产阶级政治经济学从古典时期以李嘉图所达到的科学顶点开始到政治经济学职业辩护论的极肤浅的庸俗主义的逐渐衰退过程。

马克思在论述收入及其源泉时揭示了庸俗经济学的阶级根源和认识论根源。庸俗经济学已经回到和正在回到关于资本主义生产方式的最肤浅的观念，即认为土地是地租的源泉，资本是利润的源泉，劳动是工资的源泉。在利润分解成利息和企业主利润，从而把利息作为资本的“自然”衍生物和企业主利润作为资本家的“劳动”成果来支付的时候，这种把生产关系同它们的实际表现形式混淆起来的拜物教就达到了登峰造极的地步。如果说在利润中还可以看到剩余价值的源泉的话，那么在对利息的拜物教考察中，劳动与剩余价值的任何一种关系都消失了。

然而，马克思除了努力揭示资产阶级经济学的一般衰退过程外，还努力揭示经济学理论的科学发展的真正要素，这些要素也可能还是微不足道的。在 1861—1863 年手稿的第 XVIII 笔记本中，也就是在《剩余价值理论》主体之外列举了有关这一方面的实例。因此，在下一节就来研究这些实例。

V. 马克思在写完《剩余价值理论》的草稿后的进一步研究。关于1861—1863年手稿第XV—XXIII笔记本

整个说来，以上论述——同本文的“研究的若干成果和问题”这个副标题是一致的——或许可以叫做对整理出版马克思1861—1863年《政治经济学批判》手稿第I—XV笔记本所得出的成果的概述。对第XV—XXIII笔记本所进行的部分地说必然是零碎的、而整个说来比较简短的下列评述，所得到的成果要比需要研究的问题少得多；对这些笔记本目前正在进行认真的理论研究和出版准备。这些笔记本组成《马克思恩格斯全集》（国际版）第二部分第三卷第五册和第六册。

在马克思以作为承前启后的复合体的第XV笔记本的三分之二篇幅结束了《剩余价值理论》之后，他就转而研究一系列的问题，正如在论述手稿的发展史时就已经指明的那样，所有这些问题是属于《资本论》的全部三卷的。

《马克思恩格斯全集》（国际版）第二部分第三卷第五册所包括的材料从手稿第XV笔记本的第944页开始。这些材料紧接着——例如没有任何标题——对中世纪的高利贷资本的简短考察，对马丁·路德一些与此有关的、十分激烈的言论加以评注。马克思从分析商业资本入手；为此他把第XV笔记本所剩下的20页都写完了，然后才中断了这个题目。第XVI笔记本是从研究《第三章。资本和利润》开始的。马克思一口气就把这个笔记本写完了并继续写第XVII笔记本。在《马克思恩格斯全集》（国际版）中，这一部分约占100个印刷页。然后，马克思再回到商业资本这个题目上来，就是说，重新把他在第XV笔记本的末

尾所中断的研究继续进行下去。然而，他只写了几页，就再次离开商业资本这个问题而插入他自己称之为内容比较丰富的《补充部分》，而且定下“资本主义生产中货币的回流运动”这个标题。1863年1月，马克思在第XVIII笔记本中暂时结束了这个补充部分，他明确表示要推迟对这个问题的进一步的研究；就是说，他显然打算在适当的时候继续研究它；然而这一打算并没有实现。接着已是第三次继续对商业资本进行研究，同时也结束了这一研究。马克思现在又完全直接回到理论史的命题上来并先后论述了：《以李嘉图为依据的无产阶级反对派》，《乔治·拉姆赛》，《舍尔比利埃》，《理查·琼斯》。然而，在《马克思恩格斯全集》（国际版）中，并没有把《剩余价值理论》的这一明确的续篇编入《剩余价值理论》，因为马克思对此没有明确的提示；这些文章仍然保留了马克思所写的样子，因而作为第二部分第三卷第五册的结尾。

对上述特殊的、内容残缺不全的1861—1863年手稿的这一部分的结构，需要逐一进行深入的研究和解释。但另一方面，现在已清楚的是：马克思在这里进行了紧张的研究，由于这种研究，他要论述的计划一再被拖延下来，往往完全被挤掉了。他进一步从各个主题方面对那些包括剩余价值的各种表现形式的理论问题作了独特的论述。这样，我们可以看到，从理论上解决商业资本问题的多次准备，在1865年写下的《资本论》第三卷的内容丰富的初稿笔记中获得了进一步的解决，深入化，系统化和完善化。

《第三章。资本和利润》的写成具有巨大的理论意义。根据所有对《大纲》和1861—1863年手稿现有部分的这个主题的暗示、提示和个别有关的阐述，我们在这里可以看到马克思关于系统地论述在资本主义生产中作为剩余价值主要形式的利润以及利润和剩余价值在资本主义历史发展过程中的相互关系的最初尝试。如果承认这部分手稿的草稿性质也就是“原始的”形式，我们就可以这样说，在这里，从思想的、理论的财富和我们的眼界所看到的东西来说，这一论述至今是对“剩余价值—利润”问题的最好的解决和论述。我们也可以在马克思1863—1865年手稿中看到这一论述的继续、完善和完成。

所有这一切都已证实马克思在研究之前自己提出的写作提纲。这一提纲大致如下：

“（1）剩余价值和利润。

（2）利润总是把剩余价值表现得很小。

（3）比例在数字上和形式上发生改变。

（4）同一剩余价值可以表现为极不相同的利润率；同一利润率可以表现为极不相同的剩余价值。

（5）剩余价值和利润的比例等于可变资本与总资本之比。

（6）**生产费用**。（a）利润等于产品价值超过生产费用价值的**余额**。它不属于单个资本的生产费用。（b）利润属于资本主义生产本身的生产费用。（c）商品可以为了利润而**低于**它的价值出售。（d）剩余价值已定时，利润率通过不变资本价值的降低，通过不变资本使用上的节约而提高。（e）一定量的资本是利润的尺度。（f）利润不是剩余价值，总资本的积累率，从而资本家们实际的赢利率。（g）利润率和利润量。利润同资本量的比例或平均利润率。（h）固定资本和劳动时间。

（7）在资本主义生产进程中**利润率**下降的一般规律。”①

马克思在阐述时始终如一地按照这个预先拟定的提纲进行，尽管这一阐述往往只是提纲挈领或简明扼要。而且他在思想上始终把作为整体和暂时存在的资本主义生产方式看成一个历史时期。

首先，马克思试图下一个狭义的定义：“在一定的流通阶段所产生的**剩余价值**（例如以一年为尺度……）同已被预付的**总资本**之比，叫

① 马克思：《政治经济学批判（1861—1863年手稿）》第XVI笔记本第A页。

做利润。"① 然后，他非常认真、详细地加以解释、举例、甚至整理他所研究的各种反对意见，引证这个或那个作者。此外，他会突然有新的、重要的想法：几乎就是自己同自己论战，在这种情况下，对他的上述写作草案的第三点就有矛盾的解释。在这第三点中，马克思用一句话概括剩余价值与利润的关系："比例在数字上和形式上发生改变。"他还指出："区别不仅是**数字上的**区别，而且是**概念上的、本质上的**区别。不仅估计不同，计量和计算不同。而是相反。这种计算、计量、估计上的不同对资本来说是必然的，表现出资本的具有特征意义的关系，表现出某种新形式的形成，这种新形式就像交换价值形式和货币形式之间的区别一样是本质的。"

"我们已经看到，剩余价值与资本的可变部分的关系是一种有机的关系。它事实上暴露了资本作为资本而存在的形成和增长的秘密。这种有机联系在利润和资本的关系中消失了。剩余价值获得了这样一种形式，在这种形式中，剩余价值起源的秘密连一点迹象都没有了。由于资本的所有部分有规律地表现为新产生的价值的基础，资本关系就变得完全神秘了。在剩余价值本身中，表现出来的始终是资本与它所占有的劳动的关系。在资本与利润的关系中，资本不是与劳动发生关系，而是与它自身发生关系。"②

在这里，正如常常在这部手稿中遇到的，可以直接了解马克思的思维活动。显而易见，他获得了各种发现。正如上面谈到的，马克思的方法的一个重要因素，就是不断地批判性地检验自己的言论和证明，在这

① 马克思：《政治经济学批判（1861—1863年手稿）》第XVI笔记本第973页。

② 马克思：《政治经济学批判（1861—1863年手稿）》第XVI笔记本第974页。

里甚至对自己刚刚才提出的论点进行某种程度的自我批判的反论证。因此，马克思达到了思想深度并揭示了新的东西，发现了重要的观点。

马克思指出，利润是资本直接关心的唯一形式。于是，马克思从这个看法出发，着重探讨为使整个生产过程，因而既是活劳动也是所有类型的物化劳动经济化的资本的所有形式和方法。在这深入细致的探讨中，插进了不少例子来加以说明，马克思最后指出："利润不过是资本主义生产中的推动手段，并且只有在生产能够带来利润的情况下，才被生产出来。"①

在这一部分中占主要篇幅的是对一般利润率、平均利润率的理论阐述，它们与劳动生产力的提高的联系，最后是证明，"**在资本主义生产进程中利润率有下降的趋势**"②。

马克思强调指出，他在这一研究中考察的始终是资本一般，而不是"资本的真正的活动或竞争"。他写道："但是，在这里却可以顺便说一下，处于提高了剩余价值率和降低了利润率的较高阶段的这种生产，是一种庞大的生产，也就是以消费使用价值为前提，从而周期性地不断导致生产过剩，这种生产过剩周期性地通过扩大市场来得到解决。不是因为需求不足，而是因为缺少支付能力。因为这同一个过程是以规模越来越大的无产阶级为前提的，所以超出必要生活资料的需求就明显地和进一步地受到限制，而这一过程同时是以需求范围的不断扩大为条件的。马尔萨斯正确地指出，工人的需求决不会使资本家满足。资本家的利润恰恰在于工人的贡献超过他的需求而形成的剩余。任何一个资本家也都

① 马克思：《政治经济学批判（1861—1863年手稿）》第XVI笔记本第1005页。

② 马克思：《政治经济学批判（1861—1863年手稿）》第XVI笔记本第999页。

懂得这是指他自己的工人，而不是指购买他的商品的其他工人。对外贸易、奢侈品生产、国家的浪费（国库支出等等的增加）——固定资本等等的大量耗费，阻碍着这个过程……令人惊异的是，同一些经济学家竟承认资本的周期性的剩余生产……而否认商品的周期性的剩余生产。（似乎最简单的分析并没有说明，两个现象只不过是以不同的形式来表现**同一个二律背反**。）

这单纯的可能性使李嘉图（马尔萨斯和李嘉图学派也是一样）感到不安，这恰恰证明他对资本主义生产条件有深刻的理解。人们谴责他，说他对‘人’漠不关心，在考察资本主义生产时只着眼于生产力的发展——总是以某种牺牲为代价的——并不关心分配和消费，这恰恰是他的伟大之所在。**社会劳动生产力的发展**是资本的**历史**使命和权利。正是这样，资本无意识地创造了较高级的生产方式的物质条件。在这里，使李嘉图感到不安的是，利润——资本主义生产的刺激力和积累的条件，以及积累的欲望——由于生产的发展规律本身而受到损害。而这里量的比例就是一切。

事实上，李嘉图所预感到的有其深刻的原因。这里以**纯粹的经济**的方式，从资本主义生产本身出发，表明了资本主义生产的界限——资本主义生产的**相对性**，即资本主义生产不是**绝对的生产方式**，而只是一种历史的、同物质生产条件的一定的有限的发展阶段相适应的**生产方式**。”①

以上几处引文引自《资本和利润》章。深入的研究将进一步决定这一章在马克思的利润学说中的地位和位置。

关于《补充部分。资本主义生产中货币的回流运动》，只谈几句。

---

① 马克思：《政治经济学批判（1861—1863年手稿）》第XVI笔记本第1006页。

马克思在这里初次研究有关货币的不断的回流运动问题。对这个问题的论述是解决资本再生产的许多单个问题所必不可少的。我们在这里不多谈了，因为有论述这个《补充部分》的专门文章。

1861—1863 年手稿的第 XIX 到第 XXIII 本将构成《马克思恩格斯全集》（国际版）第二部分第三卷第六册。马克思在第 XIX 和第 XX 本中继续研究相对剩余价值的生产。这些材料在《马克思恩格斯全集》（国际版）中约有 200 页。接着还进行一些专题研究，其中关于《资本生产力。生产劳动和非生产劳动》这一类的研究是篇幅最大的。在其他几个稿本中插入了更多的论述一些经济学家，尤其是资产阶级经济学初期的经济学家的简短草稿，而手稿最后包含了大量的引文和摘记。

在写作第三篇《资本和利润》时，马克思曾十分明确地打算结束 1861—1863 年手稿。至少在第 XVI、第 XVII 和第 XVIII 本上最初标明的“最后的稿本”和“最后的稿本 2”以及马克思 1862 年 12 月 28 日致库格曼的信可以说明这一点。信中写道：“第二部分（指《资本一般》这一章。——编者注）终于已经脱稿，只剩下誊清和付排前的最后润色了。”① 但是，马克思在结合这一章来校阅手稿的第 I 本时就考虑到要论述相对剩余价值，特别是机器问题。他在 1863 年 1 月 28 日致恩格斯的信中写道：“我正在对机器这一节作些补充。在这一节里有些很有趣的问题，我在第一次整理时忽略了。为了把这一切弄清楚，我把我的笔记（摘录）全部重读一遍，并且去听韦利斯教授为工人开设的实习课……”②

此后约六个月的研究成果，首先就是对资本主义的科学和技术的作用的新的、重要的认识。最后，马克思还在《剩余价值理论》中分析

---

① 《马克思恩格斯全集》第 1 版第 30 卷第 636 页。

② 《马克思恩格斯全集》第 1 版第 30 卷第 317 页。

经济表和李嘉图的积累理论的基础上，第一次系统地阐述了他的积累理论的基本要素。这些思想包括在第 XIX 至第 XXIII 本中，这些稿本同第 V 稿本中的论述有直接的联系，同时也是 1861—1863 年手稿的新的修订阶段的证据。第 I—V 和第 XIX—XXIII 本中所论述的各点的理论内容和结构证实了恩格斯的说明，即这部手稿包括《资本论》第一卷的现有的最早文稿。①

马克思如此详细探讨技术发展问题的第 XIX 和第 XX 本在科学文献上获得了“关于技术的笔记”的称号。马克思不是为技术、工艺学、技术进步等等本身而研究这些东西。研究这些东西都服从于这样一个目的，就是进一步研究和解决在机器大生产的条件下的相对剩余价值问题。同时马克思也注意在资本主义一般条件下的机器的应用、技术进步的社会经济后果问题，工人阶级状况问题，其中有这样一些后果，如与剩余价值增加有关的工人阶级状况的相对恶化，工作日的延长，劳动强度的提高，失业的危险，对妇女劳动和儿童劳动的使用等等。

为了能够说明机器的本质特征和大量使用机器的社会后果的特征，如机器产生于工业革命，马克思在第 XIX 和第 XX 笔记本中收集了有关科学和技术历史的内容丰富的材料。

第 XXI 至 XXIII 笔记本包括了对积累理论的论述，这些论述是通过各种再生产图表来表示的。马克思在这里阐述了社会生产分为两个部类：生产生产资料的第 I 部类和生产消费资料的第 II 部类。② 他指出了总资本

① 《马克思恩格斯全集》第 1 版第 24 卷第 4 页。

② 马克思：《政治经济学批判（1861—1863 年手稿）》第 XXII 笔记本第 1381 页。

的平衡和按比例发展的基本条件，从而形成了著名的等式Ⅰ（v＋m）＝Ⅱc。[①] 紧接着一般再生产理论的初稿的还有——尤其是在第XXIII笔记本中大量的摘要和一些有待修改的材料的笔记。事实上，马克思就此直接过渡到《资本论》的写作，而《资本论》所有三卷的第一个详加琢磨的稿本则是后来从1863年8月至1865年12月产生的。

（原载《我们的党取得了一个胜利》柏林1978年版）

（李放文、鲍世明 摘译）

① 马克思：《政治经济学批判（1861—1863年手稿）》第XXII笔记本第1381页。

《资本论》的第二稿以及生产力和生产关系的辩证法*

〔民主德国〕尤·容尼克尔　B. 利茨①

1983年纪念卡尔·马克思逝世一百周年的前夕，总篇幅为两千四百印张的马克思《资本论》第二稿（1861—1863年手稿）用原文全部发表了。对德国读者来说，以前只熟悉这个《资本论》手稿中的《剩余价值理论》部分，因为那时还有九百页马克思的手稿没有公开发表。这样大规模地发表马克思的经济学手稿是科学生活中的一件大事，它堪与1939年和1941年发表《资本论》的第一稿《政治经济学批判大纲》相比拟。

1861—1863年手稿中新的东西何在呢？对哲学研究来说，它也有堪与《大纲》相比拟的意义吗？我们认为，手稿表现了进一步发展经济理论的重要方面。马克思更加加强了研究剩余价值规律这个资本主义社会形态的发展规律。他一方面把资本主义生产关系作为发展生产力的动力来研究，另一方面对生产力本身的认识加深了，由此对经济运动规律的作用的认识具体化了。这首先表现在对相对剩余价值理论和它的生产方法（协作、分工和工场手工业以及机器和大工业）的详细研究上。与《大纲》相比，手稿中的新东西是：在1861—1863年手稿中生产方

* 本文选自《马列主义研究资料》1984年第1辑。

① 作者均为民主德国马列主义研究院科研人员，哲学博士。本文略有删节。——译者注

法被首次按照其内在顺序加以分析。在这个意义上，手稿对研究生产力和生产关系的辩证法有着特殊的意义。下面我们较详细地来谈一下。

马克思在进一步发展他的经济理论的1861—1863年手稿中是以《大纲》的什么认识为出发点的呢？他又是怎样达到这些认识的呢？与资产阶级的学说相反，马克思揭露了资本主义生产方式的剥削性，并反对任何改良主义的企图。无论在当时还是现在，这种生产方式的革命变革被证明是实现社会主义的必然前提。马克思通过唯物辩证的研究方法达到了这些思想（从整个政治经济学思想到具有革命思想的结果）。这种研究方法还包括这样一个原则，即首先撇开借助于资本主义竞争所进行的剩余价值的实现和分配问题，因为它们掩盖了资本主义剥削的实质。这种研究方法的概念被马克思用来揭示剩余价值理论的核心，也就是揭示资本形成的一般条件和资本主义生产关系的核心结构。这指的是资本主义生产的下列这些根本的形式规定性，如体现在商品中的劳动的二重性、劳动力商品、不变资本和可变资本、剩余价值、作为劳动过程和价值增殖过程的统一的资本主义生产过程，以及一般积累理论和利润理论的基础。

在理论发展的这个阶段上，即剩余价值规律首先在它的结构上被理解的这个阶段上，例如，以马克思的《资本论》逻辑为基础的、并致力于结构分析和形式分析的资产阶级研究者们，把马克思政治经济学范畴的内容缩减了。他们故意看不到马克思在《大纲》中使用的方法的优点和局限，并且忽略了马克思本人已经指出的他进一步分析的方向。

在1859年《政治经济学批判》的序言中，马克思不仅把他得到的哲学的和政治经济学的认识用唯物史观的基本原理作了概括，而且还指明了进一步研究的方向。这就是研究资本主义社会形态的内在辩证法。从那时起，马克思就把研究集中在这个方向上，因为每一发展趋势必然要追溯到这上面，而无产阶级实现世界历史使命的物质条件就是随着这些发展趋势成熟起来的。

随着对生产力和生产关系范畴的研究，在研究资本主义时就不再只着眼于它的产生了，而且也着眼于它的灭亡，这样，也就得出了这种社会形态所特有的发展趋势。例如，在这个 1861—1863 年手稿中对相对剩余价值的研究表明，马克思是怎样随着对生产力的经济方面（在其中表现了它作为社会财富的源泉的职能）的进一步研究，逐步丰富了生产力作为社会进步的标准和动力来起作用的历史方面。这就是说，关于生产力和生产关系之间辩证法的认识，是通过研究具体过程来加深的。这也是马克思在 1861—1863 年手稿中进一步发展这些范畴所走的道路。

认识生产力和生产关系之间的矛盾，对马克思来说是一种方法论的手段，它被用来发现资本主义生产关系下一般社会发展规律是怎样实现的。因此，马克思研究了生产相对剩余价值的关系是怎样通过劳动越来越从属于资本而作为发展生产力的动力起作用的。他通过这种方法，得以确定资本主义社会形态的成熟阶段。一方面，把提高劳动生产力的方法——协作、分工和机器——在具有特征的资本主义发展阶段的意义上加以理解；另一方面，在研究绝对剩余价值和相对剩余价值的生产时也涉及了劳动在形式上和实际上从属于资本的问题。马克思用后一种概念标明了资本主义的成熟阶段，而这取决于劳动过程中的变革。

马克思所使用的这种方法是达到下列认识的基础：剩余价值的生产——在这里特别是指个别资本家对超额剩余价值的追求——是资本主义社会中生产力的特有发展形式，劳动过程首先有两种因素要进行革命，这就是生产劳动本身及其方法。在《大纲》中，生产力发展的特殊社会原因和具体形式还没有得到解释。马克思在 1861—1863 年手稿中随着对超额剩余价值——相对剩余价值的一种——的研究，丰富了生产力的历史方面。他指出了生产关系如何作为动力起作用，并通过历史上的具体事实，论证了**最终**不存在独立于生产关系的生产力的发展。但是，马克思也积极研究了生产力的内在发展过程，并且具体证明，生产关系只有依赖于生产力的成熟过程才能扩展。

马克思在研究相对剩余价值的生产方法后揭示出，作为发展规律的剩余价值规律按照资本的增殖需求去变革劳动过程，同时还揭示了资本主义生产方式是怎样扩展的：先是劳动在形式上从属于资本，以后资本就改变了劳动过程本身。在还没有改变手工劳动方式的**简单协作**时期，由于资本使许多以前独立的生产劳动者有计划地结合在一起，就已经产生了劳动的社会生产力，这种生产力在个人的劳动过程中是不存在的。① 当然，在这里劳动对资本的实际上的从属还只是局部性的，因为剩余价值的生产在很大程度上还依赖于单个劳动力的手工技能。

马克思认为，**分工**意味着劳动在实际上从属于资本的一个较高的阶段，分工和生产劳动本身的许多变化是联结在一起的：在手工工场内部，一个商品的生产现在要分成许多不同的局部操作。工人“被分配到各个不同的过程中去，其中每一个过程，只要工人作为生产的能力发挥作用，就会成为他们唯一的生活过程”②。通过分工，巨大的新的社会生产力的发展完成了，但导致了单个劳动能力的片面化和贫困化。以前能独立劳动的生产者的劳动能力，正如马克思所说的，变成了一种抽象物。现在，工人既不能自己进行生产，因为他不占有生产资料，也不能独立完成产品，因为他的主观劳动能力只能在由资本组织的联合体中发挥职能，他被迫向资本家出售自己的劳动力。③

马克思还指出，在这个发展阶段上，资本关系通过劳动和生产的社会化趋势来促使资本主义生产方式扩展。他进一步证明，资本主义生产

① 参看《马克思恩格斯全集》第1版第47卷第298页。

② 《马克思恩格斯全集》第1版第47卷第317页。

③ 参看《马克思恩格斯全集》第1版第47卷第318页。

关系形成为总体，总是依赖于生产力的发展程度。在工场手工业阶段，资本主义生产关系还没有成熟，其原因正在于剩余价值规律的作用受到了限制。剩余价值的大小还取决于工人的熟练程度。而这也是劳动还没有完全从属于资本的原因之一。

对于机器的产生，马克思认为推动力是生产力和生产关系（作为一个社会形态高度发展的经常起作用的因素）之间的矛盾。在这里他再一次证明了资本关系的积极作用，确认："只有当人们千方百计要降低**工资**时，**机器**才真正被采用。"① 只有使用了机器，资本才从劳动力所造成的剩余价值生产的主观限制中解脱出来，并为生产力的不断发展创造出客观条件。

随着机器的使用，劳动才完全从属于资本，这有两个原因：第一，劳动过程现在转化成了与资本关系相适应的形式，资本主义的经济规律能够不受限制地发挥作用。第二，现在活劳动从属于物化劳动在工艺上也生效了。通过机器的使用，社会化大大向前推进了。资本主义的基本矛盾在质上达到了一个新的阶段，马克思对此是这样说的：雇佣劳动和资本之间的对立发展到了"势不两立的程度"②。

马克思认识到，资本主义使用机器的目的是为了把它作为生产相对剩余价值的强有力的手段，并且证明了越来越快的趋势是缩减制造商品所需的必要时间，这样，马克思就加深了他对生产力的经济方面的认识。同时，他还研究了资本主义社会形态范围内生产力的历史方面。这后一方面的研究如下：马克思证明，废除这种社会制度的物质条件是通过资本主义社会中生产力的发展而成熟起来的。在这方面，他说："生

---

① 卡尔·马克思：《政治经济学批判（1861—1863年手稿）》第XXIII笔记本第1438a页。

② 《马克思恩格斯全集》第1版第47卷第564页。

产资料积聚在少数人手中”，而“劳动本身由于协作、分工以及劳动同社会对自然力支配的结果相结合，而组织成为社会的劳动”。[①] 马克思指出，随着生产工具从个别人占有转为社会占有，劳动过程的社会性质就获得了客观性，这种性质是不可逆转的。

马克思认为，进一步的条件是，一方面机器从工艺上把工场手工业式的、使劳动力片面化的分工废除了，另一方面在工厂中这种分工和片面化又强有力地再生产出来，这两者之间存在着矛盾。马克思认为，首先是决定主要生产力的发展和劳动性质的这种矛盾，在证明资本主义的历史性质方面起着重要作用。

马克思对生产力的经济方面和历史方面的认识，随着1861—1863年手稿中对科学的深入分析而更加充实了。他在《大纲》中已经指出，科学进入生产过程对于战胜资本主义的条件的成熟起着重要的作用。因为马克思当时期待着从危机中产生革命的结果，所以科学的这个方面在他的分析中处于优先地位。他在1861—1863年手稿中深入研究了生产力科学的经济方面，这就证明了在《大纲》中详细分析的历史方面。他发现科学的职能首先是“生产财富的手段”[②]，也就是生产物质财富的手段，还研究了在资本主义下完成的科学发展过程和资本主义利用科学的后果。在这些考察中马克思曾多次提出，并不是自然力和科学本身，而是它们只有通过劳动过程的一种要素或多种要素起作用之后，才是人类劳动的生产力[③]。这样，马克思在《大纲》中使用过的科学是直接生产力[④]的概念就具体化了。在这个意义上，1861—1863年手稿对马

① 《马克思恩格斯全集》第1版第26卷第III册第469页。

② 《马克思恩格斯全集》第1版第47卷第570页。

③ 参看《马克思恩格斯全集》第1版第47卷第570页。

④ 参看《马克思恩格斯全集》第1版第46卷下册第211页。

克思列宁主义关于科学以什么方式成为生产力的讨论也是有意义的。

马克思对机器发展史的分析，尤其是对工具转化为机器的分析，对于具体认识生产力和生产关系之间的辩证法具有特别的意义。在《大纲》中对资本主义生产力发展的问题还是抽象地一般论述的。马克思认为，在考察作为资本主义的发展规律的剩余价值规律时，也必须研究从政治经济学角度来看的劳动手段的发展。“证明人们的社会关系和这些物质生产方式的发展之间的联系”是同马克思的历史唯物主义相一致的。①

因此，马克思在分析工具转变为机器时不是仅仅确认工艺上的差别，而且他还明确表示，这里“是在所使用的劳动资料上发生的一种改变生产方式，因而也改变生产关系的革命；因此，在当前的场合，所说的正是在所使用的劳动资料上发生的那种为资本主义生产方式所特有的革命”②。为了能解释生产关系中随着机器的出现而发生的变化，马克思认真地考察了在人和自然的物质变换过程中发生了哪些由生产力的发展所造成的变化。因此，这里涉及的问题是，使用价值，机器，使生产关系“发生形态变化”③。马克思认为，政治经济学必须研究生产力的这个方面，而通过这种方式，由于较深入地研究了生产力和生产关系的辩证法，政治经济学分析的领域也就具体化了。

马克思对机器发展史的详细研究表明，生产力发展的内在逻辑也是他的政治经济学分析的对象。他的考虑肯定了那些在同样方向进行论证的作者是正确的。特别是，马克思以上见解表明，对生产力发展的内在逻辑的研究从根本上有助于揭示生产力和生产关系的辩证法。他通过资

① 《马克思恩格斯全集》第 1 版第 30 卷第 318 页。

② 《马克思恩格斯全集》第 1 版第 47 卷第 412 页。

③ 《马克思恩格斯全集》第 1 版第 46 卷下册第 411 页。

本主义生产关系从生产力的发展形式转变成生产力发展的桎梏，得以证明了唯物史观的命题。

由于对工场手工业时期形成的使用机器的前提的研究，即工具的分化和专门化，使得有可能再一次具体地历史地得出一种适用于所有社会形态的规律，这就是："后一个［生产］形式的物质可能性——不论是工艺条件，还是与其相适应的企业经济结构——都是在前一个形式的范围内创造出来的。"①

马克思不仅从生产力发展的内在逻辑的角度，而且从生产关系作为动力职能的角度来考察机器的产生，这样，他就能证明资本主义生产关系对工作机的形成所起的积极作用。因为工作机的特征是把人的地位变成劳动工具，所以它的应用导致了劳动过程的根本变革。马克思认为，它对生产关系的革命影响正在于此。产业革命就是以工作机为起点的。马克思系统地研究了机器的发展，直到机器的自动化体系，确定了蒸汽机和转动刀架在这个过程中的历史位置。他指出，正是由于产业革命进程中的这些发现，才建立起了与资本相适应的工艺基础。这样，资本主义生产关系就健全了，劳动也就完全从属于资本了。

马克思在分析产业革命的起点和本质时，对以后的共产主义社会形态的两个成熟阶段的差别提出了重要的方法论上的因素。后来他指出，一种生产革命——也就是产业革命——必须先有技术革命。在这方面，他对资本主义社会形态上升阶段的生产力和生产关系之间辩证法的特征作了以下考虑，这些考虑大致上也适用于正在形成中的共产主义社会形态，他说："一方面……资本主义生产方式改变了物质生产的形态。另一方面，物质形态的这种变化构成资本主义关系发展的基础，所以与资

① 《马克思恩格斯全集》第1版第47卷第472页。

本主义关系完全适合的形态只是与物质生产力的一定发展阶段相适应的"①。

马克思通过对技术和工艺发展过程的分析，更深入地认识了社会发展规律的必然后果，并使唯物史观更具体化了。这样，他认识到："随着一旦已经发生的、表现为工艺革命的生产力革命，还实现着生产关系的革命。"② 这里被认为是从社会形态的第一个成熟阶段向第二个成熟阶段的过渡。这些分析使《大纲》中阐述的关于有机体制变成总体③的思想具体化了。马克思认为，生产力的革命要以能改变生产力总结构的发明为前提。以上认识说明，在产业革命进程中，资本主义生产关系是通过生产力的革命才达到它的完全成熟的。很明显，从一般意义来说，这适用于一个社会形态的第一阶段向第二阶段的过渡。因此，随着产业革命的发生，随着生产关系的资本主义变革的最后一个行为，资本主义经济规律完全生效的条件才形成。

在马克思关于劳动对资本的形式从属和实际从属的阐述中，对于生产力和生产关系的辩证法和社会形态发展的进一步研究作了概括。对我们来说，重要的思想是，只有在以前的生产方式中生产力和需求发展了，而对这种生产力和需求来说旧的生产关系变得太窄了的时候，资本关系或新的生产方式才能产生。但是，新的生产方式只能发展到一定的程度，即劳动过程在形式上从属于新的生产方式的占有过程所要求的程度。这就是说，在一个社会形态的形成阶段，生产力必然还同新的生产关系不相适应。马克思的分析表明，一种新的生产方式必然会造成与自

① 卡尔·马克思：《政治经济学批判（1861—1863年手稿）》第XXI笔记本第1308页。

② 《马克思恩格斯全集》第1版第47卷第473页。

③ 参看《马克思恩格斯全集》第1版第46卷上册第235—236页。

己相适应的生产力本身。

马克思分析相对剩余价值的生产方法时得出的对生产力和生产关系的辩证法研究的结果，证明了在生产力本身的发展中存在着更高的劳动组织形式的要素。这原来是简单劳动过程的两个要素的社会化趋势，这两个要素就是生产劳动本身及其手段，它们同私人资本主义占有处于不断尖锐的矛盾中。因此，马克思能把他对实际历史过程的深入分析概括为规律，而且在这个基础上对资本主义社会中生产力和生产关系的发展趋势作了预言。这是证明剩余价值规律是资本主义形态的特有发展规律的关键性一步。这样，1861—1863 年手稿中对经济理论的研究与《大纲》相比，就达到了一个更高的发展阶段，这种研究真正深入到了政治经济学范畴的历史方面。

正如我们已指出的，1861—1863 年手稿中对政治经济学范畴的历史方面的阐述，明显地证实了马克思主义各个组成部分是统一的。同时很清楚的是，资产阶级研究马克思的人们对资本概念或“资本一般”概念的逻辑发展，费尽脑筋只进行结构分析和形式分析，因此把《资本论》的政治经济学范畴归结为《大纲》中对它们的研究程度，这并不是只反对历史唯物主义，而是反对马克思主义本身。由于这样否认政治经济学范畴的历史方面，也就否认了创造性地运用和进一步发展马克思学说的可能性，这样，也就直接或间接地否认了马克思学说对理解当前现象的意义。

马克思在 1861—1863 年手稿中对生产力和生产关系的辩证法所进行的分析，不仅对当今资本主义进行政治经济学分析和对共产主义生产方式进行政治经济学分析时在创造性地研究马克思理论方面具有重要意义，而且对于分析《资本论》的逻辑和认识资产阶级研究马克思理论的各种变种也很重要，因为这些人把马克思经济学说中并没有理解的东西当成出发点，然后便来虚构政治经济学和唯物史观之间的对立。他们认为，对政治经济学的批判不需要哲学基础，或者说，唯物史观随着《大纲》的出现而被放弃了，批评马克思的资产阶级竭力避开唯物史观的“世界观基础”和“方法上的指导作用”，以及马克思经济学说中的生产力和生产关系这些基本概念。他们的这些努力是徒劳的，这可以用具体的事实来证明。在一定的历史阶段，虽然马克思主义的这个或那个组成部分的发展和成熟会突出出来，但马克思主义各个组成部分的统一是始终存在的。

例如，如果没有马克思主义的哲学，就不能理解关于资本主义社会中人们觉悟过程的经济条件的论述。这种论述是马克思在他的经济著作中通过深入透彻地研究生产力和生产关系的辩证法才得出来的，这些经济条件对工人阶级产生了重要后果。在《大纲》中，马克思分析流通领域时揭示了资产阶级觉悟自发形成的经济根源。他还说明了通过劳动力的买卖得出的在资本主义直接生产过程中劳动在经济上的异化，并且证明工人阶级难于通过这些现象看到他们是资本主义社会增加物质财富的主要生产力和他们作为被剥削阶级的地位。在这个意义上，马克思指出：“认识到产品是劳动能力自己的产品，并断定劳动同自己的现实条件的分离是不公平的、强制的，这是了不起的觉悟。”① 这种觉悟还不是科学意义上的阶级觉悟，而最多是工联的觉悟，但这不是由马克思的经济学说来说明的，而是由马克思的哲学学说来说明的。在经济学说中，马克思探索了同资本主义生产关系相适应的②最多是自发达到的觉悟形式，因此，这同时就从唯物主义上论证了工人阶级的阶级觉悟是不可能自发形成的。

在1861—1863年手稿中，这种认识通过以下的关系比在《大纲》

① 《马克思恩格斯全集》第1版第46卷上册第460页。

② 参看《列宁全集》第1卷第129页。

中加深了：在广泛研究相对剩余价值理论时马克思着重指出，随着无产阶级革命物质条件成熟的各个不同阶段（它们也是劳动在实际上从属于资本的各个阶段），在工人阶级的觉悟中产生的歪曲反映就提高到一个更高的阶段，使工人阶级更难于认识到自己是主要的生产力。因此，工人阶级的阶级觉悟的形成就更加困难。

所以，马克思在论述**简单协作**的最重要结果时，除了说明劳动方式的最初的实际变化外，还把“社会劳动的生产力向资本的生产力的最初变化”[①]，说成是歪曲反映的物质基础。马克思在解释这种变化时说，简单协作不是工人的“相互的结合，而是一种统治着他们的统一体，其承担者和领导者正是资本本身”[②]。在劳动从属于资本的下一个阶段，实际上把生产力的真正来源和剩余价值的实际源泉在工人意识中掩盖起来的情况加深了。马克思在考察分工时注意到，结合劳动的联系，即结合劳动的统一“对个别工人来说是资本家的**意志**、独裁、支配和监督”，从而，不表现为他们的行为。[③]

在劳动实际上从属于资本的再下一个阶段，资本主义剥削关系的颠倒了的观念方式的物质基础又加强了，在机器体系中社会劳动的物的条件“对于劳动本身表现**为异己的**权力”[④]。通过对资本主义生产方式内在逻辑的分析，马克思得出结论说，这种关系所以变得更加复杂，“显得更加神秘，是因为随着特殊的资本主义生产方式的发展，不仅这些劳动过程的直接物质的东西起来反对工人，作为‘资本’同工人相对立，就连社会地发展了的劳动的形式——协作、工场手工业……工厂……都

① 《马克思恩格斯全集》第1版第47卷第300页。

② 《马克思恩格斯全集》第1版第47卷第298页。

③ 《马克思恩格斯全集》第1版第47卷第352页。

④ 《马克思恩格斯全集》第1版第47卷第513页。

表现为资本的发展形式；因此，从这些社会劳动形式发展起来的劳动生产力，从而还有科学和自然力，也表现为**资本的生产力**”①。这一切“使**资本**变成一种非常神秘的存在”②。

随着1861—1863年手稿中首次证明资本主义生产关系在直接生产过程中的神秘性不断增加（马克思首次研究的工资、利润和利息的神秘形式，在这里就不作详细阐述了），它们是对工人阶级形成阶级觉悟起相反作用的趋势。而政治经济学有助于说明建立工人阶级政党的必要性。此外，从马克思的经济学说中得出这样的结论：资本主义越发达，就越是要求建立马克思列宁主义的政党，以便提高工人阶级的阶级觉悟。在国家垄断资本主义阶段，要清楚地看透社会过程越来越困难，上述这种要求也就最为强烈。可见，马克思的经济学说和马克思列宁主义关于政党的观点之间不但没有像资产阶级的马克思研究者们所断言的那种裂痕，而且它们之间存在着内在的联系。

1861—1863年手稿中对生产力和生产关系的辩证法进行深入研究的一个组成部分，就是对过去劳动中物化的生产力，或者换句话说，对不变资本形式中的生产力的物的要素，作了详细的分析。历史唯物主义的基本命题是进行这种研究的导线，“后来的每一代人所得到的生产力都是前一代人已经取得而被他们当做原料来为新生产服务”。由此就“形成人们的历史中的联系，就形成人类的历史，这个历史随着人们的生产力以及人们的社会关系的愈益发展而愈益成为人类的历史”③。同

① 卡尔·马克思：《政治经济学批判（1861—1863年手稿）》第XXI笔记本第1317页。

② 卡尔·马克思：《政治经济学批判（1861—1863年手稿）》第XXI笔记本第1319页。

③ 《马克思恩格斯全集》第1版第27卷第478页。

时，这个命题在进一步阐明资本主义社会中活劳动和物化劳动的特有的辩证法时得到了最深刻的证实。[①] 马克思是由于他的经济分析本身的内在逻辑而转向这个命题的，因为他要考察资本主义生产关系的发展。

1861—1863 年手稿中对活劳动和物化劳动的辩证法所作的具体历史的分析，使马克思有可能解决资产阶级政治经济学不过问的或错误解释的一系列基本经济问题。同时，这种分析不再像《大纲》中那样只考虑生产力的物的要素或不变资本的价值方面，而且一定的物的特征对于政治经济学分析也是重要的。[②] 上面我们提到的在劳动资料转化为机器时提高劳动资料的使用价值和它对劳动过程所起的革命作用，就属于这样的问题。在考察资本的技术构成时，生产力的物的要素的使用价值方面，还有，把社会生产分成两个部类以解决再生产问题和积累问题，也属于这样的问题。马克思就是这样揭开了生产力的物的要素和主观要素之间的特殊辩证法，同时也就把资本主义政治经济学的分析领域具体化了。

另一方面，由于阐明了生产力的物的要素所起的特殊经济作用，反过来又得出了使历史唯物主义丰富起来的一般认识。因此，马克思能用资本主义生产的发展证明生产过程在物质上的不断增长，证明生产力的物的要素对于提高劳动生产率的意义不断增长。但是，马克思坚决反对过高评价同生产的主观要素相对立的物的要素，而是强调社会总体工人的技巧和智慧对于获得生产成果的意义。不过总体工人并不是直接体现在生产成果中，而是更多地借助于人所创造的劳动手段来发挥作用的。

（原载民主德国《德国哲学杂志》1983 年第 5 期）

（章丽莉 译）

---

① 参看《列宁全集》第 21 卷第 45 页。

② 参看《马克思恩格斯全集》第 1 版第 47 卷第 364 页。

《政治经济学批判（1861—1863 年）》手稿中价值和剩余价值理论的完成*

〔民主德国〕曼·缪勒①

1861—1863 年手稿的性质和结构

1861 年 8 月至 1863 年 7 月所完成的《政治经济学批判》手稿，就其理论内容和结构来说，是全部四卷《资本论》的第二稿。当然，这一稿还不是在所有各点上都经过充分修订。恩格斯认为这一手稿很有价值②；这首先是由于其中包含了关于剩余价值理论史的唯一文稿。这些手稿几乎可以看做是《资本论》的准备性著作，因为马克思制定自己的经济学理论的工作，总是同批判资产阶级政治经济学最紧密地联系起来。

手稿的系统的理论部分以 1857 年 11 月至 1858 年 6 月初写成的《资本章》为基础。两份手稿在基本结构上是一致的。不过，这一章并没有直接地和完全地收进当前的手稿中。马克思根据《第三章：资本一般》的计划草稿，特别是第一篇《资本的生产过程》的详细提纲，把

* 本文选自《马列主义研究资料》1987 年第 3 辑。

① 作者是民主德国马列主义研究院马恩室主任。——译者注

② 见《马克思恩格斯全集》第 1 版第 24 卷第 4 页。

材料部分地作了重新安排，并更详尽地发挥了各种不同的想法。①

在第I—V笔记本中，马克思探讨了这一篇的第1—3点，即《**货币转化为资本**》、《**绝对剩余价值**》和《**相对剩余价值**》，后一点的最后一项《（Y）**机器。自然力和科学的应用**》，正如后来所表明的，在手稿中只是暂告结束。② 按照第V笔记本第184页所表达的思想，继相对剩余价值的叙述之后不应是计划草案中所预计的“原始积累”，而应当把“绝对剩余价值和相对剩余价值结合起来”考察，以此作为第4点。③然而，马克思中断了正面叙述，径直来探讨“（5）剩余价值理论”。

手稿的这个理论史部分，正如马克思自己所说的，“要根据一部分以前根本不知道的材料去加工”④。如果我们注意到，马克思的经济学体系的许多新要素主要是在写作《剩余价值理论》时创立起来的，那么马克思的上述说法就完全可以理解了。因此，他在1877年11月回顾往事时写道：“实际上，我开始写《资本论》的顺序同读者将要看到的顺序恰恰是相反的（即从第三部分——历史部分开始写）……”⑤ 在这里，从一定意义上说，马克思对自己在政治经济学历史方面的研究作了总结。

1857年的计划预定分六册来叙述和批判资产阶级制度，同时附以

① 见H. 德罗拉、B. 费舍、尤·容尼克尔、M. 缪勒：《关于卡尔·马克思遗稿的若干问题。为〈政治经济学批判（1861—1863年）〉手稿第I—V笔记本首次用原文发表而作》，载于《经济科学》1976年第11期。

② 见尤·容尼克尔：《〈政治经济学批判〉（1861—1863年手稿）中的相对剩余价值理论》，中译文载于《马列著作编译资料》第6辑第39—60页。

③ 《马克思恩格斯全集》第1版第47卷第351页。

④ 《马克思恩格斯〈资本论〉书信集》1976年人民出版社版第185页。

⑤ 《马克思恩格斯〈资本论〉书信集》1976年人民出版社版第352页。

对政治经济学的批判和历史。[①] 在《政治经济学批判大纲》中，包含有较长的、彼此相连贯的篇章，探讨货币理论史、剩余价值和利润理论史、资本理论史、固定资本和流动资本理论史等等。据此，马克思显然决定为每一章写一篇理论史附录。在《政治经济学批判。第一分册》中，《商品》章和《货币或简单流通》章就写有这样的附录，这就是《A. 货币分析的历史》、《B. 关于货币计量单位的理论》、《C. 关于流通手段和货币的理论》。在《政治经济学批判（1861—1863 年）》手稿中，在第 1—4 点之后，也应当有关于"剩余价值本身"的历史附录，这就是《(5) 剩余价值理论》。在这里，以《政治经济学批判大纲》中关于剩余价值理论和利润理论史的不多的论述为依据，写出了政治经济学核心问题的详细的批判史。[②] 马克思的考察从詹姆斯·斯图亚特的观点和重农学派的学说开始，然后主要集中研究亚当·斯密和大卫·李嘉图的著作，最后，除大量其他著作外，考察了资产阶级对李嘉图体系的批判以及资产阶级政治经济学的瓦解。

马克思原来把这一部分的计划从两方面进行划分。**第一**，他只想考察资产阶级经济学家和"一些社会主义著作家"的观点，后面这些人或者本身站在资产阶级政治经济学的立场上，或者从自身的立场出发反对资产阶级政治经济学的观点。按照马克思的著作的计划，"社会主义的和共产主义的著作家都不包括在历史的评论之内"[③]。他想在自己的剩余价值史考察中探讨这样的问题：经济学家们一方面以怎样的形式进行自我批判，另一方面，"政治经济学规律最先以怎样的历史路标的形

① 《马克思恩格斯〈资本论〉书信集》1976 年人民出版社版第 123—124 页。

② 见《马克思恩格斯全集》第 1 版第 24 卷第 4 页。

③ 《马克思恩格斯全集》第 1 版第 26 卷第 1 册第 367 页。

式被揭示出来并得到进一步发展"①。

第二，应当说明的只是：资产阶级经济学家对剩余价值的起源的特殊条件以及剩余价值形成过程发表了哪些观点，他们对货币转化为资本和绝对剩余价值与相对剩余价值的生产分析到怎样的程度。在这一研究中，马克思还没有打算对资产阶级关于固定资本和流动资本以及关于流通过程和再生产过程的理论进行批判。② 资产阶级政治经济学的全部矛盾和不一致，都来自于把剩余价值和利润混为一谈。关于这个问题，马克思设想在第三篇《资本和利润》中的"对利润的辩护论的解释那一章"去讨论。③

在写作过程中，马克思超出了《剩余价值理论》原来设想的课题，不仅对资产阶级的剩余价值理论，而且对例如李嘉图和他的学派的利润理论也进行了详细的批判。同时，马克思还分析了资产阶级经济学家关于地租和利息的观点。马克思在批驳斯密和李嘉图的费用价格和地租理论以及李嘉图的剩余价值和利润理论的过程中，第一次全面地论证了价值转化为生产价格的学说，并在此基础上阐述了资本主义地租和级差地租的观点。马克思的理论中的重大新成分主要是在详细批判李嘉图著作的"结构"的过程中形成的。

对李嘉图理论的这种全面的、囊括了这一理论的全部重大要素的考察，显然是由关于洛贝尔图斯的所谓插入部分引起的。洛贝尔图斯的第三封《给冯·基尔希曼的社会问题书简》对李嘉图的地租理论进行了驳斥。这是促使马克思去研究洛贝尔图斯著作的外因，因为批判资产阶

---

① 《马克思恩格斯全集》第1版第26卷第1册第367页。

② 见《马克思恩格斯全集》第1版第26卷第1册第13、16页。

③ 见《马克思恩格斯全集》第1版第26卷第1册第57、69、88页；第2册第187页。

级的地租理论，不属于《剩余价值理论》的原定计划。然而，拉萨尔曾急着要求马克思把洛贝尔图斯的书还回去。在阅读这本书时马克思发现，洛贝尔图斯想创立一种新的租的理论，“是近乎幼稚的，可笑的”。同时，下述思想也形成了：李嘉图地租理论的缺点是由于他错误地把价值和生产价格混同起来。

1863年1月的计划草稿表明，马克思起初打算把《剩余价值理论》中所包含的丰富材料分散到他对资产阶级经济学的分析的理论部分的各篇中去。但是后来在制定三卷《资本论》的计划草案（1863年8月至1865年12月）时，显然作出决定把历史部分作为完整的整体来出版。随后，在1865年7月，马克思又第一次明确提到《资本论》第四册，即历史文献册。马克思认为这一册相对说来是最容易写作的，“因为所有的问题都在前三册中解决了，最后这一册大半是以历史的形式重述一遍”。几乎两年以后，马克思又准确说明了这一册的对象。他指出：这一册应包含“**17世纪中叶以来的政治经济学理论史**”①。在这里，马克思显然是从这一点出发的：这一历史在基本点上已经写成。它在所探讨问题的广度和多样性方面同《资本论》的计划是一致的，因此不仅限于“资本一般”概念所包含的各种关系的内容和范围。

不久前出版了一部《剩余价值理论》注释，这部著作的作者对《剩余价值理论》是否可看做《资本论》第四卷的问题提出异议。就《剩余价值理论》同《资本论》的关系来说，他们把前者看做“准备著作”，“研究过程中的有决定意义的步伐的记录”。② 据认为，这一研究过程记录了马克思的各种研究成果以及全部弱点，在这一过程中，马克

① 《马克思恩格斯〈资本论〉书信集》第159、206、210页。

② 马克思体系发展问题研究小组：《是〈资本论〉第四卷吗？〈剩余价值理论〉注释》，1975年西柏林版第IV—VIII页。

思有可能排除他的以前的叙述方法的致命的缺点；他终于对各种范畴的展开有了根本不同的理解。[①] 这种看法必然包含这样的意思：随着《资本论》的修订，将要求对《剩余价值理论》进行某种彻底的加工，也就是重新写作。这种看法的出发点是：主要体现在各经济学手稿中的研究方法，同《资本论》中的叙述方法是有原则矛盾的。这样一来，就暴露了作者们对马克思的方法的完全错误的理解，特别是误解了逻辑和历史的关系以及抽象方法。

无疑，马克思如果对《剩余价值理论》进行新的加工，他就会补上由于《资本论》而造成的空缺并保持富有创造性的直接研究工作的全部特点。除了在形式上进行彻底的加工而外，在一些地方还会补充和进一步展开一些思想，而决不会放弃关于《剩余价值理论》的设想。这部著作会这样来写：资产阶级政治经济学的形成和发展在本质上应同资产阶级生产方式的发展是一致的；这一经济学的观点和理论体系的形成只应是实际发展的反映，而这一切应以历史批判叙述的形式表现出来[②]。

在结束《剩余价值理论》的写作后，马克思又着手写作他的手稿的系统的理论部分。前面已经指出，马克思的理论的新成分主要是在写作《剩余价值理论》时形成的。同时，也形成了下述重要认识："资本一般"和资本"现实"运动之间的严格区分是不可能坚持下来的。这一点我们将在下篇加以详述。这也反映在《第三章：资本和利润》（第

① 马克思体系发展问题研究小组：《是〈资本论〉第四卷吗？〈剩余价值理论〉注释》，1975年西柏林版第669、101、330页及以下几页。

② 见维·维戈茨基的研究成果：《〈剩余价值理论〉在马克思经济学遗产中的地位》1963年莫斯科版；并见《剩余价值理论》（《马克思恩格斯全集》第1版第26卷第1册）中由德国统一社会党中央马列研究院所写的《前言》。

XVI 笔记本）和《**插入部分**：收入及其源泉》（第 XV 笔记本）中。在《政治经济学批判大纲》中，第三章只把利润作为剩余价值的转化形式加以说明，与此不同，在这里还把平均利润率和生产价格包括到叙述中来。

《**插入部分**：收入及其源泉》原来是作为手稿历史部分即《剩余价值理论》的结束部分而写作的，带有纯粹理论的性质。马克思在这里概括他对剩余价值及其各种派生形式的考察时，得出了重要的认识。他特别论证了资本分析过程中的一般和特殊的统一，当然这指的是价值和剩余价值理论；也就是说，他阐述了一般、特殊和个别的具体的统一。实际上，这样一来，马克思的基本著作《资本论》的结构就建立起来了。

起初，马克思打算写完第 XVI—XVIII 笔记本，就结束 1861—1863 年手稿。这可以有两点证明。原先，第 XVI 笔记本曾写有“结束册”字样，而第 XVII 和 XVIII 笔记本合在一起写有“结束册第 2 册”字样。这几册形成于 1862 年 12 月至 1863 年 1 月。这些册除《第三章：资本和利润》以外，还包含关于商人资本的“插入部分”和《剩余价值理论》的结束部分。

此外，1862 年 12 月 28 日，马克思在致库格曼的信中说，“第二部分终于已经脱稿，只剩下誊清和付排前的最后润色了。这部分大约有三十印张。它是第一册的续篇，将以《资本论》为标题单独出版，而《政治经济学批判》这个名称只作为副标题。其实，它只包括本来应构成第一篇第三章的内容，即《资本一般》。这样，这里没有包括资本的竞争和信用”①。

在这里，马克思不仅谈到计划结束手稿的情况，而且第一次表露了这样的想法：把自己的经济学著作命名为《资本论》，并且从理论上和

① 《马克思恩格斯〈资本论〉书信集》第 170 页。

方法上用“资本一般”概念来限定这部著作的内容。当然，这一概念已经有了决定性的变化，第 XVI 笔记本中的阐述就明显地证明了这一点。例如，在《资本和利润》章中，在《生产费用》项目下，已经谈到商品的实际价格，而这种价格已经发生重大变形，并表现为同商品价值不同的东西。在这里，应当考察“资本的规律在竞争的条件下所呈现出来的被歪曲的方式”①。不过马克思又作了限定，竞争在这里只是作为“**实例**”来考察，而“不是作为同发展本身有关的东西”②。因为马克思暂时考察的仍是“资本一般”。当然，这个概念同他以前的理解比较起来实际上已经被冲破。

1861—1863 年手稿的第二写作阶段，包含了一些重大的发现。③ 这反映在第 XIX 至 XXIII 笔记本中。1863 年 1 月 28 日，马克思写信告诉恩格斯：“我正在对机器这一节作些补充。在这一节里有些很有趣的问题，我在第一次整理时忽略了。为了把这一切弄清楚，我把我关于工艺

---

① 马克思：《1861—1863 年经济学手稿》第 XVI 笔记本第 973、977 页。

② 马克思：《1861—1863 年经济学手稿》第 XVI 笔记本第 973、976 页。

③ 所谓“第二写作阶段”，这里是指为付印手稿而写作的一个新阶段。把《1861—1863 年经济学手稿》分为三个阶段，并首先以内容为依据进行这种划分，这是完全可行的。在第一阶段，形成了第 I—V 笔记本，在这里原来试图写成《政治经济学批判》第二分册的“誊清稿”。在第二阶段，写出《剩余价值理论》并制定了后来三卷《资本论》的基本要点。在这一阶段上，一些重要发现成熟了，并最终导致马克思经济学著作结构计划的相当大的变动。这时已直接提出了关于《资本论》的计划。在第三阶段，《1861—1863 年经济学手稿》的写作已经立足于 1863 年所拟定的《资本论》第一篇和第三篇的计划之上。当然，在第 XIX—XXIII 笔记本中，马克思还只是设想对第一篇《资本的生产过程》的阐述进行补充。（并见维·维戈茨基：《〈资本论〉创作史问题》，载于《经济问题》1974 年第 2 期第 77—89 页。）

学的笔记（摘录）全部重读了一遍，并且去听韦利斯教授为工人开设的实习（纯粹是实验）课。”①

研究机器问题在1863年占去了马克思年初头几个月的时间，这期间便形成了第XIX和第XX笔记本。在这些笔记本中马克思考察了机器的本质。机器是从工业革命中产生的，并构成了资本主义生产方式的物质基础。《资本论》中对于机器的实质的概括，就是以这两个笔记本中所包含的内容丰富的科学和工艺史材料为基础的。

在《政治经济学批判大纲》这一手稿中，马克思已经指出，资本的趋势是把劳动资料转化为机器。他在这里指出，机器是资本主义生产方式的最适宜的基础。当然，他把这一考察以及机器本身还纳入“固定资本”的项目下。马克思对第三章的计划方案也作了相应处理，因此，第V笔记本中关于机器的阐述仅限于机器在相对剩余价值生产中的作用这一论题。

在写作《剩余价值理论》的过程中，随着对“固定资本”和“流动资本”范畴取得清楚的认识，马克思也修改了考察机器本身及其发展的观点。现在，他把这个问题从流通过程篇最终移入资本的生产过程篇。这也就表明，为什么马克思又重新来考察机器问题，即他理解为“奇特问题”的东西，这些问题在第一次探讨“相对剩余价值”时多少被“忽略”了。

在第XX笔记本的最后几页和第XXI笔记本的前几页，马克思探讨1863年1月的计划草稿中《（1）资本的生产过程》这一篇的第五点中所提出的一些问题，这就是工资和剩余价值的关系问题，劳动对资本的形式上的从属和实际上的从属问题。在第五点中马克思还提到“资本的生产性。生产劳动和非生产劳动”。这些题目也在第XXI笔记中进行了

① 《马克思恩格斯〈资本论〉书信集》第173页。

讨论。马克思关于“剩余价值再转化为资本”的考察，是在第 XXII 笔记本和第 XXIII 笔记本中进行的。马克思根据《政治经济学批判大纲》以及他在《剩余价值理论》中分析魁奈的经济表和李嘉图的积累理论时得出的认识，在这些笔记本中第一次系统地阐述了自己关于社会总资本再生产和流通理论的基本点。至此，1861 年至 1863 年的手稿的写作便告结束。

《1861—1865 年经济学手稿》中价值理论和剩余价值理论的成熟程度

在《1861—1863 年经济学手稿》中，马克思除了更精确地说明了《政治经济学批判大纲》中所发挥的许多论点外，还在探讨资产阶级经济学体系方面取得认识上的进步，这里要涉及反映资本的“现实”运动的一些范畴。其中具有决定性意义的是关于下述一点的概括性的说明：一般竞争运动是怎样发生的？也就是说，工人阶级所创造的剩余价值是按照什么原则在相互争夺的资本家集团之间进行分配的？

在研究“资本一般”问题时，马克思考察了“纯粹”形态的价值，即资产阶级生产方式的基本规律，为此舍掉像商品价值和价格间的差别。然而，在资本的“现实”运动中，也就是在竞争中，这一基本规律发生变形。这种变形来自于竞争的双重作用。

第一，竞争在同一生产领域内发生作用，使价值表现为市场价值。在《1861—1863 年经济学手稿》中，马克思第一次区分了个别商品的个别价值和全部商品的社会价值。他的出发点是这样的：生产某种商品的个别劳动和社会必要劳动是不一致的。在市场上，人们关心的不是实际耗费的劳动量，而是全体生产者生产产品时使用的平均劳动量。人们关心的是“这个特殊领域……的一般生产条件和一般劳动生产率”[1]。

马克思把这种平均状态看做资本家之间的“**现实**关系”。这种关系造成适用于一切商品的“**一般**价值”，马克思称之为商品的市场价值。[2]市场价值可以高于、低于或正好等于个别价值，这要以当时的具体生产条件为转移。因此，资本家可以分为以下几类：生产条件居中者，高于平均条件者，低于平均条件者。这几类中究竟由哪一类最后确定剩余价值，“取决于这几类的数量或数量的比例关系”。一旦中等类别在数量上占有优势，剩余价值就由这一类别决定。相反，“如果这一类数量少，而生产**条件低于平均条件**的那一类数量大，占了优势，那就由这后一类确定这个领域的产品的一般价值”[3]。

这样，马克思就批驳了李嘉图的观点，因为后者认为，决定剩余价值的条件，即平均利润得以实现的条件，是那种最不利的条件。[4]并且，按李嘉图的观点，利润的分配取决于这种“数量”关系。马克思则认为，剩余价值总是在最有利的条件下提供的价值量和最不利的条件下提供的价值量之间波动。可见，剩余价值是在一个特殊生产领域中的资本的“现实”运动中生产出来的，是由竞争“决定”的，因此，“这不是自然规律，而是社会规律”。

马克思十分明确地指出，“竞争在这里正是通过容许有**个别利润之间的差别**，即各个资本家的利润之间的差别，通过容许有个别利润对该领域**平均利润率的偏离**，把**不同的个别价值**平均化为同一的、**相等的、没有差别的市场价值**”。

---

① 《马克思恩格斯全集》第1版第26卷第2册第226页。

② 见《马克思恩格斯全集》第1版第26卷第2册第227页。

③ 《马克思恩格斯全集》第1版第26卷第2册第227页。

④ 见大卫·李嘉图：《政治经济学和赋税原理》1959年柏林版第57页。

第二，竞争的这一作用不同于不同生产领域之间的竞争的作用。竞争一方面造成同一领域中的一般价格水平，另一方面造成不同领域之间的一般利润水平，即平均利润。马克思从方法论上把这两种运动作了区分，但是显而易见，在现实中这两种运动是作为**统一的**过程而同时发生的，并且最终以生产价格的形成而告终。正是许多资本的竞争造成生产价格。这种价格是“对竞争现象的抽象”。① 因此，可以认为，生产价格包含了资本竞争“一般”。实际上，通过生产价格这一规定，马克思已经区分了竞争“一般”和“现实竞争”，这一点在《资本论》中最终也反映出来了。

不同部门所预付的资本量即使相同，生产者获得的剩余价值量却会不同。这首先是因为各个个别资本的有机构成不同。但是，每一资本都力求在总剩余价值中占取一个尽量大的份额。因此，在这方面展开的斗争即竞争会使利润率较低的资本流向利润率较高的部门，从而使资本在不同生产部门之间流来流去，直到各种不同的利润率平均化为一般利润率为止。“资本的不断来回交叉游动”，即社会资本在其不同生产部门之间的分配，是形成平均利润率的条件。② 因此，平均利润率的形成要以资本和劳动的不断运动为现实前提。马克思完全懂得，平均利润率“不表现为直接既定的东西，而只表现为各种相互矛盾的波动的平均结果”。他还把平均利润率说成是“观念上的**平均数**”或“抽象观念”，因为他把这种现实中的平均化运动看做“非常复杂的运动”③。

可见，通过竞争，剩余价值被再分配，而且**第一**是按照单个资本

① 《马克思恩格斯全集》第1版第26卷第2册第99、228、399页。

② 见《马克思恩格斯全集》第1版第26卷第2册第231页。

③ 《马克思恩格斯全集》第1版第26卷第3册第512—514页。

"在总资本中占多大部分；**第二**，总资本本身生产的剩余劳动总量"①。由于竞争，有机构成的不同比例的作用被拉平，从而不同的利润率被拉平。如果抽象掉这种构成，对剩余价值实行再分配，则等量资本就会获得等量利润。这样，每一单个资本家获得的利润就完全取决于预付的资本量和各类资本家从工人阶级身上榨取的利润量。"资本家们既作为同伙又作为敌手来瓜分赃物——他们所占有的别人劳动，于是他们每个人占有的无酬劳动，平均说来，同其他任何一个资本家占有的一样多。"②这样，马克思把平均利润明确地看做剩余价值分配的范畴，同时看做两种资本转移的"比较表面的运动"。

同时马克思指出，每一单个的、独立的资本在实现所预付的价值的同时，实现一个平均利润，因此生产价格由费用价格和平均利润构成。这种平均利润所以成为可能，是由于剩余价值已经平均化，已转化为生产价格，后者"不同于实际价值"。现在，生产价格成为"市场价格所趋向的中心"。③ 在竞争的条件下，价值表现为生产价格的形式。价值的这种变形寓于平均利润率的概念之中。由于平均利润率的存在，价值便转化为生产价格，这二者间才出现差别。马克思正是从这个意义上说明了价值和生产价格的差别同一般利润率或平均利润率是一回事。马克思起初把竞争中形成的这种价格就称做"平均价格"，但是又常常称之为"费用价格"，直到在《剩余价值理论》中终于把这种价格固定在"生产价格"④ 这一用语上。

---

① 《马克思恩格斯全集》第 1 版第 26 卷第 2 册第 21 页。

② 《马克思恩格斯全集》第 1 版第 26 卷第 2 册第 21 页。

③ 《马克思恩格斯全集》第 1 版第 26 卷第 2 册第 232、230、359 页。

④ 见《马克思恩格斯全集》第 1 版第 26 卷第 2 册第 201、137 页及以下几页，第 229 页及以下几页，第 398 页及以下几页。

在《剩余价值理论》中，马克思发现，竞争的二重作用引起资本的两种类型的移动，由此发生价格的“两种平均化运动”。无疑，这一理论的基本要素在《政治经济学批判大纲》中已经建立起来，在那里马克思曾“离开本题”谈到使价值变形为“一般价格”的竞争。马克思是这样说的：“由于同一的平均利润率而形成的**价格**的平均化——（这一点也要有保留地来理解），和价值规定毫无共同之处，相反，是以价值**为前提的**。”① 但是，马克思在那里只谈到价格平均化的“简单运动”。价值转化为生产价格理论的一个重要的“中间环节”，是市场价值的形成，而这一点在那里还没有谈到。此外，马克思只是以暗示的方式提到竞争条件下价值的某些规定，而且使用的是尚不确定的概念。要从根本上解决这个问题，还必须对有关概念作出细致的探讨，作出精确的限定，因为只有这样才能充分地揭示竞争的机制。这一工作马克思是在《1861—1863年经济学手稿》中完成的。

由抽象上升到具体的方法的进一步展开，对解决这一问题有决定性的意义。例如，马克思在写作《剩余价值理论》的过程中曾强调指出，一切个别资本的一般性，从而支配这些资本的规律，同个别资本之间存在的、在一般性之旁寓于特殊性之中的那些可以明白确定的差别并不是一回事。他同时注意到，一般和特殊彼此是不可分割地联系在一起的，两者只有作为统一体才能在概念上确定资本主义生产方式。因此，不同的经济关系及其普遍联系既不会处于相互对立之中，一般和特殊也不会相互矛盾。相反，两者是相互适应的，只是初看起来才是相互矛盾的。马克思也注意到了这一点。

生产价格同价值和利润之间，以及地租、利息同剩余价值之间似乎

① 《马克思恩格斯全集》第1版第46卷下册第344页。

并不发生直接的关系。在这些相关联的概念之间似乎根本不存在任何直接的、已经成型的联系。这一印象是由竞争造成的。“**事物联系**”“在竞争中……总是表现为颠倒的、头足倒置的”。竞争确保资本家能够依据他的资本在总资本中所占的份额比例从总剩余价值中获得自己的一份，因此看起来似乎“资本是一个与劳动无关的收入源泉”①，从而，生产价格的形成显得同生产商品所耗费的劳动无关。按照这种方法来考察，价值就不再是价格的现实基础，而只是一种虚构。因此，对资本主义生产方式的考察应当把“事物的**内部联系**”**同事物“在竞争中表现出来的颠倒了的形式**”严格区分开来。② 只有从一般规律中引出表现形式，从这种规律出发去阐明这种形式，才能解决这一表面上的矛盾。

所谓“阐明”，马克思指的是揭示“这个基础本身的发展”③。因此，不仅应当说明作为基础的价值和剩余价值，同时也应当说明这二者在流通中，从而主要是在“许多资本的相互作用”中不可避免地发生的变形或变化。只有把这种变形纳入研究之中，才能形成符合实际的概念。可见，这种变形如马克思所说的，是发现本质和表现形式之间的联系的现实中介或“中介环节”。所以，马克思最终想弄明白，原来的、一般的内容为什么要采取一种同这一内容不直接同一的转化形式。

这样一来，马克思就同资产阶级经济学家们的研究方法断然划清了界限，因为后者试图“用把具体的东西直接列入抽象的东西，使具体的东西直接适应抽象的东西的办法”，来解决“一般规律同进一步发展了

---

① 《马克思恩格斯全集》第 1 版第 46 卷下册第 204、241、68 页。

② 《马克思恩格斯全集》第 1 版第 46 卷下册第 111 页。

③ 《马克思恩格斯全集》第 1 版第 46 卷下册第 35 页。

的具体关系之间的矛盾”。[①] 也就是说，他们假定一般和特殊之间具有某种在现实中并不存在的同一性，因而不得不从概念上去“**直接**证明各种经济范畴相互一致”。与此相反，马克思既要把资本主义经济关系的特殊性，又要把体现内在统一的一般性，用**同一的**概念固定下来，但是又要注意不把两者混淆起来。在这一框架内，从而也就是在由抽象上升到具体的进程中，“这个制度的表面运动和它的实际运动之间的矛盾”[②]最终应当以唯一可能的合理方式得到解决，这就是要去发现必要的中介环节。

在这里，如果人们注意到马克思关于“正在生成的”和“已经生成的”资本的具有原则意义的考虑，那就会通过中介形式从概念上把握住下述这样的历史过程，在这一过程中，资本使一切生产要素都从属于自己，并使这些要素变成资本自身过程的要素。从这个意义上说，这些形式或形式区别只是发展的结果或“进一步发展的关系”。这些关系来自于“正在生成的”资本，从这个意义上来看，中介形式也是来自于基本形式，来自于一般原则，并且以基本形式为基础。价值转化为生产价格“只是资本主义生产发展的后果和结果”[③]。因此，“中介环节”的形成和存在表明，资本是作为总体，即作为有机整体而存在的，并作为居于统治地位的社会制度而确立起来。

马克思曾确定下那些起决定性作用的中介环节。

第一，应当把握剩余价值和利润的区别，并说明利润率在多大程度上不受支配剩余价值率的同一规律所支配。应当严格划分开剩余价值和

---

① 《马克思恩格斯全集》第1版第26卷第3册第91页。

② 《马克思恩格斯全集》第1版第26卷第2册第181、183页。

③ 《马克思恩格斯全集》第1版第26卷第2册第377页。

利润的界限，既不能把二者混同起来，也不能看做一回事，虽然按照事情本身来说，这里涉及的是同一的社会关系。马克思认为，资产阶级经济学的根本缺点就是没有从纯粹形态上考察剩余价值本身，而径直去考察剩余价值的转化的、派生的形式，即考察利润、地租和利息。因此，在他们的体系中“产生了一系列不一贯的说法、没有解决的矛盾和荒谬的东西”①。对于这一切，马克思在《剩余价值理论》中曾十分注意。资产阶级经济学还有一个缺点，就是“把剩余价值提高和降低的规律与利润提高和降低的规律等同起来”。因为“在剩余价值率降低时利润可能提高，而在剩余价值率提高时利润可能降低，或者，如果剩余价值率的提高或降低由使用的工人人数的相反运动所抵销，利润可能不变”②。

第二，为此，应当指出“不同生产领域中同一资本量的组成部分由不变资本和可变资本构成的比例这种极为重要的、影响剩余价值直接生产的差别”。然而，资产阶级经济学未能做到这一点。它通常只考察流通过程中显示出来的形式差别，也就是固定资本和流动资本。要阐明剩余价值和利润理论，“具有如此重要意义的”③ 是去考察直接生产过程中的资本有机构成及其在不同生产部门中的差别，也就是探讨这种构成的变化或变动。

第三，这样，就为理解竞争本身提供了全部重要前提。除了由利润引起的形态变化外，“由于资本主义生产各个不同领域中利润的平均化，还有一些新的形态变化”④；由于形成了平均利润率，价值最终变形为

① 《马克思恩格斯全集》第1版第26卷第1册第69页。

② 《马克思恩格斯全集》第1版第26卷第2册第466—467页。

③ 《马克思恩格斯全集》第1版第26卷第2册第192、423页。

④ 《马克思恩格斯全集》第1版第26卷第1册第68页。

生产价格。因此，这一平均化过程本身也是说明那些表面上同规律相矛盾的现象的一个最后的必要中介环节。而从根本上说，这就要求说明各不同资本家集团如何为在总剩余价值中占有一个份额而斗争。从抽象意义上来说，这就告诉我们，除了价值和剩余价值的抽象的、一般的形式之外，还必须揭示工业利润、地租、利息以及生产价格这样一些转化的、派生的形式，只有这样，资本主义生产方式的特点才能被确定下来。

因此，马克思在《1861—1863年经济学手稿》中不仅探讨利润，而且也探讨地租和利息（虽然只是在插入部分中），这决不是偶然的。马克思是要认识基本形式和特殊形式即派生形式之间的内在联系。从根本上说，正是由于马克思自觉地运用（和进一步发展）从抽象上升到具体的方法，这就越来越强有力地促使他去对具体的、“现实的”资本——从而对资本的相互作用——进行认真的分析，以此来充实自己把资本主义生产过程当做直接生产和流通的统一而进行的叙述。

在《剩余价值理论》中，马克思直接依据这一理论的和方法论的考虑，建立了自己的地租理论。他的地租理论的出发点是这样的：土地的私有权妨碍资本的流动，至少在一定程度上限制了竞争的作用。当时，农业中的平均生产条件以及一般劳动生产率的水平低于工业中的情况。工农业之间存在“资本有机组成部分的比例的**历史性差别**”①。马克思承认，这种差别部分地可以拉平，并且随着农业的发展最终可以消失。

首先，而且非常重要的，就在于农业中生产的剩余价值超过整个资本主义生产中所获得的剩余价值的平均水平。农业中的价值“**例外地，**

① 《马克思恩格斯全集》第1版第26卷第2册第111页。

与价值也高于平均价格的那一类工业品不同"①，并不降到（归结为）生产价格，因而土地所有者可以实现一个超额利润。土地的私人垄断妨碍土地所有者通过剥削农业雇佣工人而获得的利润率的平均化。他利用自己的地位，避免使超额剩余价值受整个资本家阶级的支配。农业，并不参与竞争所造成的平均利润率形成过程。马克思把这种来自于价值和生产价格差额的超领剩余价值，称之为"绝对地租"。

可见，在农业这一生产领域中，平均利润率的形成遇到特殊的障碍。马克思发现："平均化只有通过资本同资本互相作用才会发生，因为只有互相起作用的各个资本才有力量实现资本的内在规律。""那些用**垄断**来解释地租的人是正确的；正如唯有资本的**垄断**使资本家能从工人身上榨取剩余劳动一样，土地所有权的垄断也使土地所有者能从资本家那里榨取那部分能够形成经常的**超额利润**的剩余劳动。"② 只是由于垄断的存在，土地所有者才能强行索取一种超额利润，使他的商品获得垄断价格，后者区别于工业中商品的价格。

然而这并不是说，农业中生产的商品的价格高于自身的价值。相反，这种商品的价格同自身的价值是一致的，不过是高于生产价格而出售的。

马克思把土地所有者的超额利润说成是价值和生产价格之间的差额，他也就合乎逻辑地证明了农业中的生产也是以价值规律为基础的，证明了"绝对地租在不违反价值规律的情况下的**可能性**"③。任何其他的假定都会同资本主义生产的基础直接矛盾。如果不理解价值和生产价

① 《马克思恩格斯全集》第1版第26卷第2册第96页。

② 《马克思恩格斯全集》第1版第26卷第2册第97页。

③ 《马克思恩格斯全集》第1版第30卷第276页。

格之间的区别，也就不可能说明地租。

马克思随着对绝对地租理论的探讨（在写作《剩余价值理论》过程中，也进一步发挥了级差地租理论），使他关于“平均化”过程的观点具体化了，而在平均利润率和生产价格理论中是从一般意义上把握这一过程的。他指出：“这只是把我从其**一般**形式上论述的规律应用到一个特殊生产部门而已。”① 因此，维戈茨基完全正确地指出，绝对地租理论首先是从平均利润和生产价格理论中得出的结论，从而在一定意义上说是检验后一理论是否正确的试金石。②

马克思认为自己的著作的理论要求首先就是通过分析把各种表面上似乎彼此无关的形式还原为它们的内在统一体。应当从所获得的成果出发，从起源上来阐述这些形式，从而把握实际形成过程的各个不同阶段。③ 对这一过程的认识本身是一个多阶段的、不断深化的过程。因此，这个过程十分复杂，会发生各种必须予以解决的困难。这一情况不过是下述事实的反映：资本主义生产方式的本质关系在这一方式的各个形成阶段上越来越被掩饰起来。

例如，资本和雇佣劳动的关系在直接生产过程中“还是很清楚的，或者更确切地说，完全不会误解”④。不过，这时已经出现了第一个困难，这就是要去认识这样一点：价值的基本规律随着资本的形成获得某种特殊的发展，它转化为自身的对立物。⑤ 因为，一般的（或简单的）商品交换是以等价原则，也就是以交换双方的平等为基础，而在资本和

① 《马克思恩格斯全集》第1版第26卷第2册第96页。

② 维·维戈茨基：《一个伟大发现的历史》1967年柏林版第103页。

③ 见《马克思恩格斯全集》第1版第26卷第3册第556页。

④ 《马克思恩格斯全集》第1版第26卷第3册第534页。

⑤ 见《马克思恩格斯全集》第1版第26卷第1册第69、70页。

劳动之间实质上发生的却是非等价交换，这种交换使资本有可能占有工人阶级创造的剩余价值。在流通中，剩余价值已经不能那样清楚地识别出来了。一方面，资本在流通中作为固定资本和流动资本而出现时所获得的形式规定使得价值自我增殖的真正源泉变得模糊不清，从而使资本的内容变得模糊不清。“由流通过程产生的一些规定，结晶为一定种类的资本（固定资本、流动资本等等）的属性，这样也就表现为一定商品在物质上所固有的既定的属性。”[①] 另一方面、资本一旦进入流通过程，从而表现为生产和流通的统一，剩余价值便会采取利润的形式。剩余价值采取这种外化的、同自身的最初形态不同的形式后，便再也不能直接辨认出来。[②] 在利润的形态上，同剩余价值的同一性不仅不能一眼辨认出来，甚至同这种形态直接相矛盾。[③] 不过，在利润中“还存在着对过去的回忆”[④]。马克思还注意到：“在利润中还包含着同［生产］过程的［使庸俗政治经济学］感到为难的联系，剩余价值和资本主义生产的真正性质（和它们的**外部表现**不同）还多少可以辨认。”[⑤]

当从利润过渡到平均利润时，资本的现实形成过程不仅达到一个新阶段，而且认识过程现在也面临一个重大的困难，这一困难引起马克思的极大注意。

当利润转化为平均利润时，“利润现在就不仅在**表面上**，而且在**实际上**都和剩余价值不同”[⑥]。在这一阶段上，利润取得一种“完全

① 《马克思恩格斯全集》第1版第26卷第3册第539页。

② 见《马克思恩格斯全集》第1版第26卷第3册第508—509页。

③ 见《马克思恩格斯全集》第1版第26卷第3册第535页。

④ 《马克思恩格斯全集》第1版第26卷第3册第503页。

⑤ 《马克思恩格斯全集》第1版第26卷第3册第555页。

⑥ 《马克思恩格斯全集》第1版第26卷第3册第535页。

异化的形式”，然而“这就是资本的现实性的形式，或者更确切地说，是资本的现实存在的形式”[①]。马克思由此发现，资本在社会的表面上“越来越和它的内在本质相异化，并且越来越与之失去联系”[②]。竞争使一切联系带上最外表的最后的形式，“在这些形式上中介过程不仅变得看不见了，而且甚至变成自己直接的对立面”[③]。竞争以这种外表化为现实前提。在工业利润、地租和利息形式上，这一点表现得一目了然，因为它们在剩余价值特殊形式的外表上完全独立化了。这种独立化归根到底是由于以下情况而完成的：“这些部分中的每一部分都可以归结为作为其尺度和特殊源泉的某种特殊要素。”[④] 从理论上说，这反映在庸俗经济学的三位一体公式上，这个公式是：利润—资本；地租—土地；工资—劳动。在这里，不同的收入来自于不同的源泉，这些源泉“作为相异的和彼此无关的形式、作为只是彼此不同但**无对抗性的**形式相互对立……它们不是处于相互敌对的关系，因为它们根本没有任何内在联系”[⑤]。不过，科学的任务就是要认识这种联系，而马克思是通过自觉的抽象法来解决这一任务的，因为从方法论上说，只有通过这种方法才有可能找出基本的、起决定性作用的形式同转化形式之间的区别。

资本的绝对的外表化，基本社会关系的最后的颠倒，或者如马克思所说的“**最富有拜物教性质**”的，是生息资本。[⑥] 马克思把G—G′这一

① 《马克思恩格斯全集》第1版第26卷第3册第536页。

② 《马克思恩格斯全集》第1版第26卷第3册第517页。

③ 《马克思恩格斯全集》第1版第26卷第3册第571页。

④ 《马克思恩格斯全集》第1版第26卷第3册第538页。

⑤ 《马克思恩格斯全集》第1版第26卷第3册第559页。

⑥ 见《马克思恩格斯全集》第1版第26卷第3册第499页。

公式称做“毫无内容的形式”。[①] 在这种形式上，一切中介都消失了。在利息的形式上，“它们的原始实质的痕迹已经看不见了”[②]。剩余价值的来源，资本对雇佣劳动的剥削，统统消失不见了，完全被掩饰起来。“在资本和利息上，资本作为利息的神秘的、自行创造的源泉，即作为资本自行增长的源泉已达到了完善的程度。”[③]

现在必须从马克思为自己提出的任务的角度来看待这种认识。马克思提出的任务是研究资本主义生产关系，从理论上把握这种关系。在货币自身同自身的关系中，自身计量自身的关系中，“我们看到了资本的没有概念的形式，看到了生产关系的最高度的颠倒和物化”[④]。马克思认为，这是符合资本的性质的。[⑤] 因此，这种认识实际上可以归纳为这样一点：通过资本这一概念，资本家和雇佣工人之间的基本的社会关系的这种完全颠倒必然被揭示出来。从这个意义上说，一般形式和特殊形式即派生形式作为**统一体**构成资本概念。

在阐述资本关系方面，马克思在《第三章：资本和利润》中所作的论断值得注意。马克思在这里指出，剩余价值到利润的转化在现实中是通过两种转变而完成的。首先，剩余价值转化为利润，而马克思强调指出，在这两者之间存在的“不仅是**数量上**的区别，而且是**概念上**的区别，**实质上**的区别”[⑥]。剩余价值作为利润的关系“不单纯是认识方式……支配着资产阶级生产，决定着资本在不同生产部门之间的分配，

---

① 《马克思恩格斯全集》第1版第26卷第3册第507页。

② 《马克思恩格斯全集》第1版第26卷第3册第547页。

③ 见《马克思恩格斯全集》第1版第26卷第3册第503页。

④ 《马克思恩格斯全集》第1版第26卷第3册第512页。

⑤ 《马克思恩格斯全集》第1版第26卷第3册第505页。

⑥ 马克思：《1861—1863年经济学手稿》第XVI笔记本第974页。

可以说是自由竞争中的决定因素”①。因此，必须科学地、精确地划定剩余价值和利润之间的区别，因为不如此，资产阶级生产方式的表现形式就不会被认识，就会作为难以理解的现实碎片而处在理论之旁。② 然而，在第一次转化中，问题涉及的只是剩余价值和利润的形式区别，只有在第二次转化中，这种区别才成为物质上的区别。

在第二次转化中，即一般利润率或平均利润率的形成中，剩余价值到利润的转化，即剩余价值率到利润率的转化成为前提，成为本质。③ 这第二次转化是在第一次转化的基础上发生的，在这第二次转化中，利润化为利润平均量。这一过程“涉及的不再只是形式，而是除形式外还涉及实体本身，也就是说，改变利润的**绝对量**”④。这个量原来还不曾被触动，现在却发生了变化。因此，马克思把这第二次转化又称做第一次转化的“第二个实践结论”⑤，即必然结果。这种转化是从资本的本性中产生的。⑥

马克思在《1861—1863年经济学手稿》第XVI笔记本中提出的这一考虑，应当看做他在《剩余价值理论》中对资产阶级经济学进行批判分析的某种理论成果。马克思现在在这里又重新强调指出，“剩余价值的抽象规律”不能“直接以经验利润的［形式］表现”，“因为否则对规律性的任何认识都是不可能的”。⑦ 同时，马克思严厉地批驳了

① 马克思：《1861—1863年经济学手稿》第XVI笔记本第975页。
② 见马克思：《1861—1863年经济学手稿》第XVI笔记本第977页。
③ 见马克思：《1861—1863年经济学手稿》第XVI笔记本第992页。
④ 马克思：《1861—1863年经济学手稿》第XVI笔记本第991页。
⑤ 马克思：《1861—1863年经济学手稿》第XVI笔记本第991页。
⑥ 见马克思：《1861—1863年经济学手稿》第XVI笔记本第993页。
⑦ 马克思：《1861—1863年经济学手稿》第XVI笔记本第994页。

“经济学的庸人们”，因为他们“把毫无规律性的现象说成是规律本身”。①

关于资本一般本性的叙述，马克思说明了以下两点结论：

第一，在叙述中，应把利润也理解为剩余价值的各种形式，如地租、利息等等，当然无须考察这些形式的特性。②

第二，叙述不应停止于对第一次转化的说明，而应当顾及经验利润或平均利润，因为后者无非是总利润的分配。马克思认为，这样一来关于竞争的“一些最重要的一般要素”就得到说明，而“对这一点的更详尽的考察属于论竞争的那一章”。③

马克思在直接制订1863年1月的计划草案时，使自己关于一般、特殊和个别的具体统一的原则性考虑更加突出出来，这是在考察理查·琼斯的观点的过程中提出来的。马克思认为，琼斯同李嘉图正好相反，不把资本和劳动的关系理解为自然规律，而“只承认这种关系的**历史的**合理性”，也就是“资产阶级生产方式以及与它相适应的生产关系和分配关系”的“**历史的**合理性”。④“政治经济学以自己的分析破坏了财富借以表现的那些表面上相互独立的形式。”这种分析走得如此之远，以致一方面“**财富的独立的物质形式**趋于消灭……任何物质上持久的财富都只是这个社会劳动的转瞬即逝的物化”。另一方面，“财富的不同组成部分，通过各种各样的形式流入社会的不同部分，这些形式正在丧失自己的表面的独立性”。利润、利息和地租溶解于剩余价值之中。“商

① 马克思：《1861—1863年经济学手稿》第XVI笔记本第994页。

② 马克思：《1861—1863年经济学手稿》第XVI笔记本第973页。

③ 马克思：《1861—1863年经济学手稿》第XVI笔记本第976、989页。

④ 《马克思恩格斯全集》第1版第26卷第3册第473页。

品价值本身只归结为劳动时间。李嘉图学派甚至走得这样远，以至把这个剩余价值的占有形式之一——土地所有权（地租）——当做无用的形式加以否定，只要得到它的是私人［而不是国家］。李嘉图学派不承认土地所有者是资本主义生产的职能执行者。这样，对抗就归结为资本家和雇佣工人之间的对抗。"① 然而，李嘉图没有能力认识这种表面上相互独立的各种形式的内在统一性，并从中"导出"这些形式，也就是说明资本关系的实际展开过程。马克思揭示了剩余价值规律这个资产阶级生产方式的运动、发展和变化规律，从而解决了这个问题。

《1861—1863 年经济学手稿》写作第一阶段的重要成果，就是认识到竞争是资本主义生产方式的"一般"特征，认识到剩余价值的各种转化形式以及这些形式向竞争的"转变"。就第二阶段，即从 1863 年 1 月开始的阶段来说，值得注意的是马克思对于资本主义条件下机器的性质和应用的基本认识以及他的再生产理论的完善化情况。

在《1861—1863 年经济学手稿》中，马克思第一次详细论述了资本的不同发展形式，这就是协作、分工和机器体系。他首先考察了机器，因为他把机器看做资本主义生产方式的最适当的劳动资料。这一点在《政治经济学批判大纲》中就已经指出了。以机器为基础的工业和竞争在马克思看来是资产阶级生产方式的两个本质规定。

这两个规定是同一历史过程的结果。随着资本的生成，不仅社会关系发生形态变化，而且直接的劳动条件也发生形态变化。"在简单协作和以分工为基础的工场手工业中，上述变化只涉及可以共同使用的共同的劳动条件……在以使用机器为基础的机械工厂里，这种变化发展到劳

① 《马克思恩格斯全集》第 1 版第 26 卷第 3 册第 473 页。

动工具本身。”[①] 在工业革命过程中，劳动工具在质上发生变化，由工具发展为机器。“工业革命首先涉及到的是机器上进行工作的那一部分。”[②] 出现的是这样一种机械，在这种机械上，劳动的原理是既有的，动力仍然来自于人。随着蒸汽机这种产生运动的机器的应用，实现了第二次革命。[③]

当然，第一次工业革命就使历史达到了一个转折点，因为在所使用的劳动资料上发生的这一革命使生产方式，从而使生产关系发生变革。[④] 资本和劳动之间的对立，在协作和工场手工业这些资本主义发展的先前形式上，只是潜在地作为对立而存在着，而在大工业的基础上却发展成为“**对抗性的矛盾**”[⑤]。在机器体系和工厂制度下，劳动条件在工人面前完全表现为“异己的、属于**资本**的权力”[⑥]。工人进行活动的物质的、对象的条件，在工人面前表现为这些异己的社会权力和形式的总和。“过去劳动对活劳动的统治，同机器体系一起，以及同以机器体系为基础的机械工厂一起，不仅成为表现在资本家和工人之间的关系上的社会真实，而且还成为可以说是**工艺上**的真实。”[⑦]

与此相联系，马克思再度探讨科学，并把科学看做资本的一种生产力。还在《政治经济学批判大纲》中马克思就已经指出：“固定资本的发展表明，一般社会知识，已经在多么大的程度上变成了**直接的**

① 《马克思恩格斯全集》第1版第47卷第516页。
② 《马克思恩格斯全集》第1版第47卷第414页。
③ 见《马克思恩格斯全集》第1版第47卷第414—415页。
④ 见《马克思恩格斯全集》第1版第47卷第412页。
⑤ 《马克思恩格斯全集》第1版第47卷第516页。
⑥ 《马克思恩格斯全集》第1版第47卷第566—567页。
⑦ 《马克思恩格斯全集》第1版第47卷第568页。

生产力……”① 在《1861—1863年经济学手稿》中，马克思通过详细说明资本所应用的科学的性质，使上述思想进一步具体化了。资本的历史功绩就在于“把物质生产过程变成**科学在生产中**的应用，变成运用于实践的科学”。② 资本使“**科学因素**第一次被有意识地和广泛地加以发展、应用”③，而这是以前任何一个社会形态都办不到的。在随同资本一起被当做现实前提的社会发展阶段上，在各种新的条件和较为明显地扩大着的可能途径下，科学变成一种“独立因素”，变成生产过程的职能。④

同时，马克思谈到应用机器的一般情况及其典型表现，后者就是自动工厂，即“完全的机械体系”。为此，他既强调指出应用科学方面的逐渐的差别，又指出某种特定的质、某种机器体系以及生产科学化的某些阶段的形成情况。他还指出，在资本实行统治的条件下的科学以及机器“对于劳动来说，表现为**异己的、敌对的和统治的权力**”⑤。每一新机器的采用，新科学知识的应用或新工艺流程的推行，都只是有利于相对剩余价值的提高。

在写作《1861—1863年经济学手稿》的第二阶段，除了对以资本主义方式应用的机器的性质取得这一基本认识外，马克思还作出另一重要发现。他认识到，社会生产由两个部类构成，第Ⅰ部类是生产资料的生产，第Ⅱ部类是消费资料的生产。在现实中，许多单个的资本相互交错，以多种方式交织成社会总资本。马克思指出了这一总资本实现平

---

① 《马克思恩格斯全集》第1版第46卷下册第219—220页。

② 《马克思恩格斯全集》第1版第47卷第576页。

③ 《马克思恩格斯全集》第1版第47卷第572页。

④ 见《马克思恩格斯全集》第1版第47卷第570页。

⑤ 《马克思恩格斯全集》第1版第47卷第571页。

衡和按比例发展的条件。在资本的统治下，生产的社会性质不是直接表现出来的，而是事后也就是在市场上表现出来的。因此，发展的按比例状态只是通过不断的比例失调而实现的。不过，马克思抽象掉了总资本的具体的实现条件，也就是自发地形成的比例，因而阐述了一般的或抽象的资本再生产理论。

不断发展的生产首先要求总产品的各个组成部分在使用价值上和价值上都得到实现。这“可归结为两个观点，这两个观点即使对于单个资本来说，在分析**资本的流通过程，同时也就是再生产过程**时，都是应当加以考虑的”①。正如马克思所说的，这“在再生产过程中，就全国而言，是以产品补偿产品，就单个资本家而言，是以价值补偿价值”②。然而，产品的实现只能在一定的条件下完成。马克思把下面这样一点看做简单再生产的基本条件：“生产不变资本的生产者的产品，只要这种产品是由**可变资本**（工资）和**剩余产品**构成，因而一般说来构成这个［生产者］阶级的**收入**，应当正好等于生产**消费资料**的［生产者］阶级每年所需要的**不变资本**。”③ 这样，也就阐明了 Ⅰ（v 十 m）= Ⅱc 这个公式。马克思在 1861—1863 年的手稿中还对扩大再生产作了原则的说明。当然，对这种再生产中的平衡条件的阐述，远不如叙述简单再生产时那样精确。

可见，在《1861—1863 年经济学手稿》中，马克思在《政治经济学批判大纲》的基础上创立了自己的经济学理论的又一些重要成分。用恩格斯的话来说，马克思这时已完全弄清了在五十年代所阐述的价值理

① 《马克思恩格斯全集》第 1 版第 26 卷第 1 册第 88 页。

② 《马克思恩格斯全集》第 1 版第 26 卷第 1 册第 88 页。

③ 马克思：《1861—1863 年经济学手稿》第 XXII 笔记本第 1381 页。

论和剩余价值理论的“所有结论”①。

《1861—1863年经济学手稿》的写作，使马克思完成了自己的价值理论和剩余价值理论。由此，《资本论》创作史上的最重要阶段宣告结束。马克思在给恩格斯的信中曾经指出，从1863年8月起他已为准备付印而撰写稿子。到1865年12月，《资本论》全三卷的第一份详加制定的稿本便形成了。随着这一著作的发表，工人运动终于获得了关于自身利益和目标的精确的科学论证。

（原载曼弗雷德·缪勒《通往〈资本论〉之路》柏林1975年版）

（夕昆 译）

① 《马克思恩格斯全集》第1版第39卷第25页。

1857—1863 年期间马克思关于固定资本和流动资本理论的发展*

〔民主德国〕本德·费舍尔

马克思把对生产过程的分析和对流通过程的研究有机地联系起来，使它们互为补充。要深入分析流通领域，也就是资本的形式变换，就需要探讨固定资本和流动资本。关于资本的这个区别对于理解再生产过程中的资本运动是必不可少的，正是在这个问题上，马克思以前的所有经济学家，包括斯密和李嘉图，都存在着“糊涂观念”、“混乱”以及“荒谬”。① 正因为这样，马克思在《资本论》中指出：“资产阶级经济学特有的拜物教…… 完成了。这种拜物教把物在社会生产过程中获得的社会的经济的性质，变为一种自然的、由这些物的物质本性产生的性质。”② 马克思所面临的任务是，克服资产阶级政治经济学古典学派关于固定资本和流动资本的认识局限性，用他自己的有科学根据的理论来取而代之。

马克思通过科学地分析资本的生产过程，为他广泛地研究流通问题创造了关键性的起点。同时他第一次研究了生产和消费之间、交换和分配之间的辩证统一和相互作用，指出物质生产的方式构成社会的基础。在资本主义生产过程中使用的资本必须根据它的职能来进一步加以规

---

* 本文选自《马列主义研究资料》1985 年第 4 辑。

① 《马克思恩格斯全集》第 1 版第 24 卷第 212、216、224 页。

② 《马克思恩格斯全集》第 1 版第 1 版第 24 卷第 252 页。

定。从价值增殖过程的观点出发，资本分为不变资本和可变资本。在《大纲》中首次提出的这种划分有特别重要的意义，这样就把资本家和雇佣工人之间的关系的实质，即资本主义剥削这个实质揭示出来了。马克思指出，不变资本部分由原材料和劳动资料组成，而可变资本用来购买劳动能力，在生产过程中，活劳动再生产出以工资支付的部分，此外还创造剩余价值。不变资本部分通过活劳动把价值转移到新产品上，但是它的量并没有改变。根据资本在价值形成过程和价值增殖过程中的作用进行的这种资本划分是最根本的，然后才是根据周转方式分为固定资本和流动资本。而“资产阶级政治经济学本能地坚持亚·斯密的这种做法，即把‘不变资本和可变资本’的范畴混同于‘固定资本和流动资本’的范畴……因此，理解资本主义生产的现实运动的基础，从而理解资本主义剥削的现实运动的基础，一下子就被破坏了”①。

固定资本和流动资本的范畴在形式规定性上是这样表示的：“在生产过程中执行职能的…… 生产资本有不同的周转。”② 只有生产资本才能按照它的物的组成部分的不同的价值支出分为固定资本和流动资本。这两种形式规定性的对立“对产业资本的其他两种存在方式来说，也就是，不论对商品资本还是对货币资本来说，都是不存在的”。③ 在这里，马克思撇开了把生息资本和流通费用划分为固定资本和流动资本的问题。这个问题的分析主要是在后来的《资本论》第三卷的第四和第五篇中进行的。

在《大纲》中，马克思已经发现了研究固定资本和流动资本的必要起点，他提出了形式规定性的概念：“流动资本和固定资本的区别，

---

① 《马克思恩格斯全集》第1版第24卷第244—245页。

② 《马克思恩格斯全集》第1版第24卷第187页。

③ 《马克思恩格斯全集》第1版第24卷第187页。

首先表现为资本的形式规定”。[①] 马克思已经在这个手稿中注意到这个问题的重大意义，他指出：“把流动资本和固定资本这两个规定理解为资本一般的形式规定，是非常重要的。”[②]

通过对资本的形式区别的分析，马克思在克服资产阶级政治经济学关于流动资本和固定资本的观点方面迈进了重要的一步。资产阶级经济学家是按照产品的物质属性的差别来划分资本的，这就必然在固定资本和流动资本理论上产生根本的弊端。例如，斯密的出发点是：流通的主要内容只是使用价值的运动，因此，他把使用价值的物体位置的变化强调为区别资本的标准。马克思在《大纲》中指出，并在1861—1863年手稿中更加强调地指出，在流通中，除了使用价值的转换之外，还要考察资本的形式变换。认识资本的形式规定性究竟有什么意义，尤其可以从下列事实清楚地看出来：马克思在《资本论》第二卷第八章小标题“1. 形式区别”之下，发展和阐述了固定资本和流动资本的主要思想。

在1861—1863年手稿中，马克思详细阐述了在《大纲》中涉及到的资本划分问题。关于不变资本和可变资本之间的根本区别，直到这时才确定下来：这种划分“我们…… 指的是资本最初的划分为活劳动和物化劳动，而不是流通过程……所引起的这种比例的变化”[③]。下面这个认识也比在《大纲》中更明确了，即除了把资本划分为不变价值和可变价值外，“同样，在这里还必须考察从流通过程产生的固定资本和流动资本的差别”[④]。

在《大纲》以及1861—1863年手稿的写作计划的修改中，固定资

① 《马克思恩格斯全集》第1版第46卷下册第124页。

② 《马克思恩格斯全集》第1版第46卷下册第126页。

③ 《马克思恩格斯全集》第1版第26卷第3册第429页。

④ 《马克思恩格斯全集》第1版第26卷第1册第448页。

本和流动资本的问题都没有占重要的地位。《大纲》中在一般和特殊以及个别之间关系的各种不同划分中，马克思把这些范畴都放在“资本的特殊性”以及“资本的特殊化”这一点中①，但是从中决不能得出结论说，“固定资本”和“流动资本”是对立于一般性的特殊性。在《资本论》的第一个详细计划草案中，固定资本以及流动资本已经在资本的“一般性”这第一点中作为“（2）特殊化”出现。② 在这个地方，马克思已经把这些范畴确定为资本的一般的和主要的规定。在“资本一般”中也必须注意它的差别和特殊性这个思想由于下述认识而更明确了，即马克思把固定资本和流动资本标明为抽象的特殊性，他说：“每一种资本就是这些抽象特殊性的肯定或否定”，③ 这对每个资本本身来说都是共同的。流通过程的这些范畴的这种划分和分类在资本的核心构造中所以非常有意义，还因为马克思在那个时候还没有广泛研究固定资本和流动资本理论。随着流通理论的进一步形成和发展，特别是固定资本和流动资本理论的发展，马克思更坚定和明确了这个出发点。尤其是通过分析资本的形式规定和形式差别，得出了“流动资本”和“固定资本”范畴属于“资本一般”。马克思认识到，这两个概念所表现的形式规定反映了资本在流通中的基本结构，这些形式规定属于所有的资本，因而属于“资本一般”的范围。

马克思在《大纲》中对资本的研究是从它的循环着手的，并指出了生产和流通的相互的制约性。马克思在考察资本循环的不同要素时指出，经常处于流动中的资本，同时也能在各个阶段上固定下来、凝固下来。“这种固定存在的不同方式构成不同的资本：商品资本、货币资本、

---

① 《马克思恩格斯全集》第1版第46卷上册第219、232页。

② 《马克思恩格斯全集》第1版第46卷上册第232页。

③ 《马克思恩格斯全集》第1版第46卷上册第445页。

作为生产条件的资本。"① 在分析资本循环的时候，固定资本和流动资本范畴首先具有以下的意思："流动资本"是这样表现的，所有的资本都处于运动中，各种要素都在运动、形成一个过程——因此也就是流动——，或者，像马克思自己说的："资本作为通过一切阶段的主体，作为流通和生产……的统一体……是流动资本。"② 相反，固定资本事实上被理解为，该资本能在它循环的一个阶段上固定下来，在某一时间点上凝固下来，固定为商品资本、货币资本或生产资本。《大纲》中是这样写的："非流动资本。固定资本，本来意义的被固定起来的资本，它固定在各种规定性中的某一种规定性上"③，"资本作为束缚在每个这样阶段上的它自身……是固定资本"④。那么，这些思想在《资本论》第二卷的成熟的理论中是怎样反映的呢？

马克思在《资本论》第二卷第一篇《资本形态变化》中开始分析固定资本和流动资本时写道："我们曾经一般地说过，全部资本价值是处在不断流通之中，因此从这个意义上说，一切资本都是流动资本。"⑤ 在许多地方，马克思还进一步说明了处于过程中的、循环的或继续流通的资本价值。⑥ 另一方面，我们在《资本论》中能看到这样的阐述："循环本身当然又要求资本在各个循环阶段中……固定下来"⑦，关于这一点，在另外一个地方是完全具体地提出的："由于货币资本转化为生

① 《马克思恩格斯全集》第1版第46卷下册第191—192页。

② 《马克思恩格斯全集》第1版第46卷下册第124页。

③ 《马克思恩格斯全集》第1版第46卷下册第123—124页。

④ 《马克思恩格斯全集》第1版第46卷下册第124页。

⑤ 《马克思恩格斯全集》第1版第24卷第177页。

⑥ 参看《马克思恩格斯全集》第1版第24卷第171—173页。

⑦ 《马克思恩格斯全集》第1版第24卷第64页。

产资本，资本价值取得了一种实物形式，这种形式的资本价值不能继续流通”，[①] 资本只要固定在货币形态上，或处于商品资本的形式上，它就使循环中断。

在成熟的理论中，“固定资本”和“流动资本”的范畴只表现生产资本的形式区别，相反，在论述循环时，“循环的”价值和“继续流通的”价值的概念是同“固定的”、“不变的”价值相对立而使用的。尽管与第二卷相比还存在区别（首先是专门术语上的区别），但在《大纲》中首次阐述的关于循环的思想具有重大意义，因为把物质产品规定为“流动资本”和“固定资本”的资产阶级经济学家不能够解释，同一资本是怎样表现为处于过程中的（流动的）价值和不变的（固定的）价值的。在资本循环关系上的这个固定资本和流动资本的规定，马克思明确地认为只是最初采用的规定[②]，除此之外，还必须进一步把固定资本和流动资本的规定看做“特殊的资本形式”，看做“资本的两个特殊种类”。[③] 这一点在《大纲》的第七笔记本中表达得较为清楚。“如果说，在此以前固定资本和流动资本仅仅表现为资本的不同的暂时的规定，那么，现在它们却硬化为资本的特殊存在方式……现在有了资本的两种特殊形式。”[④] 后面这些规定，尽管马克思没有对它们特别强调，但他认为是固定资本或流动资本的本质规定。我认为，这既适用于《大纲》中提到的地方，也适用于如下事实：他在资本的循环中（因而也就是在一个不直接属于固定资本和流动资本的问题中），还使用“固定资本”和“流动资本”的范畴，但这只是由于还没有完全克服流动资

① 《马克思恩格斯全集》第1版第24卷第42页。

② 参看《马克思恩格斯全集》第1版第46卷下册第123页及以下几页。

③ 《马克思恩格斯全集》第1版第46卷下册第123、125页。

④ 《马克思恩格斯全集》第1版第46卷下册第215页。

本和流通资本之间的混淆。然而，与“固定资本”和“流动资本”相适应的那些规定（在成熟的理论意义上的规定），马克思不是在同循环的关系上来阐述的，而是在考察机器、周转和“资本的两个种类”时阐述的。至于在与“资本”比较中还有差别，那是另外一个问题，我们将在下面较详细地加以研究。

固定资本和流动资本的规定和差别在《大纲》中是在不同的认识水平上阐述的。如果说马克思对固定资本进行了广泛的分析，在许多方面已经达到了《资本论》第二卷的理论成熟程度，那么他对流动资本则还需要进行更深入的研究工作，不过，对这个问题的理解已经比资产阶级经济学家更清楚了。例如，这些规定不再根据产品的“物的属性”或根据“耐久性”和“运动性”这些标准得出来，而是根据形式规定得出来。

此外，由于在《大纲》中还没有明确涉及到流通中产生的资本的形式变换和它在生产过程中的物质形态变化之间的差别（这种差别是1861—1863 年得出的），所以流动资本的形式规定还没有有机地和生产资本联系起来，相反，还是和流通资本混淆在一起。例如，马克思写道，流动资本“从不进入生产过程，但总是伴随着生产过程”①，它不是在生产过程中被消费掉。这段引文非常清楚地说明，马克思在 1857 年分析流动资本时还没有得出成熟的认识。对斯密认为货币构成流动资本的一部分的观点，马克思仅仅认为：“斯密在货币上陷入困境，他不知道应当把货币叫做流动资本还是固定资本。”马克思并没有进行批判，而是强调：货币“是始终被固定在流通阶段的那部分资本，从这方面来看，它是最完善形式的流动资本”②。但《大纲》同时也清楚地告诉我

① 《马克思恩格斯全集》第 1 版第 46 卷下册第 192 页。

② 《马克思恩格斯全集》第 1 版第 46 卷下册第 231 页。

们，马克思是怎样竭力达到完满的理解的（包括专门术语）。这一点在该手稿第七笔记本中表现得最明显，马克思在研究资本和利润的联系时，阐述了关于固定资本和流动资本的某些重要思想（在很大程度上与成熟的理论相符）。但是，对这些暂时出现的解释不应评价过高。虽然马克思的这些句子几乎是在手稿的结尾处写的，——因此人们也就可能倾向性地认为，《大纲》中出现的固定资本的规定，特别是流动资本的规定，在这里在某种程度上已经作出结论，并达到了较高的认识水平——，但这种评价是不正确的。因为，在这里涉及的，第一，只是一个地方，而在马克思的其他许多阐述中，都把流动资本混同于流通资本。第二，这些思想后来既没有在“评论”中也没有在 1861 年的计划草案中再提出来，并且也没有加以考虑。这些思想没有标明属于“流动资本和固定资本”这一点，上面提到的其他许多地方则表明马克思还没有坚决把流动资本和流通资本区分开。[①] 马克思把《大纲》第七笔记本中特别强调的解释仅仅放在“资本和利润”这一点中，而没有用这些重要解释去说明“固定资本”和“流动资本”。[②] 第三，1861—1863 年手稿中“流动资本”的规定和专门术语与《资本论》第二卷相比还有某些不同之处。

1861—1863 年手稿中流动资本的规定有明显的认识上的进步。前面已经指出，马克思现在清楚地把生产过程中资本的实际形态变化同流通所决定的形式规定区别开来。他明确地把“劳动过程中发生的实际形态变化，关系到资本重新转化成的原料、机器、劳动的改变了的形式”同“形式上的形态变化……不过是商品资本到货币资本，货币资本到生

① 参看《马克思恩格斯全集》第 1 版第 46 卷下册第 531—534、546 页。

② 参看《马克思恩格斯全集》第 1 版第 46 卷下册第 536、548 页。

产资本的转化”[1] 分开了。

从这种认识中也就产生了下面的基本思想：“从生产过程的流通形式中产生的区别：固定资本、流动资本。”[2] 很明显，与《大纲》相比，马克思下面的解释达到了更高的认识阶段：“……彼此对立的是固定资本和流动资本，流动资本不仅包括工资，而且包括原料和辅助材料。”[3] 流动资本是在总体上理解的，确实对立于固定资本，并与生产资本发生联系。而且，这里也认识了它的价值周转，这与《大纲》相比表现为进一步的发展和精确化。马克思写道，原料和辅助材料的全部价值又表现在商品中，“固定资本的价值只有一部分即按照固定资本磨损的程度而再现在产品中”[4]。这种不同的价值转移就被规定为固定资本和流动资本之间的主要区别。很明显，马克思在 1861—1863 年手稿中修正了他在《大纲》中提出的观点，即认为“固定资本”进入生产过程，而“流动资本”只是伴随生产过程。因为，如果马克思说原料和辅助材料的价值在产品中全部再现出来，同固定资本的情况正相反，那么必须包括这样的意思，即流动部分在生产过程中被消费了。在流动资本问题上的这个认识上的进步表现在：1861—1863 年期间，原材料本身不再被规定为流动资本，相反，马克思强调指出，可变资本按照它的周转应归为流动资本。他把这部分资本叫做“花在工资上的那部分流动资本”[5]。如果说 1861—1863 年手稿中所阐述的还没有《资本论》中那样清楚和详细，即可变资本在物质上由生活资料组成，在周转中仅涉及形式，那

① 《马克思恩格斯全集》第 1 版第 48 卷第 143 页。

② 《马克思恩格斯全集》第 1 版第 48 卷第 124 页。

③ 《马克思恩格斯全集》第 1 版第 26 卷第 2 册第 141 页。

④ 《马克思恩格斯全集》第 1 版第 48 卷第 330 页。

⑤ 《马克思恩格斯全集》第 1 版第 26 卷第 1 册第 214 页。

么，马克思这时在内容上已经解决了这个问题。他指出，不是生活资料，也不是劳动力，而是花费在这些东西上的生产资本的价值部分得到了“流动资本”的规定。在这里，他的独特的正面叙述是与在原则上批判资产阶级政治经济学家联系在一起的。他写道：“因为政治经济学家们没有说明在商品的形态变化中表现出来的特殊社会关系，所以他们只能从物质上去理解‘流动’资本。”① 马克思清楚地表示，生活资料作为劳动的物的条件，并不是一开始就是资本，它只有表现为一定的生产关系，才成为资本。工人的生活资料，他的工资，并非必然永远在异化形式上作为资本同工人相对立，因为资本主义雇佣劳动只是劳动的一种历史形式。

马克思在1861—1863年手稿中对资产阶级政治经济学家关于固定资本和流动资本观点的批判决定性地扩大和加深了。首先是在《剩余价值理论》中对资产阶级的许多观点进行了批判分析。

在《大纲》中还没有对重农学派的固定资本和流动资本观点进行分析，马克思在1861—1863年高度评价了他们的功绩，也就是，重农学派把剩余价值的来源从流通领域转到了生产领域，并试图对资本的整个再生产过程进行科学的解释。在这里马克思特别强调了后面一点：“但是，实际上，这是一种尝试：把资本的整个生产过程表现为再生产过程……这是一个极有天才的思想，毫无疑问是政治经济学至今所提出的一切思想中最有天才的思想。”② 紧接着又指出，重农学派还规定了“资本在流通中所采取的形式（固定资本、流动资本，不过重农学派用的是别的术语）”③，这不能看做是马克思未能作进一步规定的标志。马

① 《马克思恩格斯全集》第1版第26卷第3册第295页。

② 《马克思恩格斯全集》第1版第26卷第1册第366页。

③ 《马克思恩格斯全集》第1版第26卷第1册第16页。

克思已指出，关于重农学派“在论流通那一章再谈”[①]。宁可说，这就意味着，马克思是想在研究“资本一般”的第二章中分析重农学派关于固定资本和流动资本的看法。马克思要得出关于固定资本和流动资本理论的认识——已经在所有的基本问题和许多细节问题上与《资本论》第二卷的成熟程度相符——，还需要在原则上和广泛地对有关的资产阶级观点进行批判。

如果说从斯密流传下来的把流动资本和流通资本混淆在一起的毛病在《大纲》中还没有彻底克服的话，那么，这种专门术语问题在1861—1863年手稿中已经从本质上解决了。关于斯密在固定资本和流动资本理论上的功绩，马克思在1861—1863年手稿中是这样说的：“不过是把抽象范畴固定下来，对重农学派所分析的差别采用了更稳定的名称。”[②] 在《资本论》中，这个由斯密完成的发展也得到了应有的评价，然而马克思同时指出，斯密的说明远远落在魁奈之后。[③] 马克思对拉姆赛观点的研究和叙述，在1861—1863年手稿中比在《资本论》中更为广泛和全面。这证明，马克思不仅在固定资本和流动资本的一些基本问题上克服了资产阶级观点，而且在许多细节问题上的批判也已经完成了。[④]

当然，这些明确的认识上的进步，还伴随有一些不太成熟的思想，首先在专门术语方面与成熟理论还有差别，这说明，在这方面还要求明确化和补充。因此，例如，我们可以发现这样的叙述：“流动资本。流

① 《马克思恩格斯全集》第1版第26卷第1册第16页。

② 《马克思恩格斯全集》第1版第26卷第1册第16页。

③ 参看《马克思恩格斯全集》第1版第24卷第212页。

④ 参看《马克思恩格斯全集》第1版第26卷第3册第360页及以下几页。

通过程中的资本”，“货币只是流动资本的暂时形式”①。但是，不是这些地方，而是上面已经提到的那些地方，对研究1861—1863年手稿中的流动资本理论具有典型意义，从中可以清楚地看出，马克思的许多认识明显地高于资产阶级经济学家的观点，他在重要点上进一步发展了他在1857—1858年手稿中的思想，并且加以精确化。后来在《资本论》中，“固定资本和流动资本”和“流通资本”概念之间作了明确区分，而且在全书中是前后一致的。从这时起，固定资本和流动资本问题的叙述要比《大纲》或1861—1863年手稿中的划分更加严格得多。

下面我们再谈谈对马克思分析固定资本问题的几点看法。在《大纲》中，固定资本的规定表明，马克思的认识明显地高于他的理论上的资产阶级先辈。1857—1858年完成的固定资本的分析表明，马克思在这个时候的经济探讨中已经清楚地认识到这个问题对于论证资本剥削雇佣劳动和工人阶级历史使命的科学理论具有很大意义。固定资本的许多问题是直接同与工人的生活利益有关的问题连接在一起进行研究的。马克思在1857—1858年还把固定资本直接同机器连接起来研究，并得出了下面这样重要的认识：“……只有当劳动资料不仅在形式上被规定为固定资本，而且……固定资本在生产过程内部作为机器来同劳动相对立的时候……资本才造成了与自己相适应的生产方式。”② 在资本主义条件下，随着机器的出现，物化劳动在物上作为统治活劳动的权力高居于活劳动之上，这个论证对驳斥资产阶级关于固定资本使工人减轻劳动的空话有密切关系。资本家用机器剥夺了劳动的全部独立性，“相反，只有在机器使工人能够把自己的更大部分时间用来替资本劳动……资本才

① 参看《马克思恩格斯全集》第1版第48卷第124、142页。

② 《马克思恩格斯全集》第1版第46卷下册第211页。

使用机器”[1]。在这方面还提出了关于固定资本是资本主义生产方式发展的测量器，是社会生产力高低的试金石的思想。固定资本的规模“一般说来，表明资本作为资本，作为支配活劳动的力量的发展程度和资本支配整个生产过程的程度”[2]。这些在《大纲》中出现过无数次的涉及固定资本和机器的思想，在马克思的下述结论中达到了顶峰：从属于资本的社会关系“决不能……是采用机器体系的最适当和最完善的社会生产关系”[3]，相反，资本主义生产关系只是一定的历史形式，决不是永恒的和不可改变的关系。

这里应该指出《大纲》和《资本论》第二卷之间在分析固定资本方面存在的差别。在《大纲》中，机器与固定资本有很多的联系。在1861 年计划草案中，这一点也是有意识地定下来的。把机器视为与资本主义生产方式相适应的劳动资料，还不是与相对剩余价值相联系的结果，而是与固定资本紧密相联系的结果。随着越来越深入分析流通过程，特别是固定资本和流动资本，马克思改变了关于他究竟应在哪里研究机器问题的看法。从 1861—1863 年手稿中得到的认识可以看出（我在上面已经指出了这一点），资本在生产过程中完成的实际形态变化要同流通中发生的形式变换区别开，很明显，这使马克思加强了如下的观点，即固定资本这样一种形式规定不可能直接地和机器相等同。当然，劳动资料是固定资本，但这只是从它的特殊的价值转移方式和由此产生的流通方式来说的。机器从这时起合乎逻辑地被放在《相对剩余价值》的部分来研究。

在《大纲》和 1861—1863 年手稿之间，固定资本的论述还有一些

---

① 《马克思恩格斯全集》第 1 版第 46 卷下册第 214 页。

② 《马克思恩格斯全集》第 1 版第 46 卷下册第 211 页。

③ 《马克思恩格斯全集》第 1 版第 46 卷下册第 212 页。

差别。关于固定资本流通的特征，马克思在《大纲》中已经写了，不过其中没有明确强调，价值的一部分仍保留在属于生产过程的实物形式上，而价值的另一部分成了货币。关于“固定资本”的特殊流通，关于它的独特的价值转移方式，被规定如下：“……作为价值，固定资本是流通的（虽然……它只是一部分一部分地，陆续地流通）。作为使用价值，固定资本是不流通的。”[①] 马克思在这时候的探讨中看到了这种特殊的价值转移方式，但还没有把这作为区分“固定资本”和“流动资本”的主要标准，而只是把它强调为固定资本的“第一规定”[②]，说它作为对立于流动资本的使用价值在生产过程中被消费，但从它的物质存在来看，它又没有再出现在流通中。在1861—1863年手稿中，这方面得到了进一步的发展和更精确的阐述。马克思这时把固定资本和流动资本的不同的价值转移方式标明为它们之间的主要差别，并强调指出，流动资本的价值全部再现在产品中，固定资本则相反，只是部分地，即与它的损耗相适应地在生产过程中再现出来。[③]

马克思在1861—1863年分析固定资本和流动资本的周转和再生产时，得出了许多重要认识。早在《大纲》中，这方面的主要问题已经解决了。因此，从固定资本的特殊的价值转移方式出发，也就看到了从中产生的价值周转和物质周转之间的独特的周转和必要的差别，而总周转则被理解为各不同资本部分的平均周转。马克思研究了表现固定资本的周转周期，而且注意到它在各不同时间内以实物形式得到补偿的问题。[④] 从1861—1863年手稿中可以看到，马克思致力于更详细地研究

① 《马克思恩格斯全集》第1版第46卷下册第193—194页。

② 《马克思恩格斯全集》第1版第46卷下册第195页。

③ 参看《马克思恩格斯全集》第1版第48卷第329页及以下几页。

④ 参看《马克思恩格斯全集》第1版第46卷下册第196—197页。

这些对整个再生产理论极有意义的细节问题，并在专门术语方面力求精确，在叙述上力求完整。例如，下面就是对固定资本和流动资本的再生产所作的重要叙述："在劳动过程中消费的劳动材料和劳动资料的价值…… 在产品…… 中再现…… 但不能从真正的意义上说它被再生产出来。"① 固定资本和流动资本的不变部分仅仅转移到产品上，但不是像可变资本的价值那样再生产出来。

马克思在 1861—1863 年手稿中对固定资本的再生产进行的深入透彻的与《资本论》第二卷中的成熟程度相符的分析，也包含有关于总资本的周转时间和再生产时间的一些重要思想。例如，对固定资本和总资本的关系是这样说的："平均说来，同总资本相比，固定资本愈大，它的相对的（不是绝对的）再生产时间就愈长，固定资本愈小，它的相对的再生产时间就愈短。"② 因此，从本质上说，总资本的周转时间和再生产时间是由"固定资本"的规模和它的再生产时间决定的。这个问题的第一个重要研究成果已经在《大纲》中得出。不过，在 1861—1863 年手稿中还没有彻底克服的流动资本和流通资本之间的混淆，可以说是一个明显的倒退。③

1861—1863 年手稿中包含的固定资本再生产的思想，是再生产理论中的一个重要认识。如马克思认为，缩短根据平均计算规定的固定资本的再生产时期是资本家的主要目的之一，因为在生产时间缩短和机器还能使用的情况下，"可变资本同不变资本的比率就会增大，因为后者继续进入劳动过程，但是不再进入价值形成过程……利润（率）也增

① 《马克思恩格斯全集》第 1 版第 47 卷第 98 页。

② 《马克思恩格斯全集》第 1 版第 26 卷第 1 册第 247 页。

③ 参看《马克思恩格斯全集》第 1 版第 46 卷下册第 232—236 页。

加了”[①]。因此，资本家都防止他的“固定资本”贬值，而首先要使这些资本部分的使用有利可图。

在资本主义生产方式下，固定资本和流动资本上的投资不合比例，这是在《大纲》中已经论述过的思想，这个思想马克思在1861—1863年手稿中作了进一步阐述。他一方面指出，可能出现固定资本的过剩生产，另一方面，由于“固定资本”的投资不合比例，又可能使下一年的生产发生亏空——“由于固定资本生产过剩，又产生危机的可能性”[②]。同时，就像已经在《大纲》中指出的，如果生产过程停下来，现有的生产条件就失去它的使用价值和交换价值，而且危机会引起价值的贬低，这种贬值妨碍这个价值作为资本以后按同一规模更新自己的再生产过程。[③] 马克思在《资本论》中还从另外一个方面阐述了固定资本和流动资本与危机的关系。通过“必须完成……的周转的周期”，总资本“为周期性的危机造成了物质基础”[④]。尽管资本投资是在不同的时间进行的，“危机总是大规模新投资的起点。因此……危机又或多或少是下一个周转周期的新的物质基础”[⑤]。从特殊的价值转移方式的认识出发，得出了固定资本更新的特殊性，并得出了危机的周期性。固定资本向产品的价值转移是逐渐进行的，也就是说，只有当“固定资本”全部进入流通，并且必须以实物形式来更新的时候，固定资本的价值才成为所需求的要素。这不是均衡地出现的现象，而是取决于固定资本各要素的不同的再生产时期。危机期间和危机之后，在所有的生产部门都

① 《马克思恩格斯全集》第1版第47卷第375页。

② 《马克思恩格斯全集》第1版第48卷第149页。

③ 参看《马克思恩格斯全集》第1版第26卷第2册第565—566页。

④ 《马克思恩格斯全集》第1版第24卷第206—207页。

⑤ 参看《马克思恩格斯全集》第1版第24卷第207页。

会出现固定资本的新的大量投资。在危机中对固定资本的需求之所以会急剧增加，是因为在工业周期的这个时候必须更新旧的生产资料，以便达到降低生产费用的目的。但是，这种更新不可能持久。一旦对固定资本的需求减少，生产资料的生产过剩就会出现。马克思明确指出，固定资本的再生产构成危机周期性的物质基础，他同时也认识到，整个资本主义生产方式的矛盾是危机的主要原因。

1861—1863年手稿中对固定资本的损耗、代替、保持和补偿的分析取得了新的重要认识。例如，在谈到损耗问题时，第一次不仅从内容上，而且从专门术语上对它作了详细解释。马克思谈到"耗损"，并把它理解为"每年算做损耗并……加入产品价值"[①] 的部分。关于无形损耗，这也是马克思在《大纲》中还没有广泛阐述的一个问题。在1861—1863年手稿中是这样说的："在采用新的机器时，会不断地进行改良。因此，在机器的周转期结束之前，即它们的价值再现于商品价值之前，大部分旧机器或者部分地贬值，或者继续使用已完全不合算。"[②] 他还指出，贬值首先涉及固定资本、机器等等，只是在很小的程度上才会触及流动资本。为防止固定资本贬值，资本家实行的办法就是把工作日延长到正常工作日的界限以外。[③] 尽管马克思在字面上没有使用"无形损耗"这个术语，然而他理解的就是这种关系。他把"同较完善的、较晚发明的新机器相竞争"[④] 理解为固定资本价值下降的原因。在《资本论》中，这些阐述得到了补充，指出一方面大量的固定资本是对劳动资料进行迅速改进的一般障碍，另一方面在说到竞争时又指出，这成为

① 《马克思恩格斯全集》第1版第26卷第2册第547页。

② 《马克思恩格斯全集》第1版第47卷第375页。

③ 《马克思恩格斯全集》第1版第47卷第375页。

④ 《马克思恩格斯全集》第1版第26卷第3册第428页。

资本家被迫在旧的劳动资料的自然寿命完结以前，用新的劳动资料来进行替换的原因。①

马克思和恩格斯的书信对理解经济理论的形成有重要意义，因为这些书信中包含着解决经济问题的许多重要思想。例如，书信中谈到了固定资本的折旧表现为积累基金的专门问题。

马克思在1862年8月2日给恩格斯的信中说明，他在可变资本和不变资本为一方与固定资本和流动资本为另一方之间作了明确区分。他强调："除了从资本的直接生产过程产生的不变资本和可变资本的区别，还有从资本的流通过程产生的固定资本和流动资本的区别。"② 在同一个月马克思还写信请求恩格斯说："你能不能来这里逗留几天？我在我的批判中要推翻许多旧东西，因此我想有几点要预先同你商量一下。"③ 马克思当时研究的主要问题是：有一台机器，它的价值为12000镑，使用期限为12年，每年必须有1000镑转移到产品上。因此，每年有1000镑回到厂主手中。"预定每年用来补偿机器1/12的基金将怎样办呢？这笔基金实际上不就是用于扩大再生产的吗？"④ 恩格斯在9月9日的简短的回信中认为，马克思"走入了歧途"⑤。

1861—1863年手稿包含固定资本折旧表现为积累基金的某些思想，这些思想在同一时期，例如，上面提到的1862年8月20日以及9月9日的信中也都提到了。由于固定资本只是在很多年以后才必须以实物更新，由于劳动资料的价值每年只有一定的部分进入产品，马克思在

① 参看《马克思恩格斯全集》第1版第24卷第191页。

② 《马克思恩格斯全集》第1版第30卷第269页。

③ 《马克思恩格斯全集》第1版第30卷第281—282页。

④ 《马克思恩格斯全集》第1版第30卷第282页。

⑤ 《马克思恩格斯全集》第1版第30卷第284页。

1861—1863 年手稿中写道："用来支付这些机器的那些价值按照它们（机器）再生产的时间从商品的卖款取得。"[①] 马克思强调指出，每年要从产品中收回与"固定资本的损耗相适应的价值，而且这是例如在 12 年以后替换旧机器时才必需的，决不要求每年用 1/12 的实物来补偿。因此，如果存在一个较大数额的固定资本"，"积累基金可以被使用它的人用来作为新固定资本（或流动资本）的投资，而且这部分积累根本不是从剩余价值中扣除的。（见麦克库洛赫的著作）这种积累基金在那些没有大量固定资本的生产阶段……是不存在的。这是重要的一点。这是一个不断用于改良、扩大等方面的基金"[②]。在这里，马克思很清楚地阐述了折旧基金，并指出，资本家能够用各种方式使用固定资本的补偿基金，直至它以实物形式更新为止。

在 1867 年 8 月 24 日的信中，马克思又重新提出了固定资本的折旧基金问题，而且对 1861—1863 年手稿中阐述的这方面的某些思想作了补充。很明显，马克思的这些认识，是在写《资本论》第二卷的第一稿时得出的。[③] 例如，马克思写道，他在结束这个手稿的写作后认识到："麦克库洛赫把这种折旧基金说成是积累基金。我确信麦克库洛赫决不会想出什么正确的东西来，所以就把这件事丢开了。"[④] 马克思请求恩格斯，根据他在工厂中的实践活动和认识请告知，"补偿固定资本"在现实再生产中是怎样表现出来的，并强调说："你一定要回答我这个问题（不谈理论，纯粹谈实际）。"[⑤] 恩格斯在 1867 年 8 月 26 日的

① 《马克思恩格斯全集》第 1 版第 26 卷第 2 册第 548 页。

② 《马克思恩格斯全集》第 1 版第 26 卷第 2 册第 548 页。

③ 参看《马克思恩格斯全集》第 1 版第 24 卷第 4—8 页。

④ 《马克思恩格斯全集》第 1 版第 31 卷第 332 页。

⑤ 《马克思恩格斯全集》第 1 版第 31 卷第 332 页。

回信中首先说：毫无疑问，资本家“在机器损耗以前，……使用或者至少支配补偿基金。而这就算做对无形损耗的某种保证”[①]。同时他还写道，这个事情的经济意义对他来说也还不是很清楚的。只是在一天以后，他才在另一封信里详细论述了这个问题，根据某些计算和图表证明工厂主如何利用固定资本的补偿基金。同时恩格斯还阐述了一个重要的思想，即资本家通过这种折旧额（对他来说不必触动利润就形成一种预付）就能够使自己扩大使用机器。他写道：“由于扣除的数额都是预付给他的，他不从自己的利润中付出一文钱用于购置新机器，就能靠自己的旧机器，使自己的机器数量……增加。”[②] 恩格斯用这些看法不仅证实了他的战友的思想，而且进一步阐述了这些思想。这个例子再次证明马克思和恩格斯之间亲密的和有益的合作。

马克思关于固定资本和流动资本的观点，在1861—1863年手稿中已经达到相当成熟的认识程度。这个手稿中的固定资本和流动资本问题，对于马克思直至《资本论》为止的经济学研究过程来说具有重要的地位。

（原载《马克思恩格斯年鉴》第1卷）

（章丽莉 译　朴金中 校）

① 《马克思恩格斯全集》第1版第31卷第333页。

② 《马克思恩格斯全集》第1版第31卷第335页。

1857—1863 年间马克思关于生产劳动和非生产劳动学说的发展*

〔民主德国〕巴尔巴拉·利茨①

不论在资本主义制度下还是在社会主义制度下，生产劳动和非生产劳动的区分——有时是马克思理论本身中的生产劳动和非生产劳动概念的内容——，在今天成了马克思列宁主义政治经济学家们争议的问题。从内容和方法上对马克思的生产劳动和非生产劳动进行研究，在苏联是从 20 年代开始的，从 50 年代和 60 年代开始，在其他社会主义国家也加强了这一研究。要进行研究的，除了马克思的主要著作《资本论》之外，还有他的包含对生产劳动和非生产劳动概念的论述的一切早期的经济著作。首先是众所周知的 1861—1863 年经济学手稿的有关部分，但也包括 1857—1858 年写的《政治经济学批判大纲》。

在马克思的完成的经济学理论中，生产劳动与非生产劳动的区分与以下问题有关：是资产阶级社会中的哪一种劳动和哪一个主要阶级在资本主义阶段的分工和劳动社会化的条件下生产出国民收入的？这个国民收入是怎样按照资本主义生产规律分配的？然而，马克思在准备写作《资本论》的过程中，在制定他的再生产理论之前，在完成阐述资本主义生产中的劳动社会化过程之前，就已经规定了生产劳动和非生产劳动的概念。因此，为了进一步挖掘马克思的思想财富以供进行现实讨论，

---

* 本文选自《马列主义研究资料》1986 年第 3—4 辑合刊。

① 作者是民主德国社会科学院马列主义哲学所副研究员。——译者注

也必须分析这样的问题：在马克思的经济学创作中，关于生产劳动和非生产劳动的理论是如何形成的。

下面的探讨希望对迄今很少研究的马克思的生产劳动和非生产劳动学说的理论史有所贡献，虽然在这样的范围内只能挑选几个问题来加以论述。探讨主要是以1857—1858年的《政治经济学批判大纲》和1861—1863年经济学手稿《政治经济学批判》为依据。

要理解在工人阶级的政治经济学的形成过程中生产劳动和非生产劳动学说的形成过程，就需要回顾一下概念的来源。恩格斯的规定在这里也适用：任何新的理论必须首先同已有的思想材料相联系。[①]

生产劳动和非生产劳动的区分问题是资产阶级政治经济学提出的。资产阶级经济学家由资本主义当时的发展阶段所决定，用自己关于生产劳动和非生产劳动的学说来回答资产阶级财富的来源问题、资产阶级在社会中的作用问题和以不同方式进行的资本主义生产的目的问题。资产阶级关于生产劳动和非生产劳动的观点是以日益发展的资产阶级经济学的劳动概念为基础的。

资产阶级古典政治经济学在资产阶级历史进步的时期，关于劳动在社会中的作用的看法（在先前的剥削阶级中，这根本不是科学考察的对象），促进了人类的认识。随着资本在整个历史时期的进程中越来越使物质生产从属于自己，资产阶级经济学家也越来越从承认劳动创造特殊财富——重商主义者的商业，重农学派的农业——转到承认劳动就是生产财富的活动。同时，资产阶级财富的对象也越来越普遍得到理解：货币、农产品、劳动一般，然后是过去的劳动即物化劳动。

经济学家们认为，显然，生产资本主义财富的劳动总是生产劳动，与此相反，其他一切劳动都是非生产劳动。资产阶级古典政治经济学的

① 见《马克思恩格斯全集》第1版第19卷第205页。

最重要的成就是，它在劳动价值论中完全从经济学上一般地来理解劳动，并突出那种生产资产阶级财富，即剩余价值的劳动。这一理论上的成就主要是同亚当·斯密的名字联系在一起的。

在劳动价值论中，斯密和李嘉图（这一理论在马克思之前就在李嘉图著作中最彻底地形成了）完全从经济学上一般地来阐明劳动和生产者在资本主义制度下的地位。因为在这一理论中，劳动只是作为形成商品价值或决定商品交换关系的劳动时间这个量起作用。在这样的抽象中，劳动的具体内容消失了。资本主义生产的目的就是生产剩余价值。达到这一目的的手段就是使用尽可能多的生产工人——不管他们的劳动物化成什么样的商品——，使他们的劳动产品中物化的劳动，即价值多于资本家在这个劳动产品的生产上所花的费用。资产阶级古典经济学家关于资本主义生产的内在联系的这种认识，反映了资产阶级在其进步阶段的历史任务：积累社会财富和促使人类去发展巨大的生产力。

生产劳动和非生产劳动的区分，对于资产阶级来说，向来是一个阶级问题，资产阶级古典经济学家通过这种区分从思想上推动了无限制的资本主义生产和积累。他们说的“非生产的”这个词，首先是针对封建等级及其寄生地非生产地消费的幕僚和仆从，李嘉图说的也是针对地主阶级的。资产阶级古典学派关于两种劳动的观点，是向货币贮藏宣战。工业资本用这一观点为自己反对商业资本和高利贷资本开辟了道路。后来关于生产劳动和非生产劳动的理论，在庸俗经济学中具有反动的特征，因为它用“生产的”这个词来证明资本家阶级、它的权力机构和它的思想家是不可缺少的。关于那些庸俗经济学说的反动作用，我们回头再谈。

从资产阶级的阶级立场出发，劳动及劳动种类只能从狭隘的经济学意义上来理解，也就是从它形成价值和创造财富的属性的意义上来理解。人的生产活动的其他属性，从资产阶级立场来看，也就是从一个与物质生产相结合而本身却不进行生产的剥削阶级的立场来看，是不重要的。因此，资产阶级关于劳动及劳动种类的科学认识既表现了资本主义剥削阶级的历史进步性，又表现了它的历史局限性。

要认识历史形成的劳动性质，就必须从认识上没有任何阶级局限性的无产阶级立场出发来着手研究劳动。马克思从1843—1844年起就致力于研究这一课题。① 《1844年经济学哲学手稿》提供了第一个证据：马克思阐述了具有新质的劳动概念。在这部手稿中，马克思开始研究劳动、首先是物质生产活动在实现人同自然界的永远为生活所必需的物质变换过程中的决定性作用，在这个过程中，人既造就了他周围的世界，也形成了他自己的历史，同时也改变了他的社会性质。

马克思认识到劳动对人的全面发展具有决定性的作用。但是，资产阶级古典政治经济学在它的劳动价值论中，反映出把生产者（在资本主义制度下）片面化。此外，经济学家们不可能根据他们的劳动价值论来科学地说明资本对别人劳动成果的占有。因此，马克思首先认为，把劳动单独归结为劳动时间长度和劳动的形成价值和生产的属性的那些资产阶级经济学说，是非劳动者和私有者片面关心物化的生产条件的表现。因为这些学说与无产阶级的利益相对立，所以从工人阶级立场出发，就应当予以根本否定。由于马克思后来能够证明资产阶级生产具有历史局限性，并认识到价值是人们在生产活动中相互发生的暂时关系，因而改变了自己对资产阶级古典经济学的劳动价值论的态度，并改变了对它的

① 关于马克思的唯物主义劳动观的形成，见奥伊泽尔曼：《马克思主义哲学的形成》1965年柏林版。

与此紧密相联的关于生产劳动和非生产劳动的区分的观点的态度。①

马克思的划时代的发现，为证明资本主义的历史性奠定了基础。这个发现就是：人们在生产活动中不只是同自然界发生关系，而且总是相互发生某种必要的关系。后面这种关系是基本的或经济的关系，它们决定了其他一切社会关系。它们由生产的社会性产生，并随着生产力的发展程度而变化。马克思和恩格斯从合著《德意志意识形态》时起，就把这种关系说成是交往关系或生产关系。②

因此，为了揭示成为马克思认识无产阶级的世界历史使命的根据的那些规律性，就必须分析经济学，说得确切些，资本主义社会的经济关系及其取决于生产力发展的发展规律，但是在这里，经济学已经不再是资产阶级政治经济学意义上的经济学；因为资产阶级经济学不区分经济现象的一般物质内容和社会形式的规定。这种研究方法只有从无产阶级立场出发，通过生产力和生产关系范畴的形成，才能得到发展。在资产阶级经济学中则相反，经济形式与它的物质承担者完全合而为一。（还要考虑到，这种紧密结合对资产阶级关于生产劳动和非生产劳动的概念会产生怎样的影响。）资产阶级的意识认为，资本主义的生产形式，特别是考虑到未来，是一切生产的唯一的自然规定。因此在它看来，例如由有限的资本主义的视野发现的劳动的生产价值和资本的属性，就反映为劳动的自然属性。

社会生产关系的发现，为使政治经济学发展成为一门真正历史的科学奠定了决定性的基础。因为马克思列宁主义政治经济学，如列宁多次

① 这种改变出现在马克思的手稿《关于弗里德里希·李斯特的著作：〈政治经济学的国民体系〉》。按年代顺序来说，这一手稿写于《神圣家族》和《德意志意识形态》两部著作之间。

② 《马克思恩格斯全集》第 1 版第 3 卷第 79 页。

强调指出的，决不是研究例如生产或劳动这样的基本的经济现象，而是研究人们在生产上的社会关系，研究劳动的社会形式，研究人们之间按照他们参加社会劳动的情况而决定的关系。①

为了工人阶级利益要创立这种具有新质的政治经济学，马克思就首先必须深入研究资本主义生产与一切其他生产方式不同的特点，就像他在为自己的1857年的经济学著作所写的《导言》中纲领性地说明的那样。② 如果说，资产阶级政治经济学为此向马克思提供了同它用来探究资本主义生产的本质关系的那些范畴和概念的连接点，那么这些范畴和概念必须归结为它们的社会内容和历史作用范围，说得确切些，它们是从严格的经济学意义上来说的，就像马克思在《大纲》中多次表述的那样。

因此，在制定工人阶级的政治经济学的过程中，主要的重点必须放在研究生产劳动和非生产劳动的特殊的资本主义形式上。这个过程也是与马克思面临的课题、使整个资产阶级经济学破产的课题相适应的：揭示资本主义剩余价值生产的规律。1857—1858年的《政治经济学批判大纲》就是第一次尝试解决这一问题。只有在这个基础上，才能科学地阐明既包括生产过程又包括流通过程的资本总过程。在马克思以后的经济学创作中，《大纲》为他的主要著作《资本论》作了最初的准备工作。

在《大纲》中，关于生产劳动和非生产劳动的区分的意见很分散，为了探索这个问题，必须把它们集中起来。马克思在这里联系了斯密关于生产劳动和非生产劳动的观点，因而在这里是联系了马克思主义以前的政治经济学在这个问题上的最深刻的认识。马克思的出发点首先是：

---

① 见《列宁全集》第1版第3卷第42页、第6卷第233页。

② 《马克思恩格斯全集》第1版第46卷上册第18—50页。

“亚·斯密关于生产劳动和非生产劳动的见解在本质上是正确的。”① 他同时作了决定性的评价，即只是从资产阶级经济学的观点来看，斯密是正确的。由于从无产阶级立场出发进行了科学的批判，斯密的这一概念的资产阶级内容才开始得到明确说明。马克思证明，只有在资本统治生产条件的情况下，生产劳动才必然生产出资本和剩余价值。

对资本主义条件下的生产劳动形式作进一步的规定，在1857—1858年马克思是用以下这些方法作出的，马克思用这些方法在《大纲》中深刻地科学地证明了在资本主义生产中剩余价值的形成是合乎规律的，揭示了资本关系就其本质来说就是剥削关系，阐明了纯粹形式上的剩余价值。他在这方面所分析的社会关系，是以资本一般的概念来理解的。马克思以这一概念来理解“使作为资本的价值同单纯作为价值或货币的价值区别开来的那些规定的总和”②。因此，他在这里首先既不分析资本的特殊形式，也不分析与其他个别资本不同的个别资本。他首先几乎完全不研究竞争规律，这个规律决定了以利润这种转化形式来占有剩余价值。

按照这些方法，创造资本一般的生产劳动的概念才在它的真正资本主义的属性上固定下来。（要系统地分析作为带来利润的劳动的生产劳动的表现形式，在这里还缺乏一系列中介环节。）在《大纲》中多次出现的这样一些说明，如：“资本家换来劳动本身，这种劳动是创造价值的活动，是生产劳动”③，“生产劳动只是生产资本的劳动”④，是直接

---

① 《马克思恩格斯全集》第1版第46卷上册第229页。
② 《马克思恩格斯全集》第1版第46卷上册第270页。
③ 《马克思恩格斯全集》第1版第46卷上册第231页。
④ 《马克思恩格斯全集》第1版第46卷上册第264页。

增殖资本的劳动，[①] 应当在这个意义上来理解。

马克思研究了剩余价值怎样由劳动力（说得确切些，劳动能力，马克思在《大纲》和1861—1863年手稿中还用这个说法）商品的买卖和在资本主义生产过程中对劳动力的剥削而产生，在这个研究过程中，马克思说明，生产劳动或者说生产资本的劳动借以物化的使用价值，从资本的立场来看，是完全无关紧要的。[②] 对于资本来说，劳动的使用价值只不过是创造由作为物化劳动条件的所有者的资本家无偿占有的剩余价值，这个剩余价值就是劳动能力的价值或交换价值同活劳动创造的新价值之间的差额。

在《资本论》中，马克思放弃了通过阐述资本一般的概念来揭示资本主义生产方式的本质和基本规律。他在自己的主要著作中在分析资本主义生产关系时收集了较大范围的经济现象。方法论的进一步发展，对最初的准备著作中和《资本论》中的生产劳动和雇佣劳动概念之间的关系的变化产生了影响。对此应当加以简略的探讨。

在1857—1858年的著作中，主要是分析雇佣劳动的直接创造剩余价值的属性。为了把每一种其他的有酬劳动形式从这个范畴中排除出去，马克思说，与资本相交换的雇佣劳动是“严格的经济学意义上的雇佣劳动，我们也只在这个意义上使用这一术语”[③]。劳动力同生产资料分离是雇佣劳动的前提条件。只是到后来，马克思才要把经济学意义上的雇佣劳动同其他的雇佣劳动形式区别开来。[④] 在1857—1858年手稿

① 《马克思恩格斯全集》第1版第46卷上册第265页。

② 《马克思恩格斯全集》第1版第46卷上册第291页。

③ 《马克思恩格斯全集》第1版第46卷上册第461、465页。

④ 《马克思恩格斯全集》第1版第46卷上册第461页。

中，雇佣劳动和生产劳动的概念作为“设定资本即创造资本的劳动”[①]，反映了同样的本质的资本关系。因此在《大纲》中，生产劳动和雇佣劳动没有区别。马克思只是在说明雇佣劳动这一篇章中的概念时，才说到“雇佣劳动扩展到社会的整个范围”，并在同一意义上使用“典型形式的雇佣劳动”[②] 和一般雇佣劳动[③]等说法。

如果说马克思后来在《资本论》中把雇佣劳动作为表明资本主义生产方式特征的劳动形式来研究，那么他这样做就不再只是分析雇佣劳动的创造价值和剩余价值的属性。现在他用这个范畴说明这样一些关系，在这些关系中劳动力变成商品，每一个出卖劳动力的人以工资的形式获得他的生活资料份额。工资不过是劳动力商品的价值或价格的不合理的表现形式，马克思揭示说，在这个不合理的形式上，“甚至剩余劳动或无酬劳动也表现为有酬劳动”[④]。如果说，在《资本论》中劳动被规定为雇佣劳动，那么这样做就不再是说明生产或非生产的属性。现在从资本的观点来看，生产劳动和非生产劳动都表现为雇佣劳动的形式。生产工人和非生产工人大致都是按劳动力商品的价值得到报酬。由此得出，全体工人阶级和不得不把自己的劳动力当做商品出卖的广大人民阶层之间具有某种客观上的共同性。因此，在《资本论》中马克思理解的雇佣劳动范畴，其社会关系的范围要比《大纲》中所理解的范围大。从雇佣劳动关系（有极细微的差别）的共同性中可以得出无产阶级阶级斗争的战略和策略的一定原则。

在《大纲》中，生产劳动的严格的经济学规定是与这部著作中对

---

① 见《马克思恩格斯全集》第 1 版第 46 卷上册第 460—461 页。

② 《马克思恩格斯全集》第 1 版第 46 卷上册第 234 页。

③ 见《马克思恩格斯全集》第 1 版第 46 卷上册第 237 页。

④ 《马克思恩格斯全集》第 1 版第 23 卷第 591 页。

非生产劳动形式的严格的社会规定相一致的。马克思使用非生产劳动概念来说明在资本主义社会中不构成资本关系的劳动形式。马克思也称这些劳动形式为服务。

在服务或劳务等术语方面，马克思尖锐地抨击了庸俗经济学家。马克思说，庸俗经济学的特征是，它与资产阶级古典政治经济学相反，老是抓住经济现象的表面联系不放。[①] 它的任务就是证明资产阶级世界是一切世界中最好的世界。它关于服务或劳务的观点是说明这一点的恰当的例子。以巴师夏为首的庸俗经济学家利用资本为使资本增殖而购买劳动力商品同为满足个人需要而购买具体的服务两者之间在外表上的相似，来达到辩护的目的。一方面，他们企图把资本主义剥削关系说成是资本家和工人之间的相互服务。另一方面，他们竭力把每一种带来有益效果的劳动都冒称为生产劳动。这些对生产劳动和非生产劳动的不科学的观点，自从资产阶级和无产阶级的阶级对立完全形成以来，就是为掩盖资本主义剥削关系服务的。

在《大纲》中马克思证明，服务是指不包含资本关系的那些经济关系。因此，它们不是必然包含剥削关系。马克思强调指出，资本购买雇佣劳动同购买服务是有决定性区别的。他证明，从资本主义立场出发，服务决不可能是生产性的，因为属于这里的一切劳动，都不是同资本交换，而是同收入交换。[②] 在这里，究竟是个别资本家的收入还是个别工人的收入，或者是国家的收入，都无关紧要。虽然在《大纲》中，服务表示非资本主义的生产关系，但马克思举出以服务的交换为特征的具体劳动。他区分开个人服务（不生产物质使用价值的具体劳动，其中

---

① 《马克思恩格斯全集》第1版第46卷上册第98页注。

② 见《马克思恩格斯全集》第1版第46卷上册第229、464—469页。

包括为个人消费进行的劳动，“直至所有非生产阶级”[①]）和现实的服务（客体化于某种实物中的服务[②]）。他用服务作为关于个人服务和现实的服务的总概念。[③]

马克思说明，劳动的具体内容从资本主义的观点来看，对于区分生产劳动和非生产劳动来说，完全是无关紧要的。这一说明最初似乎与马克思在《资本论》中从简单劳动过程得出的生产劳动的物质规定[④]相矛盾。这一说明似乎也同马克思在三卷《资本论》中从资本主义生产过程和再生产过程中的劳动过程和价值增殖过程的辩证法得出的生产劳动的物质规定和社会规定相矛盾。但是，只有分析马克思关于生产劳动和非生产劳动的理论的形成过程，才能说明，在《大纲》和《资本论》中的概念规定之间存在的矛盾究竟是虚假的还是实际的。

分析要从已经确立的论断出发：在工人阶级的政治经济学的形成过程中，首要的任务是深入研究经济现象的资本主义形式。必须揭示资本主义制度下的经济现象的本质，必须证明，资本主义生产形式和交换形式越来越成为生产力发展的不可忍受的桎梏，因此用新的形式来取代的

① 《马克思恩格斯全集》第1版第46卷上册第466页。

② 见《马克思恩格斯全集》第1版第46卷上册第465页。

③ 见《马克思恩格斯全集》第1版第46卷上册第228—229、463—469页。马克思在《资本论》中指出，“服务无非是某种使用价值发挥效用，而不管这种使用价值是商品还是劳动”（《马克思恩格斯全集》第1版第23卷第218页）。因此，在那里，“服务”既不是特殊资本主义形式的标志，也不是非生产劳动的一般物质内容的标志。

④ “如果整个过程从其结果的角度，从产品的角度加以考察，那么劳动，资料和劳动对象表现为生产资料，劳动本身则表现为生产劳动。”在注7中马克思补充说：“这个从简单劳动过程的观点得出的生产劳动的定义，对于资本主义生产过程是绝对不够的。”（《马克思恩格斯全集》第1版第23卷第205页）

时机已经成熟。[①] 马克思强调指出，在作为生产资本的劳动这个属性上，劳动的具体内容是无关紧要的，但同时他首先举出以创造价值和剩余价值为准绳的资本主义生产这种越来越歪曲劳动的一般经济目的的现象。

资本关系造成这样的结果：由于生产出的使用价值既不使资本家感兴趣，也不使工人感兴趣，因而歪曲了（生产）劳动的一般目的——占有经过形式变化而适合人的需要的自然物质，换一种说法就是，创造用来满足人的需要的物质使用价值。因为，工人不是为了自己的需要而生产，也不是为了交换而生产。他的产品从一开始就属于资本家。而资本家对劳动的结果只是就其交换价值方面感兴趣。资本家只是为了资本增殖的目的来购买劳动力商品。资本为了剥削的目的，也在非物质的领域中组织劳动。

但是，在一个“占优势的不是产品的交换价值，而是产品的使用价值”[②] 的社会形态中，使用价值无关紧要的情况就必然消失。这样的社会形态在社会主义制度下才有。因此，在这里，资本主义制度下的生产劳动的许多与生产劳动的物质规定性相矛盾的表现形式所赖以存在的基础也消失了。例如，关于为资本家劳动的演员，马克思指出，演员并不是因为他生产戏剧因而是生产的，相反，他只是在与资本主义雇主发生关系时才是生产的，因为增加后者的财富。“劳动以什么形式物化”——以物质产品的形式或是别的什么形式——“这对这种关系是无关紧要的”。[③]

因此，在区分生产劳动和非生产劳动时，劳动的具体结果所以无关

---

① 见《马克思恩格斯全集》第1版第20卷第164页。

② 《马克思恩格斯全集》第1版第23卷第263页。

③ 《马克思恩格斯全集》第1版第46卷上册第291页。

紧要，是由生产的资本主义目的造成的。在这里涉及的是社会规定的生产劳动和非生产劳动的特殊性，这种特殊性只适用于资本主义社会形态，并随着它的消失而消失。在这种形态下这种特殊性——如历史所表明的那样——只有在资本几乎使所有物质生产部门都从属于自己之后才越来越发展起来。

同时，马克思在1857—1858年区分资本主义社会中的生产劳动和非生产劳动时，也只是就上述情况来看，才认为劳动的具体内容毫无意义。在谈到上述演员的时候，马克思限定说，劳动的种类，从以后有待说明的观点来看，不再是无关紧要的。诚然，在《大纲》中他没有阐述这种观点。因此只能指出，马克思在他的主要的经济学著作中阐述的是作为生产过程和流通过程的统一体的总过程中的资本，以及由此产生的资本的特殊职能和形式，此外也在资本的再生产过程中考察资本。同时，劳动的物化形式获得了重要意义。

因此，上面提出的关于《资本论》中的生产劳动的内容规定同《大纲》中的生产劳动的资本主义形式的规定之间存在的矛盾是实际的还是虚假的问题，必须回答如下：关于生产劳动的资本主义观点实际上日益与生产劳动的一般目的相矛盾。不过，马克思在《大纲》中只是从理论上概述了关于生产劳动的资本主义观点（后来在《资本论》中阐述了生产劳动的一般内容和资本主义形式之间的辩证法）。就劳动种类的物质结果或非物质结果来说，他在这里还没有明确区分生产劳动和非生产劳动，虽然有时——这一点还须说明——他也使用生产劳动这个术语来说明劳动的物质内容。

在这里必须注意，在这个时期，马克思还没有结束他的如下构思：必须怎样通过对生产力和生产关系的概念抽象来阐述资本主义生产才最合乎目的。他一再将这些构思写进1857—1858年的著作就是证明。这些构思既同阐述一切生产阶段所共有的规定有联系，又同研究“一般生产过程本身，当它只是作为资本的因素出现时，在历史上会发生怎样的变化”① 有联系。最后，马克思在《大纲》中不同的地方阐述了关于生产过程的物质方面和它由于资本而变形的思想，以及关于生产的一般规定的思想，但是没有对此进行他所说的系统的说明。

对于生产劳动和非生产劳动概念的形成过程来说，具有充分意义的是：马克思在1857—1858年也说明了作为劳动过程和价值增殖过程的统一体的资本的生产过程。他写道，资本由于劳动的并入而成为生产过程，但它首先是物质生产过程，说得确切些，是劳动过程，并且劳动过程构成资本生产的物质内容。② 在劳动过程中——“这种劳动过程由于它的抽象性、纯粹的物质性，同样是一切生产形式所共有的”③ ——，劳动对于资本来说作为使用价值而实现，“变成工人的一定的生产活动，这是工人的用于一定目的的、因而是在一定的形式下表现出来的生命力本身”④。（在这里马克思显然是在一般的意义上而不是在资本主义的形式上使用生产活动或劳动的概念。）因此，在1857—1858年的手稿中，生产劳动，即增殖资本价值的劳动实质上也是同资本的生产过程的内容，同物质生产结合在一起的。诚然，还必须正确表达在简单劳动过程中起作用的劳动的概念，还必须制定生产劳动的物质内容和资本主义形式之间的辩证法。正如后来所表明的，在1861—1863年的经济学手稿中，在这个问题上概念的形成过程同样还没有结束。

我们可以用以下说明来结束对生产劳动和非生产劳动概念的形成过程的某些方面所进行的分析：马克思按照1857—1858年为他的经济学

---

① 《马克思恩格斯全集》第1版第46卷上册第281页。

② 见《马克思恩格斯全集》第1版第46卷上册第263页。

③ 《马克思恩格斯全集》第1版第46卷上册第263页。

④ 《马克思恩格斯全集》第1版第46卷上册第222页。

著作制定的结构计划，在这一手稿中先广泛制定他的经济学理论的一部分，虽然是它的核心部分，即剩余价值理论。在这里，生产劳动概念在揭露资本主义剥削关系的实质时发挥了作用。马克思把《大纲》中关于生产劳动和非生产劳动的分散的意见，大多数是当做还需要系统阐述的某一点的附带意见来谈的。

对于分析马克思的生产劳动和非生产劳动学说来说，1861—1863 年的包括二十三个笔记本的手稿《政治经济学批判》具有特殊的意义。在这部手稿的三个部分的每一部分中，不论是在两个系统论述的部分还是在一个理论史的部分中，马克思都是根据在《大纲》中获得的认识来从各方面制定关于这个问题的理论观点。

在第一部分中，即 1861—1863 年手稿的前五个笔记本中，马克思论述了资本的生产过程。这一部分的章节划分已经很接近于《资本论》中完成的正文。在《大纲》中还没有完全回答的那个问题，即在分析资本主义生产关系时究竟必须怎样来考察生产过程的物质内容，在这一部分中他是用实质上与《资本论》中的阐述不再两样的方式加以解决的。因此，马克思考察了劳动过程，然后考察价值增殖过程，最后考察两者的统一即资本主义生产过程。

在这部分论述中，马克思还在研究在简单劳动过程中起作用的劳动的概念的表达方式。以下的表述可以说明这一点：“如果从劳动本身来考察劳动过程的要素，它们被规定为劳动材料、劳动资料和劳动本身。如果从整个过程的目的，从要生产的产品来考察这些要素，它们就可能被称做生产材料，生产资料和生产劳动（**也许应该用其他方式表达**）。”① 这之后不久，马克思称推动生产过程中的物质要素的劳动为

① 《马克思恩格斯全集》第 1 版第 47 卷第 67 页。黑体是本文作者标出的。——译者注

“实际劳动，是从它的物质规定性来考察的劳动”①。他也说“实在劳动创造使用价值”②。因此，马克思有意识地避免称创造物质使用价值的劳动为生产劳动。因为在资产阶级经济学的生产劳动术语中，物质内容和社会形式是彼此合而为一的，所以马克思大概不想双重使用这一表达方式。在这里也许还有更深远的问题，但是这个问题还需要彻底研究。马克思在《资本论》中才在双重的意义上使用这个术语。

在准备和写作理论史部分，即《剩余价值理论》时，对生产劳动和非生产劳动的资本主义形式的研究占据了很大的篇幅。马克思必须深入研究这个问题，因为这个问题在资本主义上升阶段的资产阶级经济学理论中，总是同它们的中心问题，即研究资产阶级财富的来源紧密地联系在一起，并且在对它进行的实用主义的肤浅讨论中，庸俗经济学用它来从思想上巩固资本主义制度，并从思想上解除工人阶级的武装。

区分生产劳动和非生产劳动对于资产阶级来说始终是一个阶级问题，在开始时就已指出，这一区分在资本主义社会形成过程中具有进步的内容。但是，在资产阶级社会建立以后，正如马克思所说的，“它把它曾经反对过的一切具有封建形式或专制形式的东西，以它自己所特有的形式再生产出来”③。因此，在资本主义上升阶段以后，生产劳动的科学规定就转而对资产阶级本身不利。因为它揭露出，整个资产阶级社会是靠直接生产者生存的。于是，资产阶级的辩护士就为资本主义剥削者和资产阶级上层建筑连同它的国家机器以及一切无所事事的人和寄生者们作辩护，来反对被剥削的生产者，承认“不直接包括在物质生产当

① 《马克思恩格斯全集》第1版第47卷第79页。

② 《马克思恩格斯全集》第1版第47卷第65页。

③ 《马克思恩格斯全集》第1版第26卷第1册第168页。

事人范围内的一切阶级都具有‘生产性’”①，因此，资产阶级思想家放弃了科学的观点，只有用无产阶级的观点来进行批判，才能捍卫已经获得的科学认识，防止被庸俗化。

马克思在他的理论史的论述中担负起这一任务。他深入研究从配第到斯密为止这些资产阶级古典政治经济学家在区分生产劳动和非生产劳动方面的进步认识，并根据所反映的资本主义的发展阶段，承认这些进步认识的价值。马克思首先捍卫斯密关于非生产阶级和等级的资产阶级古典学派的观点。马克思前后一贯地强调指出，在资本主义社会中，凡不是增殖资本价值，而是使资本作为收入花费，或者由个人收入或国家收入支付报酬的劳动和劳动者或非劳动者，都具有非生产的性质，马克思以此来明确说明斯密的学说。

斯密给区分生产劳动和非生产劳动这个资产阶级的阶级问题提供了资产阶级经济学所能提供的最恰当的经济学根据，而李嘉图对它就不再能作出任何实质性的补充了。但是，马克思也在寻求后来使资产阶级古典学说在斯密的观点本身方面庸俗化的理论根源和阶级根源，以便在阐述资本主义经济制度时科学地规定生产劳动概念的内容和职能。为此，马克思在写作《大纲》之后重新分析了斯密关于生产劳动和非生产劳动的学说，从而得以揭示和克服了不仅是这一学说的非历史性，而且还有它的矛盾性。因此，马克思关于生产劳动和非生产劳动学说的形成过程，同时就是一个说明马克思列宁主义同它的理论源泉的关系是持续不断的和有生命力的生动例子。

马克思在重新研究过程中重复了如下的工作：在准备《资本论》的第二稿时，马克思大约在 1860 年初又一次阅读、摘录和评注了斯密的主要著作的法译本（斯密：《国民财富的性质和原因的研究》1802 年

① 《马克思恩格斯全集》第 1 版第 26 卷第 1 册第 169 页。

巴黎版）。1859—1862 年期间在伦敦写的笔记第 VII 本说明了这一点——它主要是一个摘录笔记，马克思用它连同其他笔记本来准备写作 1861—1863 年手稿。在那里，马克思经过深入探究斯密的矛盾的价值规定，也发现后者对生产劳动和非生产劳动的区分前后并不一贯，这一点被庸俗经济学利用来为扩大生产劳动者的范围作辩护。马克思在摘录笔记本中对斯密的观点作了如下总结："按照亚·斯密本人的观点，事实上——除了在直接商品生产中劳动的劳动者是生产的以外，在直接生产过程中，仍然只有那些为他们的主人生产剩余价值、利润的劳动者才是生产的。"① 在这里马克思明确地把斯密著作中的彼此合而为一的生产劳动的规定，从简单商品生产者的观点和从资本主义商品生产者的观点加以区别，就是说，后者是在"直接生产过程"中活动的。

1862 年 3 月，在写作《剩余价值理论》中的《亚·斯密》之前，马克思又直接重新研究斯密的《国富论》；这一次，仍如 1850 年初那样，研究的是英文原文本。他又回过来研究斯密对生产劳动和非生产劳动的区分。1859—1862 年期间在伦敦写的第 VII 笔记本第 210—213 页上未加评注的摘录证明了这一点。在那里，1860 年的一些法文摘录以原文形式再现出来。马克思对斯密关于生产劳动和非生产劳动学说进行了多次的、有文献证明的批判检验，在 1861—1863 年手稿的理论史部分中，他在这些批判检验中加进了对生产劳动的资本主义形式的进一步认识。

因此，马克思从简单商品生产者的观点和从资本主义生产者的观点，——深入研究了生产劳动和非生产劳动的规定之间的质的差别。马克思说，生产商品的劳动是生产劳动这一规定，对于资本主义生产来说是"更基本得多的观点"，这个观点是由商品是"资产阶级财富的最基

① 第 VII 笔记本，1859—1862 年伦敦版第 190 页。

本的元素形式"[①] 而得出来的。因为斯密——正如一切资产阶级经济学家——从来没有深入探究到剩余价值的真正本质，所以他既不能理解简单商品交换的规律质变到资本主义的剥削规律，也不能脱离开资本主义生产过程的物质产品来阐明剩余价值或利润。

斯密著作中的前后不一贯也是由于在他的时代有一部分不重要的商品生产还没有从属于资本而造成的，现在，这种不一贯被庸俗经济学完全用来掩盖资本家阶级的生存基础。因此，对于工人阶级的斗争来说，认识到以下这一点是很重要的：资本决不是任何一种劳动（尤其不是资本家的劳动）的成果，而资本的生存基础就是劳动力出卖者的劳动，而且是这种劳动的相对生产率，这种生产率的表现是：榨取工人的超过工人生活所必要的劳动时间的无酬劳动。结合这种相对生产率，马克思后来在《资本论》中既从资本主义商品生产者的观点，又从简单商品生产者的观点，谈到一种比较狭窄的生产劳动的观点。[②]

马克思打算在 1861—1863 年手稿中，在他作系统说明的某个特殊的地方深入探究生产劳动和非生产劳动的区别。在 1861 年夏，在拟定 1861—1863 年著作的计划草稿时，生产劳动和非生产劳动问题还没有决定编进马克思的经济学著作。因为在计划草稿中，他把这个主题放在《其他问题》项下。[③] 大约在 1862 年 2 月或 3 月，他在手稿的第 V 笔记本中明确说明了进一步写作资本生产过程篇的计划。同时，他规定了在这一篇中论述"生产劳动和非生产劳动的问题"[④] 的地方。这个问题应当在论述绝对剩余价值和相对剩余价值这些发展物质生产力和社会生产

① 《马克思恩格斯全集》第 1 版第 26 卷第 1 册第 165—166 页。

② 见《马克思恩格斯全集》第 1 版第 23 卷第 557—558 页。

③ 《马克思恩格斯全集》第 1 版第 46 卷下册第 548 页。

④ 《马克思恩格斯全集》第 1 版第 47 卷第 351—352 页。

力的资本主义手段以后，给予回答。在这里，马克思必须揭示关系的颠倒，因为在这些关系中劳动生产力表现为资本的生产力，因而赋予资本以神秘的生产性。

与这个计划广泛相一致，他在1861—1863年手稿的第三部分中，从资本主义生产过程的角度，探究了生产劳动和非生产劳动的问题。与《大纲》中分散的意见不同，在这里对生产劳动和非生产劳动的资本主义形式作了理论上完整的阐述。结合逐步阐述《资本一般》的计划任务，马克思从劳动对资本的一般关系来阐述资本主义制度下生产劳动的一般形式。在那里也阐述了生产劳动的实质——生产剩余价值（对这一实质，他在《大纲》中按照他在那里使用的方法，一般地作了深入研究），同时阐述了在物质生产领域内部和外部占有作为利润的剩余价值的一切表现。

在这种一般形式上，生产劳动“不过是对劳动能力出现在资本主义生产过程中所具有的整个关系和方式的简称”①。作为资本主义制度的经济范畴，生产劳动要在“作为整个资本主义生产方式以及资本本身的基础”② 的形式规定上加以研究。

因此，一定的生产劳动实现资本主义生产的目的，即生产剩余价值和生产利润。因为，每笔资本由于竞争的作用，只能以利润这种转化形式占有在物质生产中创造的剩余价值，所以生产劳动的一般形式表现资本对劳动的一般关系。对于生产劳动的一般形式来说，劳动的具体内容和劳动的具体结果是完全无关紧要的。因为在对抗性的资本主义社会中，剥削者的地位支配着整个社会的观点，所以生产劳动的社会形式的规定必然从资本的观点得出来。因此，在《大纲》中还是分散的从资

① 《马克思恩格斯全集》第1版第26卷第1册第426页。

② 《马克思恩格斯全集》第1版第26卷第1册第426页。

本的观点来看的关于生产劳动的规定，在 1861—1863 年手稿中被提到它的一般的形式上来考察，对其资本主义性质的研究，由于在理论史部分预先解决了斯密关于生产劳动和非生产劳动的二重的观点，因而还是前后一贯的。

关于生产劳动和非生产劳动的区分，在马克思的主要经济学著作的第二个草稿中还增加了一个新的方面。这就是劳动的物化形式。马克思认为，生产劳动物化在商品中，物化在物质财富中，是资本主义制度下生产劳动的补充定义。他写道："在考察资本主义生产的本质关系时……可以认为，生产工人即生产资本的工人的特点，是他们的劳动物化在商品中，物化在物质财富中。这样一来，生产劳动，除了它那个与劳动内容完全无关、不以劳动内容为转移的具有决定意义的特征之外，又得到了与这个特征不同的第二个定义，补充的定义。"①

在论述生产劳动的这个补充定义时马克思的出发点是，资本在它的历史发展过程中必然使几乎所有的物质生产部门从属于自己。这符合它的大大发展劳动生产力的历史任务。但是联系生产劳动的补充定义还可以进一步考虑：在生产劳动的一般形式上，剩余价值的起源没有得到揭示。剩余价值的表面上的源泉必然追溯到生产劳动的实质。但是，实际上资本主义生产必然实现由物质生产本身得出的生产劳动的特征，因为只有在物质生产中才实际创造出剩余价值。但是，在我们分析的这个手稿中，马克思本人在系统阐述生产劳动和非生产劳动时没有对生产劳动的实质和表现形式加以区分。因此，作这样的区分，只能是更深刻理解马克思在 1861—1863 年这个发展阶段上关于生产劳动和非生产劳动学说的方法论手段。至于为什么马克思直到 1863 年在创造或占有剩余价值的观点下对生产劳动的考察还没有进行区分，这个原因还要在后面进

① 《马克思恩格斯全集》第 1 版第 26 卷第 1 册第 442 页。

一步讨论。

马克思在1863年把资本主义制度下的非生产劳动的一般社会形式与生产劳动的一般社会形式加以对比。同《大纲》中一样，马克思在这里也把非生产劳动叫做服务。这是“货币和劳动只作为商品相互交换”① 的生产关系。在这个经济规定性上，“劳动的内容、它的具体性质、它的特殊效用，看来最初也是无关紧要的”②。但是马克思说明，在资本主义制度下生产劳动有第二个、但不是决定性的补充定义。他前后一贯地证明，从资本主义角度规定的非生产劳动也获得一个补充定义。它越来越被限制在非物质生产的领域内。因为，在资本的趋势是使一切生产物质财富的劳动服从于自己的情况下，在马克思生活的时代，在非物质生产方面“大多数情况，都还只局限于向资本主义生产过渡的形式”③，或者“资本主义生产在这个领域中的所有这些表现，同整个生产比起来是微不足道的，因此可以完全置之不理”④。马克思的这一估计符合当时的资本主义发展阶段。在这期间，在高度发达的资本主义国家，不断开辟对雇佣劳动进行资本主义剥削的新领域，这使从资本的观点来看的生产劳动的表现形式多样化。马克思关于资本主义制度下生产劳动的规定的认识，是根据生产劳动的实质来研究这些表现的一个重要的出发点。

马克思在1861—1863年手稿中，对资本主义制度下的生产劳动的一般形式的阐述，没有超越生产资本的职能范围的界限来具体研究生产劳动和非生产劳动的区分。他指出，在分析流通过程时必须进一步研究

① 《马克思恩格斯全集》第1版第26卷第1册第438—439页。

② 《马克思恩格斯全集》第1版第26卷第1册第436页。

③ 《马克思恩格斯全集》第1版第26卷第1册第443页。

④ 《马克思恩格斯全集》第1版第26卷第1册第443页。

那些或者是由产业资本在它的生产阶段以外雇用的工人，或者是由独立的商人资本雇用的工人的特点。只有那时才能回答，商业资本所雇用的工人在什么范围内是生产的，在什么范围内是非生产的。① 生产剩余价值的劳动和带来利润的劳动之间的区分，即使就投资领域来说，也只有在这个基础上才能加以阐述。投资领域同物质生产过程的关系比流通领域同物质生产过程的关系还松散。

在马克思的主要经济学著作《资本论》中，对生产劳动和非生产劳动问题的论述，与在准备阶段的手稿中对这个问题的研究有些方面有所不同。例如，马克思在《资本论》中，放弃了对资本主义形态内部的非资本主义生产关系的系统论述，以及对资本主义制度下的整个非生产劳动者阶层和阶级的系统论述，同样也放弃了分析非物质领域中的生产劳动的表现。他在自己的主要的经济学著作中集中精力研究流通过程中和社会总资本的总过程中的劳动种类的区别。在论述资本的生产过程时，基本上假定受生产资本剥削的劳动具有生产性。在《资本论》第一卷中，马克思在分析从属于资本的物质生产过程时，首先谈到创造剩余价值的劳动。然后在《资本论》第二卷和第三卷中，劳动的物质内容构成了区分创造剩余价值的劳动种类和使其使用者有可能分享资本家阶级的总剩余价值的劳动种类的基础。在详细研究资本总过程内的劳动种类时，马克思不再从资本一般出发来研究它们的生产性或非生产性，而是分别从单个资本的观点和从社会总资本的观点来回答问题。

就生产劳动和非生产劳动问题的提法来说，重点转移的基本前提，马克思在1861—1863年经济学手稿中已经创立了。例如，他在《剩余价值理论》中研究资产阶级关于生产劳动和非生产劳动的理论时，多次引起对资本主义再生产过程的研究。同时，关于社会生产的

① 见《马克思恩格斯全集》第1版第26卷第1册第445页。

两个部类的认识成熟了，这两个部类必然具有相互决定的比例，这样，生产方式的再生产才能进行。因此，在论述作为再生产过程的资本主义生产过程时，不仅劳动本身的物化形式（这或者是一种与人和自然不同的、作为一般意义上的生产劳动成果的物质产品，或者是作为一般意义上的非生产劳动成果的非物质产品），而且生产劳动的产品的结构，都具有重大的意义。这些观点在1861—1863年手稿中，在系统地阐述生产劳动和非生产劳动时还没有得到反映。但它们对于在三卷《资本论》中深入研究生产劳动的物质规定性和社会形式的辩证法，是一个重要的前提。

马克思在1861—1863年手稿中，对于完满地论述从简单劳动过程的观点规定的生产劳动通过劳动过程以适合资本的方式进行的变革而发生的变化，也创立了重要的前提。他在这里首次研究生产相对剩余价值的几个阶段——协作、分工以及应用科学这一生产潜力的机器大工业——对生产工人的活动特征有什么影响。

马克思在《大纲》中已经说明，劳动资料转化为机器引起了劳动过程的社会化，“单个劳动本身不再是生产的”①。生产相对剩余价值的方法，使资本主义生产方式下的生产力的发展具有自己的特征。在研究这些方法时，马克思为说明生产劳动的最初的规定（从简单劳动过程观点得出的生产劳动的规定）所发生的变化，找到了具有决定意义的观点。在这个基础上，马克思在《资本论》中总结了由于生产力的发展而要求扩大生产劳动的最初概念的那些因素。这些因素就是个体劳动过程转化成协作的劳动过程；个体生产劳动者转化成生产的总体工人，或者说结合劳动人员；个体生产者的直接产品转化成总体工人的产品。②

---

① 《马克思恩格斯全集》第1版第46卷下册第212页。

② 《马克思恩格斯全集》第1版第23卷第556页。

可见，1863 年以后，马克思还在一些基本要点上进一步发展了他的生产劳动和非生产劳动的观点，同时在进行论述时某些重点有所转移。在本文的范围内，只能注意这样一些问题，这些问题对于论述生产劳动和非生产劳动时的重点转移起着决定性的作用，并且这些问题还必须进一步加以研究。

（原载《马克思恩格斯年鉴》1979 年第 2 期）

（王燕华 译）

马克思资本积累理论的形成
（《政治经济学批判（1861—1863年手稿）》研究）*

张钟朴

马克思《资本论》第一卷第七篇《资本的积累过程》是马克思经济学理论的重要组成部分。其中论述了剩余价值再转化为资本、资本主义积累的一般规律、资本积累对工人阶级命运的影响以及无产阶级贫困化等问题。这些问题具有重要的理论意义。这一理论可以说在1857—1858年手稿中已经制定了一些要素，在1861—1863年手稿中则第一次系统地形成了。本文打算初步探讨一下在1861—1863年手稿中这一理论是怎样形成的，并顺便把1857—1858年手稿中制定的一些要素提一下。

（一）1857—1858年手稿中制定了资本积累理论的某些要素

在1857—1858年手稿中，马克思对资本积累问题的研究是结合考察再生产问题进行的。在《资本章》第一篇《资本的生产过程》转入第二篇《资本的流通过程》时，马克思先初步研究了生产出来的商品如何实现的问题。他把社会生产分为五类生产部门，前三类部门生产原料和机器，第四类部门生产剩余产品，第五类部门生产工人必需的生活资料。然后考察这五类部门如何互相交换，才能维持社会的再生产过程

---

* 本文选自《马列主义研究资料》1987年第2辑。

正常进行。如果第四类部门生产的剩余价值不是被资本家阶级全部消费掉，而是用一半重新投入生产，那就是资本积累。接着，马克思分析资本主义再生产和积累的比例关系，他指出："在生产力发展的一定水平上……产品分割为与原料、机器、必要劳动、剩余劳动相应的各个部分时，以及最后剩余劳动本身分割为一个用于消费的部分和另一个重新变为资本的部分时，都有固定的比例。"① 马克思这段话中所说的剩余劳动本身除分割为用于消费的部分，还有重新变为资本的部分，就是指资本积累。马克思说，如果没有积累，资本就不可能成为生产的基础，"因为那样资本就会处于停滞状态，就不会有进步的因素"②。

可见，资本积累就是剩余价值的资本化，而如果没有资本积累，资本主义生产就不能前进。从剩余价值再变成资本来看，即从剩余资本或者说追加资本进入第二次生产过程来看，可以看出几个新特点：（1）当原有的资本第一次出现时，它的前提条件好像是从外部流通中来的。而在这种剩余资本身上，上述假象消失了，现在资本表现为劳动的产品。③（2）"通过一种奇异的结果，所有权在资本方面就辩证地转化为对他人的产品的权利"④，这样，商品生产的所有权就转变为对他人劳动的占有权。（3）"生产过程和价值增殖过程的结果，首先是**资本和劳动的关系本身**的，**资本家和工人的关系本身**的再生产和新生产。这种社会关系，生产关系，实际上是这个过程的比其物质结果更为重要的结果。"⑤ 马克思在这里得出的这几点结论，是资本积累理论的重要组成部分。

---

① 《马克思恩格斯全集》第 1 版第 46 卷上册第 437 页。

② 《马克思恩格斯全集》第 1 版第 46 卷上册第 439 页。

③ 《马克思恩格斯全集》第 1 版第 46 卷上册第 450 页。

④ 《马克思恩格斯全集》第 1 版第 46 卷上册第 455 页。

⑤ 《马克思恩格斯全集》第 1 版第 46 卷上册第 455 页。

同时，马克思在这个手稿中还探讨了资本主义的发展对工人状况的影响。在这个手稿的《资本章》第一篇《资本的生产过程》的最后，马克思分析完绝对剩余价值和相对剩余价值以及它们的结合之后，他得出了资本的两种基本趋势。一种是“资本要尽量多地创造劳动的趋势”，另一种是“资本要把必要劳动减少到最低限度的趋势”。这并不奇怪，因为资本的目的是榨取尽可能多的剩余价值，这就决定了它一方面要尽量多地剥削工人，另一方面又要把工人的必要劳动减到最低限度。由于这两种趋势，资本就要“既增加劳动人口，又把劳动人口的一部分不断地变成过剩人口，即在资本能够利用他们之前先把他们变成无用的人口”①。

这两种趋势表现出了资本主义人口规律的本质。特别值得注意的是，马克思还结合资本的积累过程论述了产业后备军的问题。他指出，通过追加资本的形成和重新投入使用，这两种趋势不断重复，而过剩人口越来越多。由于马克思在这个手稿中区分了生产过程中的不变资本和可变资本，马克思就能够证明，随着劳动生产力的发展，资本的价值构成不断提高，而资本的不变部分比可变部分增长得更快。

依据这种认识，马克思在1857—1858年手稿的《资本章》第二篇中分析和批判了马尔萨斯的人口论，指出马尔萨斯的理论是抄袭和杜撰出来的，在现实中并不存在。在批判的同时，马克思初步指出了“不同的社会生产方式，有不同的人口增长规律和过剩人口增长规律”②。马克思把资本主义生产方式下的人口规律同历史上以前的各种生产方式作了对比，指出人口过剩是资本主义制度下特有的现象，工人阶级中的一大部分变成产业后备军是资本主义本身造成的，也是资本扩大再生产所

① 《马克思恩格斯全集》第1版第46卷上册第378页。

② 《马克思恩格斯全集》第1版第46卷下册第104页。

必不可少的条件。[①] 这些理论要素可以说为在 1861—1863 年手稿中制定资本积累理论打下初步基础。

（二）在批判中进一步制定资本积累理论

马克思在写作 1861—1863 年手稿的过程中，使自己的资本积累理论的一些要素得到了进一步发展，并且使这个理论得到初步系统化。可以说，在 1861—1863 年手稿中资本积累理论第一次形成了。1861—1863 年手稿的写作总的说来可以分为三大阶段。第一阶段从第 I 笔记本至第 V 笔记本，主要是论述货币转化为资本、绝对剩余价值和相对剩余价值。当叙述到机器生产时，马克思就转到第二阶段，即剩余价值理论的研究上来。马克思在这个手稿的《剩余价值理论》这一部分（主要是第 VI—XV 笔记本）中，通过对资产阶级经济学理论的批判，使自己的许多理论，包括资本积累的要素得到了进一步发展。第三阶段（第 XVI—XXIII 笔记本）即《剩余价值理论》以后的阶段，资本积累理论才得到系统化。

马克思在《剩余价值理论》这一部分手稿中，批判了李嘉图的资本积累理论，在这种批判中进一步阐述了自己的观点。马克思指出，斯密和李嘉图的错误论点就在于他们分析再生产时忽视了不变资本，他们认为资本积累就是收入转化为工资，就是可变资本的积累。这种见解从一开始就是错误的和片面的，“这样，对整个积累问题就得出了错误的解释”[②]。马克思详细分析了简单再生产条件下不变资本的补偿问题，进一步又分析了资本积累条件下的扩大再生产问题。在考察剩余价值不

① 见《马克思恩格斯全集》第 1 版第 46 卷下册第 104—111 页。

② 《马克思恩格斯全集》第 1 版第 26 卷第 2 册第 537 页。

断转化为追加资本的时候，马克思指出，人口增长是积累这个不断进行的过程的基础。但是，由于资本主义再生产发展不平衡，对劳动力的需要也不稳定，因此需要有产业后备军。“为了应付突然情况，资本主义生产已作了准备：它迫使一部分工人人口进行过度劳动，又使另一部分工人人口陷于赤贫或半赤贫状态，作为后备军储备起来。”①

由于李嘉图把总产品只归结为各种收入，即工资、利润和地租，而把不变资本的补偿撇开不谈，他对资本主义积累的分析就犯了一系列错误，马克思指出，资本主义生产的直接目的绝不是生产商品，而是生产剩余价值或利润，不是产品，而是剩余产品。这个目的是通过加强对工人的剥削来达到的。马克思写道：“资本主义生产的始终不变的目的，是用最小限度的预付资本生产最大限度的剩余价值或剩余产品；在这种结果不是靠工人的过度劳动取得的情况下，这是资本的这样一种趋势：力图用尽可能少的花费——节约人力和费用——来生产一定的产品，也就是说，资本有一种节约的趋势。”② 在资本主义条件下，工人只不过是生产资料，而不是生产的目的。这显然是1857—1858年手稿的思想的进一步发展。

李嘉图第一次提出了机器排挤工人的猜测，但李嘉图关于这个问题的见解是很片面的。他认为这只是“一时的不便”，被游离出来的资本最终会重新雇用被排挤的工人。马克思指出这种主张是荒唐的。实际上，机器不断地造成相对的过剩人口，造成产业后备军。马克思还指出，在资本主义生产中有两种不断交错的趋势：一方面，极力使用尽量少的劳动来生产同样多的或更多的商品，从而生产尽量多的剩余价值；另一方面，使用的劳动量增加，从而使剩余产品和剩余价值增加。“一

① 《马克思恩格斯全集》第1版第26卷第2册第545页。

② 《马克思恩格斯全集》第1版第26卷第2册第625页。

种趋势把工人抛向街头，造成过剩的人口，另一种趋势又把他们吸收掉，并绝对地扩大雇佣劳动奴隶制。”① 雇佣工人阶级的这种命运，又是和资本有机构成的不断提高密切联系在一起的。马克思指出，资产阶级经济学家约翰·巴顿的功劳在于，他第一次指出资本的不同组成部分并不是随着资本的积累以相同的程度增长，相反，随着资本积累的增进和生产力的发展，转化为工资的那部分资本会相对减少。不过，巴顿只是从流通过程来考察固定资本和流动资本的形式，马克思则指出，这种资本的不同组成部分对活劳动的关系是从直接生产过程中产生的，由于资本主义生产的内在规律，产品中构成工人的基金的那部分越来越小。

马克思在《剩余价值理论》中，对于拉姆赛、舍尔比利埃、琼斯这样一些经济学家给予了特别的注意，因为他们多少比李嘉图又前进了一步，他们以历史的态度来解释资本主义生产方式，他们能够揭露资本主义生产方式的一系列对抗性的矛盾。拉姆赛在对固定资本和流动资本的相互关系所作的研究中，得出了随着社会财富的增长以及再生产规模和资本积累的扩大，工人阶级的状况相对恶化的结论。马克思指出了这个结论的价值，它截然不同于亚当·斯密的观点，因为斯密认为，资本的积累和对劳动需要的增加是一致的。斯密的这种理论正是资产阶级庸俗经济学的出发点。马克思在这里指出了资本积累对工人阶级的状况有三方面的影响。首先，“劳动条件作为不属于工人的财产，作为资本的永恒化，使工人作为工人的地位永恒化”。第二，“资本的积累通过使资本家及其同伙的相对财富增多而使工人的状况相对恶化”，通过“使总产品中归结为工资的份额减少的办法使工人的状况恶化”，结果是“使得靠工人的剩余劳动为生的阶级的数量和人数增多”。第三，“由于劳动条件以愈来愈庞大的形式，愈来愈作为社会力量出现在单个工人面

① 《马克思恩格斯全集》第 1 版第 26 卷第 2 册第 653 页。

前，所以，对工人来说，像过去在小生产中那样，自己占有劳动条件的可能性已经不存在了”。[①] 显然，马克思在这里论述的实际上是资本主义条件下工人阶级贫困化的理论。

理查·琼斯对资本主义的看法也在很多方面持有历史观点。马克思以他为例写道：“在这里我们看到，政治经济学这门实际科学是怎样结束的：资产阶级生产关系被看做仅仅是**历史的**关系，它们将导致更高级的关系，在那里，那种成为资产阶级生产关系的基础的对抗就会消失。”[②]

马克思在批判资产阶级经济学的过程中得出的这些理论要素，为他在本手稿写作的下一阶段以及后来在《资本论》中系统地论述资本积累的理论进一步打下了基础。

（三）资本积累理论的第一次系统性论述

马克思在写到《剩余价值理论》的最后，在1863年1月的第XVIII笔记本上，拟定了第一篇《资本的生产过程》的各点计划。这个计划分为以下各点：

（1）导言：商品，货币。

（2）货币转化为资本。

（3）绝对剩余价值。

（4）相对剩余价值。

（5）绝对剩余价值和相对剩余价值的结合。

（6）剩余价值再转化为资本。原始积累。威克菲尔德的殖民学说。

---

① 《马克思恩格斯全集》第1版第26卷第3册第389页。

② 《马克思恩格斯全集》第1版第26卷第3册第472—473页。

（7）生产过程的结果。

（8）剩余价值理论。

（9）关于生产劳动和非生产劳动的理论。①

这个计划吸收了在《剩余价值理论》写作阶段所取得的理论成果。它的前六项已经很接近于现在我们所见到的《资本论》第一卷的结构了。马克思写完《剩余价值理论》之后，基本上就是按照这个计划往下写的。从第XXII笔记本的第1353页起，马克思开始系统地论述自己的资本积累理论。

马克思从剩余价值再转化为资本分析起。他明确指出，剩余价值转化资本的详细条件应当在分析社会资本再生产的部分加以考察，在这里只确定纯形式上的要素。剩余价值要转化为资本，除了某个价值额最初转化为资本所必需的条件以外，不需要任何其他条件。剩余价值的占有者要使剩余价值转化为资本，他就必须在市场上一方而找到劳动的客观条件（生产资料等），另一方面找到劳动的主观条件（劳动力）。在这里先假定，像货币转化为资本时一样，这些条件在市场上都存在。购买生产资料和劳动力的比例，是由当时的技术条件决定的。假定这些都没有问题，那么就可以进行再生产了。而从生产过程的单纯重复来看，剩余价值转化为资本和货币最初转化为资本时没有什么不同。区别不在于过程本身，过程是相同的，都是货币转化为资本。但是从这种生产过程的单纯重复中已经可以看出资本的一些新特点了：

（1）资本是由剩余价值转化来的，工人本身的无酬劳动的产品现在成为资本，成为他人的财产而同工人本身相对立。

（2）所有资本的价值，经过一定的期间之后，都只代表资本化了的剩余价值。因为经过若干年后，资本的原有价值已被资本家吃光了。

① 见《马克思恩格斯全集》第1版第26卷第1册第446页。

（3）剩余价值最初的形成过程，即不付等价而对他人劳动的占有，现在表现为占有更多剩余价值，即不付等价而占有更多他人劳动的手段。

但是，资本主义生产过程的特点并不是简单再生产，而是扩大再生产。在考察资本主义生产过程时我们可以看到：（1）在生产水平已定的情况下，只有或者加强劳动强度，或者延长工作日，才能增加剩余价值，或者说，如果劳动强度和长度已定，那么只有增加雇佣工人人数才能增加剩余价值。在所有这些情况下，都必须增加资本量的支出，这是绝对剩余价值。（2）相对剩余价值则要靠发展劳动生产力，通过协作、分工和机器生产来增加，这又要求增加资本量的支出。这种资本量的增加就要靠资本积累，靠剩余价值转化为资本。“因此，资本主义生产方式一方面扩大剩余价值的形成条件——剩余劳动，反过来，剩余价值再转化为资本或**资本积累**是发展资本主义生产方式的条件，是生产的规模，是被剥削的劳动量的增长的规模，以及发展社会劳动生产力的**物质条件**的规模。”①

资本积累就是资本生产出资本，也就是资本主义关系以扩大的规模创造出资本主义关系。随着资本的增长，导致下列各种结果：

（1）资本主义生产方式扩展到还没有从属于它的那些生产领域；换句话说，资本越来越占领全部生产领域。

（2）资本创造出新的生产领域，也就是说，生产出新的使用价值，使新的生产部门营业。

（3）如果追加资本投在同一生产部门中，由同一些资本家使用，一方面用来发展劳动生产方式，另一方面扩大生产规模，这样，资本的积累就表现为资本积聚，因为同一资本指挥更多的工人和更多的生产资

① 《马克思恩格斯全集》第1版第48卷第74页。

料，而社会财富则以更大的规模联合在同一些人的手中。

（4）马克思还指出了伴随资本积累还发生着资本集中的过程。资本积累是在社会表面的不同点上同时进行的。由于资本积累在各个资本家手中，独立资本的数目就增加起来，这是资本的互相排斥，是资本的分散化。与此同时又发生着资本的相互吸引。马克思当时还没有用“资本集中”这样的术语来概括这种现象，而是把它称为“作为特殊过程的资本积聚”，也就是和本来意义的资本积聚不同的过程，实际上是指“资本集中”。后来，这种资本积聚和集中的理论，在《资本论》第一卷中大大发展了。

马克思叙述了资本的各个组成部分随着资本积累会发生变化。他首先依据劳动二重性，论述了旧价值的保存和新价值的创造。不变资本的价值在劳动过程中得到保存，这部分价值再现在产品中并不是因为工人为保存它而进行了什么特殊的劳动，而是因为工人在劳动过程中使用了这些生产条件。由于工人把新劳动加在物化劳动上，并且加进的劳动多于工人的工资所包含的劳动，工人也就同时保存了不变资本的价值，即已物化在劳动生产条件中的价值。工人的劳动生产率越高，由既定量的工人加工的原料数量也就越多，工人所保存或再现在产品中的不变资本部分的价值也就越大，另一方面，工人劳动生产率的提高又取决于一般生产资料和生产条件的大小或规模。一般地说，不变资本所占比重越大，劳动生产率越高。不变资本作为生产资料和提高劳动生产率的手段，它是全部加入劳动过程，但只是部分地、在较长的时期内逐步地加入价值形成过程。因此，它不是按增加产品总量的同一程度来增加单位产品的价值。随着资本主义生产方式的发展，随着资本的积累，不变资本的量和它加入价值形成过程的那部分价值之间的差额越来越大。不变资本的总价值完全和自然力如水力、风力等等一样，提供无偿的服务。上述差额越大，提供的这种无偿服务也就越多，劳动生产率也就越高。

“因此，大规模地使用物化在生产资料中的**过去劳动**使活劳动的生产率提高。另一方面，这样逐步加入产品的**价值量绝对地说**是增加的，不过它不是和不变资本的**这一价值组成部分**一道并按同一程度增加。”①

另一方面，可变资本转化成的活劳动则不同，它不管劳动生产率的程度如何，在工作日的大小和强度已定的条件下，同一活劳动量新创造的价值是相同的。尽管同一活劳动量加到不变资本中的是同一价值，但由于不变资本的大小不同，劳动条件的丰富程度不同，同一劳动量生产出来的总产品的价值却不相同。其原因就在于同一活劳动量推动的物化劳动即不变资本的大小不同。在活劳动相同的情况下，物化劳动随着生产条件的规模和丰富程度而增加。随着资本积累，同一活劳动量推动的不变资本量越来越大。劳动、生产率较高的国家，它的产品中包含的不变资本的价值所占比例也较大，它的一个工作日生产出来的总产品中包含的价值，大大多于劳动生产率较低的国家，但是由于劳动生产率较高，总产品的数量非常多，所以单位产品便宜得多。

随着资本积累，劳动的物质条件规模越来越大，越来越丰富。但是，这种物质条件同时又是剥削活劳动的手段。因此，随着资本积累，剥削活劳动的手段不断增大，过去劳动支配活劳动的权力不断增大。“劳动的物质条件的增长不是表现为**劳动的不断增长的力量**，反而表现为这些**物质条件**的不断增长的支配劳动和反对劳动的权力。”② 这是资本主义生产过程的特征，“在这种生产过程中，物化的劳动条件作为**异化的**和**独立化的**条件，是与劳动相对立的特殊力量。另一方面，**过去的劳动**在资本主义生产方式的**范围内**第一次以这样的规模得到发展”③。

---

① 《马克思恩格斯全集》第1版第48卷第77页。

② 《马克思恩格斯全集》第1版第48卷第85页。

③ 《马克思恩格斯全集》第1版第48卷第85页。

还在 1861—1863 年手稿的开始部分，马克思考察绝对剩余价值时就初步谈到了资本主义生产对工人人口的影响，并表示这个问题应在讨论资本积累时来考察。还在考察简单再生产时已经指出，财产同劳动的分离是资本主义生产的前提，而从生产过程出来时，这种分离又被再生产出来，因为劳动的全部结果，都表现为资本，表现为他人的财产。劳动力离开生产过程时不仅没有比它进入时更富，而且更穷了。这是因为劳动力仅把客观劳动条件作为资本创造出来，而且把自己身上的价值增殖的可能性作为追加资本生产出来。

随着资本主义的发展，资本分割成的不变资本和可变资本之间的比例也发生变化，不变资本部分相对地越来越大，可变资本部分相对地越来越小。如果总资本的量增长，可变资本部分也会绝对增长，但它却会**相对**减小。这样，增大的资本所推动的劳动量虽会**绝对**增多，但同资本量相比，却会**相对**减少。

当然，如果生产方式保持不变，生产力的发展不变，可变资本的量就会随着总资本量的增长而按同一程度增长，大一倍的资本所使用的工人将增加一倍。而当追加资本投入资本有机构成更低的部门时，即投入与物化劳动相比需要较多活劳动的部门时，还会有较大的追加资本部分转化为可变资本。在这种情况下会雇用更多的劳动。这些情况在某个生产领域中是可能发生的，在生产过程的某个一定时期也会有资本量单纯扩大的情况。不过，随着资本的不断增长，随着资本主义生产方式的发展，劳动生产率会不断提高，一定量物质资料和运用这些资料的活劳动之间的**技术比例**会不断提高。马克思指出，在前面考察资本主义生产方式的时候就已经看到：生产的发展，通过协作、分工、机器生产，使提高劳动生产率的物质资料不断扩大，结果，同一劳动所能推动的物质资料越来越多。

随着资本积累，不变资本和可变资本之间的比例提高了，同量劳动会推动更多的不变资本，或者说，较少量的劳动会推动同一不变资本，或推动较多的不变资本。也就是说，总资本中转化为可变资本的部分同转化为不变资本的部分相比不断减少。这样，使用的劳动量虽然一方面随着总资本的增长而增长，但另一方面，增长的比例与总资本相比却不断减少。新追加的资本当然可能不间断地吸收过剩人口，但这个追加资本的可变部分的相对量与总资本相比仍会不断减少。例如，如果不变资本同可变资本之比是3∶1，追加资本也必须按此比例分为不变资本和可变资本，如果不变资本和可变资本之比是5∶1，追加资本也必须按此比例分为不变资本和可变资本，而随着资本的积累，这种比例越来越小，如从3∶1变为4∶1、5∶1……10∶1等等。这样，追加资本中转化为可变资本的份额也越来越少。不仅如此，追加资本加入原有资本，还会使原有资本的有机构成提高。因为追加资本加入原有资本，劳动过程的物质条件有可能更丰富，从而使劳动生产率提高。这样，可变资本相对地越来越少，工人不断地被排斥，又被吸收，但经常有过剩人口。

马克思总结说："这样，**可变资本**，即花在工资上的资本部分，随着**资本积累**而增长，因为这是生产**绝对剩余价值**的唯一手段；但是，这个资本部分同**总资本的增长**相比相对地减少，或者说，以日益递减的比例增长，就是说，**无酬劳动**越来越多地转化为资本，即积累，是使这一比例日益减小的手段和必然的制造者，这不仅表现在追加资本的划分上，而且反映在**总资本**上。

任何积累都是更多积累的手段，也就是剥削更多**活劳动**量的手段，但它同时又是使活劳动量同总资本相比使用得越来越少的手段。

如果说过剩人口通过**追加资本**得到使用和吸收，那么，正如我们在考察资本主义生产时所看到的，这个同化过程或物化劳动吸收活劳动的过程，由此会引起并伴随有——随着机器的改进等等以及在原先没有采用资本主义生产方式的地方采用资本主义生产方式——这样的现象：工人被不断地［从生产过程中］驱逐出来，游离出来，排除出来，以致被资本吸收的工人数量的不断增长是由被排斥被游离的工人数量的不断增长引起的，这种情况使积累除自然的人口增长以外，还经常储备有和制造出供它支配的过剩人口，这是更多地积累资本的活材料。”① 马克思的这些结论，已经接近于得出《资本论》第一卷中论述的资本主义特有的人口规律了。

最后，作为结尾，马克思批判了资产阶级经济学的谬论，他们认为可变资本的量同不断增长的生活资料的量是一回事，似乎不断增长的生活资料必定会转化为可变资本，使工人就业。这纯粹是无稽之谈。实际上，生产越发展，可变资本相对地越小，工人就业的机会越小，成为产业后备军的命运一直在等待着工人阶级，这就是资本主义的不可克服的矛盾。

(四)《资本论》中对资本积累理论的进一步发展和完善

我们可以看到，资本积累理论的基本原理在 1861—1863 年手稿中已经制定出来。当然，这个理论还没有充分展开。在后来的《资本论》中，这个理论得到了充分的阐述，大大向前发展和完善了，补充了许多重要的理论要素，在这里我们无需详细论述，只简略地提一下就可以了。

1. 商品生产所有权规律转变为资本主义占有规律问题，得到了较详细的论述。

2. 对资本有机构成作了全面论述，详细考察了资本有机构成的变化对工人阶级命运的影响。

---

① 《马克思恩格斯全集》第 1 版第 48 卷第 96—97 页。

3. 对资本积聚和资本集中以及它们的相互关系作了详细论述。

4. 增加了关于资本主义工业生产周期变化的阐述，指出现代工业特有的生活过程由危机、停滞、中等活跃、高涨等几个阶段组成，其中夹杂着一些小波动，确定了这种周期变化的原因，预见了经济周期将会缩短，这也是经济危机理论的组成部分。

5. 详细论证了相对过剩人口或产业后备军的累进生产，以及工人阶级时而被吸收时而被排斥的可悲命运，指出这种产业后备军是资本主义生产的一个条件。

6. 详细考察了相对过剩人口的各种存在形式。这就是：流动的过剩人口、潜在的过剩人口、停滞的过剩人口、需要救济的贫民等。

7. 科学地表述了资本主义积累的绝对的、一般的规律："社会的财富即执行职能的资本越大，它的增长的规模和能力越大，从而无产阶级的绝对数量和他们的劳动生产力越大，产业后备军也就越大。可供支配的劳动力同资本的膨胀力一样，是由同一些原因发展起来的。因此，产业后备军的相对量和财富的力量一同增长。但是同现役劳动军相比，这种后备军越大，常备的过剩人口也就越多，他们的贫困同他们所受的劳动折磨成反比。"①

8. 结合一些理论论述，深入地批判了资产阶级经济学的各种错误理论。

9. 补充了大量现实材料，作为资本主义积累的一般规律的例证，对于资本积累给劳动人民带来的灾祸作了活生生的描述。

---

① 《马克思恩格斯全集》第1版第23卷第707页。

马克思关于劳动对资本的形式从属和实际从属的内容及意义（摘译）*

〔民主德国〕尤·容尼克尔①

随着发达的社会主义社会的进一步发展，劳动和生产的社会化问题越来越成为经济科学注意的中心。人们越来越认真研究经典作家有关这个问题的论述和认识。在人们当前讨论的问题中，马克思关于劳动对资本的形式从属和实际从属这两个范畴，起着重要的作用。下面我们从理论史的角度对这两个范畴的含义及其对现实进行马克思主义分析的意义，提出几点看法。

马克思在1857—1858年的《政治经济学批判大纲》中稍微涉及到了形式从属和实际从属某些方面的问题。在这之后，在1861—1863年经济学手稿第V笔记本中写的一段补充性的计划草稿中，马克思第一次谈到了将在《资本的生产过程》这一篇中较详细地论述形式从属和实际从属问题的打算。② 对这个问题的第一次详细分析，则是在第XXI笔记本中作为第5点《绝对剩余价值和相对剩余价值的结合》的组成部分进行的。③

只有把马克思经济理论中的形式从属和实际从属这两个范畴同绝对

---

* 本文选自《马列主义研究资料》1986年第1—2辑合刊。

① 本文作者是哲学博士，民主德国马列主义研究院科研人员。——译者注

② 《马克思恩格斯全集》第1版第47卷第351页。

③ 《马克思恩格斯全集》第1版第48卷第3—35页。

剩余价值和相对剩余价值这两个范畴紧密地联系起来，才能理解这两个范畴的作用和地位。“在所有的场合，和两种剩余价值形式——绝对剩余价值和相对剩余价值，如果就其本身单独来考察，绝对剩余价值总是先于相对剩余价值——相适应的，是**劳动从属于资本的两种单独的形式**，或者说**资本主义生产的两种单独的形式**，其中第一种形式总是第二种形式的先驱。”① 这些原理使马克思得出，资本不仅在自身基础上进行生产，而且也在自身基础上被生产出来。换句话说，这些原理被用来证明资本的起源，证明资本是历史地形成的关系，也是易逝的关系，被用来发现资本主义生产方式的内在的辩证法。

绝对剩余价值和相对剩余价值的范畴，是从考察资本同劳动力的关系得出来的。劳动所以使人感兴趣，只因为它具有价值和剩余价值源泉这种属性。而在分析形式从属和实际从属的时候人们主要注意的是，生产作为用“**劳动过程的各种因素**来进行的过程”② 所发生的变化。在这个问题上，首先研究的是，由于资本主义的发展所造成的劳动过程的变化，劳动过程按照资本价值增殖的需要所发生的变形，以及由此所产生的对工人阶级状况的影响。由此可见，这里谈的是马克思所理解的关于绝对剩余价值和相对剩余价值的技术和工艺发展，关于形式从属和实际从属的技术和工艺发展。不过，马克思从来没有只从生产关系得出技术形式。对马克思来说，这始终也是人在生产中占有自然的结果。

首先，我们谈一下形式从属的范畴。马克思把劳动对资本的形式从属叫做劳动过程“受到资本的监督和支配”③。按照马克思的理解，这个范畴的含义不仅意味着在非资本主义基础上发展起来的劳动过程从属

① 参看《马克思恩格斯全集》第1版第48卷第5页。

② 《马克思恩格斯全集》第1版第49卷第79页。

③ 《马克思恩格斯全集》第1版第47卷第101页。

于资本，而且意味着资本主义生产关系一般的基本规定。这个概念应理解为剥削关系本身的存在。因此，即使实际从属加了进来，形式从属也并不消失。它仍然是这种关系下的资本主义生产的基本前提。这个规定是同绝对剩余价值相适应的。马克思明确地指出，形式上的从属同绝对剩余价值的生产相适应，而绝对剩余价值总是先于相对剩余价值的。[①] 对我们来说，强调指出这种联系是很重要的。因此，当人们努力用这些范畴去对现实进行马克思主义的分析的时候，往往忘掉绝对剩余价值和相对剩余价值的区分，同形式从属和实际从属的区分这两者之间的共同性。同样，如果注意马克思那里的逻辑方法和历史方法的辩证统一，情况也是如此。

在马克思看来，形式从属的本质特征和资本主义生产的前提是等同的：劳动者自由支配自己的劳动能力，不存在政治和社会的统治和服从关系，最后，劳动条件完全地或部分地同劳动能力相分离。

在形式从属条件下，生产过程中形成统治和服从的关系。资本承担了集体劳动过程的监督者和组织者的职能。马克思指出，与生产的工艺技术方式无关，劳动对资本的从属根源于劳动联合和发挥作用的条件的特有方式。即使劳动过程的工艺技术形式不变，形式上的从属也会导致发生触及劳动者及其劳动的那种改变。马克思着重指出，资本采取比以前的生产方式更有利的形式来榨取剩余劳动。首先，雇佣工人有表面的自由，觉得自己是自由独立的人，这使他们成为比奴隶好的劳动者。工人为自己生存而劳动，因此，他本身就关心雇佣劳动关系的持续存在。工资被动的可能性和现实性同劳动的好坏有关，以致工人得出一种印象，仿佛他的工资的高低取决于他自己的劳动。马克思指出，这“一方面给个人差别开辟了活动余地，另一方面给劳动能力本身的发展提供了

① 参看《马克思恩格斯全集》第 1 版第 48 卷第 5 页。

刺激”，这就有可能“借助于特殊的能力、天才等上升到较高的劳动部门”，甚至可能成为资本家。[①] 与此相联系，资本主义生产产生出一种趋势，就是对劳动能力的流动性提出了更高的要求。可见，资本在对主要生产力的关系上创造出新的社会形态的前提要素。

形式从属的范畴意味着，劳动过程首先不是在工艺技术上，而只是在量上和以前的劳动过程不同。但是马克思指出，许多人在资本家的支配下共同劳动，即简单协作，就形成资本主义生产的起点。这造成一种新的生产力。随着简单协作的实行，开始了实际从属的过程。因此，我们认为，马克思所说的形式从属并不表现为一个独立的历史阶段。然而形式从属所涉及的是实际从属得以自然而然地建立起来的现实基础。由形式从属过渡到实际从属，是由于资本追求超额剩余价值促成的。

马克思把实际从属范畴理解为特殊的资本主义生产方式的形成过程，这种生产方式在工艺技术上和以前的生产方式不同。这个过程是同资本的如下的现实本性相适应的：它不仅满足于将已有的劳动过程从属于自己，而且不断地使这种劳动过程及其要素发生变革，使之变成社会化的劳动过程。实际从属反映的是劳动过程转变为同资本关系相适合的形式。因此，马克思特别强调实际从属的过程性质。例如，他说：“劳动对资本的实际上的从属是在创造……相对剩余价值的一切形式中发展起来的。”[②] 因此，从形式上的从属过渡到实际上的从属，并不是一举而完成的，而是通过一个发展过程完成的。在形式从属内部发展起实际从属的一些要素，直到最后，完全实现一种“**特殊的生产方式，一种在劳动过程的现实性质和现实条件上都发生了变化的生产方式——资本主**

① 《马克思恩格斯全集》第1版第48卷第11页。

② 《马克思恩格斯全集》第1版第47卷第18页。

义生产方式”。[①] 资本主义进入它的第二个阶段。照马克思的理解，“实际”是表示劳动过程与价值增殖过程相适应到了怎样程度的尺度。在大工业阶段之前，由于生产力只发生局部变化，所以实际从属只是局部的。只有当工人变成机器体系的附属品的时候，实际从属才是完全的。

虽然在这个过程中劳动资料的改变起着决定性的作用，但这个过程开始时是劳动过程的组织先发生变化。显然，这样的情况也适用于共产主义生产方式。在那里，劳动过程从属于占有过程是从生产资料的国有化或形式上的社会化开始的。正是在这个现实的基础上，建立起列宁称之为“生产在事实上社会化”的状况。[②] 康苏拉波夫认为，在列宁的这种说法和马克思的从属概念之间有着紧密的方法论上的联系，他的这种看法无疑是正确的。[③]

马克思着重指出了实际从属的三个特征。“随着劳动在实际上从属于资本，在生产方式本身中，在劳动生产率中，在资本家和工人之间——在生产内部——的关系中，以及在双方彼此的社会关系中，都发生完全的革命。”[④] 在分析这些要素时，马克思看到，它们在本质上在分析相对剩余价值时已经阐述过了。看来，正是由于这种论述上的重叠，才使马克思没有在《资本论》中用独立的一章来论述形式从属和实际从属的问题。

前两个特征表现在社会劳动生产力的发展以及它们转化为资本的生产力上，表现在自然力和科学用于生产上，表现在资本的传播倾向上。

---

① 《马克思恩格斯全集》第1版第49卷第95页。

② 《列宁选集》第3卷第476页。

③ R. J. 康苏拉波夫：《社会主义的理论和实践》，载《苏联科学》1972年第10期。

④ 《马克思恩格斯全集》第1版第48卷第20页。

至于资本家和工人之间的关系，按照马克思的说法，则又降低到接近于奴隶关系的地步。

马克思用实际从属来理解资本主义第二个阶段上的生产力和生产关系的现实辩证法。“一方面……资本主义生产方式，改变了物质生产的形态。另一方面，物质形态的这种变化构成资本主义关系发展的基础，所以与资本主义关系完全适合的形态只是与物质生产力的一定发展阶段相适应的。”① 按照这种原理，这种辩证法在不断发展的资本主义生产方式中表现成：一方面，生产关系引起新的生产力，另一方面，只有这种新形成的生产力才能使生产关系进一步展开。这明显地表现出，在这种发展阶段上，生产力和生产关系的相互依赖性特别密切。马克思的这种认识也无条件地适用于正在形成中的共产主义社会形态。

马克思认为，实际从属的积极结果是，除了减少生产生活资料所需的劳动时间之外，“个别人占有生产条件不仅表现为一种不必要的事情，而且表现为和这种大规模生产不相容的事情”②。在马克思看来，实际从属的扩大和加深意味着为资本主义社会从内部炸毁自己创造出前提条件。

如果说绝对剩余价值和相对剩余价值概念最初用来表现已形成的资本关系，那么形式从属和实际从属范畴则用来理解历史成熟程度。后者又反映以劳动过程的形态变化为转移的资本关系的成熟程度。形式从属和实际从属的概念意味着生产力和生产关系辩证法的具体化，意味着对社会形态发展方向理解的加深：从根本上来说，只有在先前的生产方式中生产力和需要发展起来，超出旧的生产关系，资本主义关系或者说一个新的生产方式才能产生出来。只要生产力和需要超出形式从属所必需

① 《马克思恩格斯全集》第1版第48卷第18页。

② 《马克思恩格斯全集》第1版第48卷第20—21页。

的程度，就会发生上述情况。这时，生产力必然还没有同生产关系相适应。因此，在事实上是生产关系先于和它相适应的生产力类型而产生出来。从马克思的分析可以得出结论，一个新的生产方式并不能现成地找到为它自己的完全发展所必需的生产力，而是必须自己把它创造出来。这也适用于共产主义社会形态的发展。这种社会形态必须由自己在一个很长的复杂的过程中创造出和自己相适应的生产力。可见，共产主义的第一阶段在技术和工艺上显示出和资本主义的物质技术基础具有共同性，这是很自然的事情，因为这种物质技术基础是从资本主义接收过来的。

在实际从属和形式从属范畴的形式上所发现的资本主义生产方式成熟程度的规律性，具有普遍适用的意义。它的意义在于，在每一种生产方式中，劳动过程都从属于特有的占有过程。一个生产方式的成熟程度，从而一个社会形态的成熟程度，是由下面情况决定的：通过劳动过程和占有过程的相互作用，劳动过程在怎样的程度上发展成为占有过程的适当的基础。这里归根到底也表现出一个社会形态的经济运动规律的实现程度。

这些由马克思阐明的区分劳动过程在形式上和实际上从属于占有过程的范畴，也可以适用于所有一切社会形态。它们可以用做分析共产主义社会形态的理论工具和方法论工具。

（原载柏林《马克思恩格斯研究论丛》1982 年第 11 期）

（京祚 译）

马克思《1861—1863年经济学手稿》中关于技术进步问题的论述*

〔苏〕C. M. 格里哥里扬

科学共产主义创始人卡·马克思的创造性的遗著篇幅巨大。他在自己的著作中，研究了有关人类社会发展历史的大量资料，并对资本主义生产方式，对无产阶级反对资产阶级、争取自身社会解放的斗争经验，作了深刻的科学分析。世界名著《资本论》是马克思的主要科学著作。

在这部科学共产主义的基本著作完成之前，马克思曾进行大量研究工作。他极为详尽地研究了资本主义的生产方式，探讨了政治经济学、哲学和历史的许多问题，同时对技术问题也产生了极大兴趣。他阐明了技术在社会生产中的作用和地位，阐明了生产力、技术的发展对雇佣工人的劳动和生活条件的影响。早在1844—1845年，马克思就曾细致地研究了英国数学家、力学家和经济学家拜比吉的著作《论工厂生产的经济》，英国化学家和经济学家安·尤尔的著作《工厂哲学》以及其他人的著作。马克思在四十年代写的著作，在一定的程度上利用了这几年所

---

* 本文选自《马列著作编译资料》1981年第15辑。

原题注：马克思这部分手稿收入《马克思恩格斯全集》第47卷第3章，本文对理解该章有一定的参考价值。

收集的材料。在《德意志意识形态》（1845—1846年）、《哲学的贫困》（1847年）、《雇佣劳动与资本》（1849年）以及其他一些著作中，提出了关于生产力，关于资本主义制度下生产力的发展，关于技术发展和社会发展之间的相互联系和相互依赖，关于机器和一般技术的应用对工人阶级状况的影响等许多重要原理。

继1848—1849年革命所引起的短时间的中断之后，马克思又开始了自己的科学研究。在1850—1853年中，马克思除研究大量的政治经济学著作外，还研究技术、工艺学和自然科学方面的著作，特别是研究德国工艺学史的考察者波佩的《工艺史》（1807—1811年哥丁根版第1—3卷）、《一般工艺学教程》（1809年美因河畔法兰克福版）、《物理学更适合于手工业、工场手工业和其他有用的行业》（1830年杜宾根版），安·尤尔的《技术词典》（三卷集），李比希的《化学在农业和生理学中的应用》，约翰逊的《农业化学和地质学教程》，莱特麦耶尔的《采矿业和冶金业的历史》，奈特的《资本和劳动》以及其他人的许多著作。

为了对所收集的材料进行系统的整理和概括，马克思在1857年以前做了大量的准备工作。经过准备工作后，马克思在1858年6月写成了《政治经济学批判大纲（草稿）》这一手稿，1859年写成并出版了《政治经济学批判》第一分册。

这本书问世之后，马克思又重新着手研究有关技术和工艺学的著作。

马克思对材料进行了研究和综合，并于1861年8月开始了新手稿的工作，到1863年中便完成了这一工作①。1861—1863年手稿也叫做《政治经济学批判》，该手稿是《政治经济学批判》第一分册的直接继续，由二十三本笔记本组成，页码编号为1—1472，是“整个四卷《资本论》的第一个经过比较系统整理的稿本，虽然只是草稿，而不是完成稿”②。因此，这部手稿是马克思的《资本论》写作过程中的一个阶段。

在这部手稿中，有一节用希腊字母“γ”表示，标题为《机器。自然力和科学的应用》。这一节是《资本论》第一卷第十三章《机器和大工业》的最初稿本。③

如果对1861—1863年手稿中标以“γ”的这一节的内容同《资本论》第一卷第十三章的内容作一比较分析和对照，那么可以看出，“γ”这一节要比第十三章丰富得多；在这一节中有大量关于技术史的材料以及关于某些技术经济和社会技术问题的材料。

本篇的任务不是对这一手稿的上述部分的全部内容进行分析，也不是把它拿来同《资本论》的相应章节进行比较。研究这份手稿的全部丰富内容和阐述它的意义，是一项专门的任务。作者要考察的只是手稿

---

① 马克思研究技术文献和自然科学文献是比较晚的。例如，马克思在1863年才钻研德国工艺学家和经济学家贝克曼的《发明史》一书，1865—1868年才详细研究拉姆梅尔斯柏格的《关于光和热的生产资料》、罗斯科—肖莱马的《化学教科书》、赖尔的《地质学基础》等著作，七十年代至八十年代初，才研究瓦格纳的《金属》一书、恩格尔加尔特的《农业的化学基础》、加斯克耳的《手工业者和机器生产》、费克的《自然力之间的相互关系》、安斯特德的《地质学》、艾伦的《地质学和历史》等著作。

② 《马克思恩格斯全集说明汇编》第399页。

③ 在一些书刊中，其中包括发表在1963年《经济科学》杂志第12期上的我的那篇文章，都不准确地把这些笔记本称为“技术笔记本”或“技术手稿”。——C. 格

的一些片断，在这些片断中论述了资本主义的生产力和技术进步。

在已发表的马克思的著作中，劳动力作为社会发展的一切阶段上的主要的和起决定性作用的社会生产力，已经得到详细的论述。同样，马克思对作为生产资料的生产力也作了彻底的研究。因此，在本文中，我们对这些问题只提一下就行了。

然而，除了劳动力和生产资料外，马克思指出，科学也是重要的生产力。如大家所知道的，在《资本论》中指出了资本主义大工业掌握着巨大的自然力和自然科学，同时它逐渐地“把科学作为一种独立的生产能力与劳动分离开来，并迫使它为资本服务”①。马克思在补充说明这一思想时又写道，生产过程的智力同体力劳动分离了，智力变成资本的权力，变成支配劳动的权力。②

在 1861—1863 年手稿未发表的部分中，对科学的作用进行了分析，马克思指出，科学也是生产力。马克思写道：“科学的力量也是不费资本家分文的另一种生产力。”③ 随着科学的发展，科学越来越成为强大的生产力。而且，由于科学促进了自然力的应用，它逐渐成为生产过程的独立因素，被公认是生产财富的手段。

科学和劳动的关系经历了极其重大的变化。手稿指出，在资本主义条件下，应用于生产的科学同直接劳动相分离，然而在此之前，知识和经验是同劳动本身直接联系在一起的。从事科学研究变成了一种专门职业。在资本主义制度下，科学同劳动相对立，“科学对于劳动来说，表

① 《马克思恩格斯全集》第 1 版第 23 卷第 400 页。

② 《马克思恩格斯全集》第 1 版第 23 卷第 464 页。

③ 《马克思恩格斯全集》第 1 版第 47 卷第 553 页。

现为**异己的、敌对的和统治的权力**”①。资本把物质的生产过程变为科学应用于生产的过程，变为应用于实践的科学，它使劳动从属于自己，压制了劳动本身的智力发展和职业上的发展。

马克思详细分析了资本同科学的关系，指出，体现在机器、生产方法、化学过程中的科学，像机器和其他生产资料一样，被资本占有。马克思指出：“资本不创造科学，但是它为了生产过程的需要，利用科学，占有科学。”② 因此，资产阶级一方面剥削科学——人类理论的进步，另一方面利用科学作为自己致富的手段。马克思关于科学和技术的主要原理证明了，在资本主义制度下，科学和技术的进步也就是剥削工人的技巧的进步。

马克思把生产过程的社会结合，**协作和分工**，以及其他生产组织的形式和方式，或者像马克思所说的，人们的“共同活动的方式”③，看做是重要的和有效的社会生产力。马克思认为，协作和分工是社会劳动的天然生产力，而机器的生产是创造出来的生产力。

马克思指出，资本主义协作和分工中的极其重要的因素是：“通过简单协作和分工来提高生产力，资本家是不费分文的。”④ 为了进一步说明这个思想，马克思写道：“生产过程中劳动的分工和结合，是不费资本家分文的机构。”⑤ 资本家支付报酬的只是单个劳动力，而不是劳动力的结合，不是劳动的社会力。

马克思深入研究这些问题后得出结论说，在资本主义制度的条件

① 《马克思恩格斯全集》第1版第47卷第571页。

② 《马克思恩格斯全集》第1版第47卷第570页。

③ 《马克思恩格斯全集》第1版第3卷第33页。

④ 《马克思恩格斯全集》第1版第47卷第363页。

⑤ 《马克思恩格斯全集》第1版第47卷第553页。

下，一切自然力，或劳动的社会力，“是**资本的力量**”①。马克思在《资本论》中指出，从各种类型的劳动结合中产生的生产力是资本的生产力。在马克思的手稿中，下面的思想补充了这个原理：“资本是不给它［劳动］报酬的，正像资本并不因工人会思考而付给他报酬一样。”②

马克思认为，自然所形成的和由人类所利用的力，也就是他所说的“自然力”，“自然的生产力”，也是社会生产力的重要要素。

人用自己的劳动改变自然物质时，要利用自然力，特别是凭借自然力的相互作用。随着机器的广泛采用，自然力开始大范围地从属于生产过程。马克思强调指出，资本家占有资本，特别是机器形式上的资本，他“才能攫取这些无偿的生产力：未开发的自然资源和自然力，以及随着人口的增长和社会的历史发展而发展起来的劳动的全部社会力”③。

对于技术发展史，首先是对于机器以及机器在资本主义制度下的应用的研究，在1861—1863年手稿的上述部分中占有重要地位。例如，马克思关于机器生产率的论点具有巨大的科学意义和实际意义。

早在六十年代初期，马克思就阐明了和推断出技术发展的趋势，并对生产的机械化和自动化问题表示了极大关注。他考察了和详细描述了钢笔尖、纸张和其他制品的自动化生产工艺。马克思在评述当时业已存在的制作纸张的自动化机器时，指出了自动化所显现出的两大原则：生产的连续性和自动化。马克思指出：“加工工业中采用的最完善和最经济的机器，是能够**连续**生产的机器。”④

① 《马克思恩格斯全集》第1版第47卷第515页。

② 《马克思恩格斯全集》第1版第47卷第515页。

③ 《马克思恩格斯全集》第1版第47卷第553页。

④ 《马克思恩格斯全集》第1版第47卷第442页。

马克思在谈到用自动化机器装备起来的企业时强调指出，企业“是适应机器体系的完善的生产方式，而且它越是成为完备的机械体系，要靠人的劳动来完成的个别过程越少……它也就越完善”①。在手稿中表述了关于生产力发展和社会进步之间的相互联系的一条重要原理。马克思分析了技术发展史，他确认，后一个社会经济形态的技术基础是在前一个形态的范围内开始发展起来的。马克思写道，正像各种不同的地质层系相继更迭一样，在各种不同的社会经济形态的形成上，不应该相信各个时期是突然出现的，相互截然分开的。规律在于：“后一个［生产］形式的物质可能性——不论是工艺条件，还是与其相适应的企业经济结构——都是在前一个形式的范围内创造出来的。”② 马克思为说明这个原理，举了下面这个例子：“在手工业内部，孕育着工场手工业的萌芽，而在有的地方，在个别范围内，为了完成个别过程，已经采用机器了。后面这一点在真正工场手工业时期更是如此，工场手工业在个别过程中采用了水力和风力……”③

马克思揭示了技术进步的辩证法和作为生产力发展因素的技术发展同资本主义生产关系之间的矛盾。马克思在《资本论》中指出，社会，特别是资本主义社会，使生产工具不断发生变革和革命，从而使生产关系和整个社会关系发生变革。④ 马克思写道：“随着一旦已经发生的、表现为工艺革命的生产力革命，还实现着生产关系的革命。”⑤ 马克思用下面的历史事实证实了这一点：“只有在行会组织的物质基础、工艺

① 《马克思恩格斯全集》第1版第47卷第518页。

② 《马克思恩格斯全集》第1版第47卷第472页。

③ 《马克思恩格斯全集》第1版第47卷第472页。

④ 《马克思恩格斯全集》第1版第23卷第567页。

⑤ 《马克思恩格斯全集》第1版第47卷第473页。

基础不再占优势，因此丧失了自己的革命性和进步性，不再适应自己的时代，并且一面与工场手工业，而稍后又同大工业斗争之后，——它才作为**反动**因素而得到反动政府和与其有联系的阶层的支持。”①

技术是生产力的重要的和最活动的因素，技术及其利用，技术发展的速度和方向取决于生产关系的性质。马克思指出，生产关系是在一定的生产力基础上发生的，它们本身对生产力的进一步发展产生积极的影响，不是加速它们的发展，就是延缓它们的发展。因此，技术进步的性质是由占统治地位的生产关系决定的。例如，资本主义生产关系使技术进步具有片面的、畸形的、矛盾的性质；它们不顾整个社会的利益限制充分利用现代技术的可能性。

在马克思的手稿中，对资本主义制度下技术进步的社会经济结果的研究，占有重要的位置。马克思指出，在资本主义制度下技术革命化的第一个成果，一方面是资本家所得到的剩余价值增加了，资产阶级的财富和实力增大了，另一方面是对工人的剥削加重了，劳动群众的状况恶化了。按恩格斯的话说，在资本主义制度下技术进步造成了“利益被提升为人的统治者。利益霸占了新创造出来的各种工业力量并利用它们来为自己服务，由于私有制作祟，这些本应属于全人类的力量便为少数富有的资本家所独占，成为他们奴役群众的工具”。②

在我们所考察的这部分手稿中，像在《资本论》中一样，马克思详细阐明了机器对剩余价值增长的影响。手稿对这些问题进行了研究，得出了一系列使人颇感兴趣的原理，这些原理补充了《资本论》。

机器减少了某一资本所使用的工人人数。但这是不是意味着，由于

① 《马克思恩格斯全集》第1版第47卷第475页。

② 《马克思恩格斯全集》第1版第1卷第674页。

工人人数的减少，该资本家的剩余价值也就随之减少了呢？马克思指出，由于使用机器，一定量资本可能给资本家带来更多的剩余价值，工人人数的减少可能比从前工人人数多时生产出更多的剩余价值。马克思在手稿中阐明了机器的应用不会改变剩余价值的性质，即被剥削工人的无偿劳动的性质。他写道："资本通过使用机器而产生的剩余价值，即剩余劳动，——无论是绝对剩余劳动，还是相对剩余劳动，并非来源于机器所**代替**的**劳动力**，而是来源于机器使用的劳动力。"①

资本家只是为了自身的利益才发展生产力，发展技术，提高社会劳动生产力。无论是在马克思那个时代，还是在目前，情况都是一样。事实证明，在现代资产阶级条件下，实现生产自动化不是为了减轻劳动和改善劳动者的生活条件，而是为了减少工人人数，从而减少工资的支出和相应地增加利润。

随着生产机械化和自动化的过程所引起的剩余价值的增加，劳动者的状况恶化了。发展生产的手段变成了奴役和剥削生产者的手段。

资本主义制度下生产力的增长，技术的发展，首先在生产职能和社会地位上产生了不利于工人的变革。马克思写道，资本主义工业"通过机器、化学过程和其他方法，使工人的职能和劳动过程的社会结合不断地随着生产的技术基础发生变革"②。工人的职能及其在生产中的状况由于越来越广泛地使用新技术而发生变化，在考察这种情况时，必须注意到，在资本主义条件下，生产力和技术的发展不仅使部分工人成为"过剩人口"，而且增加了失业大军。马克思在手稿中写道："……资本不仅是使活的劳动力贬值的手段，而且也是使它变为**过剩**劳动力的手

① 《马克思恩格斯全集》第1版第47卷第371页。

② 《马克思恩格斯全集》第1版第23卷第533—534页。

段：或者对于一定的过程来说使它成为完全过剩的；或者在一般情况下**把它缩减到最低数量**。”① 由于使用机器，资本主义生产方式还在它的发展初期就产生了大量的失业人口。例如，英国在生产中使用了蒸汽织布机，结果使八十万织工失掉工作。随着自动化机器的应用，纺织工人的职能开始由机器来执行，于是纺纱工人便补充到失业队伍中去。

不是由于经济危机时期的生产周期的缩小，而是由于技术改造和现代化，由于生产的整套设备机械化和自动化而引起的失业，对工人来说是尤为严重的。工人失去工作，即使不是终生的，也比在危机时丧失工作要长得多。身受排挤的工人的经验和熟练程度不断失去作用，不再适应新的要求了。要根据他们的专长和熟练程度寻找工作，已经是非常困难的了。为了不致饿死，工人只好同意去作任何一种报酬低微的工作。马克思指出，技术进步的实现多少是持续不断的、无止境的。在资本主义制度下，技术进步造成对劳动力的需求相对地减少，雇佣劳动对资本的依赖加强，工人首先对最近的未来往往失去信心。应当指出，失业不仅对失业的人是一种灾难，而且对在业的人也是一种灾难，因为资产阶级利用失业和失业的扩大来压低或冻结工资，提高劳动强度。

在资本主义制度下，技术进步的另一个后果是工人阶级的结构发生了变化。生产的新技术和新工艺使劳动者的性质和职能发生了变化，使许多旧职业废除了，形成了工人的新范畴，产生了新的职业和专业。例如，根据官方材料，在美国经济中每年平均出现四百至六百个新的专业。② 随着生产的发展，许多旧的不再需要的专业被废除了。在资本主义条件下，这个过程给大多数工人带来了极大痛苦。不仅青年工人处于

① 《马克思恩格斯全集》第 1 版第 47 卷第 564 页。

② 《就业保险周报》1957 年 12 月第 23 页。

艰难境地，而且中年以上的工人也是如此，他们最先遭到解雇，最后找到工作。

资本家应用技术革新的目的，是要用不太熟练的工人以及妇女儿童，也就是用报酬低微的劳动力来代替熟练工人。马克思详细考察的这个现象在垄断资本主义条件下表现得特别尖锐。

技术进步不仅使工人阶级的结构发生了变化，而且使一切有独立收入的居民的结构也发生了变化。从前在物质生产领域工作的人越来越多地转向国民经济的其他领域。卡·马克思预见到了这种发展，虽然当时在非物质生产领域中的劳动者人数的增长趋势还很不明显。他指出，随着工人人数的增加和工人劳动生产率的增长，不直接从事物质生产的居民阶层将增长，也就是说，在流通和服务等领域就业的人数将增长。现代资本主义的实际材料完全证实了马克思的这个预见。

在考察技术进步的社会经济后果时，马克思详细地阐述了技术进步对尚未失去工作，还在资本主义企业中劳动的那一部分工人阶级状况的影响。马克思写道，机器使千百万人摆脱了劳动，使他们丧失了生存资料，同时大大加强了劳动者的劳动强度。马克思指出，随着技术、生产力的发展，随着社会财富的增加，在业工人的状况一般都恶化了，就是说工人在社会财富中的比重减少了，无产阶级为生活而付出的代价提高了，尽管这一点对无产阶级各阶层来说是程度不同的和不是同时发生的，不是连续地和直线地发生的，而是“经常**波动**”① 的。

因此，我们来研究一下工人工资的变动情况。在资本主义国家里，名义工资，尤其是实际工资，不会随着使用更加完善的机器和其他技术，不会随着劳动生产率在这一基础上的提高而相应地提高。相反地，

① 《马克思恩格斯全集》第1版第47卷第566页。

由于价格和税收的提高，往往不仅工资总额下降了，而且大部分工人的工资也下降了。

在资本主义制度下，随着生产力日益提高，实际上劳动变得越来越紧张和疲惫不堪。马克思谈到劳动强度的提高在历史上的地位时，在手稿中指出，由于简单协作和分工提高了劳动强度，“更多的是由于机器而更加提高了……这个整体如在机械工厂中那样，是以死的自然力即某种铁的机构的有节奏而均匀的速度和不知疲倦的动作而工作着”①。马克思列举了许多明显的例子，说明由于使用新的或更加完善的机器而提高了劳动强度。例如，当采用机器织机时，开始一个人可看管两台，后来变成三台，甚至四台。

马克思指出，劳动强度提高的另一种形式是劳动速度加大，机器运转加快，因而工人的动作也得加快。劳动的紧张化和劳动浓缩意味着体力的极大紧张，大量消耗智力和精力。这样，导致了加速工人的力量消耗、衰老，以至于出现“四十岁的老头”②。

马克思关于资本主义社会劳动紧张化的原理，光辉地经受住了时间的考验，并完全保持了自己的现实性。现在，当企业用更完善的机器装备起来时，工人的劳动紧张程度更加提高了。在半自动线上和自动线上劳动的工人对此感觉最明显。

甚至连资产阶级经济学家也不得不承认，自动线上的工人所消耗的精力比非自动化企业的工人所消耗的体力要多得多。《纽约时报》指出：“自动化消灭了笨重的体力劳动，但是监督和看管设备的紧张程度使工人变成神经衰弱者。从体力上说劳动是轻了，但是工人一到家，感

---

① 《马克思恩格斯全集》第 1 版第 47 卷第 406 页。

② 《马克思恩格斯全集》第 1 版第 23 卷第 704 页。

到的不是腰酸背痛，而是神经活动失常。”① 美国劳动研究协会把美国精神病的剧增同工人和职员的精神过度紧张，同美国绝大多数劳动群众的生活水平普遍下降联系起来。据消灭精神病全国协会的材料证明，美国每十人中至少有一人患有需要求医的精神病或神经病，美国每年大约有一百二十四万人在国立和私立精神病院或普通医院精神病科接受治疗。②

这说明了剥削制度下的技术进步，特别是生产自动化，只不过是增加剩余价值的手段，是资产阶级靠直接生产者即工人的生活条件的恶化，靠损害他们的健康和工作能力来发财致富的手段。

在马克思的1861—1863年手稿中还详细地研究了机器的资本主义应用对工作日延长的影响，这也是同加强剥削这一问题息息相关的。马克思指出，在资本主义生产方式条件下，机械化不是减少，而是加大了工人的日常劳动。他写道：“……一旦这些机器作为资本的形式成为同工人对立的独立的权力，**绝对劳动时间**即总工作日，不是缩短，而是延长了。”③ 为了进一步说明这一论点，马克思在手稿的另一个地方指出，在资本主义制度下，机器生产的目的绝“不在于缩短工作日，而在于凡是在资本主义基础上发展生产力的场合都是如此——缩短工人为再生产其劳动力所必需的劳动时间……并通过缩短这一部分而延长他无偿地为资本劳动的工作日部分，即工作日的**无酬**部分，他的**剩余劳动时间**”④。

技术进步本应用来改善劳动条件。但是在资本主义制度下却产生了

---

① 《纽约时报》1963年4月26日。

② 《美国劳动人民状况真相（1959—1960）》1962年莫斯科版第111页。

③ 《马克思恩格斯全集》第1版第47卷第373页。

④ 《马克思恩格斯全集》第1版第47卷第359页。

截然相反的结果。如果说在工场手工业和手工生产中工人迫使工具为自己服务，那么在资本主义工厂里，如马克思所说的，工人却被迫为机器服务，并通过机器为资本家服务。机器自动化在资本主义制度下成了专制君主，工人不得不屈服于它。因此，铁人奴役有血有肉的人。世界的主宰者——人成了机器的奴隶。马克思在手稿中指出，随着机器的出现，"过去劳动对活劳动的统治……不仅成为表现在资本家和工人之间的关系上的社会真实，而且还成为可以说是**工艺上**的真实"①。

当然，近一百年来的技术进步使工人的劳动条件发生了巨大变化。某些方面（例如劳动场所）变好了。但是工厂制度的专制不会消除机器对工人的奴役。人类智慧和劳动成果，例如自动线，成了对付工人的最凶狠的东西，因此马克思写道，自动线劳动完全把工人变成了"没有意识的、动作单调的机器体系的有生命的附件，有意识的附属物"②。

工人在自动机上劳动的新形式，看起来好像是悠闲自在或从容不迫的。其实它们要求严格遵守制度、注意力高度集中和反应灵活。除此之外，劳动的新形式十分枯燥，它们迫使工人在机器旁边一坐或一站就是几小时，直到出现某种信号才需要在短时间内排除故障。

除了疲惫不堪，还担心失业，丢掉饭碗等等。

劳动强度的加强，劳动和生活条件的恶化，担心失业丢掉饭碗，这一切引起了过度紧张，过早的精力和体力衰竭。这种现象的最为明显的表现就是在生产中发生不幸事故的次数增加了。

在资本主义制度下，如马克思所证明的，"一切发展生产的手段都变成统治和剥削生产者的手段，都使工人畸形发展，成为局部的人，把

① 《马克思恩格斯全集》第1版第47卷第568页。

② 《马克思恩格斯全集》第1版第47卷第526页。

工人贬低为机器的附属品，使工人受劳动的折磨，从而使劳动失去内容，并且随着科学作为独立的力量被并入劳动过程而使劳动过程的智力与工人相异化；这些手段使工人的劳动条件变得恶劣，使工人在劳动过程中屈服于最卑鄙的可恶的专制，把工人的生活时间变成劳动时间，并且把工人的妻子儿女都抛到资本的札格纳特车轮下”①。

马克思的这个结论在帝国主义条件下也是完全适用的。况且同从前相比，现代资本主义生产方式更是劳动者的健康的消耗者，不仅消耗他们的筋骨和血肉，而且消耗他们的精神和大脑。

资本主义曾一度发展了生产力，现在它已成为社会进步路上的障碍。资本主义国家的劳动人民的利益要求打破腐朽的资本主义外壳，要求解放强大的生产力，并利用它为全体劳动人民造福。

（原载《苏共历史问题》1967年第2期）

（刘焱 译）

① 《马克思恩格斯全集》第1版第47卷第708页。

恩格斯和《1861—1863 年经济学手稿》*

顾海良

《1861—1863 年经济学手稿》（以下简称为《手稿》）是马克思留下的篇幅最为浩繁的一部经济学手稿。对于《手稿》的研究，已成为马克思主义经济思想史研究中的最为重要的课题之一。正像马克思完成的其他的经济学文稿一样，恩格斯对马克思这部《手稿》的创作，也发生过特殊的影响；也正像马克思留下的其他的经济学遗稿一样，在马克思去世后的 12 年间，恩格斯对这部《手稿》也作出了深入的探析。搞清恩格斯对《手稿》创作的影响及其对《手稿》探析的基本情况，对我们更深入地研究马克思的这部《手稿》是有重要意义的。

一、恩格斯对马克思写作《手稿》的影响

《手稿》的创作起始于 1861 年 8 月，但从马克思写作《手稿》的初衷，即从马克思写作“第 3 章资本”的角度来看，《手稿》的创作在 1859 年初完成《政治经济学批判》第一分册后就已确定了。恩格斯对马克思写作《手稿》的影响，也应开始于 1859 年初。

1859 年 1 月，马克思在完成《政治经济学批判》第一分册后，曾预计很快能写作以“第 3 章资本”为主题的第二分册。当时，他在给

* 本文选自《马克思恩格斯研究》1995 年总第 22 期。

恩格斯的信中提到："如果事情顺利，那么第三章《资本》可以马上接着出版。"[①] 马克思在积极准备写作《资本》章时，十分关注恩格斯对第一分册的评价。恩格斯在第一分册正式问世前夕，已经阅读过并作了肯定的评价。对此，马克思及时向恩格斯表达了他的"十分高兴"的心情，他在1859年6月7日给恩格斯的信中提到："第一分册中了你的意，因为在这个问题上，只有你的意见对我是重要的。我曾有点不安地等待你的评判，使我的妻子感到很好笑。"[②] 在这里，马克思虽然没有详细说明恩格斯提出了什么具体的"意见"，但根据一个多月后他给恩格斯的另一封信的内容判断，恩格斯的"意见"，显然包含了对《政治经济学批判》第一分册的方法上的和内容上的新的成就的评价。

1859年6月4日，德国《人民报》刊登了马克思《政治经济学批判》的"序言"（被作了一些删节），该报在编辑部按语中声言还要发表关于《政治经济学批判》的评论。《政治经济学批判》第一分册正式出版后，《人民报》的编辑埃·比斯康普想写这一评论，被马克思"劝阻"了。马克思在7月19日给恩格斯的信中谈及此事，认为比斯康普"对此一窍不通。可是既然他……已经许愿要谈一谈这部著作，所以我请你……替他写一写。简短地谈一下方法问题和内容上的新东西"[③]。应马克思的要求，恩格斯很快写了三篇评论，对《政治经济学批判》第一分册的科学方法和内容上的新成就作了高度的评价。关于科学方法的评论分作两篇，分别发表在8月6日和20日的《人民报》上。由于《人民报》停刊，关于内容上新成就的第三篇评论没有见报。恩格斯前两篇评论发表前，曾征求过马克思的意见。在对《政治经济学批判》

① 《马克思恩格斯〈资本论〉书信集》1976年人民出版社版第140页。

② 《马克思恩格斯全集》第1版第29卷第429页。

③ 《马克思恩格斯全集》第1版第29卷第442页。

方法的评价中，恩格斯强调指出："我们面前的这部著作，绝不是对经济学的个别章节作零碎的批判，绝不是对经济学的某些争论作孤立的研究。相反，它一开始就以系统地概括经济科学的全部复杂内容，并且在联系中阐述资产阶级生产和资产阶级交换的规律为目的。"① 恩格斯对《政治经济学批判》作的"系统地概括"和"在联系中阐述"的评论，不仅很好地概括了马克思政治经济学研究的科学方法，而且对马克思写作《手稿》也产生了重要的影响。

马克思提出的"马上接着出版"第三章《资本》的计划，没有能如愿以偿。繁忙的"党务"工作和家庭生活的困境，一再地打断他的写作进程。特别是为了回击卡尔·福格特对马克思及其战友在共产主义者同盟中的活动的诽谤，为了对同盟在历史上的声誉和在德国的未来地位负责，马克思花了整整一年的时间，写了《福格特先生》一书。到1861 年夏，马克思才正式开始《手稿》的写作工作。

在《手稿》的写作过程中，恩格斯的影响主要表现在两个方面：一是同马克思探讨了《手稿》中涉及的几乎所有的经济学理论问题，其中如关于社会资本再生产问题、价值转化为生产价格问题、绝对地租的产生问题、资本流通问题等等，二是解答了马克思提出的有关资本主义经济运行，特别是企业微观经济运行中的一些具体的问题。

1862 年 3 月 6 日，马克思在给恩格斯的信中提出了关于工厂各个工种之间工人人数的量的比例问题，并希望恩格斯提供他所经营的工厂的实际资料，因为"我的书需要一个这样的例子来说明，在机械工场里不存在像亚·斯密所描写的那种作为手工工场基础的分工。尤尔已经提出了这个原理。随便举例子就行"②。马克思希望以最新的实际资料为例

① 《马克思恩格斯全集》第 1 版第 13 卷第 529 页。

② 《马克思恩格斯〈资本论〉书信集》1976 年人民出版社版第 158 页。

证，阐明资本主义企业内部分工的特征及其新变化。

1862年8月2日，马克思在给恩格斯的一封长信中，对他在生产价格理论和绝对地租理论上的新发现作了概括性的阐述。马克思提到："我想把这个详细叙述起来非常浩繁的问题用几句话告诉你，希望你能把你的意见告诉我。"① 如果与《手稿》相应部分的论述相对照，我们不难看到，在这封信中，马克思无论是对价值转化为生产价格问题的阐述，还是对绝对地租的性质及其根源的论述，都显得更为清晰、更为明确。马克思向恩格斯转达自己研究的新发现的同时，也使这些新发现在理论观点的准确性上和理论阐述的系统性上前进了一大步。

对马克思的新发现，恩格斯显然作了认真的思考，他在8月8日给马克思的回信中提到：关于地租理论的意见，"我日内就写给你"，但对绝对地租"存在"的问题，恩格斯"还很不明白"，希望马克思能作出"进一步论证"。② 对恩格斯的疑问，马克思立即作了回答。他在8月9日给恩格斯的信中，围绕绝对地租"存在"的问题，从三个方面作了"补充"论述③，从而进一步完善了他在《手稿》中刚提出的绝对地租理论。

机器的价格补偿，即固定资本折旧的问题，马克思在很长时期内都不清楚。还在写作《1857—1858年经济学手稿》时，他就已提出过类似的问题，1858年1月，他在给恩格斯的信中提到："我在经济学的写作中现在遇到一个问题，想从你那里得到一个实际材料的解释，因为这在理论著作中是找不到的。这个问题就是关于资本的周转，周转在不同

① 《马克思恩格斯〈资本论〉书信集》1976年人民出版社版第162页。

② 《马克思恩格斯全集》第1版第30卷第275页。

③ 参看《马克思恩格斯〈资本论〉书信集》1976年人民出版社版第167—168页。

种类的企业里的差别，以及它对利润和价格的影响。”① 当时，恩格斯显然没有作出明确的说明。时隔四年，马克思在写作《手稿》时，又遇到了这个“在理论著作中找不到”答案的问题，再次询问被他称做“实践家”的恩格斯。

1862 年 8 月 20 日，马克思在给恩格斯的信中提到，如果机器平均能够使用 12 年的话，那么，预定每年用来补偿机器 1/12 的资金将怎么办呢？“这笔基金实际上不就是用于扩大再生产的，同收入转化为资本的一切情况无关的积累基金吗？”马克思迫切希望搞清这个问题，因而要求恩格斯“无论如何总能简短地回答一下这个问题”。② 马克思对这个问题的表述本身说明，他对补偿机器的折旧基金的周转的理解不是十分清楚。9 月 9 日，恩格斯在给马克思的回信中没有立即答复这个问题，他只是连同马克思提到的地租问题一起，简要地指出：“地租理论真的使我觉得太抽象了，等到稍微安静一点，我会好好考虑的。关于机器损耗也是这样，虽然我确信，在这个问题上你走入了歧途。要知道，损耗期并不是一切机器都相同。但这个问题等我回来以后再详谈。”③ 以后恩格斯是怎样同马克思“详谈”这个问题的，我们并不知道，但我们能够知道的是，在这以后马克思确实搞清了这个曾使他“走入了歧途”的问题。显然，这是恩格斯之后作了详细解释的结果。

二、恩格斯对《手稿》内容和结构的研究

马克思逝世后，恩格斯在编辑出版《资本论》第 2 卷和第 3 卷的过

---

① 《马克思恩格斯〈资本论〉书信集》1976 年人民出版社版第 122 页。

② 参看《马克思恩格斯全集》第 1 版第 30 卷第 282 页。

③ 《马克思恩格斯〈资本论〉书信集》1976 年人民出版社版第 169 页。

程中，对马克思留下的这部《手稿》作了直接的、深入的研究。恩格斯的这一研究，大体可分为两个阶段。第一阶段从1883年3月到1885年5月。这一阶段，恩格斯结合编辑出版《资本论》第2卷，对《手稿》作了最初的研究，这一研究的成果突出表现就是恩格斯撰写的《资本论》第2卷“序言”。第二阶段从1885年《资本论》第2卷出版到1895年恩格斯逝世。这一阶段，恩格斯结合编辑出版《资本论》第3卷和他晚年对政治经济学的新的研究，对《手稿》作了进一步的研究，这一研究的成果突出地表现在《资本论》第3卷的“序言”和由恩格斯为《资本论》第3卷增写的一些补充论述中，也表现在他这一时期撰写的批判资产阶级经济学理论的一些论文和书信中。

马克思逝世后，恩格斯怀着对他挚友的深厚情谊，投身于整理马克思经济学手稿的艰巨而繁重的工作中。1883年4月初，恩格斯首先接触到的是马克思留下的有关《资本论》第2册和第3册的一部分手稿，接着就发现了《手稿》。在对这部卷帙浩繁的《手稿》的最初研究中，恩格斯首先做了两项基础性的工作：一是确定了《手稿》的写作时间，二是对《手稿》的结构作了明确的划分。

恩格斯最初发现《手稿》时，对《手稿》的写作时间并不十分清楚。他一开始把它称做“1858—1862年的手稿”，后来又称其为“1860—1862年《政治经济学批判》的手稿”、“《资本论》的第一种稿本（1861—1863年）”等。① 直到1885年5月，在《资本论》第2卷“序言”中，恩格斯才把《手稿》的写作时间确定为“1861年8月到1863年6月”。② 恩格斯一开始对《手稿》写作时间所作的犹疑不定的

① 《马克思恩格斯〈资本论〉书信集》1976年人民出版社版第415、447、429页。

② 《马克思恩格斯全集》第1版第24卷第4页。

判断，并不是恩格斯主观的臆断的结果；在很大程度上，可能与马克思把《手稿》的 23 个笔记本，同 1858 年下半年写的“第三章资本”手稿的片断，以及 1860 年初打算重新写作“第三章资本”时留下的某些准备材料放在一起有关。最后，恩格斯显然是排除了 23 个笔记本以外的其他所有材料，并根据马克思在《手稿》第 I 笔记本 A 页上标明的日期（“1861 年 8 月”），确定了《手稿》写作的起始时间。恩格斯对《手稿》具体写作时间的确定，从一个侧面反映了他对马克思这部《手稿》理解的深化。

值得一提的是，对恩格斯这里所说的“1858—1862 年的手稿”的涵义，《马克思恩格斯全集》俄文版编者的理解是有偏误的。他们认为，恩格斯的这一说法，既包括“1857—1858 年手稿”，也包括“以《政治经济学批判》为题的 1861—1863 年手稿”。[①] 其实，恩格斯当时并没发现马克思的《1857—1858 年经济学手稿》，在提到“1858—1862 年的手稿”时，他已经清楚地指出：这部手稿“开头部分 1859 年在柏林发表过”[②]，也就是说该手稿承接了 1859 年《政治经济学批判》第一分册的内容。因此，这一说法不可能包括《1857—1858 年经济学手稿》。如果恩格斯当时已经发现《1857—1858 年经济学手稿》的话，他也决不会立即得出是“1861—1863 年《资本论》的第一个手稿”这样的结论的。[③]

在对《手稿》的最初研究中，恩格斯还对《手稿》的结构作了明确的划分。在《资本论》第 2 卷“序言”中，恩格斯根据《手稿》23 个笔记本的内容，把它们分为三部分：第一，“从第 1—220 页（第 I—

---

① 《马克思恩格斯全集》第 1 版第 36 卷第 717 页。

② 《马克思恩格斯〈资本论〉书信集》1976 年人民出版社版第 415 页。

③ 《马克思恩格斯〈资本论〉书信集》1976 年人民出版社版第 427 页。

V本），然后再从第1159—1472页（第XIX—XXIII本），是论述《资本论》第1卷中从货币转化为资本一直到卷末所研究的各个题目，是该书现有的最早文稿”。第二，《手稿》的“主体部分”，包括“第220—972页（第VI—XV本）”，“这一部分包括政治经济学核心问题即剩余价值理论的详细的批判史，同时以同前人进行论战的形式，阐述了大多数后来在第2卷和第3卷手稿中专门地、在逻辑的联系上进行研究的问题”。第三，《手稿》“从第973—1155页（第XVI—XVIII本），是论述资本和利润、利润率、商人资本和货币资本，即那些后来在第3卷手稿中阐述的题目”①。

恩格斯对《手稿》三大部分结构的划分尽管是在100多年前提出的，但其科学价值至今仍为大部分《资本论》手稿研究者所承认，《马克思恩格斯全集》历史考证版（MEGA）的编者，在用原文重新整理发表马克思的这部《手稿》时，也充分肯定了恩格斯对《手稿》结构这一划分的科学性。同时，恩格斯在对《手稿》结构划分中得出的《手稿》“能够用于现在出版的第2卷的地方不多”的重要结论，对我们现在理解《手稿》的结构、理解《资本论》第2卷创作史也是有重要启示的。所有这些都表明，在马克思逝世后的两年间，恩格斯对《手稿》的结构和基本内容已经有了较为深刻的理解。

恩格斯在对《手稿》的最初研究中，十分强调《手稿》中关于“理论问题的批判”的重要科学价值。在这一时期，恩格斯对资产阶级经济学的批判，特别是对约翰·卡尔·洛贝尔图斯—亚格措夫等人的批判，在很大程度上运用了《手稿》中的基本理论观点。

《资本论》第1卷出版后不久，洛贝尔图斯就公然认为马克思“剽窃”了他的观点，马克思逝世后，所谓马克思“剽窃”洛贝尔图斯的

① 《马克思恩格斯全集》第1版第24卷第4页。

说法，在更大的范围内蔓延开来，特别是欧美的一些资产阶级经济学家，更是借助洛贝尔图斯的亡灵，把这一无中生有的说法当做“不容置疑的事实”加以宣扬。恩格斯清楚地意识到，欧美经济学界的这种奇怪现象，决不是一般的学说争论问题，而是资产阶级经济学家集为一体，试图以此为突破口，达到全面否定马克思经济学理论的科学性的目的。对此，恩格斯认为，“一切资产阶级分子现在都聚集在洛贝尔图斯的周围，这实在是好极了。我们不能指望比这再好的了”①。而揭露所谓的马克思“剽窃”洛贝尔图斯说法的真相，不仅把这一说法背后隐藏的“一些非共产主义者想把一个也是非共产主义者的人抬出来同马克思分庭抗礼”的实质最充分地暴露出来②；而且也能澄清当时欧美经济学界的一些思想混乱，廓清经济思想史上的一些重大事实，真实地再现人类经济思想史演进的基本脉络，从而更清晰地展现马克思所进行的经济学上的科学革命的重大的理论和历史的意义。

1884年2月，恩格斯在给考茨基的一封信中指出：“洛贝尔图斯的地租理论是一种谬论，在1861—1863年《资本论》的第一个手稿中，有马克思用相当讽刺的笔调写的对这种理论的详尽批判。”③ 这一“详尽批判”就是马克思在《手稿》第X和第XI笔记本上的有关论述。1885年初，恩格斯在为马克思《哲学的贫困》德文第1版所写的题为《马克思和洛贝尔图斯》的序言中，用与马克思同样的“相当讽刺的笔调”，对洛贝尔图斯的“地租”理论作了有力的批判。在这篇文章中，恩格斯虽然没有提到马克思的《手稿》，但从论述的角度来看，显然深受《手稿》中一些重要思想的影响。

---

① 《马克思恩格斯〈资本论〉书信集》1976年人民出版社版第449页。

② 《马克思恩格斯全集》第1版第36卷第204页。

③ 《马克思恩格斯〈资本论〉书信集》1976年人民出版社版第427页。

1885 年 5 月，恩格斯在《资本论》第 2 卷“序言”中，再次对洛贝尔图斯作了批判。通过对《手稿》的研究，恩格斯指出，在《手稿》第 X 笔记本第 445 页及以下各页中，“我们发现了《插入部分。洛贝尔图斯先生。新的地租理论》”。在那里，“对于洛贝尔图斯的一般剩余价值理论，他是用讽刺的评注来驳倒的”[①]。正是根据马克思《手稿》中的相关论述，恩格斯提出一系列“有决定性意义的证据”，对洛贝尔图斯作了最有力的一击。概括地说，恩格斯提出的“有决定性意义的证据”，主要包括两个方面：一是马克思经济思想史上的证据，二是亚当·斯密以来的经济思想史上的证据。

从马克思经济思想史来看，马克思自 1843 年开始研究政治经济学的 15 年间，对洛贝尔图斯的全部文字活动一无所知；而在 1859 年前后，马克思在接触到洛贝尔图斯的某些著作时，“他自己的政治经济学批判不仅在纲要上已经完成，而且在最重要的细节上也已经完成”；特别是他“不仅已经非常清楚地知道‘资本家的剩余价值’是从哪里‘产生’的，而且已经非常清楚地知道它是怎样‘产生’的”[②]。面对马克思经济思想发展的史实，也许只有“超凡”想象力的人，才会相信所谓的马克思“剽窃”洛贝尔图斯的“神话”。

从斯密以来的经济思想史来看，洛贝尔图斯自炫为“第一个”发现的理论，至多只是对斯密以来一些杰出的经济思想家的某些思想的重复，即使这种重复，也难以排除洛贝尔图斯在某些理论上的倒退。恩格斯认为，在对剩余价值的研究中，洛贝尔图斯也同样陷入经济学费解的“行话”中而不能自拔。例如，洛贝尔图斯同样用剩余价值转化而成的一个派生形式——“租”来指称剩余的价值，而且还使“租”成为一

① 《马克思恩格斯全集》第 1 版第 24 卷第 13 页。

② 《马克思恩格斯全集》第 1 版第 24 卷第 12 页。

种极不确定的东西。洛贝尔图斯所犯的这一双重的错误说明，即使和1821 年匿名小册子的理论相比，洛贝尔图斯也不享有任何理论发展上的“优先权”。

恩格斯对洛贝尔图斯的这些深刻批判，既受到马克思《手稿》中相关思想的影响，同时也对《手稿》中的这些思想作了极为重要的发展。恩格斯对《手稿》研究的过程，也是他坚持和发展马克思经济思想的过程。

三、恩格斯在研究《手稿》中对编辑《资本论》第 4 卷的构想

马克思逝世后，恩格斯对《手稿》的研究，还突出地表现在他对编辑《剩余价值理论》，即《资本论》第 4 卷的一系列重要构想中。

1865 年上半年，马克思已经明确提出了《资本论》的四册结构计划。在这四册中，前三册是“理论部分”，最后第四册是“历史文献部分”。这年 7 月，他在给恩格斯的信中提到：“再写三章就可以结束理论部分（前三册）。然后还得写第四册，即历史文献部分；对我来说这是最容易的一部分，因为所有的问题都在前三册解决了，最后大半是以历史的形式重述一遍。”① 次年 10 月，在重提《资本论》四册计划时，他打算把第一册“资本的生产过程”和第二册“资本的流通过程”合为第 1 卷出版，第三册“总过程的各种形式”和第四册“理论史”作为第 2 卷和第 3 卷出版。② 这就是《资本论》的三卷四册计划。但是，由于种种原因，1867 年出版的《资本论》第 1 卷德文第 1 版，只包括第一册“资本的生产过程”。据此，马克思在《资本论》第 1 卷“序

① 《马克思恩格斯〈资本论〉书信集》1976 年人民出版社版第 196 页。

② 《马克思恩格斯〈资本论〉书信集》1976 年人民出版社版第 204 页。

言”中，对原先的三卷四册计划作了修正，提出把《资本论》第二册和第三册合为第2卷，第四册则作为第3卷出版。作了这一调整之后，“第2卷是理论部分的续篇和结尾，第3卷是17世纪中叶以来的政治经济学理论史”①。

在马克思看来，在《资本论》三卷四册计划中，第四册作为理论史批判部分，要以“历史的形式”，对前三册理论原理部分的内容“重述一遍”。这就是说，在内容上，《资本论》第四册是前三册中“解决”了的理论原理的“历史文献”；在形式上，要再现这些理论原理发展中的自我批判的历史线索和历史路标。这应该是《资本论》第四册内容上和形式上基本规定性。但是，马克思生前对第四册“理论史”没有作出再多的论述。

马克思逝世后，恩格斯在编辑出版《资本论》第二册和第三册的同时，通过对《手稿》的研究，在深刻理解马克思本意的基础上，对《资本论》第四册作了一些独特的思考。这些思考是对马克思提出的《资本论》第四册内容上和形式上基本规定性的合乎逻辑的赓续。

恩格斯首先修改了马克思原先设想的《资本论》三卷四册的计划，提出了《资本论》的四卷计划。在一开始接触到马克思《资本论》遗稿时，恩格斯还是打算按三卷四册的计划编辑完成《资本论》的后三册。1883年5月，恩格斯提到，他打算把马克思留下的《资本论》第二册和第三册手稿合编为《资本论》第2卷；同时，也打算以《手稿》的部分材料为基础，编辑《资本论》第3卷，因为《手稿》“每一章的结尾都有该章所探讨的理论问题的批判史”②。但是，在编辑出版“资本的流通过程”这一册时，恩格斯决定把这一册作为《资本论》第2

① 《马克思恩格斯〈资本论〉书信集》1976年人民出版社版第210页。

② 《马克思恩格斯〈资本论〉书信集》1976年人民出版社版第415页。

卷单独出版；最后两册则作为《资本论》第3卷和第4卷出版。这就形成了现在通行的《资本论》的四卷计划。

与此同时，恩格斯在对《手稿》的不断深入的研究中，提出了以《手稿》中的《剩余价值理论》为主体编辑出版《资本论》第4卷的构想。起初，恩格斯对《手稿》中“理论问题的批判史”部分，应具体归入《资本论》哪一卷并不十分清楚，甚至在发现了《剩余价值理论》这部分手稿后，也还是犹疑不定。例如，他在1884年2月16日给考茨基的信中提到：“篇幅浩繁的《剩余价值理论》……我可能把它印在第2卷末尾，或者是作为第3卷。”同日，在给劳拉·拉法格的信中，他又提到：“在手稿中，有《资本论》的第一种稿本（1861—1863年），在那里头我发现了几百页《剩余价值理论》，其中一部分经过加工已收入《资本论》的稍后几种稿本里，但是，这里留下来的足够把第2卷扩大为第2卷和第3卷。”[①] 这两封信中提到的“第2卷”和“第3卷”指的还是马克思设想的《资本论》三卷四册计划的第2卷和第3卷。这时，恩格斯对《剩余价值理论》应归入理论原理阐述的结束部分，还是应归入单独的理论史批判部分，并没作出明确的说明。这是因为，恩格斯还不清楚《剩余价值理论》手稿同马克思提到的第四册“理论史”部分之间的确切关系。显然，这同恩格斯当时还没有对《手稿》作出深入的研究有关。只是后来，在对《手稿》的进一步研究中，恩格斯才清楚地认识到，《剩余价值理论》正是马克思计划在《资本论》第四册中论述的“理论史”部分的“草稿”，尽管它还“很粗糙”，但却“很有价值”，它无疑是马克思留下的可用于编辑《资本论》第四册的唯一可依据的手稿。

---

① 《马克思恩格斯〈资本论〉书信集》1976年人民出版社版第427—428、429页。

在对《手稿》，特别是在对其中《剩余价值理论》部分的进一步研究中，恩格斯确定了以《手稿》的第 VI 到第 XV 这 10 个笔记本为主体，以马克思命名的《剩余价值理论》为主题来编辑《资本论》第 4 卷的总方针。而且在编辑出版《资本论》第 2 卷和第 3 卷的过程中，恩格斯还根据这一总方针，对编辑《资本论》第 4 卷提出了两个方面的具体设想：

第一，在编辑《资本论》第 4 卷时，应该“删去”《剩余价值理论》手稿中所包括的、但在《资本论》第 2 卷和第 3 卷已经作了阐述的理论原理部分。

恩格斯清楚地意识到，《剩余价值理论》作为《资本论》第 4 卷，是对《资本论》前三卷已经作了详尽阐述的政治经济学理论原理的“核心”问题，即剩余价值理论的“详细的批判史”。但是，《剩余价值理论》还只是一个“草稿”，它是在马克思对《资本论》第 2 卷和第 3 卷的理论原理作出详尽阐述之前就已写出来了，许多应该在这两卷中得到详尽阐述的理论原理，有的还是在剩余价值理论批判中首次形成的，因为，在把《剩余价值理论》编辑为《资本论》第 4 卷时，就应该“删去”那些不属于“理论史批判”内容的部分。

关于这一点，马克思本人也曾提到：在最后完成“理论史批判”部分时，有必要“缩减”这部分手稿的“篇幅”，因为对“历史部分”的这些论述，“仍然处于一切研究工作最初阶段所具有的那种初稿形式”之中。① 因为，恩格斯提出的在把《剩余价值理论》编辑成《资本论》第 4 卷时，应该“删去”在前面已作了阐述的理论原理内容的设想，不仅同马克思本人的想法相一致，而且也与《资本论》结构体系的要求相符合。

---

① 《马克思恩格斯〈资本论〉书信集》1976 年人民出版社版第 208、352 页。

第二，《资本论》第 4 卷还应该“删去”《剩余价值理论》手稿中各种题外的附论和大块划掉的地方。

恩格斯设想，在编辑《资本论》第 4 卷时，还应该“删去”《剩余价值理论》手稿中各种“题外的附论”。在写作《剩余价值理论》手稿时，马克思本人曾多次提到，这部分手稿中的某些论述，不属于剩余价值理论史的内容，而应该包括在他的更为广泛的政治经济学理论论题之中。例如，在《手稿》第 VIII 笔记本中，马克思在论述资本主义生产相对过剩的实质时指出：“生产过剩的起因恰好在于：人民群众所消费的东西，永远也不可能大于必要生活资料的平均数，因此人民群众的消费不是随着劳动生产率的提高而相应地增长。不过，整个这一节都属于资本竞争的问题。”[①] 在马克思政治经济学理论体系中，“资本竞争”属于“许多资本”中所要论述的问题，它已超出了《资本论》所研究的“资本一般”的范围。在构成《剩余价值理论》手稿的 10 个笔记本中，马克思的类似的提法不下 20 处。这些提示最清楚地表明：《剩余价值理论》包括的 10 个笔记本，并不完全是对剩余价值理论史的批判，它还包括许多超出《资本论》论述范围的“题外的附论”。马克思本人也不打算把这些“题外的附论”编入属于剩余价值理论史批判的《资本论》第 4 卷。

恩格斯对编辑《资本论》第 4 卷提出的这两个方面的设想，是在对马克思《资本论》理论体系和《手稿》作了深入研究的基础上提出来的。恩格斯生前虽然没有能够把这两个设想付之于实践，没有能够完成《资本论》第 4 卷的编辑工作，但是，他所提出的这些设想，对我们今天研究《手稿》在马克思经济思想史上的地位，理解《剩余价值理论》和《资本论》第 4 卷的关系是有重要启迪的。

---

① 《马克思恩格斯全集》第 1 版第 26 卷（II）第 535 页。

《第 VII 笔记本》和《引文笔记》*

——它们对1861—1863年《政治经济学批判》手稿中雇佣劳动理论的内容与结构发展的重要性

〔德〕玛丽昂·齐默尔曼

要完美无缺地阐述《资本论》的发展史，就必须像研究《资本论》各草稿本身那样认真地研究《资本论》第一稿和第二稿之间的各个年代。维戈茨基曾强调指出，形成于1858—1861年的材料（其中有些材料现已发表）对政治经济学的理论发展和结构发展很重要①，许多出版物也都支持这一观点。大家都知道，马克思因开始起草《政治经济学批判》第2分册即《资本一般》这一章而越来越意识到，有必要作一些附加的研究。这就是《第 VII 笔记本（摘录笔记）》和《引文笔记》形成的原因。人们认为，《第 VII 笔记本》是一级笔记，它包含了马克思阅读过的最新文献。《引文笔记》是二级笔记，它是马克思审阅了已有的摘录笔记，特别是审阅了1850—1853年的《伦敦笔记》和新的摘录笔记的基础上形成的。该笔记中有一些评述并按观点进行了排列。马克思在1862年（或许还包括1863年）完成了《第 VII 笔记本》，而《引文笔记》完成于1860年。

下面要更进一步考察的是，摘录笔记本和引文笔记是否恰恰对马克

* 本文选自《马克思恩格斯研究》1994年总第17期。

① 参看维戈茨基《论马克思1859—1861年对经济学理论的结构的制订》，载于《马克思恩格斯研究文集》1982年哈雷（萨勒河畔）版第14期。

思雇佣劳动理论的进一步发展具有某种决定性的作用？产生这一问题的原因是，在 1857—1858 年的《政治经济学批判大纲》中，马克思对计划写的《雇佣劳动》册中可能要写的内容的思考在某些重要方面不同于那些主要摘自 1861—1863 年经济学手稿第 XX 笔记本中的思考。

马克思在《雇佣劳动》册第一草稿中提出，作为劳动力价值的转换形式的工资和工资的形式是这一册书的固定组成部分，而《资本论》第 2 稿中的论述则表明，这两个内容必然属《资本论》研究的对象。除了这些重要的问题之外，马克思还改变了他在一些特殊问题上的看法，因此，在 1861—1863 年，马克思逐步改变了他原来的打算，即在六册计划的第 3 册中才研究延长劳动时间的后果、机器设备对劳动力价值和工资的影响、资本对妇女劳动和儿童劳动的扩张等问题。

无疑，必须探索引文汇编和新的摘录笔记在马克思后来起草剩余价值理论和资本理论时的重要性，而正是这一点对雇佣劳动特别是对工资这一范畴在理论体系中的地位并非没有重要的影响。

我认为，比对《雇佣劳动》册的少量的直接提示更重要的恰恰是马克思对相对剩余价值、绝对剩余价值和工资的关系的论述，这些论述表明了新的重点并直接被收入 1861—1863 年手稿。鉴于种种不必在此论述的其他原因，这些论述成为重新考虑工资在《资本论》中的作用的原因之一。从这一角度来看，这些笔记本对出现的计划上的修改预先做了重要的工作，当然，它们没有一开始就提到修改的目的。

这一论点可以得到证明。

首先应该略述马克思是在什么情况下着手探讨雇佣劳动的。

这一点在《引文笔记》中马克思选定的标题上表现得最清楚："A）工资和劳动生产率。利润率的下降"；"B）自由劳动，奴隶劳动，雇佣劳动"；"（农村）雇佣劳动与英国和爱尔兰的佃农之间的关系"；"G）利润和工资充当单纯的定量"；"I）工资"；"C）工人同生产条件的分离。工资的最低平均数，强制劳动”；“资本与雇佣劳动”；“平均工资”。①

摘自斯图亚特、菲尔登、舍尔比利埃和塔克特等人著作中的关于原始积累的引文占了大量的篇幅，它们对雇佣劳动形成中一般与特殊的关系的问题很重要。除了雇佣劳动形成的基本点（这些主要是在后来的《资本论》中得到了利用外，马克思还摘录了一些具有特殊性的东西，例如罗马和波兰的短工的提早出现）。另一部分引文包括对奴隶与自由民的比较，涉及劳动的动机问题以及实物支付与货币支付的关系。还有一部分引文涉及暴力与国家的作用问题（引文主要摘自桑顿）。

《引文笔记》中的一些段落研究了利润、工资以及劳动生产率对二者的量的影响，这些段落是马克思批判性地接受李嘉图学说的直接继续。自《伦敦笔记》以来，与此有关的批判性的要点有：

1. 按照李嘉图的观点，农业中的劳动生产率呈下降趋势，这样一来，再生产“劳动”这一商品的费用就提高了。

2. 李嘉图认为，利润率不会因劳动的改进、机器的发明、较好的交通或其他减少劳动的方法而受影响。②

围绕这些观点，马克思收集了马尔萨斯、霍吉斯金、穆勒、琼斯和凯里等人的观点。马克思的最初打算是，提供证据证明，随着生产率的提高，工资相对于利润来说不得不下降。他按照他的《伦敦笔记》，重新论证了凯里的和谐学说的错误逻辑。马克思记录了李嘉图和霍吉斯金的对立的观点。霍吉斯金的阐述认为，工资会因造船业、地理学和天文学领域的知识进步而下降。例如由于有了较短的运输线路，每磅茶叶的

① 参看马克思《引文笔记》。引自原苏联人整理的一个辨认稿（未发表）。

② 参看马克思《大卫·李嘉图〈政治经济学和赋税原理〉摘录》，载于《马克思恩格斯全集》历史考证版第4部分第8卷第146页。

价格就大大下降，从而使一个进入工资内的商品的价格大大下降。琼斯则反对李嘉图的意见，马克思摘录了他的一段话："他也没有确定货币工资和从而利润变动的最终原因，即它们随着工业生产力的变化而变化。"

紧接着，马克思作了评述："我们以固定的最低限度的工资为出发点，它的变动丝毫不能改变我们论述的正确性，假定劳动时间是 12 小时，工人需要 10 或 11 小时用来再生产自己，2 或 1 小时是剩余劳动。如果劳动生产力提高到工人只需 5 小时为自己，那么 6 小时是由别人支配。如果其中只有 1 小时……归工人所有，那么，他所得到的就相当于他过去单独为自己劳动 12 小时所得到的那么多，然而，他为资本家所作的剩余劳动从 1∶12 上升到 6∶12。过去，剩余劳动是 1/12，而现在是 1/2。这丝毫不会改变我们的考察：6 小时可以看做是必要劳动时间，或者说，最低限度即它的标准可看做是提高了。就利润的比率和数量的上升而言，它始终只是剩余劳动与必要劳动之比的上升。"

在"利润和工资充当单纯的定量"的标题下，马克思此外还记录了穆勒对李嘉图的一个论点即工资呈上升趋势的论述。穆勒论证道：在李嘉图那里，工资不能理解为工人用他的劳动换来的产品的量。李嘉图认为，工资的上升不等于提供给工人的产品量的上升，而是表现为，旧农业劳动的生产率下降使用在相同的或者甚至较少的劳动产品量的劳动增加。"因此在李嘉图那里，人们必须理解的不是工人报酬的量，而是他的工资的价值。"穆勒阐述道，劳动产品和劳动的价格二者可以同时提高，而利润率不必因此受到消极影响，北美洲就是一个例子，它说明工人可以得到最好的报酬，得到高工资（实际工资），而工资在总产品中所占的部分却从未有过这么低。马克思在《伦敦笔记》第 III 笔记本中也摘录了类似的比较。[①]

就此而言，不同的生产率和各个国家工资的差异性之间的内在联系对马克思的理论发展是很重要的，因为马克思在40年代主要是从文明的不同表现来说明各个国家工资的差异性的。他主要是在后来即在1861—1863年手稿中才从理论上更详细地研究这样一个事实：在劳动生产率高的国家，当利润率提高时，实际工资高、相对工资低是有可能的。[②]

在《引文笔记》中，马克思得出结论认为，随着工业部门中生产率的变化，关于工资的比例和数量的若干组合是可行的。他阐述了剩余价值与工资的关系。

“1. 当工业部门是非生产性的，工资的下跌不低于平均最低限额，工人始终得到其必要劳动的产品时，比例提高，数量保持不变。当工资降低到平均最低限额以下，但却超过了以往的必要劳动时间时，**比例提高，数量下降**。当工人只得到生产率变化前的正常的小时数时，**比例保持不变，数量下降。**2. **当工业部门是生产性的，比例保持不变，数量提高，比例下降，数量提高：数量保持不变**，比例下降。”

如果把数量同实际工资、比例同相对工资等同起来，那么，从可变的生产率的研究中就得到六个组合。在这里，马克思没有考虑由生活资料价格的变动而可能引起的变化。在1861—1863年手稿第XX笔记本的题为“3. 相对剩余价值”中，在涉及到劳动力的价值变化和价格变化时，马克思继续对上述问题进行分析，这是首次详细的、以剩余价值

① 马克思《大卫·李嘉图〈政治经济学和赋税原理〉摘录》，载于《马克思恩格斯全集》历史考证版第4部分第7卷第185页及以下几页。

② 参看克劳斯–迪特尔·布洛克的B级博士论文《卡尔·马克思论资本的世界市场运动》1987年哈雷版第28页。

理论为基础的分析，并通过把劳动时间对劳动的价值和价格的影响纳入其中，扩大了分析。①

对此，马克思在《引文笔记》中还强调指出："除了劳动生产率对固定资本和流动资本的重要性的影响之外，我们在这里就没有什么要考察的了。显然，对资本家来说，不管他付给同一劳动时间较少的报酬，还是让工人为同一工资工作较长时间，结果是一样的。这始终归结为劳动时间，如果我们不再把工资的最低限额看做是既定的，对工资的研究才变得重要。"

尽管如此，马克思还是就机器设备对延长劳动时间的影响这一问题单独将选自菲尔登、西尼耳、托伦斯、琼斯和罗西著作的引文编成一组。在《引文笔记》的第 2 部分，他显然是利用了《第 VII 笔记本》的最新材料，深入研究了因劳动强度和劳动时间的增加而引起的剩余劳动时间和必要劳动时间之间的比例的变化。值得注意的是，在研究剩余劳动时间增加的原因时，工资形式越来越引起马克思的兴趣！这之所以值得注意，是因为马克思在 1847—1849 年期间（《哲学的贫困》、《雇佣劳动与资本》、《工资》）还没有考虑到工资形式和劳动小时的价格与工资数额的关系，或者说还没有把它们当做问题来看待。自 1848 年 5 月 1 日生效的 10 小时工作日法案不断遭到破坏、工资下降 10%—25% 以及不顾工厂法把工作日延长到 12—15 小时等等，这些都是必须加以论述的事实，它们直接促使马克思进一步发展剩余价值学说。由于西尼耳对威斯特理论作了庸俗的改写，马克思在 1850—1853 年《伦敦笔记》中注意到了威斯特的一个重要的核心思想，它必然激发马克思去详细研究计时工资和劳动小时的价格（劳动价格）这一范畴。马克思摘录了威

① 参看马克思《政治经济学批判》（1861—1863 年手稿）第 6 部分，载于《马克思恩格斯全集》历史考证版第 2 部分第 3 卷第 6 分册第 2002 页及以下几页。

斯特的话："工资决定于劳动价格和完成的劳动量……工资的增加不一定包含着劳动价格的提高。在劳动时间较长和劳动较紧张的情况下，工资可以大大增加，而劳动价格却可以保持不变。"①

马克思在《资本论》的所有草稿中都使用了这一段引文，在《引文笔记》中也引用了。在1861—1863年手稿中他开始对这一问题进行深入的研究。在《大纲》中，这一问题还无关紧要，这说明，在剩余价值学说的基本问题得到解决之后，马克思才能认识到作为提高剩余价值生产、特别是提高相对剩余价值的工具的工资形式的意义。在《资本论》的初稿中，马克思利用他初次研究剩余价值本质的难题的结果来研究这些基本问题。

1857年和1858年的一些《工厂视察员报告》使马克思注意到了工资形式。他在《摘录笔记》中记录了大量有关计件劳动的材料。他注意到，通过计件劳动的形式人们可以将劳动时间延长，超出通常的总劳动时间。在这种情况下，延长已就业人员的劳动时间和增加劳动强度不需要大量的追加的资本支出，而只有在必须补充雇用劳动力时，才要提高固定的预付资本，此外人们还必须付给他们必要劳动时间的费用。由于追加的流动资本（原料），预付资本只是稍有提高，因此，计件劳动成为提高利润率的手段。这样，马克思开始对作为延长剩余劳动时间和提高资本增殖的手段的计件劳动越来越感兴趣了。然而有一点仍未解决，即过度劳动如何影响劳动力的价值。

虽然马克思在《第VII笔记本》中并没有直接表明，但我们从下文中可以得知，对计件劳动的分析仍应是第3册中的特殊分析的对象：

① 参看马克思《爱·威斯特〈谷物价格和工资，并论斯密博士、李嘉图先生和马尔萨斯先生对这些问题的学说〉的摘录》（1827年伦敦版），载于《伦敦笔记》第七笔记本第19页手稿（未发表）。

“计件劳动通常——只要它不是用来推动超出普通的剩余劳动时间以外的劳动——只是普通工资的另一种形式。”①

马克思也同样记录了在工资数额不变的情况下占有剩余劳动时间的其他变换的方式：争分夺秒，缩短进餐时间，窃取分分秒秒等等。

我认为，有一点已经清楚了，即马克思通过《第 VII 笔记本》和《引文笔记》非常细微地分析了剩余价值，并注意到了对剩余价值的多种多样的影响。对工资的研究越来越极其紧密地同机器设备、生产率、剩余价值和利润联系起来。另外还出现了一个非常有趣的方面，即马克思显然始终认为在《资本一般》的论述中放弃工资形式是结构决定的，但由于放弃了工资形式使得对材料进行理论研究变得越发困难了。马克思对许多单个问题的认识直接促使他重新考虑《资本论》和六册结构计划的其他各册书中的理论结构和论述。

把计时工资和计件工资纳入第 1 册是一个极为复杂的过程，马克思在第三稿中才作出了决定。在 1861—1863 年手稿中，马克思逐渐产生了这样一个普遍的问题，即表现形式对全面理解作为整体的资本的运动过程起着什么样的作用。他越来越强烈地认识到，要把竞争的基本形式和由此出现的资本相互之间的反作用纳入对资本的分析中。对工资来说，这实际上意味着在从本质得出现象时，不必再研究计时工资了，而劳动价格这一范畴则不能排除，现存的工资支付的多样性使人们产生了不能实现的、美化资本与雇佣劳动关系的想法。“当然，有一些雇佣劳动形式会产生一种假象，似乎工人出卖的不是他的劳动能力，而是他的已经物化在商品中的劳动本身。例如计时工资就是这样……这些工资的

① 马克思《第 VII 笔记本》。引自原苏联人整理的一个辨认稿（未发表）。

不同形式与一般关系无关。”①

在《绝对剩余价值》这一章中②，马克思又回到了在《引文笔记》中表述过的想法，即工人虽然可以通过计件劳动获得一部分加班费，但资本家也同时改善了资本价值增殖的机会。计件劳动的工资形式是资本增殖的一个直接作用，也就是说，是阻止利润率下降的一个因素！马克思在阐述剩余价值率时也表达了相似的看法：与周工资和小时工资不同，通过计件工资，各个人的工作效率的差异得到了注意。由于个人的各种差异，在重新确定计件价格时资本家会把劳动强度提高到它的正常水平之上。对一个工厂的一个小组或一个作坊来说这些差异拉平了。“如果工人A的劳动时间比工人B的劳动时间多，那么，A的工资以及他创造的剩余价值也就更多。如果他的劳动能力降低到平均水平以下，那么，他的工资和他创造的剩余价值也降到平均水平以下。但是，整个工厂必须保证平均水平。高于或低于平均水平的情况互相抵销，于是，大部分工人本来已经达到的平均水平就保持下来。这些情况应该在谈工资的时候去考察。”③

在将单个资本家与同一行业的全体资本家进行比较时，不同差别的这种相互抵销就得出了另一种结果。与社会平均水平相比，单个企业的生产率的提高以及通常与此有关的劳动强度的提高，引起一个新的问题：在涉及超额剩余价值时，劳动力价值与工资的关系如何？通过绝对

① 马克思：《政治经济学批判》（1861—1863年手稿第1部分）。载于《马克思恩格斯全集》第47卷第121页。

② 马克思：《政治经济学批判》（1861—1863年手稿第1部分）。载于《马克思恩格斯全集》第47卷第246页。

③ 马克思：《政治经济学批判》（1861—1863年手稿第1部分）。载于《马克思恩格斯全集》第47卷第255页。

地延长工作日或压缩工作日的空隙提高了绝对剩余价值，它便是单个资本家的基础。然而，在不生产工人直接或间接消费的商品的单个企业中，由于必要劳动时间的减少，生产率的提高就直接减少资本在产品中的工资费用。按社会平均水平支付工资便出现这种相对减少！与平均劳动相比，非平均的或特殊的生产力的劳动属于“更高的、高效率的劳动”，这一“更高的”劳动提高了相对剩余价值，并引起劳动的“个人”价格与社会价格之间的差异。

马克思写道：“由于劳动在这里获得了与同一部门的平均劳动不同的特殊生产力，它已成为比平均劳动高的劳动，例如，这种劳动的一个劳动小时等于平均劳动的 5/4 劳动小时，是自乘的简单劳动。但是，资本家仍按平均劳动付给工资。”①

这说明了每个资本家提高生产率的动机。

马克思在 1861—1863 年手稿中论证了超额剩余价值，这样，他第一次致力于分析劳动力的个人（指上述引文）价值与社会价值的比较。对计件工资来说，从这一差别中得出哪些结果？这一机制如何对劳动力的价值与价格关系起作用？“但是在单个资本家那里（在那里采用计件工资）可以看到，甚至尤尔也承认，随着机器的日臻完善，计件工资将按劳动力增长的同样的程度或者——如果情况不允许这样的话——相近的程度而减低，虽然产品的价格最初高于它的价值。”② 如果工人想根据工资的社会平均水平来实现他的劳动力，那么，由于计件价格的下降，他不得不提高生产的件数。在考察计时工资时，马克思曾偶然发

① 马克思：《政治经济学批判》（1861—1863 年手稿第 1 部分），载于《马克思恩格斯全集》第 47 卷第 361 页。

② 马克思：《政治经济学批判》（1861—1863 年手稿第 1 部分），载于《马克思恩格斯全集》第 1 版第 47 卷第 605 页。

现，为了补偿因劳动时间的延长而引起的劳动力的贬值，工资不得不提高，结果是劳动力价值等于工资，现在表明，在生产率发生变化时，劳动力的“个人”价值在总工资相同和每件产品的工资下跌的情况下高于社会价值，用社会平均工资来支付较高效率的劳动等于这一部门中的劳动力的贬值。按照马克思的结论，这不外乎是有不受劳动力直接贬值的影响、在总工资相同的情况下提高剩余劳动的方法。这一机制必须从劳动力的价值和价值的转化形式（工资）方面来考察。

然而，只有当马克思搞清了资本一般的界限后，他才能够以这种方式把有关超额剩余价值、劳动力价格和工资形式等方面的摘录冠以标题，作为问题来研究。在1861—1863年手稿中，马克思就是这样做的，他经过了许多单个的步骤，在这里具体来说就是他把超额利润纳入剩余价值理论中。因此，在这里仅仅提及的思考和结论是不可能在《第VII笔记本》和《引文笔记》中出现的。在这两个笔记本中，马克思思考的仍是资本一般的结构，出于这一原因，必须明确否定这样一个出发问题：这两个笔记本在工资理论中是否居主要地位。有关上述这些变化的重要过程是在1861—1863年手稿和1863—1865年手稿中完成的。然而，有一点是肯定的，而且对这些笔记本分析的结果也表明，马克思在这两个笔记本中掌握了劳动力价值、工资、劳动强度、劳动生产率、工资形式和剩余价值等一系列问题，并可能在后来的几个草稿中利用了这两个笔记本。

（原载德国《马克思恩格斯研究文集》第23辑）

（裘杞红 译　佐海娴 校）

马克思《剩余价值理论》的新版本（摘译）*

〔苏〕B. 布鲁什林斯基①

马克思的《剩余价值理论》在马克思主义经济学说体系中占有独特的极为重要的地位。

1848—1849年革命以后，马克思迁居伦敦，并有条件恢复自己的政治经济学研究。用马克思自己的话来说，他又“从头”重新着手工作，补充、发展和深化了四十年代达到的认识水平。1857年8月以前，马克思主要是搜集和批判地掌握大量的经济学问题的文献资料，同时也直接研究英国和其他国家所有比较重要的事件和经济生活的事实。1857年8月底，马克思着手写作理论巨著，专门分析资本主义经济的全部体系，全面批判资产阶级政治经济学。直到1858年5月底，在这九个月期间，马克思为自己的著作写了著名的方法论的《导言》和专门分析商品、货币和资本的七本篇幅很大的笔记本。1857—1858年的这部手稿是未来四卷《资本论》的草稿。它具有草拟的初稿性质，而马克思不得不花费多年时间，在它的基础上建立严整而又全面地制订的资本学说。

马克思进一步制订他的经济理论的最初成果，是1859年1月写成

---

* 本文选自《马列主义研究资料》1986年第3—4辑合刊。

① 作者是苏联马列主义研究院科研人员，新版《剩余价值理论》编者之一。——译者注

并于同年6月出版的《政治经济学批判》第一分册。分册包括两章：《商品》和《货币或简单流通》。最主要的和最大的篇章《资本章》的准备工作拖延了，这是由于马克思的健康状况恶化和必须在报刊上抨击波拿巴的走狗福格特。只是在1861年8月，马克思才继续自己的著述。他系统地撰写《资本章》这一篇。在1861年8月至1863年7月两年当中，写了二十三本笔记本的大部头手稿，用的是第一分册的标题《政治经济学批判》。这还是草稿和未完成稿，但已是未来四卷《资本论》的系统而又比较详细的概述了。而且，手稿篇幅最大（二百印张中约占一百一十印张）和最详细的部分是历史批判研究，马克思在1861—1863年手稿中称之为“剩余价值理论”，后打算编入《资本论》第四卷，专门论述政治经济学的批判史。后来，1877年11月3日马克思在致济·肖特的一封信中说：“我开始写《资本论》的顺序同读者将要看到的顺序恰恰是相反的（从……历史部分开始写）。”

马克思写自己的伟大著作《资本论》是从末尾开始的，这有其深刻的原因。六十年代初，马克思原则上详细研究了自己经济学说的全部基本要素。但是，当时完成并发表的只是著作最初的两个绪论章。马克思称之为自己著作“主要的章”的部分，即对资本的研究，仍处于1857—1858年原始草稿的尚未就绪的形式之下。1858年11月12日，马克思对拉萨尔说：“材料我已经搞好了；所差的只是给它一个形式。”但是，为了给予积累的大量材料以科学形式，就必须同现存的一切政治经济学划清界限。须知，马克思的学说，不是在空白位子上、而是在对当时的经济学文献进行深刻而又全面的批判的基础上产生的。所以，当马克思1861年8月着手写作主要的和基本的部分——资本部分时，他很快就中断了理论的叙述，并开始详细研究他命题为《剩余价值理论》的历史概述。

马克思的最初打算是，在对资本的生产过程进行理论研究结束时，对剩余价值理论进行历史概述，类似在第一分册《政治经济学批判》中商品章后附有“商品分析的历史”，货币章后附有“流通手段和货币的学说”那样。但是，在实现这个计划的过程中，关于剩余价值理论的历史概述，远远超过了最初的设想。马克思以前的所有经济学家都犯了一个错误，他们不是在纯粹形态上考察剩余价值，而只是在利润、地租和利息这些特殊形态上考察。因此，马克思研究和批判的理论材料本身要求扩大研究范围。对资产阶级经济学家的剩余价值观点的批判分析，在马克思那里必然要和分析他们关于利润、地租、利息等概念交织在一起。同时，为使对错误理论的批判臻于全面、详尽，马克思在这里用他自己创立的理论同他们的理论对立起来，而马克思创立的那些理论成为经济科学上的伟大革命。

所有这一切，导致“剩余价值理论”的历史叙述发展到颇大的范围。在 1861—1863 年手稿中历史部分或历史批判部分占了第 VI 至第 XV 笔记本的全部，以及第 XIII 笔记本和第 XX 至 XXII 笔记本的部分篇章。在这一部分手稿中，对经济科学中主要问题的批判研究和理论制订结合并交织在一起。历史批判的研究揭示了十七世纪中期至十九世纪中期资产阶级政治经济学的产生、发展和退化的情景。马克思对自己亲近的朋友说：“我执行历史的裁判，给每个人以应得的奖励。”[①] 他指出“政治经济学规律最先以怎样的历史路标的形式被揭示出来并得到进一步发展”[②]。马克思特别指出资产阶级古典政治经济学家的功绩，同时又批判了他们的阶级局限性和具体的理论错误。马克思极为巧妙地揭示了错误的经济学概念的方法论的和阶级的根源，从而为我们树立了同敌对的观点和理论进行斗争的伟大榜样。

---

① 《回忆马克思和恩格斯》1957 年人民出版社版第 77 页。

② 《马克思恩格斯全集》第 1 版第 26 卷第 1 册第 367 页。

此外，紧密联系对经济理论的历史批判分析而详细论述的许多最重要的经济问题，在两方面具有很大意义：首先，这里可以明显地看出，马克思如何得出了自己经济理论的某些组成部分；其次，这里往往对《资本论》前三卷中未作多方面阐述的一些问题进行较详细的解释，例如，生产劳动和非生产劳动、资本主义制度下危机的必然性、绝对地租和土地国有化、商品的单个价值和市场价值之间的相互关系等问题。

所有这一切使《剩余价值理论》成为马克思主义经济学说体系中极为重要的组成部分。它们不仅对于理解资产阶级政治经济学历史，而且对于创造性地研究许多迫切的经济问题，对于同当代庸俗的资产阶级经济学家和修正主义者进行斗争，具有永久的意义，这些人经常在某种程度上重复马克思已在《剩余价值理论》中作了致命批判的反科学概念。

* * *

众所周知，马克思没来得及把《剩余价值理论》写成付印。恩格斯也没来得及做这件事，他在垂暮之年仍希望把《资本论》第四卷搞好出版。恩格斯只是通读了这部巨幅手稿，并修改了作者的明显笔误。

马克思的手稿由考茨基在1905—1910年首次出版，共三卷，第二卷又分成了两册。由于这次出版，马克思的名著已为广大读者所知晓，并被译成各国语言。但是，考茨基的版本就质量而言在各方面都是不能令人满意的。

考茨基没有按照恩格斯准备要做的那样出版马克思的手稿。考茨基宣称，《剩余价值理论》不是《资本论》第四卷，而是和《资本论》“平行”的著作，书中似乎连一点内在联系和次序都没有。这些非常错误的观点致使考茨基任意对待马克思手稿。考茨基不理解马克思著作的独特结构，不理解书中历史批判研究同分析经济问题本身的结合和交织所具有的意义。所以，他完全忽视了马克思写在自己笔记本封面上的、能使人更好地理解某些章和篇的连贯性的标题。考茨基删去了这些标题，改变了手稿的结构，对部分正文任意编排，随心所欲地修改第一卷和第二卷。

马克思的《剩余价值理论》手稿是从简要的总的评论和关于詹·斯图亚特的篇幅不大的引论章开始的，前者是对迄今一切经济学家把剩余价值同利润和地租的特殊形式加以混淆而作的评论，而斯图亚特首先意识到不可能从交换中得到真正的利润。这一小章是分析重农学派学说的引言，重农学派首先企图从分析生产过程出发来解释剩余价值。其次，马克思转而评述亚当·斯密的学说，然后又回到重农学派，并研究了他们学说中比他们以后的亚当·斯密更深刻的那一部分，这就是魁奈的著名的"经济表"。《剩余价值理论》的最初几章的这样的顺序和资产阶级政治经济学矛盾的、曲折的发展进程是相适应的，在这一进程中，对一些问题的理解前进一步，同时对其他一些问题的解释就后退一步。

考茨基打乱了这几章的顺序。他在自己版本的一开头，编排了1861—1863年手稿的后几个笔记本中的四篇不长的摘录，把第VI至XIII本笔记同第XX至XXIII本笔记中的补充草稿调换了位置，把同马克思批判分析斯密和魁奈的观点直接有关的理论研究从正文中删去，并以特殊附录的形式把它们单独编排，同历史批判的研究分割开来。

考茨基还更加粗暴地把自己版本第二卷的正文作了重新编排。事情到了这种程度：在马克思的手稿中，《李嘉图的利润理论》一章包含对李嘉图平均利润率形成过程以及平均利润率下降原因的观点的严格和极其彻底的批判，而它被考茨基一分为二，中间被三百五十页正文隔开。马克思指出，李嘉图地租理论的错误在他的利润学说中打上了深深的印记。所以，马克思在手稿中，在《李嘉图的利润理论》一章之前分析李嘉图的地租理论，不是偶然的。考茨基不理解这一点，企图使马克思写的正文服从《资本论》第三卷的叙述次序，而《资本论》中谈的不是对李嘉图体系的历史批判研究，而是马克思本人的理论的系统叙述。

在许多场合，考茨基肢解手稿行文，毫不顾及马克思推理的进程。编辑的标题经常局限于简单地变换人名，或只有一般化的性质，并未指出对这个或那个问题的考察具有怎样的联系，马克思为什么要批判这个或那个经济学家，他在这个或那个概念中揭示了什么样的错误。有时，考茨基加上一些标题，使人产生错误概念，似乎资产阶级经济学家，例如理查·琼斯已经有了马克思理解的政治经济学问题的一些要素。而考茨基在自己写的《剩余价值理论》各卷序言中，总是抹杀资产阶级的和马克思的政治经济学之间的差别，闭口不谈马克思在经济科学中完成的伟大革命变革，而正是马克思的这一著作使人们理解这一变革提供了很多实际的具体材料。

在考茨基的版本中，删掉了篇幅大小不等的地方。考茨基总共删掉至少五六个印张。考茨基删掉的一些地方非常重要，例如《剩余价值理论》第三册中，马克思谈到在资本主义生产发达的部门中可变资本绝对减少的地方就被删掉了。① 看来，考茨基否定资本主义下工人阶级绝对贫困化的这类意见，决不是偶然的疏漏：向读者隐瞒马克思的这些论断对他是有利的。

考茨基对马克思手稿许多地方的辨认是极其草率的。而这一点是不可原谅的，因为恩格斯曾教授考茨基辨认看不清的马克思笔迹。甚至马克思写得很清楚的一些地方，考茨基却错得一塌糊涂，歪曲得面目全非。只举两例。《剩余价值理论》中有一处写着：“……把整个过程加以考察就会明白，如果用于补偿不变资本的各要素的生产者不向生活资料生产者购买他生产出来的生活资料，因而，如果这个流通过程实质上

① 《马克思恩格斯全集》第1版第26卷第3册第422页。

不是生活资料和不变资本之间的交换，那么生活资料的生产者就不能购买机器或原料来补偿自己的不变资本。”① 在手稿中这里明明写的是：“把整个过程加以考察”，考茨基在自己的版本中却把“过程”［Prozess］改为“利润”［Profit］，这就完全歪曲了马克思的精确意思。

再举考茨基的版本第三卷中的另一个例子，更是令人愤慨的疏漏。马克思在李嘉图学派解体一章的结束语中说，李嘉图学派的瓦解表明他们不能解释资本和劳动之间的交换是按照价值规律进行的，不能解释一般利润率是怎样形成的。② 尽管手稿中明明写着：“资本和劳动之间按照价值规律交换”，而考茨基在自己的版本中却写做：“……按照剩余价值规律进行的”，严重歪曲了马克思在全章中发挥的思想：李嘉图和他的追随者不能解释资本和劳动之间的交换，使这种交换同价值规律并不矛盾。

类似的明显错误在考茨基的版本中是很多的。关于这一点，还应补充的是，马克思手稿中用英文和法文写的一些地方，考茨基译得不确切之处也是很多的，并且对马克思的文章还作了一些不正确的编辑增补和没有根据的、不可靠的“修改”。

作为这些“修改”的实例，可以举出这样的例子。在关于李嘉图的利润理论这一章的结尾中，马克思批判李嘉图认为从殖民地贸易得到的利润对平均利润率的影响，从而对生产价格的影响比垄断组织还要大的观点时写道：“……高额利润……会有一部分商品的价格比平均利润水平低时更高于这些商品的价值，而另一部分商品的价格则比利润低时低于它们的价值的程度要小些。”③

① 《马克思恩格斯全集》第 1 版第 26 卷第 2 册第 560 页。

② 《马克思恩格斯全集》第 1 版第 26 卷第 3 册第 259 页。

③ 《马克思恩格斯全集》第 1 版第 26 卷第 2 册第 536 页。

考茨基不理解，马克思谈的是殖民国家和殖民地之间非等价交换的利润率，他用下述方式“修改了”这个意见：“……由于高额利润，已知的一部分商品的价格和平均利润低的情况相比，很大程度上超过它们的价值，那时其他一部分商品的价格还要低于它们的价值。”① 于是，马克思下述的重要思想便遭到歪曲：从殖民地攫取的高额利润，提高了殖民国家的平均利润率，从而在那里普遍提高生产价格。

除了整理手稿时不能容忍的疏忽大意以外，考茨基还用一些术语任意替换另一些术语。例如，把马克思的“劳动条件”，换成了“生产资料”，“劳动工具”换成了“劳动资料”，“费用价格”和“平均价格”换成了“生产价格”等等。马克思赏给庸俗经济学家、资产阶级辩护士的尖刻外号，“走狗”、“驴子”、“骗子”、“自作聪明的坏蛋”等，考茨基换成了例如“这些家伙”、“这些先生们”、“这些聪明人”等这样一些远不等值的用语。

*　　　*　　　*

在原手稿基础上编的新版《剩余价值理论》，对手稿的辨认进行了精确检查，在许多场合下使手稿非常准确。在资料的编排上，利用了各个笔记本的标题，马克思把它们写在封面上，有的概括了整部著作的内容。这些标题印在《剩余价值理论》第一册的开头。它们包括从詹姆斯·斯图亚特章到理查·琼斯章的著作全文，还有“补充部分”《收入及其源泉。庸俗政治经济学》。

这个版本分成三册，因为一是篇幅长，二是考虑到它的内容：第一册专门阐述李嘉图以前的政治经济学，第二册阐述李嘉图，第三册阐述李嘉图以后的经济学家。

---

① 《剩余价值理论》1936年俄文版第2册第144页。

《剩余价值理论》的第一册主要是批判分析重农学派和亚当·斯密的观点。马克思指出了重农学派在经济学史上的两大贡献：一，他们首先把剩余价值的产生问题从流通范围转移到生产范围；二，他们第一次试图叙述一国范围内的再生产和资本流通的整个过程。马克思在研究重农学派的经济观点时，揭示了他们和所有后来的资产阶级经济学家固有的局限性，即他们把资产阶级的生产形式看做永恒的、天然的。他还揭示了他们对剩余价值理解的两重性，剩余价值在他们那里忽而作为自然的恩赐出现，忽而作为土地所有者攫取的农业劳动的特殊生产率的成果出现。

马克思还指出亚当·斯密学说中对最重要的经济范畴——价值、剩余价值、生产劳动等等解释的矛盾和两重性，斯密有时非常接近于得出关于价值和剩余价值泉源的正确的、科学的概念，尽管他还不善于在自己的理论中始终如一地遵循科学路线。马克思在批判分析斯密的理论时，非常巧妙地揭破其中的庸俗成分，这一成分后来发展成庸俗经济学家，即斯密模仿者的辩护理论。由于批判把社会产品的全部价值归结为收入的所谓斯密教条，马克思深入研究了整个社会资本的再生产问题并非常详细地分析了不变资本的补偿问题。马克思分析斯密的生产劳动和非生产劳动的观点时，还彻底考察了后来的经济学家使这些观点庸俗化的过程。同时，马克思还揭示了那些概念的方法论的和阶级的根源。

在《剩余价值理论》的第二册中，占中心地位的是对李嘉图经济观点体系的批判分析。这一体系是资产阶级古典经济学所能达到的最高点。李嘉图企图根据劳动价值论来理解并解释整个资产阶级经济。同时，地租理论在他的观点中起了巨大作用，而这一理论的基本前提之一，是价值和生产价格（即马克思所说的“费用价格”）等同的错误思想。李嘉图体系的特点，使马克思对它的分析从批判价值和费用价格的错误等同开始。而在这以前，马克思以“插入部分”的形式批判分析了洛贝尔图斯的地租理论，这种理论企图论证某种绝对地租的可能性，而这正是李嘉图所否定的。

马克思指出李嘉图的巨大理论贡献的同时，又着重强调了他的方法的原则性缺陷，李嘉图不能把平均利润率规律同价值规律联系起来，他的利润理论中存在庸俗的成分，他把剩余价值规律和利润规律加以混淆，等等。马克思批评李嘉图的理论错误，揭示他的观点的阶级局限性，并发展了自己关于价值和生产价格的关系，绝对地租和级差地租，平均利润率的形成及其变化的原因，资本积累过程及其经济后果，经济危机等问题的观点。

《剩余价值理论》的第三册涉及的是对李嘉图观点的批判，既有从右边的批判，也有从左边的批判，从右边来的批判是马尔萨斯，他代表土地贵族和资产阶级极端反动分子的利益，从左边来的批判是英国空想社会主义李嘉图分子。在这一册中彻底研究了李嘉图学派瓦解的过程，表明伴随无产阶级和资产阶级之间阶级斗争的尖锐化，庸俗化过程如何波及政治经济学原理、它的出发点和它的最重要范畴。

在论马尔萨斯的一章中，揭示了马尔萨斯维护非生产阶级浪费的荒谬和极端反动性，他把这种浪费作为防止生产过剩的手段。在李嘉图学派解体的一章中，马克思分析了资产阶级政治经济学的瓦解过程，这一过程使资产阶级政治经济学抛弃了李嘉图体系的一切有价值的东西，导致为资本主义生产方式进行无耻辩护，使他们的“理论”日益庸俗化。在论社会主义者李嘉图派的一章中，马克思指出了他们批判资本主义方面的功绩，同时还指出他们不能克服李嘉图理论的资产阶级前提，改造这一理论的自身基础。

《剩余价值理论》第三册的结尾，是对拉姆赛、舍尔比利埃和理查·琼斯进行的批判分析，马克思在这些人身上除了看到资本和利润源泉的庸俗观点以外，还看到关于资本主义生产方式具有历史性质的观点萌芽。最后还有一个篇幅很大的、半是理论、半是历史批判的插入部分《收入及其源泉。庸俗政治经济学》。马克思在其中对不同于资产阶级古典政治经济学的庸俗政治经济学的实质，作了出色的分析。

在写作《剩余价值理论》的过程中，如上所述，马克思的分析远远超过了原先的设想。在 1861—1863 年手稿的最后几本笔记中，对十七世纪和十八世纪的经济学家作了许多补充概述和短记，自然它们成了第一册的附录，形成起初写的正文的补充。在第一册的附录中，马克思对生产劳动和非生产劳动（载于 1861—1863 年，手稿的第二十一笔记本）进行了理论研究，它是对历史批判章《关于生产劳动和非生产劳动的理论》的最重要补充。

手稿的正文按照马克思笔记本的连贯性编排。只在作者指出必须移动的那些场合，才作了个别的移动。正文是按照马克思在手稿目录上的意见和手稿中的注分章的。马克思原有的全部标题都被采用，所缺的标题则由编者根据手稿的正文加上，并尽量使用作者自己的术语和说法。

对于马克思阐明手稿结构的指示和评注，这里撇开考茨基关于这部著作似乎杂乱无章的说法，均予采纳，使整个著作具有严整性。

在准备新版时，既要使《剩余价值理论》的译文最准确，又要便于读者阅读，完成这一任务有不少困难。问题在于，手稿正文的许多地方在文字上没有写完全。马克思的意思时常以极为简要的形式表达。这就要求做许多工作，因为应忠实地表达手稿的原意，而又不加进随便变更原意的话。虽然手稿的大部分是用德文写的，但是马克思经常使用英文和法文的说法，而有时直接转用英文和法文。在俄译文中所有这些都应“统一”。

在手稿的翻译工作中，弄清并修改了各种笔误和数字统计、引文等中的不确切之处，核对了事实材料，使术语更加准确。新版《剩余价值理论》的三册均附科学参考资料，其中有注释、引用和提到的著作索引、人名索引。

在新版序言中，阐述了关于马克思写作《剩余价值理论》的经过、这一著作的结构及其基本思想，以及它的发表所依据的原则等情况。

（原载苏联《共产党人》杂志1961年第8期）

（晓鸣 译）

关于《剩余价值理论》的起点问题*

李善明　杨致恒

《资本论》共有四卷，第一、二、三卷是《资本论》的理论部分，它的任务是要揭示资本主义这一社会形态的经济运动规律；至于第四卷，又名《剩余价值理论》，是《资本论》的历史部分，或“历史批判部分”、“历史文献部分”，其任务是批判性地考察资产阶级政治经济学产生和发展的历史。所以《资本论》虽然是一个完整的艺术整体，却明显地分为两大部分，当然这两部分是紧密联系在一起的，不可分割的。

关于《资本论》（实际上是它的前三卷，即“理论部分”）的起点问题，学术界已经讨论了很长时间，这里姑且不去谈论它；但能否比照《资本论》前三卷的起点问题，简单地认为《剩余价值理论》即《资本论》第四卷的起点，就是马克思开篇的那个詹·斯图亚特爵士，并进而肯定政治经济学史的起点就是重商主义呢？我们的答复是否定的。《剩余价值理论》完全是一部草稿，它既没有经过作者马克思本人的修改和编纂，也没有经过恩格斯的整理和加工。它的写作情况和出版情况较之《资本论》前三卷似乎要复杂一些。如果不了解这部手稿的历史价况，仅从形式上去看问题，是无济于事的，离科学真理相去甚远。

第一，《剩余价值理论》的起点应当与《资本论》理论部分的起点

* 本文选自《马列主义研究资料》1987年第3辑。

相区别。

《资本论》的考察对象是资本主义社会。正如分析一个有机体必须从它的细胞开始一样，分析资本主义社会这一经济有机体，也必须从它的经济细胞开始。那么资本主义社会的经济细胞是什么呢？马克思认为，这个经济细胞就是商品，因为："资本主义生产方式占统治地位的社会的财富，表现为'庞大的商品堆积'，单个的商品表现为这种财富的元素形式。"① 所以要弄清《资本论》的研究起点，就必须首先弄清作为资本主义社会的经济细胞是什么。而《剩余价值理论》则不是这样。它是一部历史著作，确切些说是一部关于理论发展的历史著作，即理论史著作。历史有如一条长河或所谓历史长河。既然是一条河，那么它的起点是不难找到的，但必须弄清这条河的情况。同样，要弄清《剩余价值理论》的起点，就必须首先弄清这部理论史的情况，它究竟是一部什么样的理论史？是一部狭义的剩余价值理论发展的历史呢？还是一部狭义的政治经济学理论发展的历史呢？只有弄清这个问题，才谈得上找准《剩余价值理论》这部著作的起点。

第二，《剩余价值理论》不是一部狭义的剩余价值理论史，而是一部政治经济学史。

为什么这样说，主要的根据和理由如下：

一、不错，马克思最初写作《剩余价值理论》时，是把它作为第三章"资本一般"的"历史附论"来写的，即把它作为狭义的剩余价值理论史来写的；但是随后不久，他便改变了主意，把《剩余价值理论》作为政治经济学史来写作了，即大大地扩充了该书的范围。

大家阅读现行《剩余价值理论》② 第一册就可以发现，这里讨论的

---

① 《马克思恩格斯全集》第1版第23卷第47页。

② 现收入《马克思恩格斯全集》第1版第26卷，共3册。

剩余价值理论史属于狭义的剩余价值理论史，即仅仅限于讨论剩余价值的起源、本质及其生产问题，无论是对詹·斯图亚特或者弗·魁奈、亚·斯密等人的分析都是这样。第六章讨论魁奈的《经济表》即再生产理论，由于它属于剩余价值的实现或流通问题，而不属于剩余价值的生产问题，因而仅仅是作为“插入部分”被放在这里。但是从第二册开始，情况就不同了。这里讨论的范围已经大大地扩大了，已不限于讨论狭义的剩余价值理论史，而是已经扩大为政治经济学史了。所以对李嘉图的分析是就他的著名代表作《政治经济学及赋税原理》进行逐章逐节的研究和评论。因此这里就不仅仅是涉及到剩余价值的起源、本质和生产等问题，而是要广泛、全面得多，接触到了政治经济学的一系列问题，例如资本理论、平均利润和生产价格理论、积累理论、危机理论，等等；这些都远远超出了狭义剩余价值的界限，而属于剩余价值的流通和分配等问题，乃至这个范围以外的问题。至于第三册，讨论资产阶级古典政治经济学的被庸俗化以及一些空想社会主义者的观点，也都大大地超出了狭义剩余价值理论史的范围。对后期古典经济学的代表者的考察和剖析，也是这样。从人物著作出发，进行全面的分析和论述，它所触及的必然是整个政治经济学。这就证明这时的《剩余价值理论》绝不是一部狭义的剩余价值理论史，而是一部政治经济学史。

还有一个更有趣的问题，即马克思后来分别在第二十本、二十二本和二十三本笔记中写下了与前后文都没有什么联系的关于威·配第、约·洛克、达·诺思、约·马西和大·休谟等古典经济学家的评论，分析、研究了他们的经济学著作。这个事实也有力地说明，马克思这时所写作的《剩余价值理论》是一部政治经济学史。按照有些人的说法，配第等人是没有剩余价值理论的，既然如此，为什么又要把配第和他之后的那几个古典经济学家写进《剩余价值理论》之中呢？事实上，配第等人既有剩余价值理论，也有其他更丰富、更广泛的经济思想。所有这些思想都写进了《剩余价值理论》。这就证明《剩余价值理论》已经不是一部狭义的剩余价值理论史，而是政治经济学史了。

总之，马克思大致从《剩余价值理论》第二册开始，改变他原来的写作方式和扩大写作范围等等，都深刻地说明马克思所写作的《剩余价值理论》是一部政治经济学史。

二、马克思明确指出，《剩余价值理论》的任务是考察并弄清“17世纪中叶以来的政治经济学史”，这无可辩驳地证明《剩余价值理论》的确是一部政治经济学史。

马克思在《资本论》第一卷出版前夕的1867年4月30日给德国和美国工人运动活动家、社会主义者齐·迈耶尔的信中写道：“我希望全部著作能够在明年这个时候出版。**第二卷**是理论部分的续篇和结尾，**第三卷是17世纪中叶以来的政治经济学理论史。**”① 这里说的第二卷是指现行《资本论》的第二卷和第三卷；第三卷则是指现行《资本论》第四卷，即《剩余价值理论》。可见这里再清楚不过地说明了作为《资本论》第四卷的《剩余价值理论》确实是一部政治经济学史。

另外，马克思还多次把《剩余价值理论》作为“历史部分”或“历史文献部分”、“历史批判部分”，而与作为“理论部分”的《资本论》前几卷相对应，并认为《剩余价值理论》只不过是把前三卷中已经解决了的理论问题“以历史的形式重述一遍”②。他还告诉别人说：他写作《资本论》的顺序同实际顺序是颠倒的，即先写最后一卷历史部分，后写前三卷理论部分。他同时强调《剩余价值理论》要作为《资本论》的最后一卷单独出版。在马克思逝世以后，恩格斯继承亡友的遗志，也坚持顺序出版《剩余价值理论》。从马克思的谈话中，从他

① 《马克思恩格斯全集》第1版第31卷第544页。

② 《马克思恩格斯全集》第1版第31卷第135页。

始终把《剩余价值理论》作为《资本论》的“历史部分”而与作为“理论部分”的前三卷的对应中，从恩格斯的主张和做法中，我们也可以看出《剩余价值理论》是一部政治经济学史。因为作为“理论部分”的前三卷，显然是一部政治经济学或政治经济学原理。因此与之相对应的，只是历史地重述前三卷的理论问题，只是“历史部分”，只能是一部政治经济学史。

既然《剩余价值理论》是一部政治经济学史，而不是一部狭义的剩余价值理论史，为什么马克思仍然把它叫做《剩余价值理论》呢？我们认为，一方面的原因可能是由于马克思还来不及更改书名。因为他还没有加工整理书稿，还没有准备立即出版这部著作，所以更改书名问题还没有提上议事日程。另一方面的原因则是可以不更改书名。因为从广义上理解的剩余价值理论史，实际上就等于或近似于政治经济学史。广义剩余价值理论，不仅包括剩余价值的起源和本质问题，而且囊括了剩余价值的生产或创造问题，流通或实现问题，分配或转化问题，甚至还应当涉及与剩余价值相关的一些问题，诸如劳动价值理论问题，资本理论问题，工资理论问题，等等。内涵如此广泛的广义剩余价值理论史，不就是政治经济学史吗？所以，《剩余价值理论》虽然是一部政治经济学史，但是仍然把它叫做《剩余价值理论》或仍然用这个书名称呼它，也是无可厚非的，不是不可以的。当然，这里需要说明一点，即万万不能把《剩余价值理论》理解或了解为狭义的剩余价值理论史。

第三，《剩余价值理论》的起点不应当是詹·斯图亚特，而应当是也必须是威·配第。

既然《剩余价值理论》不是一部狭义的剩余价值理论史，而是一部广义的剩余价值理论史，或政治经济学史，那么它的起点就不能是斯图亚特，而应当是配第。特别是马克思已经明确说明，他的《剩余价值理论》是一部“17世纪中叶以来的政治经济学理论史”，这就已经十分明确地把这部著作的起点确定为配第了。因为所谓17世纪中叶以来的政治经济学史，就是指以配第在1662年出版的《赋税论》为起点的政治经济学史。如果说无产阶级政治经济学的开篇或最早的文献是恩格斯于1844年初写成的《政治经济学批判大纲》的话，那么，资产阶级政治经济学的开篇或最早的文献就是配第于1662年写成并出版的《赋税论》。所以《剩余价值理论》的起点只能是也必须是配第。马克思既然已经指明了这部政治经济学史的时间起点，他也就是同时指明了它的人物和著作起点。

马克思后来补写了关于配第等人的评论，就是进一步地证明《剩余价值理论》的起点是配第及其在1662年出版的《赋税论》，因为马克思在他的评论中就是从考察和分析配第的《赋税论》开始的。马克思所写的关于配第等人的评论，如果不作为起点放在《剩余价值理论》的开头，又应当放在什么地方呢？难道说硬要像苏联编者那样，把它作为附录放在第一册的末尾才是正确的吗？这样做有什么根据呢？为什么必须是这样的摆法呢？除此之外，还有什么第三种甚至第四种摆法呢？理由和根据又是什么呢？据我们看来，所有其他的任何摆法包括苏联编者的摆法在内，都是不正确的，没有根据的，只有把它摆在《剩余价值理论》的开头才是唯一正确的。马克思之所以补写这个评论，其用意就是要把它放在开头，作为《剩余价值理论》这部政治经济学史的起点和开端，因为这部政治经济学史是从17世纪中叶开始的。

我们再看看马克思关于政治经济学开端的一些论述吧。马克思曾经指出，“真正的现代经济科学，只是当理论研究从流通过程移向生产过程的时候才开始”[①]。而我们知道配第正是这样做的第一个人，因此政治经济学史的起点理应从他开始。当然，在历史上，马克思也曾指出过

① 《马克思恩格斯全集》第1版第25卷第376页。

重农主义及其创始人魁奈曾把剩余价值起源的研究从流通领域移向生产领域；但是魁奈比配第的时代要晚，他大约是在配第的《赋税论》出版之后一个世纪才开展他的经济研究活动的。所以作为一部世界范围的政治经济学史的《剩余价值理论》的起点也不能是魁奈，而只能是配第。

马克思在《1857—1858 年经济学手稿》首篇《巴师夏和凯里》的一开头就写道："现代政治经济学的历史是以李嘉图和西斯蒙第……结束的，正像它在 17 世纪末是以配第和布阿吉尔贝尔开始的。"① 后来在 1859 年出版的《政治经济学批判》中马克思又讲了类似的话："古典政治经济学在英国从威廉·配第开始，到李嘉图结束，在法国从布阿吉尔贝尔开始，到西斯蒙第结束。"② 马克思反复讲这样的话，表明他这个思想是经过深思熟虑的，是完全成熟的见解。这两段话至少说明以下三层意思：（一）"现代政治经济学"就是"古典政治经济学"，二而一也。（二）现代政治经济学或古典政治经济学是从配第和布阿吉尔贝尔开始的。（三）现代政治经济学或古典政治经济学开始的时间是 17 世纪末。这里也清楚地说明，现代政治经济学的起点是配第。当然这里也说到布阿吉尔贝尔，但是他的时代也较配第为晚，因而这个起点还是应当算在配第身上。

这里有一个问题，即在时间上略有出入：一是讲"17 世纪中叶以来"，一是讲"17 世纪末"。但这点只是形式上有一点不同，而且十分微小。马克思曾经认为配第完全克服了重商主义的比较成熟的晚期著作是《货币略论》，而这本书却是 1682 年写成、1695 年出版的。马克思是否认为这本书才是现代政治经济学的真正开始呢？因为配第以前的著

① 《马克思恩格斯全集》第 1 版第 46 卷上册第 3 页。

② 《马克思恩格斯全集》第 1 版第 13 卷第 41 页。

作都还带有重商主义的痕迹。可能正是基于这样的认识，他才把“17世纪末”作为开端。另外，布阿吉尔贝尔的主要著作如《法兰西详情》，也是在17世纪末期才出版的。这一情况是否也造成马克思把“17世纪末”定为现代政治经济学的时间起点呢？“17世纪末”这是马克思在50年代末期讲的话，时间比较早，到了后来即60年代末期，马克思改用了“17世纪中叶以来”的说法。看来这个说法较好，较准确，它既未否定前一说法，也更加符合实际。但是不管怎么说，马克思始终如一地把配第作为现代政治经济学的起点，这是毫无疑义的。

至于斯图亚特呢？他是否可以成为《剩余价值理论》从而政治经济学史的起点呢？显然是不可能的。因为他是配第和斯密之间的许多历史人物和经济学家当中的一个，他生于1712年，死于1780年，主要著作《政治经济学原理研究》出版于1767年，整个活动根本就同17世纪无缘、不沾边；这样一个人怎么可以成为“17世纪末”或“17世纪中叶以来”的政治经济学史的开端或起点呢？如果把斯图亚特作为起点，其根据和理由是什么呢？又怎样同马克思的说明相符合呢？这一切都是必须加以认真的研究并作出正确的科学解答的。

有人反对把配第作为《剩余价值理论》的起点，理由是他“没有创立剩余价值理论”，或者说他“没有完全弄清楚剩余价值理论的性质”，“根本没有工业利润这个范畴”。按照这种理论，没有任何一个资产阶级经济学家，包括斯图亚特在内，可以成为资产阶级政治经济学史的起点，因为在马克思之前没有任何一个资产阶级经济学家创立了剩余价值理论，其中当然也包括斯图亚特本人，他们甚至没有提出剩余价值这个范畴。配第既不能作为起点，斯图亚特当然也不能成为起点。再说，配第当然没有完全弄清剩余价值的性质，难道说斯图亚特就弄清了吗？他也“丝毫没有触及剩余价值本身的性质和起源问题”[①]。还有，配第确实没有工业利润这个范畴，难道说只有讲工业利润这个范畴的经济学家才算有剩余价值理论吗？照此说来，那么魁奈及其重农学派也应当说没有剩余价值理论，但马克思讲他们的“纯产品”学说就是剩余价值学说。同样，配第的地租学说也是他的剩余价值学说。既然是讲广义的剩余价值理论史或政治经济学史，怎么能以有无工业利润这个范畴作为划分有无剩余价值理论的标准呢？这样讲究竟有什么根据呢？总之，按照他们的逻辑，配第固然是不能作为政治经济学史的起点了，但斯图亚特同样也不能成为这样的起点。

第四，詹·斯图亚特不是重商主义者，而是古典经济学家。

有人所以坚持把斯图亚特作为《剩余价值理论》的起点，目的是要说明政治经济学或资产阶级政治经济学应当从重商主义开始，他们承认《剩余价值理论》是一部政治经济学史或资产阶级政治经济学史；同时肯定斯图亚特是个重商主义者。因此，《剩余价值理论》从斯图亚特开始，也就是政治经济学史或资产阶级政治经济学史从重商主义开始。他们认为：“重商主义→重农主义→亚·斯密→李嘉图→古典学派的解体、庸俗政治经济学的产生”，是“政治经济学发展的‘历史路标’”、“资产阶级经济思想演变的历史进程”，所以他们一定要用斯图亚特来代表重商主义出场，以维护其既有的然而也是假定的结论。

我们首先需要说明斯图亚特究竟是不是一个重商主义者？不错，苏联学术界一直把斯图亚特看做重商主义者或晚期重商主义者。这个观点也长时期影响着我国学术界，包括我们在内，都曾在一段时间内把斯图亚特看做重商主义者。但近年来已有同志提出异议，并用有力的论据说明斯图亚特并不是重商主义者，而是一位古典经济学家。例如吴易风教

① 《马克思恩格斯全集》第1版第26卷第1册第12页。

授，他在《古典学派正名》[①] 一文中已经作了说明。我们完全赞同他的观点，这里只是想补充和强调以下三点：（一）马克思曾经明确指出过斯图亚特是属于古典政治经济学的，并把他同斯密、李嘉图等古典经济学家并列在一起；[②] 却从来没有讲过斯图亚特是个重商主义者。他只说过他是“货币主义和重商主义体系的**合理的**表达者”[③]。但这是有特定意义的，是指在利润的起源问题上斯图亚特合理地表达了重商主义者的观点。难道在某个问题或某个方面表达了重商主义的观点就是一个重商主义者吗？事实上，马克思已经明确指出过斯图亚特不是一个重商主义者。因为他曾说斯图亚特是带有“重商主义的残余”[④] 的经济学家。既然只是带有重商主义的残余或痕迹，怎么可能是一个重商主义者呢？马克思还说过斯图亚特“科学地复制了”重商主义关于相对利润的“狭隘看法”[⑤]。如果说斯图亚特是个重商主义者，怎么会讲“复制”这个词呢？自己“复制”自己的思想吗？事实上，这里所谓“科学地复制”，就是前面所说的“合理的表达”，就是不同意重商主义的幻想：单个资本家所获得的“让渡利润”是“新财富的创造”。正因为如此，马克思才使用“科学”和“合理”两个词来修饰“复制”和“表述”。所以不能用上一句话来证明斯图亚特是重商主义者。（二）斯图亚特的经济思想比之重商主义要广泛得多，除“让渡利润”论而外，其他的政治经济学观点并非都属于重商主义，相反，它们应当归属在古典政治经济学的范畴之内。例如他知道在资本主义社会中，“国民财富是随着

① 《马克思主义来源研究论丛》1984 年商务印书馆版第 5 辑第 305 页。

② 《马克思恩格斯全集》第 1 版第 46 卷下册第 479 页。

③ 《马克思恩格斯全集》第 1 版第 26 卷第 1 册第 13 页。

④ 《马克思恩格斯全集》第 1 版第 13 卷第 155 页。

⑤ 参看《马克思恩格斯全集》第 1 版第 26 卷第 1 册第 11 页。

劳动的增加而增加的"[①]；认为"**实在价值**决定于劳动时间"[②]，并且已经把"表现在交换价值中的特殊社会劳动和获得使用价值的实在劳动"区分开来。[③] 可见这里已经涉及到古典经济学的劳动创造财富、劳动创造价值的理论，根本就不能归结为重商主义观点。正因为如此，以致斯密也"只是把斯图亚特的研究成果当做死的事实记录下来"，"偷偷地采用了斯图亚特的理论"。[④] 一个重商主义者的思想能对斯密产生这样大的影响吗?!（三）即使是关于利润的观点也和重商主义不完全相同。除了有重商主义的"相对利润"观点，他还提出了"绝对利润"问题，并认为这种利润是"劳动、勤勉或技能的增进产生的"，只有这种利润才能促进"社会财富的扩大或增加"[⑤]。这种观点显然也不属于重商主义，从一定的意义上讲，它还应当归属于古典政治经济学。即使是"相对利润"，马克思说斯图亚特也已经"抛弃了"货币主义和重商主义体系的某种看法或观点，即和重商主义不完全相同。[⑥] 他承认"让渡利润"或"相对利润"的存在，这是和重商主义相同的；但他同时认为"让渡利润"不是新财富的创造，这同重商主义却已经是大相径庭了。

至于说资产阶级政治经济学史一定要从重商主义开始，那也是没有根据的。马克思究竟在什么时间、什么地方讲过这样的话？没有，绝对没有。相反，他却多次说明现代政治经济学应当从配第和布阿吉尔贝尔开始，而时间则是 17 世纪末或 17 世纪中叶。马克思不仅是这样说的，

---

① 《马克思恩格斯全集》第 1 版第 11 卷第 601 页。

② 《马克思恩格斯全集》第 1 版第 13 卷第 48、158 页。

③ 《马克思恩格斯全集》第 1 版第 13 卷第 48、158 页。

④ 《马克思恩格斯全集》第 1 版第 13 卷第 48、158 页。

⑤ 《马克思恩格斯全集》第 1 版第 26 卷第 1 册第 11 页。

⑥ 《马克思恩格斯全集》第 1 版第 26 卷第 1 册第 13 页。

也是这样做的。例如他在《政治经济学批判》中写作“历史附论”、讲述政治经济学理论史时，总是先分析配第，分析布阿吉尔贝尔，以后才分析斯图亚特；并没有把斯图亚特放在前面，更没有把英、法两国的早、晚重商主义典型代表如安·德·孟克列钦、让·巴·柯尔培尔、约·海尔斯、托·孟等人提出来予以考察。这些都说明马克思从来没有把重商主义作为政治经济学史的起点。而坚持这样做的人实际上只是资产阶级经济学家和他们的著作，他们才把政治经济学的历史路标画成是从重商主义到重农主义，到斯密、李嘉图等等。马克思究竟在哪一本著作中划定过这样的历史路标呢?！他讲的是在英国从配第开始，在法国从布阿吉尔贝尔开始，却从没说过要从重商主义或其某个代表开始。不能把资产阶级经济学家乃至庸俗经济学家的观点强加在马克思的头上，并用以吓唬别人。在马克思的著作中，“现代经济学”或“现代经济科学”同重商主义的界限是很分明的，他从根本上就不曾把重商主义或货币主义包括在“现代经济学”或“现代经济科学”之内。例如他曾说：现代经济学“竟不时一再地回到重商主义体系的偏见上去”①，现代经济学家“自以为比重商主义高明”②，现代政治经济学“嘲笑”货币主义或重商主义③，等等。如果说马克思是把货币主义或重商主义包括在现代经济学之内，那么它们的关系就应当是部分和整体的关系。可是我们在这里看到的却是平列或对等的关系，丝毫不存在包容的关系。

退一万步说，即使我们承认斯图亚特是一个重商主义者，政治经济学史也是从重商主义开始的，那也还有一个问题不能自圆其说：马克思为什么不从16世纪英国和法国的早、晚重商主义的典型代表着手分析，

---

① 《马克思恩格斯全集》第1版第46卷上册第69页。

② 《马克思恩格斯全集》第1版第46卷上册第177页。

③ 《马克思恩格斯全集》第1版第49卷第55、198页。

却要选定一个很晚的 18 世纪的带有“重商主义的残余”的斯图亚特为起点呢？有人说，这是由斯图亚特的经济思想的特点决定的，即“他是位承上启下的过渡人物，既有早期和晚期重商主义思想，又有古典学派的思想”。这里有两个问题：（一）难道说斯图亚特硬是一个“中性人”，没有一个基本属性，既不属于重商主义，也不属于古典学派，而是两种思想兼而有之，各占一半吗？果真如此，那不是同先前把斯图亚特当做重商主义者的看法相矛盾了吗？（二）历史从哪里开始，理论也应当从哪里开始，既然重商主义是所谓政治经济学史上的第一个“历史路标”，怎么可以选定一个已经具有很多古典学派思想的、很不完全的重商主义者，甚至无法确定其究竟属于重商主义还是属于古典学派的人作为代表呢？这样一个人能够代表重商主义这样一个表现了一个时代特征的学派吗？问题还没有开始，怎么就大讲过渡呢?！政治经济学史是从过渡时期开始的吗?！

事实上，正如马克思所说，斯图亚特是一个带有“重商主义的残余”的古典经济学家，就是说他和斯密、李嘉图等人一样，属于英国古典政治经济学家之列，但是还残留着或表述了重商主义的某些思想观点。这在英国说来是并不奇怪的，完全可以理解的。因为英国和法国不同，英国的古典学派不是像法国那样作为重商主义的直接对立面出现的，而是由重商主义逐步过渡来的，因而英国的古典经济学家如配第等人，往往都带有重商主义的某些思想观点，残留着重商主义的痕迹。不仅如此，马克思曾经援引英国古典经济学的另一个代表约翰·巴顿的话，认为：“16 世纪最后三十多年和 17 世纪曾推动重商主义体系的那个现象（按指美洲矿山生产率增长，贵金属大量流入欧洲。——引者注），在 18 世纪下半叶重新出现了。”① 因此在英国经济学界就出现了

① 参看《马克思恩格斯全集》第 1 版第 26 卷第 1 册第 145 页。

一个奇特的情况：现代经济学竟不时地、一再地回到重商主义体系的偏见上面，包括像斯密这样一个英国古典经济学的杰出代表也不例外，他居然也“或多或少地回到”重商学派的某些观点上去。① 斯图亚特的主要活动及其著作的出版正是在这一时期，难道他不会受到影响吗?! 另外，学术观点往往是互相影响、互相渗透的，包括被压迫阶级对于压迫阶级的思想，反对者对于被反对者的思想，都可能受到影响。例如重农主义是直接反对重商主义的，然而它有时也曾受到重商主义的影响。例如马克思就曾指出：“在重农学派的著作中，工业利润被看成‘让渡利润’（即按重商主义来解释）。”② 这就是说公开反对重商主义的重农主义者，也曾从重商主义的前提出发作出重商主义的结论。

马克思最初写作《剩余价值理论》为什么要从斯图亚特开始呢?我们认为这很简单，就是马克思开始是把《剩余价值理论》作为狭义的剩余价值理论史，作为《资本一般》一章的“历史附论”来写的。但是资产阶级政治经济学并没有真正的剩余价值理论，甚至没有剩余价值这个概念或范畴，有的只是关于剩余价值的具体形式的理论，而这首先就涉及作为剩余价值一级转化或第一个转化形式的利润问题。利润这个范畴虽然是由马西和休谟大致在同一时期提出来的，然而他们两人都只是说到利润与利息的关系问题等，而没有讨论利润的起源问题，对于利润的本性，他们“什么都不知道，什么也没有说到”③。而最先涉及利润源泉问题（虽然没有接触到问题的实质）的古典经济学家应当说就是斯图亚特。这就是马克思最初写作《剩余价值理论》时从斯图亚特开始的重要原因。然而以后的情况有了很大的变化，马克思已经把

---

① 《马克思恩格斯全集》第1版第26卷第1册第167页。

② 《马克思恩格斯全集》第1版第26卷第1册第412页。

③ 《马克思恩格斯全集》第1版第20卷第262页。

《剩余价值理论》的范围大大加以扩充，已经把它作为政治经济学史来写了，因而也就把起点改变了。从整部《剩余价值理论》来讲，斯图亚特不是起点。

这里还要附带指出，有人所采用的论证方法及其所谓论据，都是轻率的，非科学的。他们首先把“斯图亚特是个重商主义者”作为既定前提，并进而断言《剩余价值理论》从斯图亚特开始，就是政治经济学史从重商主义开始。这里不消说前提是错误的，简单地把《剩余价值理论》等同于政治经济学史也是缺乏分析的，至于认为手稿从斯图亚特开始就是从重商主义开始，更是混淆逻辑概念的不实之词。

他们也“论证”了政治经济学史为什么必须从斯图亚特开始，为什么把此人作为起点，并且提出了四条所谓根据。这几条根据中除了第二条认为《剩余价值理论》最初从考察斯图亚特开始乃是一个事实外，其余三条都是不正确的。例如第二条说配第没有创立剩余价值理论因而不能成为政治经济学史的起点。实在奇怪，难道说配第不能成为起点，这个起点就一定是斯图亚特吗？第三条说，斯图亚特是一个既有重商主义思想，又有古典学派思想的过渡人物。难道说因为斯图亚特是这样一个过渡人物，他就一定是政治经济学史的起点吗?！谁说过政治经济史的起点必须是一个过渡人物呢?！第四条说资产阶级经济学家包括庸俗经济学家考察政治经济学史时都是从重商主义开始的，都是从重商主义到重农主义，到斯密等等。难道说资产阶级经济学家所树立起的所谓“历史路标”，马克思就一定要恪守，一定要把它继承下来吗?！用这些似是而非的所谓论据证明马克思所创立的科学政治经济学史必须从重商主义开始，必须以斯图亚特为起点，实在是令人不敢苟同。就是第一条虽说是一个事实，也是不能作为论据的。他们只知其一，不知其二，不了解《剩余价值理论》的写作过程和马克思思想的变化情况，因而把许多问题混淆在一起了。

第五，卡尔·考茨基编辑出版《剩余价值学说史》的功过得失，应当进行科学地评价。

这里我们不打算作全面的评价，只是指出需要重新评价的一些理由和原因。

我们认为，考茨基编辑、出版的《剩余价值学说史》虽然有不少缺点，但其历史功绩是不可抹杀的，不能采取全盘否定的态度。过去我国学术界包括我们在内，因受苏联影响而对考茨基曾有过不公正的指责，今天是应当改正的。

过去指责考茨基的一个问题，是说他违背马克思、恩格斯的遗愿，错误地认为《剩余价值学说史》“不能算是《资本论》的第四卷，不能算是前三卷的续篇……成了前三卷并行的著作”①；因而没有把《剩余价值理论》作为《资本论》第四卷出版，而是把它作为一部与《资本论》相独立的著作单独出版。这个批评就事实方面而论当然是没有错误的，考茨基的说法和做法就其结果来说的确是不对的。但历史的事实是，考茨基那样讲、那样做完全是违心的，被迫的，也是情有可原的。从根本上讲，考茨基也和马克思、恩格斯一样认为，《剩余价值理论》是《资本论》的第四卷，是《资本论》这个艺术整体的不可分割的有机组成部分，因而也准备用《资本论》第四卷的名义来出版它。但是客观的情况不容许他这样做。当时如果以《资本论》第四卷出版，那么它就必须交给迈斯纳出版社出版，因为马克思生前曾同该出版社签订有合同，规定整个《资本论》的各卷都应当交给迈斯纳出版社刊行；并且这个出版社也根据上述合同，坚持版权，不肯让步。可是当时党的出版社即狄茨出版社也已经成立，它理所当然地应当出版马克思和恩格斯的所有著作，并以此来扩大出版社和党的影响。所以为了让党的出版

① 《剩余价值学说史》1957年三联书店版第1卷编者序第4页。

社出版这部著作，并避免与迈斯纳出版社的争执和诉诸法律，马克思的遗著继承人爱琳娜同狄茨出版社的负责人狄茨以及考茨基共同商定，将手稿交给狄茨出版社印行，并寻找一个使迈斯纳出版社不能坚持版权的口实。1902 年 7 月 29 日，狄茨在给考茨基的信中说："不准确了解与迈斯纳的合同，也许不能在'《资本论》第四卷'的标题下出版这本书。不过，要为这一卷寻找合适的借口也并不太难。"1904 年 3 月，狄茨再次写信给考茨基说："迈斯纳和马克思之间的合同内容如何？这要看回答是否能选择《资本论》第四卷的标题……或者试试把整个著作由迈斯纳那里争取过来……或者从一开始就放弃这种打算，把这一本著作不作为《资本论》的续篇出版，而是单独出版……"① 看来，为了使党的出版社能够出版马克思这部伟大著作，狄茨提出了不用《资本论》第四卷的名义，而是作为一部独立著作单独出版的意见，考茨基最后同意了这种做法。可见，即使这种做法是完全错误的，也不能全都归罪于考茨基，何况他完全是从维护党的利益出发的。同时我们更应该看到，考茨基和狄茨由于采取了这种变通的策略，终于使党出版了马克思的伟大著作，因而使它对无产阶级的革命事业发挥了巨大的作用。所以该书出版后广泛受到了欢迎，包括列宁在内，许多马克思主义者都曾高度赞扬和称颂这部著作，并多次提到和引用它。所以考茨基编的《剩余价值学说史》的历史作用是巨大的，其功绩是应当充分肯定的。

过去指责考茨基的还有一个重要问题，即他打乱了马克思手稿的原有顺序，因而破坏了手稿的原有结构。我们认为对于这种批评应当进行具体的分析，不能简单地予以肯定或否定。当然，《剩余价值理论》的手稿究竟应当如何编排？现行几种版本究竟何优、何劣？这些都是可以

① 参看桑德尔：《〈剩余价值理论〉第一版（考茨基编）出版史》，载于民主德国《经济科学》杂志 1975 年第 7 期。

讨论并进一步研究的。但是如果说苏联版的《剩余价值理论》就是正确的甚至完全正确的、绝对地好，而考茨基版却是错误的或根本错误的，绝对地坏，则是不科学的。我们认为考茨基编的《剩余价值学说史》也有它的长处和特点。考茨基不是毫无根据地、毫无原则地随意颠倒马克思手稿的次序。这里我们也不打算全面剖析考茨基版的编排和原则，只想提出与本题有关的一个问题来进行初步的探讨。

关于配第等人，考茨基把他们作为重农主义派的先驱排在最前面。我们认为，撇开先驱论不说，他把配第作为《剩余价值学说史》的起点是很有道理的。因为马克思曾经反复说明过，他的《剩余价值理论》是《资本论》的历史部分，其任务是考察17世纪中叶以来的政治经济学史，将来要编为《资本论》最后一卷出版的也是这样一部理论史。他还一再声称，现代经济学是从配第开始的。所以如果马克思生前能亲自编辑、出版这一卷书，他也会把配第的材料摆在最前面，作为《剩余价值理论》这部政治经济学史的起点的。如果仍然把斯图亚特摆在前面，又怎能同他的说明相吻合呢?！所以考茨基的做法是体现了马克思的意图和观点的，是遵循了马克思的指示和教导的，因而不能简单地斥之为颠倒了马克思手稿的原有顺序，不能一味地责备他破坏了马克思手稿的原有结构。当然，苏联版的《剩余价值理论》按照马克思手稿的原有写作顺序编排（其实它也没有完全做到，有的地方也颠倒了次序），也未尝不是一种方式，它让读者看到了手稿的原有面貌，为研究者提供了素材，是有可取之处的。但是，如果认为只有这种编排方法才是唯一正确的，绝对不能更改的，那就未免失之偏颇了。如果再以此作为标准来斥责其他的任何一种编排方法，那就更是错上加错了。既然如此，考茨基版的这种编排方法也是应当给予肯定的，认为它没有遵循政治经济学发展的“历史路标”是错误的。

关于卡尔·马克思的《摘录笔记》*

〔德〕沃·福克

1867 年，马克思把《资本论》第一卷献给工人阶级，从而为工人阶级提供了一个强有力的思想武器。然而当时恐怕没有人知道，撰写这样一部著作竟不得不从事多么艰巨的研究工作。就目前所知，马克思从 1843 年开始研究经济学起到完成 1861—1863 年手稿为止的这段时期内围绕政治经济学问题总共写了不下六十本札记。不分析马克思的这些札记就不可能对马克思的经济学作出全面的研究。

在《马克思恩格斯全集》国际版中，除《资本论》及其手稿编为一个独立的部分（第二部分）外，马克思的札记、摘要、笔记、批注以及打上着重号的摘录都发表在另一部分（第四部分）中。把这一部分所收入的材料作一总的考察，可使人们便于了解马克思和恩格斯创造性的科学研究方法。札记中包括大量批判性评论、批注和说明。对这些材料进行整理和取舍，就可以认识马克思和恩格斯研究有关问题的立足点。只要把这一部分所收入的材料同马克思和恩格斯就同类问题所写的手稿和完成的著作作一比较，我们就能够探索到一系列重要思想的形成和发展过程。

马克思打算考察政治经济学史，他为此必须研究大量的文献资料。从四十年代中期到末期这段时间里，他在巴黎、曼彻斯特和布鲁塞尔写

* 本文选自《马列主义研究资料》1982 年第 4 辑。

下了约三十本关于政治经济学的札记。马克思迁居伦敦之后，从1850年秋天到1853年夏天，又继续写了二十四本札记。此外，马克思还写了几本单独的重要笔记。例如，其中有一本内容非常丰富的笔记：《完成的货币体系》；还有一本笔记包括关于《货币制度。信用事业。危机》的提要；另一本笔记写于1854年，是一本包括有经济学词汇在内的《索引》。这后一本笔记显然是再次通读1850—1853年的笔记本的成果，其中主要包含许多有关货币问题的提示。1857年写成的有关危机问题的三个笔记本，写满了从报纸、杂志以及其他有关发达资本主义国家（英、法、美）的经济形势的报道中搜集来的事实材料。这些材料（即四十年代和五十年代的这批札记），首先在1857—1858年手稿中，也就是人们所熟悉的《政治经济学批判大纲》中，以及在1859年柏林出版的《政治经济学批判（第一册）》中得到了应用。从出版后一部著作到1861年8月开始写作1861—1863年手稿这段时期内，又写成了两个笔记，这些笔记只是部分地说具有摘录的性质。

上述两个笔记之一是附有《摘录笔记索引》的《摘录笔记》，另一个是1857—1858年手稿第七本中内容丰富的摘录部分。这两个笔记对于1861—1863年手稿具有特别重要的意义。这部由二十三个笔记本组成的手稿，是《资本论》的第二稿，虽然还很粗糙，还没有完成。已经出版的《剩余价值理论》① 是这一稿本中的主要部分。

如果把1861—1863年手稿中的前十个笔记本同马克思的上述这些研究资料作一比较，就不难得出几个令人感兴趣的观点。

分析一下《摘录笔记》的结构便可知道，马克思是按照一定的想法摘录这些材料的。《摘录笔记》是按照从“资本一般”到“资本的生产过程”、“资本的流通过程”以及“资本和利润”的要点选摘引文的。

① 《马克思恩格斯全集》第1版第26卷第1—3册。

写这些笔记时马克思显然是这样做的：在各该页的某处标明要点，表示所关心的问题的范围。在某些场合，这些要点是用资产阶级经济学家自己的语言来重述他们的认识水平的。围绕这些问题范围，马克思通读了他自己写成的札记，十分具体地转摘了其中的一些部分，或者简要地记录下相应页的重点。每一要点的开头都用字母表中的字母作出标记，例如："（A）货币转化为资本。货币。商品。"直到比如说，"（Q）总利润率"。另外，补充部分的标记加了"'"号，例如"A'"或"C'"。显然，马克思还没有对这些要点作出一定的整理，所以先后次序还没有整理好，有的有重复。

为了写这本《摘录笔记》，马克思再一次研究了他四十年代的札记本和 1850—1853 年的二十四本笔记，记下了他所感兴趣的有关资产阶级政治经济学发展状况的各点，并且作出评论。马克思最常使用的是 1850—1853 年的第八至十六本笔记。其所以如此，是因为他正是在这几个笔记本中对英国和美国的一系列重要的经济学家的著作作了摘录，尤其是摘录了他们对价值、剩余价值、货币、资本等范畴的观点。

在写《摘录笔记》的同时又产生了另一部分《札记》，即第七本笔记的摘录部分。马克思从这一摘录部分中又节录一部分写在他的《摘录笔记》中，他对前几年的札记本就采用过这种处理方法。他把一些新的页插入有关要点的地方。然后他才整理出《摘录笔记索引》。索引同样以字母顺序排列，与此同时马克思在这里已经拟定出更具体的要点。

如上所述，只要对照一下马克思在 1861—1863 年手稿的前五本中即《资本的生产过程》中所使用的摘录，便可了解马克思最关心的问题。其中主要是索引中的以下几条："（a）资本和雇佣劳动关系的形成"；"（e）资本。（资本的种类）"；"（m）剩余价值和劳动生产率"。马克思关心的是这样一些问题，如：商品问题；关于劳动范畴、劳动生产率的观点；关于剩余劳动、剩余价值、资本、资本的组成部分、货币转化为资本的阐述；关于资本积累、分工、提高劳动生产力和工业中发展技术的问题；所谓资本原始积累，或如马克思在《摘录笔记》中所说的资本的预先积累（原始积累）[①] 问题。他还经常利用以下各点："（c）利润和交换"；"（d）李嘉图的利润和工资理论"。在这里，马克思对工资、剩余劳动、利润和一般利润率等范畴作了更具体的考察。在这方面，马克思深入探讨了马尔萨斯关于"用劳动计量价值"或"利润和工资作为单纯的份额"的观点。他这样阐述固定资本和流动资本的有差异的价值转移问题："再说马尔萨斯的全部笑话大概只来自他不能解释不同比例的固定资本和流动资本如何按照价值的一般规律在它们所生产的商品上生产出不同的价值。上述著作的下边这段话就说明了这一点。"[②] 接着援引了马尔萨斯的著作《价值尺度。说明和例证》（1823年伦敦版）中的一段话。然后，马克思得出结论说："马尔萨斯认为，一个商品的价值由该商品**作为资本实现的价值增殖**来计量，也就是说，由该商品本身包含的劳动加上它所支配的剩余劳动来计量……所以，**作为商品的商品的价值**，正如商品在同其他商品相交换时所表明的那样，决不会大于**商品本身所包含的劳动的量**，不会大于商品所能支配的工资的量。"[③]

我们在《摘录笔记》中还经常可以看到另一种类型的评注。这些评注都涉及到前几年的札记本。例如，马克思在《摘录笔记》第47页上写有关于剩余价值的一段评注："……见同上第十四本札记a、b部分我对**斯密**、**萨伊**和西斯蒙第同李嘉图论战材料所加的评注。"[④] 这个例

---

① 《摘录笔记》第20页。

② 《摘录笔记》第7页。

③ 《摘录笔记》第7页。

④ 指马克思在1851年8—9月在伦敦写的第十四本札记。

子也说明，马克思多么重视他早先收集的材料，并在十年以后仍把这些评注当做十分重要的材料来使用。在写 1862—1863 年手稿的如下几个笔记本，即第六至十笔记本时，马克思差不多还是用的这几页的材料，不过着眼点已经不同。马克思在前五个笔记本中着重阐述他对于资本的生产过程问题的理论观点，此外，他在《剩余价值理论》的头几本笔记中是从“生产劳动和非生产劳动理论”的角度以及从叙述资产阶级政治经济学对这一问题的认识水平的角度来加工各种材料的。

这不过是《摘录笔记》中所提出的少数几个实质性的问题。现在应当在马克思和恩格斯所从事的研究的范围内进行更深入的考察。这首先就要弄清各种联系，揭示各种相互关系，对马克思的研究方法作出越来越完善的说明。

由于马克思只是在少数研究材料（札记本）上注明了日期，所以，证明这些笔记本的产生时间是我们的大量考察工作的对象之一。《摘录笔记》、《摘录笔记索引》以及第七本笔记的摘录部分的情况就是这样。在这方面，第七本笔记的摘录部分又为我们提供了线索。1857—1858 年手稿结束时，第七本笔记还只写了三分之一。后来马克思用于记载资产阶级经济学家的著作、报纸以及杂志的其余二百页摘录，是在《政治经济学批判》手稿[①]付排后不几天开始写的。摘录部分的第 1 页上注明的日期是 1859 年 2 月 28 日。根据当时的报刊，如《泰晤士报》和《旗帜》的记载和摘录，就可以大致确定这两本笔记本的写作日期。第七本笔记的摘录部分开始写于 1859 年 2 月，最迟至 1862 年 9 月完成，因为正是在后一时间，马克思在 1861—1863 年手稿的第十四本笔记中评述了第七本笔记最后一页上对安德森和马尔萨斯的几段摘录。这第十四本笔记是马克思在 1862 年 9 月着手执笔的。

① 《马克思恩格斯全集》第 1 版第 13 卷第 7—177 页。

显然，马克思通读了四十年代和五十年代的札记本以后，发觉手头的材料还必须补进一系列其他作者。他出于科学严密性的考虑，不能也不愿意忽略这些作者。这里值得一提的是，马克思在这个摘录部分又重新摘录了斯密、李嘉图这样一些资产阶级经济学家的著作，而在几年以前他已经对他们的著作作过相当详细的摘录。所以出现这种情况，是因为马克思在四十年代摘引的是这些作者的著作的法文译本，后来在伦敦读的是他们的原著。在读原著的过程中他发现了一些翻译上的错误，而且是实质性的错误，以致马克思当时把这些错误的译文当做例子收进1861—1863年手稿，并且同相应的原文进行对照。他指出，虽然翻译家们（往往是经济学家本身）把这些著作译成了本国语言，但是他们并不是对每一处的内容都了解得很好。我们不妨举一个例子。法国重商主义者的一个后裔沙·加尼耳在他的著作《论政治经济学的各种体系》（1821年巴黎版）中曾援引李嘉图的《政治经济学和赋税原理》，他使用的是康斯坦西奥所翻译的并附有让·巴·萨伊的注释的法文译本。马克思把这段译文转录到他的1861—1863年手稿第八本笔记的第372页上。[①] 原文如下："对于一个拥有20000镑资本，每年获得利润2000镑的人来说，只要他的产品不低于2000镑，不管他的资本是雇100个工人还是雇1000个工人，不管生产的商品是卖1万镑还是卖2万镑，都是一样的。"马克思拿这段引文同原著1821年伦敦第3版的英文原文作了对照。他写道：原文（第3版第416页）是这样说的："对于一个拥有20000镑资本，每年获得利润2000镑的人来说，只要他的利润不低于2000镑，不管他的资本是雇100个工人还是雇1000个工人，不管生产的商品是卖1万镑还是卖2万镑，都是一样的。"[②] 马克思在这两段

① 《马克思恩格斯全集》国际版第2部分第3卷第2册第541页。

② 《马克思恩格斯全集》国际版第2部分第3卷第2册第541页。

文字的对照中揭示了什么差别，是躲不过细心的读者的眼睛的。法译文是："……只要他的产品不低于 2000 镑。"原文却是："……只要他的利润不低于 2000 镑。"康斯坦西奥译成"利润"是对的，加尼耳却转引为"产品"。诸如此类的错误在这两本笔记中不乏其例。

马克思重视这一摘录部分，还有另一个原因。这一摘录部分从当时的日报、杂志以及英国工厂视察员报告中所作的笔记和摘录之多，是任何其他札记本都比不上的。这些摘录为考证马克思的研究材料的产生时间提供了根据。无论是《摘录笔记》还是上述摘录部分，其中的绝大部分约写于 1859 年或 1860 年的头几个月。此后在 1860 年到 1861 年春这段时间里，马克思没有可能从事经济学写作或研究。1860 年马克思正致力于写作《福格特先生》，1860 年底马克思夫人病重，1861 年初到四月底他一直在国外。所以，他在 1861 年 5 月才开始 1861—1863 年手稿的准备工作。从这年的 5 月至 8 月，也就是着手写手稿时为止，上述材料才取得最终完成的形式。这至少同《摘录笔记》的写作情况是相符合的。第七本笔记的摘录部分至此已完成了大约三分之二（写到了全部 270 页的第 193 页）。因为马克思在《摘录笔记》中只引用到这一页的摘录为止。

在此基础上，马克思又完成了其他几本重要的研究资料的写作，这就是《摘录笔记索引》和《我自己的笔记本的提要》。这本《提要》是对 1857—1858 年手稿的已有的七本笔记的集中的概述，并曾作为《政治经济学批判大纲》的附录刊出。① 两份索引都写在马克思标为"B'"本的同一笔记本中，其中包括《政治经济学批判》初稿的最后部分，后者在 1858 年就已经写成。然而这些对于确定这两个索引的写作日期毫无用处。很明显，马克思是利用了这本笔记本的空页。《提要》紧接

① 《马克思恩格斯全集》第 1 版第 46 卷下册第 519—537 页。——译者注

在《摘录笔记》的索引之后。两个索引相互毫无联系，或者说没有任何相互提示之处。马克思在这里作了严格的划分。《摘录笔记索引》是对资产阶级政治经济学的见解所作的比较完整的概括，马克思后来在1861—1863年手稿中对此作了加工。而《提要》则是再次通读1857—1858年手稿的成果，这是马克思对已经研究过的问题的概述，他准备在1861—1863年手稿中考虑这些问题。继这两个索引之后又写成了第三份资料，这是为写手稿而拟订的一份提纲草稿。这份草稿同样曾作为《政治经济学批判大纲》的附录刊出①。草稿**首先**把计划研究的材料作了分篇，设想了未来手稿的结构；**其次**，又一次对已在1857—1858年手稿笔记本中研究过和阐述过的问题作了概括。马克思拟订这份提纲草稿主要是依据《我自己的笔记本的提要》。

仅从上述简单的说明我们便可知道，在本文所提及的这一时期内，马克思所写的各种材料相互间有着密切的联系。《摘录笔记》的篇幅达九十二页，其中包括约九十位作者的著作以及一些报纸和杂志的摘录。浏览一下保存在阿姆斯特丹国际社会史研究所的《摘录笔记》的原文，便可以推断，马克思是经常使用《摘录笔记》的。根据《摘录笔记》的内容和结构，我们可以得出这样的结论：同先前的所有札记相比，《摘录笔记》已达到质上更高的发展阶段。《摘录笔记》不同于其他札记本的地方，就在于这里包含着对某些资产阶级经济学家在有关问题上所持观点的剖析和批判性论述。例如在笔记本第五页上，马克思就“劳动生产率”问题摘录了李嘉图、塔克特、拉姆赛、莱文斯顿、霍吉斯金、扬格、斯图亚特、凯里和琼斯的著作。他援引《经济学家》和《爱丁堡评论》等报纸和杂志的材料，用资本主义的历史的和现实的实际情况来充实对这一问题的探讨。马克思在写作他的1861—1863年手

① 《马克思恩格斯全集》第1版第46卷第539—549页。——译者注

稿的前五本稿本（手稿 220 页）时，就从《摘录笔记》中转录了来自五十个出处的引文。这些作者中有四分之一的人是马克思在四十年代的札记本中第一次作过摘录的。《摘录笔记》中被援引的经济学家中有一半人是马克思在他的 1850—1853 年的一组伦敦笔记中首次接触过的，另外四分之一的人第一次是在第七本笔记的摘录部分中援引过的。马克思在《摘录笔记》中详加研究过的那些作者如斯密、李嘉图、西斯蒙第、查默斯、兰盖、马尔萨斯、琼斯、罗西、凯里、德斯杜特·德·特拉西、西尼耳、拉姆赛等人的著作，在他写作后来的所有手稿和草稿时都曾加以利用。《资本论》中有关的章节也是这方面的见证。

以上只是我们从各种札记本和手稿的必不可少的对照比较中得出的若干研究成果。《马克思恩格斯全集》国际版第四部分即札记部分的这些文献，反映了马克思和恩格斯的科学兴趣是非常广泛的。这些材料令人信服地证明，马克思主义是建立在对直到那时为止的科学所达到的最高成果进行批判改造的基础之上的。

（原载《我们的党取得了一个胜利》柏林 1978 年版）

（卢晓萍 摘译　王锡君 校）

马克思《引文笔记》的理论性质*

〔日〕大野节夫　佐武弘章

一　序　言

《引文笔记》是马克思在撰写《政治经济学批判》第2分册第3章《资本》的时候写的，他既整理了他多年写的数本笔记，转录了其中的主要引文，又加了评注。

《马克思恩格斯全集》原文版第2部分第3卷附录中的《形成和流传》说，“该笔记所收录的几乎全部引文，在手稿中均被采用”，但是《引文笔记》不单纯是一种准备资料，而应认为具有以下性质：

第一，《引文笔记》是了解马克思在写完《政治经济学批判。第1分册》之后，着手写作1861—1863年手稿之前这两年半的研究状况的为数不多的一份材料。1859年2月到1861年7月这两年半，是《资本论》创作史中到目前为止尚未充分为人所知的一个时期。

第二，从《引文笔记》所收录的文献判断，可以认为，写作《政治经济学批判》第3章《资本》时所设想的《剩余价值学说》的原型就是这个《引文笔记》。这个笔记及其前后写成的第VII笔记本（这个笔记本的前63页写的是《1857—1858年经济学手稿》即《大纲》的结尾部分），第64页以后的摘录部分则是《剩余价值学说》的主要资料，

---

* 本文选自《马克思恩格斯研究》1991年总第6期。

进而可以认为，它们促进了《资本论》的形成。

不过，对于研究 1861—1863 年手稿不可缺少的这份资料即《引文笔记》，到现在为止尚未公布。据说，它将包括在《马克思恩格斯全集》原文版第 4 部分（准备资料、摘录和评注等）中。其次，马克思在写完《引文笔记》之后又写了《引文笔记索引》，不过这个《引文笔记索引》却已经刊载在原文版第 2 部分第 2 卷中。

我们两人有机会在阿姆斯特丹社会史国际研究所共同调查了该所收藏的这本《引文笔记》。我们基于这一调查，对该笔记加以解释和研究，不过本文只是一份介绍性文章。

二 《引文笔记》的概要

《引文笔记》是一本由 23 张纸一折为二、两面书写的、自己用黑线装订的笔记本，共 92 页，由马克思编了页码，其中缺第 25 到第 28 页。没有封皮，也没有标题，所谓《引文笔记》这一名称，是来自《引文笔记索引》。

《引文笔记》的 92 书写页，大体上由三部分构成：第一部分大张（400mm × 320mm）淡兰色纸，共 6 张，一折为二（1—8、17—24、29—32、73—76 页）；第二部分中张（370mm × 280mm）淡兰色纸，共 12 张，一折为二（9—16、33—72 页）；第三部分小张（316mm × 194mm）白色纸，共 4 张，一折为二（77—92 页）。

在第一部分的大张纸中，我们发现有 a、a′和 A—P 的字母编号，在第二和第三部分中，只是在第 11、33 和 35 页记有 G^1、O^1和 O^2的字母编号，不过在许多页上写有标题。

在具有这种构成的《引文笔记》的各页上写有《引文笔记》的页码和标题，这些标题虽然原文版附录中的《形成和流传》和其他文献中有所介绍，但都是部分的介绍。所以我们想根据我们的辨认，以一览表的形式，对全部标题进行说明。关于这些标题，请看下表。

关于这些标题，我们要指出应注意以下三点：第一，第3页的标题是《资本（I）资本的生产过程（A）货币转化为资本。资本，货币，商品。一般概念》，但是这个标题是试图根据自己的计划去构成《引文笔记》呢，还只是记下了“计划草案”的一个部分呢，我们尚不清楚。不过根据推测，二者必居其一。第二，在原文版的《形成和流传》以及其他文献中，都记载有《(A)货币转化为资本……》、《(B)自由劳动。奴隶劳动。雇佣劳动》，不过，如果注意地看，在《(B)自由劳动……》之前，还有一个《(A)工资》的标题，而这一标题是摘自爱·吉·威克菲尔德《为亚·斯密〈国民财富的性质和原因的研究〉所加的注释》。第三，据原文版和其他文献记载，在第74页上有“Q”这一字母记号，之后写着《一般利润率》标题，但是我们在《引文笔记》中没有看到这个“Q”字母。

其次，关于《引文笔记》的标题和其《索引》的标题之间的关系，我们在这里不作进一步的考察，因为《索引》已经在原文版第2部分第2卷中发表，请读者自己同上述的一览表加以对照。

在《引文笔记》中，在这些标题下，马克思从以《伦敦笔记》为主的30多册摘录笔记中，收录了120本文献的大约770条引文，并在许多页上写下了长短不一的评注和要点。

附表：《引文笔记》的标题和页码

页码	标　　题
1	（a）资本和雇佣劳动关系的形成 劳动者同土地相脱离

2 （a′）工资和劳动生产率。利润率下降

3 资本

（I）资本的生产过程

（A）货币转化为资本。资本，货币，

商品。一般概念

（A）工资

（B）自由劳动。奴隶劳动。雇佣劳动

4 （C）资本形成和国家

5 （D）劳动生产率

6 （E）利润通过固定资本、时间长短等对价值规定的影响

7 （F）价值量由劳动或劳动价值决定

8 （G）利润和工资的简单对比关系

9

11 （G^{1}）节约和积累。节欲理论（服务理论）

12 生产费用（剩余价值）

13 资本（货币资本，商品资本，产业资本）

15 劳动生产率

16

17 （H）利润（剩余价值）

18

19 （J）工资

20 （J^{1}）资本积累（利润率）

21 （K）资本

22

23 （M）机器

24

29　　大工业的发展

30　（N）固定资本，流动资本

31　　生产和分配

32　（O）农业

33　（O^1）劳动者同生产条件相分离。平均数。
最低工资。强迫劳动

34

35　（O^2）资本主义生产的界限

36　　资本的总公式。G—W—G

37　　资本的再生产

39　　剩余价值和利润

40

41　　生产劳动和非生产劳动

43　　资本流通
固定起来的资本或劳动

45　　价值由劳动量决定，或由劳动价值决定
工资

47　　剩余价值

48

49　　固定资本，流动资本

50

51　　机器

53　　企业利润（积累劳动等的工资）

54　　农业，粮食种植

55　资本和雇佣劳动

56

57

58

59　平均劳动工资

60　生产力(和资本)的提高(和增加)和受雇者的增加

61　剩余价值，重农学派学说

63　资本的不同组成部分（不变资本和生活必需品）

64

65　重农学派论资本

66

67　利润和交换

68　机器

69　剩余劳动

70　利润和工资的简单对比关系

71　利润和工资的简单对比关系

72　经济变化

　资本变化

73　（P）劳动生产力的提高

74　一般利润率

75

76　利润（企业利润）

77　资本

78

79

81	积累和救济理论
83	一般利润率（和积累）
86	资本和劳动生产率
87	
88	
89	
91	生产率。流通时间（时间对价值的影响）

（注：上表中没有提到的页码，如第10、14等页，为空白页。）

三 《引文笔记》的写作

据我们推测，《引文笔记》的写作至少经历了四个阶段。

第一阶段——《引文笔记》的转抄是从《伦敦笔记》第VIII笔记本开始的（包括从詹·斯图亚特和大·李嘉图的著作中的摘录）。第1页《（a）资本和雇佣的关系的形成》的开始几段引文是引自詹·斯图亚特《政治经济学原理研究》第1卷第52—53页，以后的直到《引文笔记》的第一部分大张淡兰色纸的第24页为止的引文均转抄自《伦敦笔记》第VIII笔记本。

其次，从《伦敦笔记》第IX到XII笔记本的转抄，不仅包括，第一部分的大张淡兰色纸的第1—8页和第17—24页，而且还包括第29—32页和第73—76页。

第二阶段——据我们推测，接着，是按照这样的顺序转抄的：先是从《伦敦笔记》第XIII到XVII笔记本（第XV笔记本除外），接着是第I、IV到VII、XX、XXI笔记本。其中在从《伦敦笔记》第XIII笔记本起转抄时，把第二部分的中张淡兰色纸的（第9—16、33—72页）合订在一起。这是因为，该部分最初的摘录引文均抄自《伦敦笔记》第XIII笔记本，后来才按照上述的顺序转抄。当时，标题大体上都写在编着奇数页码的页上，是按每两页一个标题进行转抄的。

再接着，从《布鲁塞尔笔记》、《曼彻斯特笔记》和《巴黎笔记》继续转抄引文。

第三阶段——再次，人们认为是从第VII笔记本的摘录部分中转抄的，而马克思把这个笔记本称为“很厚一大本”①，在它的第1—63页上写的是《大纲》（《1857—1858年经济学手稿》）的结尾部分，在这部分之后的第63—296页上记下了从各种文献中摘录的引文。《引文笔记》所收录的是其中的一部分，即从第68页尼·兰盖《民法论》起到第182页詹·哈里斯《关于幸福的对话》为止的摘要。

在第VII笔记本摘录部分第119—123页上收录了琼斯《国民政治经济学教程》的引文之前，据推测，在转抄的过程中，马克思把第三部分的小张白色纸（第77—92页）装订在一起，这是因为，在第77页上补充了琼斯这本书的摘录，接着在第78—91页上收录了第VII笔记本以后的摘自琼斯这本书的引文的大部分。

第四阶段——在转抄这些摘录笔记之后，马克思于1860年接着转抄了第VII笔记本的部分摘录，接着又从1857—1858手稿即《大纲》中转抄了若干引文，并记下了它们的要点。

于是，这里就存在着一个问题：已经写成的《引文笔记》是何时写成的，因为在《引文笔记》中没有注明写作日期。不过存在着推算

① 《马克思恩格斯全集》第1版第29卷第317页。

写作日期的若干线索。由于这种情况，介绍《引文笔记》的各种文献关于写作时间问题都阐述得不够明确，并存有某些疑问。

我们两人推断，《引文笔记》的主要部分是从1859年秋到1860年1月这一期间写成的，其推断的根据如下：

第一，我们认为，首先，虽然《提纲草稿》[①] 和《引文笔记》的前后关系还存在问题，但是从两者引用的文献和在1861—1863年手稿中使用的情况来看，《提纲草稿》是先构想出来的，而《引文笔记》是以此为前提制成的。关于《提纲草案》的构想时间问题，原文版编辑部有两种说法，一说是在1861年的夏天，另一说是在1859年2月，而我们两人推断是在1859年春天或夏天。关于这一推断，我们不在本稿中作全面的考证，因为已经在另一篇论文[②]中考证过了。因此，我们推断，开始写《引文笔记》的时间是1859年秋天。

1859年10月2日马克思在给拉萨尔的信中说："我现在应当全部重新加以修改，因为第二分册的手稿是一年以前写的。"[③] 从这一时期没有留下其他作品的情况来看，我们认为，这句话同《引文笔记》的写作有关。而从该信的这句话的主旨来看，我们的理解是，马克思打算"全部重新……修改"1857—1858年手稿即《大纲》，所以着手写作《引文笔记》。就这种意义来说，明确了所指出的《引文笔记》的理论性质。

第二，《引文笔记》是同第VII笔记本的摘录部分并行写的，我们

① 参看《马克思恩格斯全集》第1版第46卷（下）第539—549页。

② 大野节夫：《马克思〈资本章的提纲草稿〉——以探讨形成时期为中心》，载于日本《经济》杂志1983年第12期。

③ 《马克思恩格斯全集》第1版第29卷第599页。

根据同后者的对比，就可推断出前者的写作时间。

正如上面我们已经谈到的，第 VII 笔记本的这个摘录部分是一大厚本（在第 63 页上写有“1859 年 2 月 28 月开始”字样），所以在考察时必须把它分成若干部分。首先，其中第一部分是从第 63 页起到第 114 页止，摘录的引文以美国和意大利的经济文献为主。其次，第二部分是从第 115 页起到第 145 页止，重读了在写《引文笔记》的第一阶段所重新抄录的《伦敦笔记》第 VIII—XII 笔记本中所摘录的引文，以及摘录了同一位作者的另一些文献，如第 115—119 页：托·罗·马尔萨斯《政治经济学定义》1853 年新版（《伦敦笔记》第 IX 笔记本）；第 119—123 页：理·琼斯《国民政治经济学教程》1852 年版（理·琼斯《论财富的分配……》、《1833 年 2 月 27 日在伦敦皇家学院讲述的政治经济学绪论……》——《伦敦笔记》第 IX 笔记本）；第 128 页：J. S. 雷诺《对李嘉图著作的实际观察……》1822 年版（《伦敦笔记》第 XII 笔记本）；第 128 页：托·霍普金斯《关于调节地租……》1822 年版（《伦敦笔记》第 XII 笔记本），——从而，我们推测，写《引文笔记》的第一阶段应在第 VII 笔记本的摘录部分之前。

其次，在第 VII 笔记本摘录部分的第 147—149 页上，马克思摘录了杜·斯图亚特《政治经济学讲义》第 1 卷（1855 年版），并对在写《引文笔记》的第二阶段上转录的《巴黎笔记》中的詹·罗德戴尔《论公共财富的性质和起源》（1840 年版）的引文进行评注，把杜·斯图亚特当做见证人。因此，我们推测，写《引文笔记》的第二阶段的日期，是同第 VII 笔记本的第 147—149 页相适应的。

再次，在第 VII 笔记本摘录部分的第 157—166 页上，我们看到了 1855—1858 年的《工厂视察员的报告》和恩格斯《英国工人阶级状况》

（1845年版）的引文，马克思在1860年1月11日致恩格斯的信中谈到了《工厂视察员的报告》，又说，还一度通读了他的《状况》一书，因此我们推断，第VII笔记本的这部分引文是在1860年1月上旬摘录的。接着在第168—171页上摘录了杜尔哥《关于财富的形成和分配的考察》。我们认为，这就是写《引文笔记》的第三阶段，因为《第3章 资本》，马克思是在1860年1月底2月初动手写作的。

最后，写《引文笔记》的第四阶段是以转录第VII笔记本的摘录部分的第182页上的哈里斯《关于幸福的对话》的引文为中心（当时由于写作《福格特先生》而中断），所以我们推断，应在1860年下半年，其详细情况已由另一篇文章论述①。

四 《引文笔记》的理论性质

《引文笔记》不是为了写作才对引文进行的一种单纯的整理，而是马克思在写作1861—1863年手稿之前有意识地提出问题和明确研究动向的一份资料，所以一旦我们注意到了这一点和了解到这一笔记所具有的意义，就会对这些摘录和到处可见的马克思的评注，以及所归纳的要点，产生极大兴趣。

首先，我们来看一看《引文笔记》所涉及的对象。正如我们从上述“标题”一览表中所看到的，这个对象领域囊括了“资本一般”的全部三个部分，即“资本的生产过程”、“资本的流通过程”和“资本和利润”。不必说，其重点是“资本的生产过程”。

---

① 大野节夫、佐武弘章：《〈引文笔记〉的写作过程》，载于日本《经济学论丛》1984年6月第34卷第1—2号。

其次，在这里没有谈到地租理论，不存在生产价格概念。但是一再论述了所设想的工资最低限额（第5页）。

再次，就素材即《引文笔记》中所收录的文献来看，我们可以指出如下一些特征：

第一，应把从李嘉图《政治经济学和赋税原理》（《伦敦笔记》第VIII笔记本）一书的转录理解为写作《引文笔记》的起点。

值得注意的是，摘自李嘉图这一著作并收录在《引文笔记》中的引文同《政治经济学批判大纲》所用的引文大部分都不相同，就是说，从新的观点出发重新把握李嘉图，成了这里的起点。这说明马克思比《大纲》分析资本主义又有了一定的发展。

这样一来，对李嘉图事实上把利润还原为剩余价值的理解，以及与此相对，在利润理论的层次上对马尔萨斯的批判，就成了这里摘录引文的核心。与此有关，还摘引了以下一些人的著作：李嘉图学派——穆勒父子、麦克库洛赫、匿名著作《原理研究》；李嘉图派社会主义者——霍吉斯金、莱文斯顿、迪耳克，马尔萨斯的拥护者——卡泽诺夫、配第。

从所收录的引文数量来看，马克思还非常重视拉姆赛、舍尔比利埃和琼斯等人的著作。特别是，在《政治经济学批判大纲》中全然没有引用琼斯的著作。不过，正如马克思所说的，1859年秋，当他一读到琼斯的《国民政治经济学教程》时，就把该书摘录在第VII笔记本的摘录笔记中，而《引文笔记》中第三部分小张白色纸的绝大部分都用来摘录这一著作的引文了。根据我们推断，琼斯的资本概念和资本积累理论在这一阶段对马克思分析资本主义的发展产生了很大影响。

第二，我们认为，马克思阅读这些文献，是试图在这里严密地论述资本的概念，特别是不变资本和可变资本的概念，并在这一基础上，从剩余价值理论向利润理论发展。这时，马克思反复地使用和了解拉姆赛、舍尔比利埃和琼斯的以下概念：拉姆赛的固定资本、流动资本，舍尔比利埃的物质元素、物质工具、给养，琼斯的从属资本、劳动基金。

第三，从凯里、西斯蒙第、巴师夏和蒲鲁东等人的著作中摘录的引文以及对它们的批判和探讨占有相当大的部分。大家知道，在学说史中，对这些文献的探讨并没有被包括在内，这恐怕是马克思对这些文献的最详细的探讨了。

我们认为，《引文笔记》的素材虽然具有以上的特征，但是以这些文献为素材的《引文笔记》在理论上的课题，如果用一句话来表示，就是在于探讨劳动生产率的发展对剩余价值率和量以及对利润率和量到底会产生怎样的影响。在《政治经济学批判》中，在设想社会总资本等于一笔资本的情况下，所提出的问题是劳动生产率的发展同剩余价值的增加这样一种比例关系，其次，从劳动生产率的发展中直接得出资本构成的变化和利润率的下降。与此不同，在《引文笔记》中有意识地提出了这样一个问题：劳动生产率的发展归根到底会使利润率下降，但这不是直接得出的，说明这一机制在剩余价值率和量中，进而在资本量和构成中，会发生怎样的变化。

不过，这个课题是多方面的，我们在这里不可能进行全面的说明，因此，只能扼要地考察一下要点。

（1）关于剩余价值的生产方法——同《政治经济学批判大纲》不同，对绝对剩余价值和相对剩余价值的理解是把工作日当成基准的（第2页），1859年夏天提出的提纲草稿，把协作、分工和机器是当做相对剩余价值的生产方法进行分析的（第5页《（D）劳动生产率》，第23

页《（M）机器》，第 29 页《大工业的发展》等等）。

（2）原始积累和资本积累的区别以及两者的位置——在《政治经济学批判大纲》中只是在《原始积累》这一标题下初步地区分了原始积累和资本积累，而在这里，把原始积累理解为劳动者同土地相分离的历史过程，并为证实这一点而收集资料（第 3—4 页《（B）自由劳动。奴隶劳动。雇佣劳动》和《（C）资本形成和国家》等等）。与此相对，关于资本积累，首先是在利润率同积累率的关系上提出问题，并探讨了剩余价值的节约和向资本的转化，此后，受琼斯的启发，探讨了利润率同积累率的分离和积累的历史规定（第 20 页《（J^1）资本积累（利润率）》，第 83 页《一般利润率（和积累）》等等）。

（3）工资最低额的设想（第 5 页《（D）劳动生产率》，第 19 页《（J）工资》等等）。

（4）资本概念的进一步完善——以固定资本和流动资本为主，进一步完善了具有多种表现的资本概念，一方面确立了不变资本和可变资本的区别，另一方面试图以资本和雇佣劳动关系为重点将资本概念公式化（第 21 页《（K）资本》，第 63 页《资本的不同组成部分（不变资本和生活必需品）》，第 77 页《资本》等等）。

（5）固定资本和流动资本概念的进一步完善——固定资本对价值规定和利润率的影响是《引文笔记》中贯彻始终的一个论点，为了这一论点，摘录并探讨了自斯密和李嘉图以来的对固定资本和流动资本的理解（第 6 页《（E）利润通过固定资本、时间长短等对价值规定的影响》，第 30 页《（N）固定资本，流动资本》等等）。

（6）关于生产和流通时间以及资本的周转——同固定资本的情形一样，流通时间或生产时间根据所投的劳动量是怎样影响价值规定的？

或者说，在这种场合，应当怎样说明或探讨固定资本的价值转移的？资本周转是怎样影响利润率的？在《引文笔记》中，这是为数不少的“资本流通过程”的论点之一（第43页《资本流通》，第91页《生产率。流通时间（时间对价值的影响）》等等）。

（7）资本的变化和商品的形态变化的不同——这种研究还处于萌芽状态，概念尚未确定，提出了资本的总公式G—W—G，分析了资本的变化（第36页《资本的总公式。G—W—G》，第72页《资本变化》等等）。

我们列举了以上这些论点，在于说明马克思有意识地在《引文笔记》中贯彻始终的问题是劳动力的发展才使得利润率发生变化。这就是马克思的论旨的特征。

在《（G）利润和工资的简单对比关系》（第70、71页）中，马克思研究了李嘉图的著作，提出了利润的增大是因为工资的减少所造成的论点，在《（H）利润（剩余价值）》和《（N）固定资本，流动资本》中，马克思发展了这样一个论点——由于生产力的发展，生活资料的价值下降了，在这种场合，剩余价值率提高了，于是利润率也提高了。不过，在生产资料的价值下降的场合，不变资本的价值也会贬值，因此马克思在这里直接批判了主张利润率提高的凯里。我们看到，由于不变资本的贬值，一定量的资本游离出去了，增加了作为追加资本行使职能的剩余价值量，而且提高了总利润量，进而提高了利润率。

在其后的《资本论》形成史中，这种理解是怎样理论化的，就成了今后进一步研究的一个课题，而这一阶段的马克思的论旨的一个特征就是，强调劳动力的发展是以资本量的变化为媒介的，这就有可能提高利润率和增大利润量。

五 小 结

根据以上的考察，我们对《引文笔记》的理论性质进行小结并列举如下：

第一，《引文笔记》的最大的理论课题在于说明劳动生产力的发展最终将导致利润率发生变化这样一种机制，并围绕这一论点展开了追加资本的投入和资本规模的扩大这一特有的论旨。这一论旨在《资本论》的创作史中是怎样理论化的，是我们今后所要考察的一个课题。

不过应当注意，这还只是处于摸索的过程中，因此，有关资本量的规定的这一论点是正在形成中的。在《引文笔记》中个别资本的要素虽然已经被提出，但是竞争的要素却没有包括在内，生产价格理论也不存在，“资本一般”是在这一限度内设想的，因此可以说，“资本一般”显然正在发生变化或正在形成中。

第二，《引文笔记》的研究对象，我们从标题中就能看出，是从“资本的总公式”到“利润率的下降”，特别是包含了在《政治经济学批判大纲》中未能展开分析的有关“资本的流通过程”和“资本和利润”这一萌芽。从这一点我们可以认识到，《引文笔记》不是1861—1863年手稿的单纯的准备笔记。

我们不能说，这些分析的萌芽直线上升为即成熟为《资本论》第2卷和第3卷。本篇论文的重点是论述《引文笔记》的写作，而关于对该笔记的利用只好割爱了。① 在写作1861—1863手稿时，《引文笔记》

---

① 关于《引文笔记》的利用，请看佐武弘章：《〈引文笔记〉和1861—1863年手稿》，刊登在日本《社会问题研究》1983年第33卷第1号上。

的结构就成了剩余价值理论，对这一学说的过渡，便确立了《资本的流通过程》和《资本和利润》。

第三，根据以上谈到的两方面的理论性质，《引文笔记》在《资本论》的创作史上的地位是，它不同于《政治经济学批判大纲》，是作为完成一定的发展，提出分析资本主义的观点这样一种素材去探讨经济学说。据我们推断，这一观点和设想经过1861—1863年手稿阶段，成了在体系上发展整个《资本论》三卷的起点。

（原载日本经济理论学会编《〈资本论〉的现代意义》1984年版）

（刘焱 摘译）

图书在版编目(CIP)数据
《1861—1863 年经济学手稿》研究 / 刘英主编.
—北京：中央编译出版社，2013.12
(马克思主义研究资料 / 杨金海主编；6)

ISBN 978-7-5117-1997-3

Ⅰ.①1…
Ⅱ.①刘…
Ⅲ.①马克思主义政治经济学-马克思著作研究
Ⅳ.①A811.66
中国版本图书馆 CIP 数据核字(2013)第 309187 号

《1861—1863 年经济学手稿》研究

出 版 人：刘明清
出版统筹：薛晓源
责任编辑：薛迎春
责任印制：尹　珺
装帧设计：田晗工作室
排版制作：北京宏章文化发展中心
出版发行：中央编译出版社
地　　址：北京西城区车公庄大街乙 5 号鸿儒大厦 B 座(100044)
电　　话：(010) 52612345 (总编室)　(010) 52612335 (编辑室)
(010) 52612316 (发行部)　(010) 52612315 (网络销售)
(010) 52612346 (馆配部)　(010) 66509618 (读者服务部)
传　　真：(010) 66515838
经　　销：全国新华书店
印　　刷：北京尚唐印刷包装有限公司
开　　本：787 毫米×1092 毫米　1/16
字　　数：410 千字
印　　张：32.5
版　　次：2013 年 12 月第 1 版第 1 次印刷
定　　价：200.00 元

网　　址：www.cctphome.com　邮　　箱：cctp@cctphome.com
新浪微博：@中央编译出版社　微　　信：中央编译出版社(ID：cctphome)